정답과 해설 PDF 파일은 EBS*i* 사이트(www.ebsi.co.kr)에서 내려받으실 수 있습니다.

교재 내용 문의
교재 내용 문의는
EBS*i* 사이트(www.ebsi.co.kr)의 학습 Q&A 서비스를
활용하시기 바랍니다.

교재 정오표 공지
발행 이후 발견된 정오 사항을
EBS*i* 사이트 정오표 코너에서 알려 드립니다.
교재 → 교재 자료실 → 교재 정오표

교재 정정 신청
공지된 정오 내용 외에 발견된 정오 사항이 있다면
EBS*i* 사이트를 통해 알려 주세요.
교재 → 교재 정정 신청

EBS play+

구독하고 EBS 콘텐츠
무·제·한으로 즐기세요!

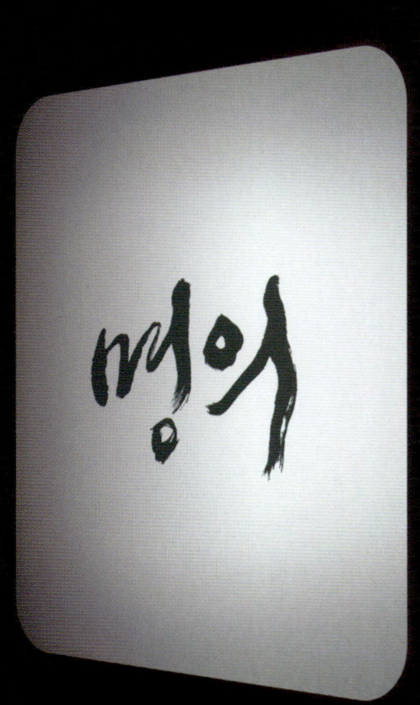

- 주요서비스

오디오 어학당	애니키즈	클래스ⓔ 지식·강연	다큐멘터리 EBS	세상의 모든 기행
오디오ⓔ지식	EBR 경제·경영	명의 헬스케어	▶BOX 독립다큐·애니	평생학교

오디오어학당 PDF 무료 대방출! 지금 바로 확인해 보세요!

- 카테고리

애니메이션 · 어학 · 다큐 · 경제 · 경영 · 예술 · 인문 · 리더십 · 산업동향
테크놀로지 · 건강정보 · 실용 · 자기계발 · 역사 · 독립영화 · 독립애니메이션

어휘가
독하다!
수능 국어 어휘

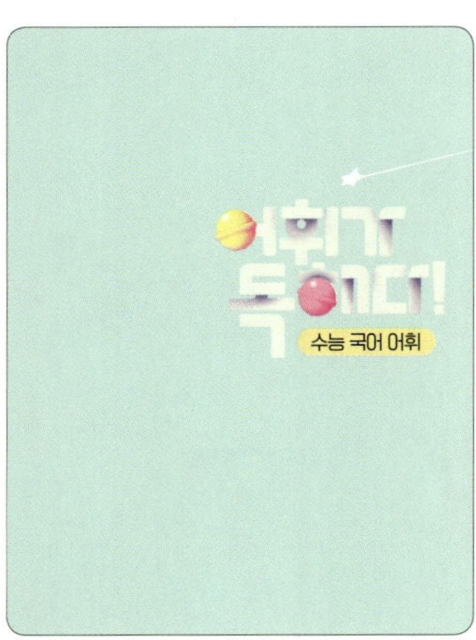

어휘력이 수능 성적에 직결된다!

- 어휘와 독해를 결합한 체제로, 꼭 알아야 할 어휘들을 하루 6쪽씩 28일간 주제별로 학습할 수 있도록 구성
- 수능에 출제되는 공통 과목(문학, 독서)과 선택 과목(화법과 작문, 언어와 매체)의 다양한 어휘 수록

최근 7개년 수능, 모평의 빈출 어휘를 정리한다!

- 어휘의 뜻과 용례 정리
- '친절한 샘'을 통해 연관 어휘 정리
- '어휘 더하기'를 통해 관련 어휘와 다의어, 동음이의어 등 알아 두면 도움이 되는 어휘 정리

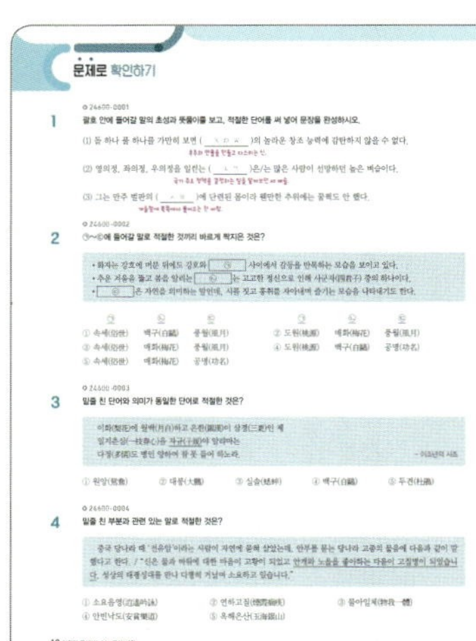

문제를 통해 수능 빈출 어휘를 학습한다!

- 어휘의 뜻, 용례를 확인하는 문제 풀이
- 문학과 독서의 실전 어휘, 화법·작문과 언어·매체의 개념어를 확인하는 문제 풀이

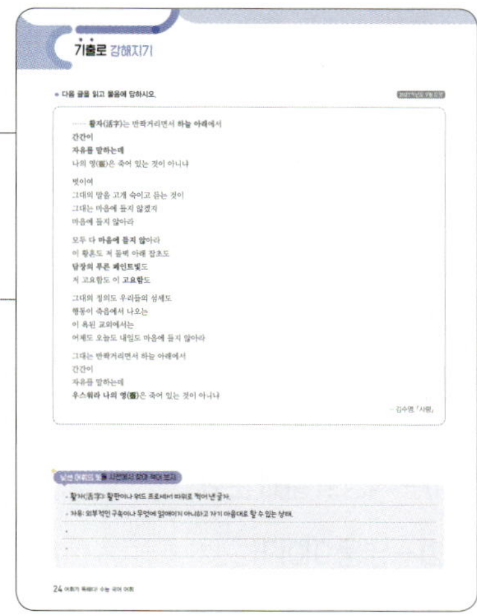

수능 기출 지문의 어휘와
중심 내용을 학습한다!

- 기출 지문의 낯선 어휘를 스스로 정리
- 기출 지문의 중심 내용을 스스로 정리
- 학습한 내용을 바탕으로 기출 지문의 문항 풀이

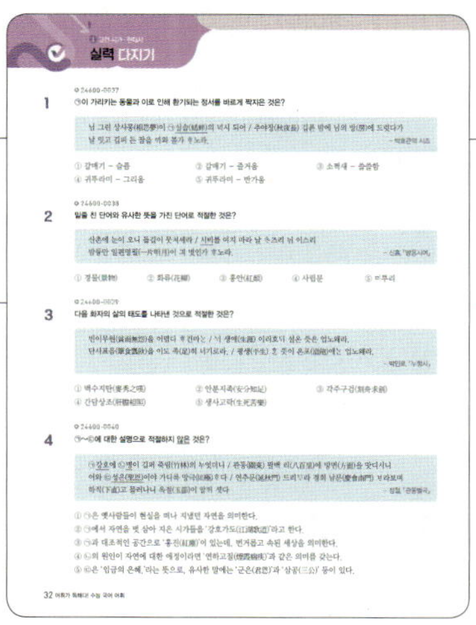

영역별 마무리 문제로
수능 필수 어휘를 총정리한다!

- '실력 다지기'를 통해 영역별로 배운 어휘들을 다양한 유형의 문제로 마무리

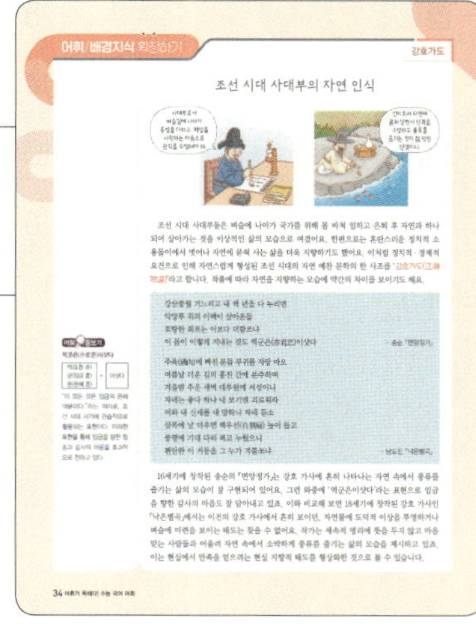

수능 독해에 꼭 필요한 배경지식과
심화 어휘들을 정리한다!

- 독해에 필요한 배경지식을 읽기 자료로 정리
- 관용 표현과 심화 어휘들을 읽기 자료로 정리

이 책의 **차례**

 **V** 독서 (과학 · 기술)

 **VI** 화법 · 작문

 **VII** 언어 · 매체

어휘가 독해다

I

고전 시가 · 현대시

고전 시가 (1) | 자연 친화

*어휘 공부를 완료한 뒤 체크!

□□ **강호**
강 江, 호수 湖

❶ 강과 호수를 아울러 이르는 말.
❷ 예전에, 은자(隱者)나 시인(詩人), 묵객(墨客) 등이 현실을 도피하여 생활하던 시골이나 자연.

예 **강호** 흥미(興味)는 나만 둔가 여기노라 _2023학년도 9월 모평 | 박인로, 「소유정가」

친절한 한 샘 고전 시가에서 '강호'는 단순히 강과 호수를 합친 말이 아니라 옛사람들이 현실을 떠나 지냈던 자연을 의미합니다. 특히 이곳에서 시인들이 자연을 벗 삼아 지내면서 일으킨 시가 창작의 한 경향을 '**강호가도(江湖歌道)**'라고 하며, 이에 담긴 한가로운 심정을 '**강호한정(江湖閑情)**'이라고 합니다.

□□ **홍진**
붉을 紅, 티끌 塵

❶ 거마(車馬)가 일으키는 먼지.
❷ 번거롭고 속된 세상을 비유적으로 이르는 말.

예 십장 **홍진**(十丈紅塵)이 얼마나 가렸는가 _2023학년도 9월 모평 | 이현보, 「어부단가」

친절한 한 샘 '홍진'은 '붉은 먼지.'라는 뜻으로, 차나 말이 지나다니면서 일으키는 먼지를 말합니다. 먼지가 많이 일어나면 번거롭고 어지럽겠죠? 이렇듯 사람들이 일으키는 먼지는 우리가 사는 세상의 어지러운 모습을 나타내기 때문에 '홍진'은 '**속세(俗世)**'를 가리키는 말로 사용됩니다.

□□ **매화**
매화나무 梅, 꽃 花

매실나무의 꽃.

예 눈 위에 서리는 얼마나 녹았으며 / 뜰 가의 **매화**는 몇 송이 피었는고 _2023학년도 6월 모평 | 조우인, 「자도사」

친절한 한 샘 '매화'는 매실나무의 꽃으로, 3월 초에 추위를 이기며 봄의 시작을 알리기 때문에 종종 불의에 굴하지 않는 선비 정신을 상징합니다. 고전 시가에 자주 나오는 살구나무의 꽃인 '**행화(杏花)**'는 3월 중하순에, 배나무의 꽃인 '**이화(梨花)**'는 4월에 피므로, 모두 봄에 피는 꽃임을 알아 두세요.

▲ 매화   ▲ 행화   ▲ 이화

□□ **삭풍**
초하루 朔, 바람 風

겨울철에 북쪽에서 불어오는 찬 바람.

예 공산에 쌓인 잎을 **삭풍**이 거둬 불어 _2024학년도 9월 모평 | 정철, 「성산별곡」

친절한 한 샘 겨울에 우리의 체감 온도를 더 낮추는 것이 바람이죠? 이처럼 '삭풍'은 겨울날의 매서운 바람을 나타냅니다. 반면 눈이 온 뒤의 겨울 풍경을 의미하는 '**옥해은산(玉海銀山)**'이라는 말도 있습니다. '옥 같은 바다와 은 같은 산.'이라는 뜻으로, 하얀 눈이 덮인 풍경의 아름다움을 잘 나타냅니다.

〈우리말 바람의 종류〉

동풍	샛바람
서풍	하늬바람
남풍	마파람
북풍	된바람

□□ **경물**
경치 景, 사물 物

계절에 따라 달라지는 경치.

예 삼춘화류(三春花柳) 호시절(好時節)의 **경물**이 시름없다 _2022학년도 9월 모평 | 허난설헌, 「규원가」

친절한 한 샘 봄, 여름, 가을, 겨울의 계절에 따라 변화하는 자연의 모습을 '경물'이라고 합니다. '**삼춘(三春)**'은 '봄의 석 달.'이라는 뜻으로, 3~5월의 석 달을 가리키는 말입니다. 또한 '**화류(花柳)**'는 '꽃과 버들을 아울러 이르는 말.'이며, '**호시절(好時節)**'은 '좋은 때.'를 뜻하는 말입니다.

□□ **삼공**
석 三, 벼슬 公

❶ 고려 시대에, 태위(太尉)·사도(司徒)·사공(司空)의 세 벼슬을 통틀어 이르던 말.
❷ 의정부에서 국가 주요 정책을 결정하는 일을 맡아보던 세 벼슬. 영의정, 좌의정, 우의정을 이른다.

예 **삼공**(三公)이 귀하다 한들 이 강산과 바꿀쏘냐

_2022학년도 6월 모평 | 김광욱, 「율리유곡」

친절한 한 샘 자연에 묻혀 사는 은자(隱者)들은 흔히 속세의 부귀공명(富貴功名)보다 자연의 가치를 높이 평가합니다. 이때 속세에서 지위가 높은 벼슬인 좌의정, 우의정, 영의정이 바로 '삼공'입니다. 아울러 '부귀공명'에서 '**공명(功名)**'은 '공을 세워서 자기의 이름을 널리 드러냄.'을 뜻합니다.

좌의정   영의정   우의정

□□ **무릉도원**

굳셀 武, 큰 언덕 陵,
복숭아나무 桃, 근원 源

도연명의 「도화원기」에 나오는 말로, '이상향', '별천지'를 비유적으로 이르는 말.

[예] **무릉도원**을 예 듣고 못 봤더니 _2023학년도 수능 | 김득연, 「지수정가」

친절한 샘 중국 진(晉)나라 때 호남(湖南) 무릉의 한 어부가 복숭아꽃이 만발한 곳에 있는 동굴 속으로 들어가 만난 마을로, 아름다운 평야가 있는 아름답고 평화로운 세상입니다. 유사한 말로 '이 세상이 아닌 무릉도원처럼 아름다운 경지.'를 의미하는 '**도원경(桃源境)**'이 있습니다.

□□ **풍월**

바람 風, 달 月

❶ 맑은 바람과 밝은 달.
❷ 맑은 바람과 밝은 달을 대상으로 시를 짓고 흥취를 자아내어 즐겁게 놂.

[예] 송죽 울울리예 **풍월**주인 되여셔라 _2020학년도 9월 모평 | 정극인, 「상춘곡」

친절한 샘 '바람'과 '달'은 대표적인 자연물로, 고전 시가의 화자가 이들을 대상으로 풍류를 즐기는 모습이 종종 나타납니다. ❶의 뜻과 같은 말에 '**청풍명월(淸風明月)**'이 있고, ❷의 뜻과 같은 말에는 '**음풍농월(吟風弄月)**'이 있습니다.

□□ **연하**

안개 煙, 노을 霞

❶ 안개와 노을을 아울러 이르는 말.
❷ 고요한 산수의 경치를 비유적으로 이르는 말.

[예] **연하(煙霞)**로 집을 삼고 풍월(風月)로 벗을 삼아 _2023학년도 수능 | 이황, 「도산십이곡」

친절한 샘 '오랫동안 앓고 있어 고치기 어려운 병.'이라는 뜻을 가진 '**고질(痼疾)**'을 들어 보셨죠? '연하(煙霞)'와 이 말이 결합하면 '**연하고질(煙霞痼疾)**'이 되는데, 그 뜻은 병에 걸린 것처럼 자연의 경치를 몹시 사랑한다는 것입니다. 비슷한 말로는 '**천석고황(泉石膏肓)**'이 있습니다.

□□ **조물주**

지을 造, 만물 物, 주인 主

우주의 만물을 만들고 다스리는 신.

[예] **조물주**의 처분을 누구에게 물으리오 _2023학년도 6월 모평 | 조우인, 「자도사」

친절한 샘 고전 시가에 '조화옹이 헌사토 헌사할샤'라는 구절이 있는데, 자연을 만든 솜씨가 야단스럽다고 하면서 자연의 아름다움을 극찬하는 표현입니다. 이때 자연을 만든 이가 바로 '조물주'이며, '만물을 창조하는 노인.'이라는 뜻의 '**조화옹(造化翁)**'도 이와 유사한 말입니다.

＋ 어휘 더하기　고전 시가에 자주 등장하는 동물

정답과 해설 2쪽

자규(子規)	백구(白鷗)	실솔(蟋蟀)
'두견새', '귀촉도'로도 불리는 새로, 보통 한(恨)이나 슬픔의 정서를 나타냄.	바닷가에서 나는 갈매기로, 자연 친화나 물아일체의 대상으로 나타남.	가을날 풀밭이나 뜰 안에서 볼 수 있는 귀뚜라미로, 주로 쓸쓸한 정서를 나타냄.
[예] 차라리 죽어서 **자규**의 넋이 되어 _조우인, 「자도사」	[예] 수중(水中)에 **백구(白鷗)** 난다 _이현보, 「어부단가」	[예] 가을 달 방에 들고 **실솔**이 상(床)에 울 제 _허난설헌, 「규원가」

시가에 등장하는 동물들은 화자의 정서를 대신하거나, 자연 친화 또는 물아일체의 대상으로 나타납니다. 따라서 특정 동물이 어떤 역할을 하는지 알아 두면 작품을 이해하는 데 큰 도움이 됩니다.

● 밑줄 친 동물이 어떤 대상으로 나타나는지 쓰시오.

무심한 **백구**는 내 좇는가 제 좇는가
– 윤선도, 「어부사시사」

● 24600-0001

1 괄호 안에 들어갈 말의 초성과 뜻풀이를 보고, 적절한 단어를 써 넣어 문장을 완성하시오.

(1) 돌 하나 풀 하나를 가만히 보면 (__ㅈㅁㅈ__)의 놀라운 창조 능력에 감탄하지 않을 수 없다.
　　　　　　　　　우주의 만물을 만들고 다스리는 신.

(2) 영의정, 좌의정, 우의정을 일컫는 (__ㅅㄱ__)은/는 많은 사람이 선망하던 높은 벼슬이다.
　　　　　국가 주요 정책을 결정하는 일을 맡아보던 세 벼슬.

(3) 그는 만주 벌판의 (__ㅅㅍ__)에 단련된 몸이라 웬만한 추위에는 꿈쩍도 안 했다.
　　　　　겨울철에 북쪽에서 불어오는 찬 바람.

● 24600-0002

2 ㉠~㉢에 들어갈 말로 적절한 것끼리 바르게 짝지은 것은?

> • 화자는 강호에 머문 뒤에도 강호와　㉠　사이에서 갈등을 반복하는 모습을 보이고 있다.
> • 추운 겨울을 뚫고 봄을 알리는　㉡　는 고고한 정신으로 인해 사군자(四君子) 중의 하나이다.
> • ㉢　은 자연을 의미하는 말인데, 시를 짓고 흥취를 자아내며 즐기는 모습을 나타내기도 한다.

	㉠	㉡	㉢
①	속세(俗世)	백구(白鷗)	풍월(風月)
②	도원(桃源)	매화(梅花)	풍월(風月)
③	속세(俗世)	매화(梅花)	풍월(風月)
④	도원(桃源)	백구(白鷗)	공명(功名)
⑤	속세(俗世)	매화(梅花)	공명(功名)

● 24600-0003

3 밑줄 친 단어와 의미가 동일한 단어로 적절한 것은?

> 이화(梨花)에 월백(月白)하고 은한(銀漢)이 삼경(三更)인 제
> 일지춘심(一枝春心)을 자규(子規)야 알랴마는
> 다정(多情)도 병인 양하여 잠 못 들어 하노라.
>
> 　　　　　　　　　　　　　　　　　　　　　　　　－ 이조년의 시조

① 원앙(鴛鴦)　　② 대붕(大鵬)　　③ 실솔(蟋蟀)　　④ 백구(白鷗)　　⑤ 두견(杜鵑)

● 24600-0004

4 밑줄 친 부분과 관련 있는 말로 적절한 것은?

> 　중국 당나라 때 '전유암'이라는 사람이 자연에 묻혀 살았는데, 안부를 묻는 당나라 고종의 물음에 다음과 같이 말했다고 한다. / "신은 물과 바위에 대한 마음이 고황이 되었고 안개와 노을을 좋아하는 마음이 고질병이 되었습니다. 성상의 태평성대를 만나 다행히 거닐며 소요하고 있습니다."

① 소요음영(逍遙吟詠)　　　② 연하고질(煙霞痼疾)　　　③ 물아일체(物我一體)
④ 안빈낙도(安貧樂道)　　　⑤ 옥해은산(玉海銀山)

○ 24600-0005

5 빈칸에 들어갈 말로 적절한 것은?

> 춘하추동애 [   ]이 아름답고
> 주야조모(晝夜朝暮)애 완상이 새로오니
> 몸이 한가ᄒᆞ나 귀 눈은 겨를 업다
>
> — 신계영, 「월선헌십육경가」

① 경물(景物)　　② 낙엽(落葉)　　③ 빙설(氷雪)　　④ 녹음(綠陰)　　⑤ 삼춘(三春)

○ 24600-0006

6 〈보기〉의 밑줄 친 대상에 대한 화자의 태도로 적절한 것은?

┤ 보기 ├

> 명사(明沙) 조흔 믈에 잔 시어 부어 들고
> 청류(淸流)를 굽어보니 ᄯᅥ오ᄂᆞ니 도화(桃花)ㅣ로다
> 무릉이 갓갑도다 져 ᄆᆡ이 긘 거인고
>
> — 정극인, 「상춘곡」

① 멸시(蔑視)　　② 배척(排斥)　　③ 냉담(冷淡)　　④ 동경(憧憬)　　⑤ 순응(順應)

실전 어휘를 알면 답이 보인다

○ 24600-0007

2020학년도 9월 모평 17번 변형

7 ㉠에 대한 이해로 적절한 것은?

> ㉠홍진(紅塵)에 뭇친 분네 이내 생애 엇더흔고
> 녯사룸 풍류룰 미출가 못 미출가
> 천지간 남자 몸이 날만 흔 이 하건마ᄂᆞᆫ
> 산림에 뭇쳐 이셔 지락(至樂)을 ᄆᆞ룰 것가
>
> — 정극인, 「상춘곡」

① 화자는 청자의 삶에 나타난 문제점을 구체적으로 비판하고 있다.
② 화자는 자연에서 자신과 함께 살고 있는 청자의 삶을 예찬하고 있다.
③ 화자는 자신과 달리 자연에서 살고 있는 청자의 삶을 부러워하고 있다.
④ 화자는 청자에게 자연에 살고 있는 자신의 삶에 대한 자긍심을 나타내고 있다.
⑤ 화자는 청자가 자신과 동질적인 삶을 살고 있음을 질문하기를 통해 확인하고 있다.

➤ 문제에 쓰인 단어 중 이해하기 어려운 단어의 뜻을 찾아 적어 보자.

● 다음 글을 읽고 물음에 답하시오.

이런들 어떠하며 저런들 어떠하료
초야우생(草野愚生)이 이렇다 어떠하료
하물며 **천석고황(泉石膏肓)**을 고쳐 므슴하료

〈제1수〉

연하(烟霞)로 집을 삼고 **풍월(風月)**로 벗을 삼아
태평성대에 병으로 늙어 가네
이 중에 바라는 일은 허물이나 없고자

〈제2수〉

춘풍(春風)에 **화만산(花滿山)**하고 **추야(秋夜)**에 **월만대(月滿臺)**라
사시 가흥(佳興)이 사람과 한가지라
하물며 어약연비(魚躍鳶飛) 운영천광(雲影天光)이야 어느 끝이 있으리

〈제6수〉

− 이황, 「도산십이곡」

낯선 어휘의 뜻을 사전에서 찾아 적어 보자.

• 추야(秋夜): 가을철의 밤.

• 가흥(佳興): 마음속으로부터 느껴지는 재미있는 흥취.

•

•

제1수	제2수	제6수
화자가 [　]❶(이)라는 말을 통해, 자연에 사는 자신을 겸손하게 표현함.	자연에서 [　]❷ 없이 살고자 하는 화자의 삶의 태도가 나타남.	봄과 [　]❸의 계절에 따른 자연의 다채로운 모습과 대자연의 웅대함에 대해 노래함.

● 24600-0008

1 윗글에 대한 설명으로 적절하지 <u>않은</u> 것은?

① 〈제1수〉 초장은 유사한 어휘의 반복을 통해 리듬감을 형성하고 있다.
② 〈제1수〉 종장은 화자의 자연 친화적인 모습을 드러내고 있다.
③ 〈제2수〉 초장은 화자와 대상의 가까운 관계를 제시하고 있다.
④ 〈제2수〉 중장은 자연 속에서 살아가는 화자의 모습을 나타내고 있다.
⑤ 〈제2수〉 종장은 과거의 모습에 대한 화자의 성찰을 표현하고 있다.

▶ 문제의 선지에 쓰인 단어 중 뜻을 모르는 것을 찾아 적어 보자.

● 24600-0009

2 〈보기〉를 바탕으로 윗글을 이해한 내용으로 적절하지 <u>않은</u> 것은?

┤ 보기 ├

　「도산십이곡」에서 강호는 자연의 이치와 인간이 지향하는 이치가 일치된 이상적 공간으로 나타나며, 조화로운 자연과 합일하는 화자가 등장한다.

① 〈제1수〉의 '초야우생'은 강호에서 살아가는 화자 자신을 이르는 말이겠군.
② 〈제1수〉의 '천석고황'은 이상적 공간에 다다르지 못한 것에 대한 화자의 아쉬움이 나타난 말이겠군.
③ 〈제2수〉의 '연하'로 지은 '집'은 인간이 지향하는 이치와 자연의 이치가 일치된 이상적 공간을 의미하겠군.
④ 〈제2수〉의 '풍월로 벗을 삼아'는 화자가 조화로운 자연과 합일하는 모습을 이르는 말이겠군.
⑤ 〈제6수〉의 '춘풍에 화만산하고 추야에 월만대라'는 계절의 양상을 통해 조화로운 자연을 드러낸 말이겠군.

고전 시가 (2) | 선조들의 일상

*어휘 공부를 완료한 뒤 체크!

☐☐ 성현
성인 聖, 어질 賢

지혜롭고 현명하며 인격이 훌륭하여 많은 사람이 본받을 만한 사람.

예 **성현**도 많거니와 호걸도 하도 할샤 _2024학년도 9월 모평 | 정철, 「성산별곡」

친절한 샘 '중국 공자의 사상을 중심으로 하고 사서오경을 경전으로 하는 학문.'을 '**유학(儒學)**'이라고 합니다. 보통 옛 시가에서 성현이라 하면 '공자(孔子)'나 '맹자(孟子)'와 같은 사람들을 일컫습니다. 또한 옛날 사람을 의미하는 '**고인(古人)**'이라는 말도 있습니다.

▲ 공자　　▲ 맹자

☐☐ 만고
일만 萬, 옛 古

아주 오랜 세월 동안.

예 성현의 가신 길이 **만고(萬古)**에 한가지라 _2024학년도 6월 모평 | 권호문, 「한거십팔곡」

친절한 샘 '천추(千秋)'의 한이라는 말을 들어 보았나요? 이때 '**천추(千秋)**'의 뜻이 '아주 오랜 세월.'입니다. 천 번의 가을, 즉 천 년이니 정말 오랜 세월이죠. 마찬가지로 '만고'에서 '만(萬)'도 '일만 만'을 의미하기 때문에 만 년, 즉 아주 긴 세월을 의미합니다.

☐☐ 빈천
가난할 貧, 천할 賤

가난하고 천함.

예 **빈천**도 내 분(分)이니 서러워해 무엇하리 _2022학년도 수능 | 정훈, 「탄궁가」

친절한 샘 '가난한 생활을 하면서도 편안한 마음으로 도를 즐겨 지키는 것.'을 '**안빈낙도(安貧樂道)**'라고 합니다. '편안한 마음으로 제 분수를 지키며 만족하는 것.'은 '**안분지족(安分知足)**'이라고 하고, '가난하지만 남을 원망하지 않는다.'라는 뜻의 '**빈이무원(貧而無怨)**'이라는 말도 있습니다.

☐☐ 부용장
연꽃 芙, 연꽃 蓉, 장막 帳

부용을 그리거나 수놓은 방장(房帳).

예 **부용장(芙蓉帳)** 적막하니 뉘 귀에 들리소니 _2022학년도 9월 모평 | 허난설헌, 「규원가」

친절한 샘 '방문이나 창문에 치거나 두르는 휘장.'을 '**방장(房帳)**'이라고 합니다. '부용장'은 방장에 부용을 수놓은 것인데, '**부용(芙蓉)**'은 '연꽃'을 말합니다. 즉 연꽃을 수놓은 방장이 부용장인 거죠. 그런데 때로는 '부용'이라는 표현만으로도 방장을 의미하는 경우가 있으니, 어휘가 쓰인 구절의 의미를 잘 파악하세요.

▲ '부용'의 뜻인 연꽃

☐☐ 군은
임금 君, 은혜 恩

임금의 은혜.

예 이 몸이 이러구롬도 역**군은**(亦君恩)이샷다 _2020학년도 수능 | 신계영, 「월선헌십육경가」

친절한 샘 '성은이 망극하옵니다.'라는 말을 들어 보셨죠? 이때 '**성은(聖恩)**'이라는 말의 뜻도 '임금의 은혜.'입니다. 그리고 종종 자연을 노래한 시가에서 '역군은(亦君恩)'이라는 말이 사용되는데 '(이렇게 자연을 즐기는 것도) 또한 임금의 은혜입니다.'라는 뜻입니다.

☐☐ 호걸
호걸 豪, 뛰어날 傑

지혜와 용기가 뛰어나고 기개와 풍모가 있는 사람.

예 아마도 산중**호걸**이 나뿐인가 하노라 _2024학년도 9월 모평 | 작자 미상의 사설시조

친절한 샘 '영웅'과 '호걸'을 함께 일컬어 '영웅호걸(英雄豪傑)'이라고 하는데, '**영웅(英雄)**'의 뜻은 '지혜와 재능이 뛰어나고 용맹하여 보통 사람이 하기 어려운 일을 해내는 사람.'입니다. 영웅호걸은 평범하지 않은 비범한 사람이라고 할 수 있는데, 이때 '**비범(非凡)하다**'의 뜻은 '보통 수준보다 훨씬 뛰어나다.'입니다.

□□ **금수**
날짐승 禽, 길짐승 獸

❶ 날짐승과 길짐승이라는 뜻으로, 모든 짐승을 이르는 말.
❷ 행실이 아주 더럽고 나쁜 사람을 비유적으로 이르는 말.

[예] 이 두 일 말면 **금수(禽獸)**나 다르리야 _2024학년도 6월 모평 | 권호문, 「한거십팔곡」

[친절한 샘] '금수만도 못한 사람'이라는 말을 들어 보셨죠? 사람으로서의 도리를 다하지 못하는 사람을 두고 하는 말인데, 짐승만도 못하다는 뜻입니다. 동음이의어로 **금수(錦繡)**가 있는데, 그 뜻은 '수를 놓은 비단. 또는 아름답고 화려한 옷이나 직물.'이니 헷갈리지 마세요.

□□ **오경**
다섯 五, 고칠 更

하룻밤을 다섯 부분으로 나누었을 때 맨 마지막 부분. 새벽 세 시에서 다섯 시 사이이다.

[예] **오경**에 잔월(殘月)을 섞어 임의 잠을 깨우리라

_2023학년도 6월 모평 | 조우인, 「자도사」

[친절한 샘] '오경'은 하룻밤(오후 7시~오전 5시)을 다섯으로 나눈 시간 표현 중, 오전 3시~오전 5시를 나타내는 표현입니다. '**일경(一更)**'은 오후 7시~오후 9시, '**삼경(三更)**'은 오후 11시~오전 1시를 나타냅니다. '자축인묘진사오미신유술해'의 십이지신을 이용한 시간 표현도 있는데, 오전 3시~오전 5시인 '오경'은 '**인시(寅時)**'에 해당합니다.

□□ **간장**
간 肝, 창자 腸

❶ 간과 창자.
❷ '애'나 '마음'을 비유적으로 이르는 말.

[예] **간장**이 다 썩어 넋조차 그쳤으니 _2023학년도 6월 모평 | 조우인, 「자도사」

[친절한 샘] '간'과 '창자'는 우리 몸속에 있는 장기로 다양한 표현에 사용됩니다. 예를 들어 '간장이 썩다'의 뜻은 '마음이 몹시 상하다.'이고, '간장이 끊어지다'의 뜻은 '슬픔이나 분노 따위가 너무 커서 참기 어렵다.'입니다. 또한 '**애**'의 뜻은 '초조한 마음속.'이며, 예문으로는 '애를 태우다', '애가 탄다' 등이 있습니다.

□□ **춘궁**
봄 春, 대궐 宮

'황태자'나 '왕세자'를 달리 이르던 말.

[예] 이역(異域) **춘궁(春宮)**을 뉘라서 모셔 오리 _2018학년도 수능 | 이정환, 「비가」

[친절한 샘] '제후국에서, 임금의 자리를 이을 임금의 아들.'을 '**왕세자(王世子)**'라고 하는데, '춘궁'은 바로 이 왕세자를 일컫는 말입니다. 비슷한 말로 '**동궁(東宮)**'이 있죠. '춘궁'과 동음이의어로 '**춘궁(春窮)**'이 있는데, 그 뜻은 '묵은 곡식은 다 떨어지고 햇곡식은 아직 익지 아니하여 겪는 봄철의 궁핍. 또는 그것을 겪는 시기.'입니다. 흔히 '**보릿고개**'라고 하죠.

➕ 어휘 더하기 선조들이 사용하던 물건들

정답과 해설 3쪽

호미	베틀

김을 매거나 감자나 고구마 따위를 캘 때 쓰는 쇠로 만든 농기구.	삼베, 무명, 명주 따위의 피륙을 짜는 틀.
[예] 삿갓에 도롱이 입고 세우(細雨) 중에 **호미** 메고	[예] **베틀** 북도 쓸데없어 빈 벽에 남겨 두고
_황희, 「사시가」	_정훈, 「탄궁가」

고전 시가에는 다양한 농기구가 등장하며, 베틀 관련 어휘도 종종 등장합니다. 따라서 해당 어휘들을 잘 알아 두는 것이 좋습니다. 예를 들어 「규원가」에 '봄바람 가을 물이 베올 사이 북 지나듯'과 같은 구절이 있는데, 이때 '북'의 뜻이 '베틀에서, 날실의 틈으로 왔다 갔다 하면서 씨실을 푸는 기구.'임을 알면 작품을 이해하는 데 큰 도움이 됩니다.

● **밑줄 친 행위를 할 때 필요한 도구를 쓰시오.**

논밭 갈아 기음 매고 뵈잠방이 다임 쳐 신들메고

– 작자 미상의 사설시조

1 ● 24600-0010

밑줄 친 단어의 뜻으로 적절한 것은?

> <u>초경(初更)</u>도 거읜ᄃᆡ 긔 엇지 와 겨신고.
> 연년(年年)에 이러ᄒ기 구차ᄒ 줄 알건마ᄂᆞᆫ
> 쇼 업슨 궁가(窮家)에 헤염 만하 왓삽노라.
>
> — 박인로, 「누항사」

① 오후 7시 ~ 오후 9시　　② 오후 9시 ~ 오후 11시　　③ 오후 11시 ~ 오전 1시
④ 오전 1시 ~ 오전 3시　　⑤ 오전 3시 ~ 오전 5시

2 ● 24600-0011

㉠~㉤ 중, 방문이나 창문에 치거나 두르는 용도로 사용되는 것은?

> 곳 디고 새닙 나니 ㉠녹음(綠陰)이 쌀렷ᄂᆞᆫᄃᆡ, 나위(羅幃) 젹막(寂寞)ᄒ고 슈막(繡幕)이 뷔여 잇다. ㉡부용(芙蓉)을 거더 노코 ㉢공작(孔雀)을 둘러 두니, ᄀᆞ득 시름 한ᄃᆡ 날은 엇디 기돗던고. ㉣원앙금(鴛鴦衾) 버혀 노코 ㉤오ᄉᆡ션(五色線) 플텨내여 금자히 견화이셔 님의 옷 지어 내니, 수품(手品)은ᄏᆞ니와 제도(制度)도 ᄀᆞ줄시고.
>
> — 정철, 「사미인곡」

① ㉠　　　② ㉡　　　③ ㉢　　　④ ㉣　　　⑤ ㉤

3 ● 24600-0012

빈칸에 공통으로 들어갈 말로 적절한 것은?

> • ⬚ 을/를 끊는 울음소리가 들려왔다.
> • 그만 ⬚ 을/를 태우고 이젠 말 좀 해 봐라.
> • 그때 일을 생각하면 ⬚ 이/가 썩는다.

① 간장(肝腸)　　② 수족(手足)　　③ 홍안(紅顔)　　④ 백미(白眉)　　⑤ 옥순(玉脣)

4 ● 24600-0013

다음 시조의 화자가 임금에 대해 갖는 마음으로 적절한 것은?

> 강호(江湖)에 가을이 드니 고기마다 살져 있다
> 소정(小艇)에 그물 실어 흘리 띄워 던져두고
> 이 몸이 소일(消日)하옴도 역군은(亦君恩)이샷다
>
> — 맹사성, 「강호사시사」

① 원망하는 마음　　② 비난하는 마음　　③ 감사하는 마음
④ 동경하는 마음　　⑤ 두려워하는 마음

5 ○ 24600-0014

다음 시조에 나타난 화자의 삶의 태도를 나타내기에 적절한 것은?

> 십 년(十年)을 경영(經營)ᄒ여 초려 삼간(草廬三間) 지여 내니
> 나 ᄒᆞᆫ 간 ᄃᆞᆯ ᄒᆞᆫ 간에 청풍(淸風) ᄒᆞᆫ 간 맛져 두고
> 강산(江山)은 들일 듸 업스니 둘러 두고 보리라
>
> — 송순의 시조

① 절치부심(切齒腐心)　　② 곡학아세(曲學阿世)　　③ 마부위침(磨斧爲針)
④ 권토중래(捲土重來)　　⑤ 안빈낙도(安貧樂道)

6 ○ 24600-0015

〈보기〉의 빈칸에 들어갈 말로 적절한 것은?

┨ 보기 ┠

> 당시(當時)에 녀든 길흘 몃 ᄒᆡᄅᆞᆯ ᄇᆞ려 두고
> 어듸 가 ᄃᆞᆫ니다가 이제야 도라온고
> 이제야 도라오나니 년 듸 ᄆᆞᄋᆞᆷ 마로리
>
> 〈제10곡〉
> — 이황, 「도산십이곡」

선생님: 이황은 「도산십이곡」 제10곡에서 자신이 가던 길을 버리고, 오랜 세월 다른 곳에 마음을 두었다고 자책하고 있어요. 이때 자신이 가던 길이란 학문 수양을 말하는 것으로, ☐☐☐☐ 의 말씀을 추구하고 따르는 것을 말합니다.

① 부모(父母)　　② 성현(聖賢)　　③ 군주(君主)　　④ 교우(交友)　　⑤ 조물주(造物主)

실전 어휘를 알면 답이 보인다

7 ○ 24600-0016　　　2019학년도 9월 모평 18번 변형

〈보기〉를 감상한 것으로 적절한 것은?

❱ 문제에 쓰인 단어 중 이해하기 어려운 단어의 뜻을 찾아 적어 보자.

┨ 보기 ┠

> 생평(生平)에 원ᄒᆞᄂᆞ니 다만 충효(忠孝)뿐이로다
> 이 두 일 말면 금수(禽獸)ㅣ나 다르리야
> 마음에 ᄒᆞ고져 ᄒᆞ야 십재황황(十載遑遑)* ᄒᆞ노라
>
> 〈제1수〉
> — 권호문, 「한거십팔곡」
>
> *십재황황: 급한 마음에 십 년을 허둥지둥함.

① 화자는 '충효(忠孝)'를 이루기 위해 차분하게 준비하고 실행했군.
② '충효(忠孝)'는 화자가 이루고자 했던 삶의 덕목으로 볼 수 있겠군.
③ 화자는 당시의 주된 가치였던 '충효(忠孝)'에 대해 매우 회의적이었군.
④ '충효(忠孝)'는 살아 있는 모든 생물이 추구해야 할 높은 도덕적 가치이군.
⑤ 화자는 자신이 짐승이 되더라도 '충효(忠孝)'의 가치를 지키겠다고 다짐하고 있군.

● 다음 글을 읽고 물음에 답하시오.

청강 녹초변에 소 먹이는 아이들이
석양에 흥이 겨워 피리를 빗기 부니
물 아래 잠긴 **용**이 잠 깨어 일어날 듯
내 기운에 나온 **학**이 제 깃을 던져 두고 반공에 솟아 뜰 듯
소선(蘇仙)* 적벽은 추칠월이 좋다 하되
팔월 십오야를 모두 어찌 칭찬하는가
구름이 걷히고 물결이 다 잔 적에
하늘에 돋은 달이 솔 위에 걸렸거든
잡다가 빠진 줄이 **적선**(謫仙)* 이 헌사할샤
공산에 쌓인 잎을 삭풍이 거둬 불어
떼구름 거느리고 눈조차 몰아오니
천공이 호사로워 옥으로 꽃을 지어
만수천림을 꾸며곰 낼세이고
앞 여울 가리 얼어 독목교(獨木橋) 비꼈는데
막대 멘 늙은 중이 어느 절로 간단 말고

산옹의 이 부귀를 남더러 자랑 마오
경요굴(瓊瑤窟)* 숨은 세계 찾을 이 있을세라
산중에 벗이 없어 서책을 쌓아 두고
만고 인물을 거슬러 혜여하니
성현도 많거니와 호걸도 하도 할샤
하늘 삼기실 제 곧 무심할까마는
어찌한 시운(時運)이 흥망이 있었는고
모를 일도 하거니와 애달픔도 그지없다
기산의 늙은 고블* 귀는 어찌 씻었던고
박 소리 핑계하고 지조가 가장 높다
인심이 낯 같아야 볼수록 새롭거늘
세사는 구름이라 험하기도 험하구나
엊그제 빚은 **술**이 얼마나 익었느냐
잡거니 밀거니 실컷 기울이니
마음에 맺힌 시름 조금은 풀리나다

– 정철, 「성산별곡」

*소선: 소동파를 신선에 빗댄 말.
*적선: 이태백을 신선에 빗댄 말.
*경요굴: 눈 내린 성산의 모습을 빗댄 말.
*고블: 기산에 은거한 인물인 허유.

◆ **낯선 어휘의 뜻**을 사전에서 찾아 적어 보자.

• 녹초: 푸른 풀.

• 공산: 사람이 없는 산중.

•

•

중심 내용 한눈에 보기

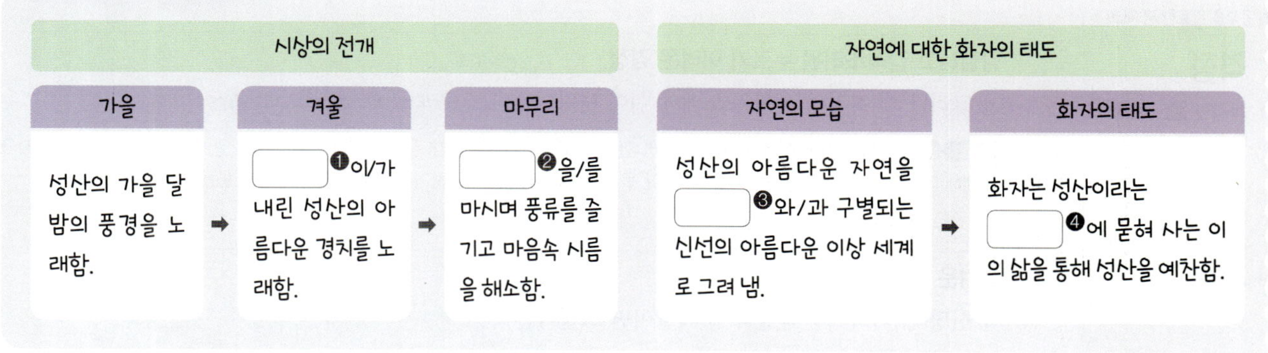

시상의 전개			자연에 대한 화자의 태도	
가을	겨울	마무리	자연의 모습	화자의 태도
성산의 가을 달밤의 풍경을 노래함.	❶이/가 내린 성산의 아름다운 경치를 노래함.	❷을/를 마시며 풍류를 즐기고 마음속 시름을 해소함.	성산의 아름다운 자연을 ❸와/과 구별되는 신선의 아름다운 이상 세계로 그려 냄.	화자는 성산이라는 ❹에 묻혀 사는 이의 삶을 통해 성산을 예찬함.

● 24600-0017

2024학년도 9월 모평 32번 변형

1 윗글에 대한 설명으로 가장 적절한 것은?

① 음성 상징어를 통해 인물의 역동성을 드러내고 있다.
② 대구를 사용하여 두 대상의 유사성을 드러내고 있다.
③ 시간의 흐름에 따라 인물의 심리 변화를 드러내고 있다.
④ 영탄적 표현을 통해 인물에 대한 그리움을 드러내고 있다.
⑤ 추상적인 개념을 구체적인 대상으로 형상화하여 나타내고 있다.

❯ 문제의 선지에 쓰인 단어 중 뜻을 모르는 것을 찾아 적어 보자.

● 24600-0018

2024학년도 9월 모평 34번 변형

2 〈보기〉를 바탕으로 윗글을 감상한 내용으로 적절하지 않은 것은?

┤ 보기 ├

고전 시가에서 자연은 작품에 따라 다양하게 그려진다. 윗글의 자연은 속세와 구별되는 청정한 이상 세계로 그려지며, 신선의 이미지를 통해 탈속적이고 고고한 가치를 추구하는 곳으로 나타나 있다. 또한 이곳에 사는 이는 특정 소재를 통해 세상에 대한 시름을 달래기도 한다.

① 윗글의 '용'은 피리 소리로 조성된 세속적 분위기를 표현하는 소재이군.
② 윗글의 '학'은 이상적 세계의 아름다움을 구현하는 소재이군.
③ 윗글의 '적선'은 청정한 강호의 세계에서 떠올린 인물의 이미지이군.
④ 윗글의 '산옹'은 계절에 따른 산의 모습을 바라보며 이상 세계의 삶을 지향하는 인물이군.
⑤ 윗글의 '술'은 강호에서 세상에 대한 시름을 달래 주는 소재이군.

현대시 (1) | 감정과 태도

☐☐ **격정**
과격할 **激** 뜻 **情**

강렬하고 갑작스러워 누르기 어려운 감정.

예 그러나 내 격정의 상처는 노래에 쉬이 덧나 _2022학년도 9월 모평 | 최두석, 「노래와 이야기」

친절한 쌤 '일이나 대상에 대하여 마음에 일어나는 느낌이나 기분.'을 '**감정(感情)**'이라고 합니다. 비슷한 표현의 '**감성(感性)**'은 '자극에 대해 마음이나 감각이 느끼고 반응하는 성질.'을 말하는데, 감성이 예민하거나 풍부한 것을 '**감성적(感性的)**'이라고 합니다.

☐☐ **신명**

흥겨운 신이나 멋.

예 신명 한 가락에 / 막걸리 한 사발이면 그만이던

_2019학년도 6월 모평 | 배한봉, 「우포늪 왁새」

친절한 쌤 '어떤 일에 흥미나 열성이 생겨 매우 좋아진 기분.'을 '**신**'이라고 하는데, '신명'과 비슷한 말입니다. '신이 나서 손뼉을 쳤다.'와 같은 예문이 있죠. 우리가 잘 알고 있는 '**신바람**'은 '신이 나서 우쭐우쭐하여지는 기운.'이라는 뜻을 갖고 있습니다.

☐☐ **애달프다**

❶ **마음이 안타깝거나 쓰라리다.**
❷ **애처롭고 쓸쓸하다.**

예 '잠을' 깬 자신에게 '어쩌자고'라는 의문을 던져 현재의 상황에서 느끼는 화자의 **애달픈** 심정을 드러내고 있다. _2021학년도 수능

친절한 쌤 인간은 기쁨과 노여움과 슬픔과 즐거움을 의미하는 '**희로애락(喜怒哀樂)**'을 느끼며 살아가죠. '애달프다'는 이 중 '슬픔'과 관련이 있습니다. '슬픔'과 관련 있는 말에는 '슬퍼하고 서러워함. 또는 그런 것.'이라는 뜻의 '**비애(悲哀)**'와 '마음을 서글프게 하는 슬픈 시름.'이라는 뜻의 '**애수(哀愁)**'도 있습니다.

☐☐ **자조하다**
스스로 **自**, 비웃을 **嘲**

자기를 비웃다.

예 '나의 영'에 대해 '우스워라'라고 **자조한** 것은 … 성찰을 드러낸다고 볼 수 있군. _2021학년도 9월 모평

친절한 쌤 '자조적인 웃음'은 자기를 비웃는 듯한 웃음을 말합니다. '비웃음'은 빈정거리거나 업신여기면서 웃는 웃음을 말하는데, 다른 말로 '**조소(嘲笑)**'라고도 합니다. 하지만 스스로를 비웃는 것은 안 좋으니 자기의 품위를 스스로 지키는 '**자존(自尊)**'을 바로 세우도록 합시다.

☐☐ **황량하다**
거칠 **荒**, 서늘할 **涼**

황폐하여 거칠고 쓸쓸하다.

예 호올로 **황량한** 생각 버릴 곳 없어 _2020학년도 6월 모평 | 김광균, 「추일서정」

친절한 쌤 '건물이나 성 따위가 파괴되어 황폐하게 된 터.'를 '**폐허(廢墟)**'라고 하는데, 이런 곳을 보면 황량하다는 느낌이 듭니다. 또한 이런 분위기를 가리켜 '**을씨년스럽다**'라고도 하는데, 그 뜻은 '보기에 날씨나 분위기 따위가 몹시 스산하고 쓸쓸한 데가 있다.'입니다.

☐☐ **동경하다**
그리워할 **憧**
그리워할 **憬**

어떤 것을 간절히 그리워하여 그것만을 생각하다.

예 높이 날아오른 연을 **동경하는** 심리를 드러내고 있다. _2024학년도 9월 모평

친절한 쌤 '동경'과 유사한 말로 '**선망(羨望)**'이 있는데, 그 뜻은 '부러워하여 바람.'입니다. 이처럼 '동경'은 어떤 대상을 그리워할 때 사용하는데, 그리움을 나타내는 말로 '고향을 그리워하는 마음이나 시름.'을 뜻하는 '**향수(鄕愁)**'가 있습니다.

| □□ **경외감**
공경할 **敬**, 두려워할 **畏**,
느낄 **感** | **공경하면서 두려워하는 감정.**
⟮예⟯ 대상에 대한 호칭을 전환하여, 시적 대상에 대한 화자의 **경외감**을 표현한다. _2021학년도 9월 모평 |

⟮친절한 샘⟯ 우리는 종종 절대자나 대자연의 위력 앞에서 그 대상에 대한 두려움과 존경심을 동시에 느끼기도 하는데, 이를 '경외감'이라고 합니다. 그리고 이때 대상이 나타내는 숭고한 아름다움을 '**숭고미(崇高美)**'라고 합니다.

□□ **간구하다**
간절할 **懇**, 구할 **求**

간절히 바라다.

⟮예⟯ 무엇을 **간구하며** 울어 왔는가. _2021학년도 6월 모평 | 조지훈, 「산상(山上)의 노래」

⟮친절한 샘⟯ 어떤 일을 간절히 바라면 이루어진다는 말이 있죠? 이처럼 어떤 것을 간절히 바라는 것을 간구한다고 합니다. 비슷한 말로 '**갈망(渴望)하다**'가 있는데, 그 뜻은 '간절히 바라다.'입니다. '자유와 평화를 갈망하다.'와 같은 예문이 있습니다.

□□ **응시하다**
집중할 **凝**, 볼 **視**

눈길을 모아 한 곳을 똑바로 바라보다.

⟮예⟯ 풍경을 관조적으로 **응시하는** 시선으로 중심 제재의 외적 아름다움을 표현하고 있다. _2023학년도 수능

⟮친절한 샘⟯ '응시하다'는 눈에 보이는 대상을 막연히 보는 것이 아니라, 그 대상에 주의를 갖고 집중하여 보는 것을 의미합니다. 비슷한 말로 '어떤 목표물에 주의를 집중하여 보다.'라는 뜻의 '**주시(注視)하다**'가 있습니다.

□□ **관조적**
볼 **觀**, 비출 **照**,
어조사 **的**

고요한 마음으로 사물이나 현상을 관찰하거나 비추어 보는 (것).

⟮예⟯ ㉠은 화자의 **관조적** 자세를, ㉡은 화자의 반성적 자세를 보여 준다. _2018학년도 9월 모평

⟮친절한 샘⟯ '**개입(介入)하다**'의 뜻은 '자신과 직접적인 관계가 없는 일에 끼어들다.'입니다. 즉 개입한다는 것은 어떤 일에 직접 끼어드는 것을 말합니다. 이와 달리 '관조적 태도'는 어떤 일에 끼어들지 않고 차분한 태도로 대상을 관찰하는 것을 의미합니다.

➕ 어휘 더하기 대상에 대한 태도를 나타내는 단어

정답과 해설 5쪽

● **예찬(禮讚)하다**
무엇이 훌륭하거나 좋거나 아름답다고 찬양하다.
⟮예⟯ 한복을 선이 아름다운 옷이라고 **예찬하다**.

● **비난(非難)하다**
남의 잘못이나 결점을 책잡아서 나쁘게 말하다.
⟮예⟯ 월숙은 모친에게서 그전부터 부친의 점잖지 못한 행위를 **비난하**는 말을 들어 왔다.

● **동정(同情)하다**
남의 어려운 처지를 자기 일처럼 딱하고 가엾게 여기다.
⟮예⟯ 불쌍한 아이를 **동정하여** 눈물을 흘렸다.

시의 화자는 시적 대상에 대해 특정한 태도를 취하는 경우가 많습니다. 대상을 예찬하거나 우러러보는 등의 긍정적 태도를 취하는 경우도 있고, 대상을 비난하거나 부정하는 등의 부정적 태도를 취하는 경우도 있습니다. 또는 대상을 불쌍하게 여기거나 안타깝게 여기기도 합니다. 시적 대상에 대한 화자의 태도를 이해하는 것은 시를 감상하는 중요한 방법이므로, 시를 읽을 때 꼭 활용하도록 합시다.

● 밑줄 친 대상에 대한 화자의 태도를 나타내는 말을 왼쪽에 제시된 어휘 중에서 찾아 쓰시오.

> 아아, 마침내, 끝끝내
> 꽃 피는 <u>나무</u>는 자기 몸으로 / 꽃 피는 나무이다.
> – 황지우, 「겨울 – 나무로부터 봄 – 나무에로」

1 ● 24600-0019

빈칸에 공통으로 들어갈 적절한 말을 시에서 찾아 쓰시오.

쇠전을 거쳐 도수장 앞에 와 돌 때
우리는 점점 신명이 난다
한 다리를 들고 날라리를 불거나
고갯짓을 하고 어깨를 흔들거나

– 신경림, 「농무」

이 시에서 농민들은 농무를 추면서 도수장에 이르는데, 그들이 지닌 한은 ⬚⬚⬚(으)로 전환된다. 이때 ⬚⬚⬚은/는 농민의 분노와 한을 표출한 것으로, '흥겨운 신이나 멋.'이라는 원래의 뜻에 비추어 볼 때 역설적인 의미를 갖는다.

2 ● 24600-0020

다음 시구에서 느껴지는 분위기로 적절한 것은?

포플라 나무의 근골(筋骨) 사이로
공장의 지붕은 흰 이빨을 드러내인 채
한 가닥 꾸부러진 철책이 바람에 나부끼고

– 김광균, 「추일서정」

① 급박함 ② 산만함 ③ 경쾌함 ④ 황량함 ⑤ 분주함

3 ● 24600-0021

다음 대화 상황의 ㉠과 ㉡에 들어갈 말을 바르게 짝지은 것은?

[대화 상황 1]
A: 나는 다른 사람의 일에 지나치게 개입하는 것은 좋지 않다고 봐.
B: 하지만 도움이 필요한 사람을 ㉠ 만 하는 것도 좋지 않으니, 적절한 개입은 필요하다고 생각해.

[대화 상황 2]
A: 얼마 전 지리산에 올랐는데 높다란 산맥의 모습에 감탄하면서도 한편으로는 두려운 마음까지 들더라고.
B: 맞아. 나도 너처럼 큰 폭포를 볼 때 ㉡ 을 느낀 적이 있어. 감탄하면서도 두려워하는 마음이지.

	㉠	㉡		㉠	㉡		㉠	㉡
①	방관	경외감	②	방관	절망감	③	방관	희열감
④	선망	경외감	⑤	선망	절망감			

4 ● 24600-0022

초성과 단어의 뜻을 보고 괄호 안에 들어갈 말을 쓰시오.

(1) 무뚝뚝한 그는 평소 (ㅎㄹㅇㄹ)을/를 얼굴에 잘 드러내지 않았다.
기쁨과 노여움과 슬픔과 즐거움을 아울러 이르는 말.

(2) 많은 사람으로 붐볐던 그곳은 이제 아무도 없는 (ㅍㅎ)이/가 되어 버렸다.
건물이나 성 따위가 파괴되어 황폐하게 된 터.

(3) 그는 가슴속에서 치밀어 오르는 (ㄱㅈ)을/를 참을 수 없어 하늘을 향해 크게 소리를 질렀다.
강렬하고 갑작스러워 누르기 어려운 감정.

○ 24600-0023

5 밑줄 친 부분에 나타난 화자의 정서와 관련 있는 말로 적절한 것은?

> 오월 어느 날 그 하루 무덥던 날
> 떨어져 누운 꽃잎마저 시들어 버리고는
> 천지에 모란은 자취도 없어지고
> 뻗쳐오르던 내 보람 서운케 무너졌느니
> 모란이 지고 나면 그뿐 내 한 해는 다 가고 말아
> <u>삼백예순 날 하냥 섭섭해 우옵내다.</u>
>
> – 김영랑, 「모란이 피기까지는」

① 염려(念慮) ② 오기(傲氣) ③ 비애(悲哀) ④ 연민(憐憫) ⑤ 환희(歡喜)

○ 24600-0024

6 〈보기〉에 나타난 화자의 태도를 가리키는 말로 적절한 것은?

┤ 보기 ├

> 모래야 나는 얼만큼 작으냐
> 바람아 먼지야 풀아 나는 얼만큼 작으냐
> 정말 얼만큼 작으냐……
>
> – 김수영, 「어느 날 고궁을 나오면서」

① 우호적(友好的) ② 긍정적(肯定的) ③ 관조적(觀照的)
④ 예찬적(禮讚的) ⑤ 자조적(自嘲的)

실전 어휘를 알면 답이 보인다

○ 24600-0025

`2021학년도 6월 모평 23번 변형`

7 다음 시를 이해한 내용으로 적절한 것은?

> 높으디높은 산마루
> 낡은 고목(古木)에 못 박힌 듯 기대어
> 내 홀로 긴 밤을
> 무엇을 간구하며 울어 왔는가.
>
> – 조지훈, 「산상(山上)의 노래」

➡ 문제에 쓰인 단어 중 이해하기 어려운 단어의 뜻을 찾아 적어 보자.

① '낡은 고목'은 화자를 비유적으로 나타낸 소재이다.
② '못 박힌 듯' 기댄 자세는 화자가 겪을 미래의 고통을 드러낸다.
③ 나 홀로 보낸 '긴 밤'은 긍정적 상황을 의미한다.
④ '무엇'은 화자의 절망이 담긴 대상이다.
⑤ '간구'는 화자의 간절한 기원을 나타낸다.

● 다음 글을 읽고 물음에 답하시오. 2021학년도 9월 모평

…… **활자(活字)**는 반짝거리면서 **하늘 아래**에서
간간이
자유를 말하는데
나의 영(靈)은 죽어 있는 것이 아니냐

벗이여
그대의 말을 고개 숙이고 듣는 것이
그대는 마음에 들지 않겠지
마음에 들지 않아라

모두 다 **마음에 들지 않**아라
이 황혼도 저 돌벽 아래 잡초도
담장의 푸른 페인트빛도
저 고요함도 이 **고요함도**

그대의 정의도 우리들의 섬세도
행동이 죽음에서 나오는
이 욕된 교외에서는
어제도 오늘도 내일도 마음에 들지 않아라

그대는 반짝거리면서 하늘 아래에서
간간이
자유를 말하는데
우스워라 나의 영(靈)은 죽어 있는 것이 아니냐

– 김수영, 「사령」

◆ **낯선 어휘의 뜻**을 사전에서 찾아 적어 보자.

- **활자(活字)**: 활판이나 워드 프로세서 따위로 찍어 낸 글자.

- **자유**: 외부적인 구속이나 무엇에 얽매이지 아니하고 자기 마음대로 할 수 있는 상태.

-

-

현실에 대한 화자의 태도		주요 시어	
현실의 모습	**화자의 태도**	**그대**	**나의 영(靈)**
☐❶이/가 책 속의 활자로만 존재할 정도로, 사람들이 억압받고 있음.	부정적 현실에 대응하지 못하는 자신의 모습을 ☐❷ 하고 있음.	☐❸을/를 의인화하여 나타낸 표현으로, 간간이 자유와 정의를 말하는 존재임.	불의에 저항하지 못하고 있으며, 시의 제목인 ☐❹처럼 죽어 있다고 표현함.

◐ 24600-0026 2021학년도 9월 모평 43번

1 윗글에 대한 이해로 가장 적절한 것은?

① 시간적 표현을 열거하여, 시대에 대한 화자의 인식 변화를 드러낸다.

② 대상에 대한 호칭을 전환하여, 시적 대상에 대한 화자의 경외감을 표현한다.

③ 원근을 나타내는 지시어를 사용하여, 화자의 시선에 포착된 대상의 움직임을 표현한다.

④ 물음의 형식으로 종결하여, 시적 대상에 대한 화자의 깨달음이 부정되고 있음을 나타낸다.

⑤ 동일한 구절을 반복하여, 시적 상황에 대한 화자의 부정적 정서가 심화되는 과정을 드러낸다.

> ◈ 문제의 선지에 쓰인 단어 중 뜻을 모르는 것을 찾아 적어 보자.

◐ 24600-0027 2021학년도 9월 모평 45번 변형

2 〈보기〉를 바탕으로 윗글을 이해한 내용으로 적절한 것은?

┤ 보기 ├

　윗글은 언어가 '활자'의 상태로만 존재한다고 표현함으로써 언어가 의사소통의 수단으로서의 기능을 제대로 하지 못하는 상황에 주목한다. 이러한 상황에서 화자는 위축된 의사소통의 장에 적극적으로 참여하지 못하여, 경직된 사회에 대응하지 못하는 자신을 성찰한다.

① '활자'가 '간간이 자유를 말하는데'라고 한 것은 언어가 소통의 수단으로서의 기능을 충실히 하고 있다고 보는 것이군.

② 그대를 '마음에 들지 않'아 하는 것은 의사소통이 활발하지 못한 원인이 상대에게 있다는 생각을 나타낸 것이군.

③ '담장의 푸른 페인트빛'은 위축된 의사소통의 장이 점차 나아질 것이라는 희망을 상징하는군.

④ '하늘 아래'는 '고요함'이 있는 공간이라는 점에서, 의사소통이 자유롭지 못한 사회를 엿볼 수 있군.

⑤ '나의 영'에 대해 '우스워라'라고 자조한 것은 자신의 참여만으로는 의사소통의 장을 활성화할 수 없다는 성찰을 드러낸다고 볼 수 있군.

*어휘 공부를 완료한 뒤 체크!

□□ 심연
깊을 深, 못 淵

❶ 깊은 못.
❷ 좀처럼 빠져나오기 힘든 구렁을 비유적으로 이르는 말.

예 영혼의 **심연**이 / 우포늪 꽃잔치를 자지러지도록 무르익힌다 _2019학년도 6월 모평 | 배한봉, 「우포늪 왁새」

친절한 쌤 '땅바닥이 진흙으로 우묵하고 깊게 파이고 항상 물이 많이 괴어 있는 곳.'을 '**늪**'이라고 하는데, 이 말은 빠져나오거나 그만두기 힘든 상황을 의미하는 말로도 쓰입니다. 비슷한 말로 '**수렁**'도 있습니다.

□□ 객지
손님 客, 땅 地

자기 집을 멀리 떠나 임시로 있는 곳.

예 혹은 **객지**로 나가다가 들어오다가

_2021학년도 수능 | 이시영, 「마음의 고향 2 – 그 언덕」

친절한 쌤 '객지'는 보통 고향이 아닌 곳을 말하며, 비슷한 말로 '**타지(他地)**'가 있습니다. 그런데 고향을 떠나 혼자 있으면 외로움이나 쓸쓸함을 많이 느끼겠죠? '객지에서 느끼는 쓸쓸함이나 시름.'을 '**객수(客愁)**'라고 하며, 다른 말로 '**객창감(客窓感)**'이라고도 합니다.

□□ 성찰
살필 省, 살필 察

자기의 마음을 반성하고 살핌.

예 '온통'은 화자의 **성찰**적 시선이 자신의 삶 전반에 걸쳐 있음을 부각한다. _2022학년도 6월 모평

친절한 쌤 '자신의 말이나 행동을 되돌아보면서 잘못을 살피거나 그것을 깨닫고 뉘우치는 것.'을 '**반성(反省)**'이라고 합니다. 또한 '지나간 일을 돌이켜 생각하는 것.'을 '**회고(回顧)**'라고 하는데, 이때는 잘못을 살핀다는 의미는 없습니다. 그리고 '**회상(回想)**'도 '회고(回顧)'와 같은 말입니다.

□□ 치욕
부끄러워할 恥, 욕될 辱

수치와 욕됨.

예 참을 수 없다 나무는, 알고 보면 / **치욕**으로 푸르다 _2021학년도 6월 모평 | 손택수, 「나무의 수사학 1」

친절한 쌤 '치욕'의 뜻풀이에서 '**수치(羞恥)**'는 '다른 사람들을 볼 낯이 없거나 스스로 떳떳하지 못함. 또는 그런 일.'을 뜻하는 말입니다. 또한 '**욕(辱)되다**'의 뜻은 '부끄럽고 치욕적이고 불명예스럽다.'입니다.

□□ 호명
부를 呼, 이름 名

이름을 부름.

예 반복적 **호명**을 통해 중심 대상으로 초점을 모으고 있다.

_2018학년도 9월 모평

친절한 쌤 '호명'이란 대상의 이름을 부르는 행위를 가리키는 말입니다. 우리가 친구의 이름을 부르는 것이 그 예에 해당하죠. 이름과 관련하여 '**명명(命名)**'이라는 말이 있는데, 그 뜻은 '사람, 사물, 사건 등의 대상에 이름을 지어 붙임.'입니다. 우리가 꽃이나 동물에 이름을 붙이는 것이 바로 '명명'입니다.

□□ 병치
나란히 竝, 둘 置

두 가지 이상의 것을 한곳에 나란히 두거나 설치함.

예 또한 밝고 화려한 색감을 지닌 이질적 이미지들의 **병치**로 이루어진 샤갈의 초현실주의적 그림에 대한 … 다양한 이미지의 **병치**로 변용했다. _2019학년도 수능

친절한 쌤 둘 이상의 대상을 나란히 배치하는 것이 '병치'인데, 이와 유사한 말이 '나란히 늘어놓음.'이라는 뜻의 '**병렬(竝列)**'입니다. 보통 이미지들의 병치는 여러 개의 이미지를 나란히 배치함으로써 그 이미지들을 동시에 보여 주기 위한 용도로 사용됩니다.

□□ **부재하다**

아닐 **不**, 있을 **在**

그곳에 있지 아니하다.

㉠ (가)는 **부재하는** 임을 기다리며 더 나은 세상에 대한 바람을 드러내고, (나)는 … 자유를 누리려는 바람을 드러냅니다. _2024학년도 6월 모평

친절한 쌤 '지금은 부재중이라 전화를 받을 수 없습니다.'와 같은 말을 들어 보았죠? 이때 '**부재중(不在中)**'의 뜻이 '자기 집이나 직장 따위에 있지 아니한 동안.'입니다. 즉 대상이 그곳에 존재하지 않는다는 것입니다.

□□ **모색하다**

찾을 **摸**, 찾을 **索**

일이나 사건 따위를 해결할 수 있는 방법이나 실마리를 더듬어 찾다.

㉠ ㉢은 새로운 표현을 시도하여 언어와 대상이 자유를 얻을 가능성을 **모색하는** 과정을 나타낸다. _2024학년도 6월 모평

친절한 쌤 '모색하다'는 '찾다'라는 말로 바꾸면 쉽게 이해할 수 있습니다. 모색하는 것이 해결안을 찾으려는 노력이다 보니 '**강구(講究)하다**'라는 단어도 떠올릴 수 있는데, 그 뜻은 '좋은 대책과 방법을 궁리하여 찾아내거나 좋은 대책을 세우다.'입니다.

□□ **표상하다**

겉 **表**, 형상 **象**

추상적이거나 드러나지 아니한 것을 구체적인 형상으로 드러내어 나타내다.

㉠ 1연과 4연의 '내 어린 날'은 2연의 '내 어린 날'의 기억을 통해 떠올린 유년 시절을 **표상하는** 의미를 지니고 있다. _2024학년도 9월 모평

친절한 쌤 문학 공부를 할 때 많이 나타나는 단어가 '**형상화(形象化)**'인데, 그 뜻은 '형체로는 분명히 나타나 있지 않은 것을 어떤 방법이나 매체를 통하여 구체적이고 명확한 형상으로 나타냄.'입니다. '표상하다'도 이처럼 형체가 분명하지 않은 것을 구체적인 형상으로 드러내는 것을 말합니다.

□□ **투영하다**

던질 **投**, 그림자 **影**

❶ **물체의 그림자를 어떤 물체 위에 비추다.**
❷ **(비유적으로) 어떤 일을 다른 일에 반영하여 나타내다.**

㉠ (가)에서 화자는 금강산으로 가는 길에서 만난 자연의 모습을 자신의 내면에 **투영하여** 형상화하고 있다. _2023학년도 9월 모평

친절한 쌤 그림자가 대상의 모습을 똑같이 보여 주는 것처럼 투영한다는 것은 대상의 모습을 그대로 반영한다는 것을 말합니다. 예를 들어 사랑하는 사람에게 꽃을 선물한다면 그 꽃 속에 상대방에 대한 나의 애정을 투영하고 있는 거죠. 보통 '**반영하다**'로 바꾸어 쓰면 쉽게 이해됩니다.

➕ 어휘 더하기   산(山)과 관련된 어휘

정답과 해설 6쪽

● **산마루(山마루)**
산등성이의 가장 높은 곳.
㉠ 신호탄이 건너편 **산마루**에서 솟아올랐다.

● **산등성이(山등성이)**
산의 등줄기.
㉠ 양쪽으로 두 줄기의 **산등성이**가 뻗어 내렸다.

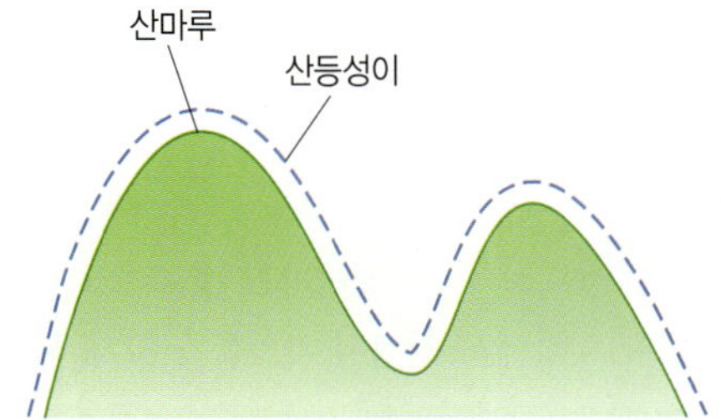

자연을 노래한 시에는 산의 지형을 나타낸 표현들이 많으므로, 잘 알아 두면 좋습니다. 여러분은 '산마루'가 산의 어느 곳을 가리키는지 아시나요? '산마루'는 산등성이의 가장 높은 곳으로, 다른 말로 '산봉우리' 또는 '산정(山頂)'이라고도 합니다. 즉 산에서 가장 높은 곳이죠.

이와 달리 '산등성이'는 왼쪽 그림의 점선처럼 산의 등줄기에 해당하는 부분으로, 주로 사람들이 등산로로 이용하는 부분을 말합니다.

● 밑줄 친 '산마루'는 산의 어느 위치를 말하는지 쓰시오.

> 여기 높으디높은 **산마루**
> 맑은 바람 속에 옷자락을 날리며
> 내 홀로 서서 / 무엇을 기다리며 노래하는가.
> – 조지훈, 「산상(山上)의 노래」

문제로 확인하기

◐ 24600-0028

1 빈칸에 들어갈 말로 가장 적절한 것은?

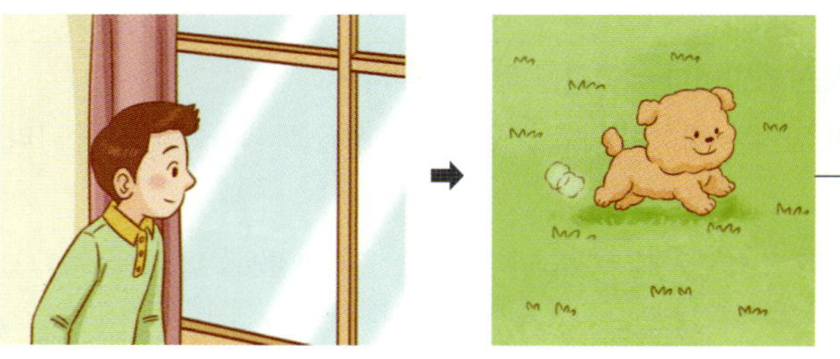

영상 편집에서는 쇼트의 [   ]을/를 통해 특정한 의미를 생성한다고 본다. 예를 들어 어딘가를 바라보는 사람을 담은 쇼트와, 강아지의 모습을 담은 쇼트를 연이어 배치하면 그 사람이 강아지를 바라보고 있다는 의미가 생성된다고 보는 것이다.

① 부재(不在) ② 병치(竝置) ③ 모색(摸索) ④ 표상(表象) ⑤ 투영(投影)

◐ 24600-0029

2 빈칸에 공통으로 들어갈 말로 가장 적절한 것은?

- 그 기억은 의식의 어두운 [   ]으로부터 한 줄기 빛으로 뻗어 올라와 확 불을 켠 것이다.

  – 조정래, 「태백산맥」

- 번뇌와 고통과 타락과 암흑이 그를 절망의 [   ]으로 떨어지게 하지 않을까.

  – 이기영, 「고향」

① 심연(深淵) ② 희망(希望) ③ 낙원(樂園) ④ 자존(自尊) ⑤ 선망(羨望)

◐ 24600-0030

3 밑줄 친 부분과 관련 있는 단어로 적절한 것은?

생각해 보면 어린 때 동무를 / 하나, 둘, 죄다 잃어버리고 //
나는 무얼 바라 / 나는 다만, 홀로 침전하는 것일까? //
인생은 살기 어렵다는데 / <u>시가 이렇게 쉽게 씌어지는 것은 / 부끄러운 일이다.</u>

– 윤동주, 「쉽게 씌어진 시」

① 회상(回想) ② 회고(回顧) ③ 성찰(省察) ④ 낙관(樂觀) ⑤ 동경(憧憬)

◐ 24600-0031

4 초성을 참고하여 괄호 안에 공통으로 들어갈 말을 쓰시오.

- 죽음의 상황을 가정하여, 화자에게 닥친 일상적 현실이 절망적인 상황임을 노래에 (　ㅌㅇ　)하여 드러내고 있다.
- 무정물인 대상에 대해 호감을 표현한 것은 자신의 정서를 대상에 (　ㅌㅇ　)한 것이라고 볼 수 있다.
- 지금은 사라진 '털보네 대장간'을 '찾아가고 싶다'라고 표현한 것은, 일상에서 결핍된 가치를 찾고자 하는 화자의 열망을 공간에 (　ㅌㅇ　)한 것이겠군.

5　○ 24600-0032

초성과 뜻풀이를 참고하여 〈보기〉의 괄호 안에 들어갈 말을 쓰시오.

┤ 보기 ├

넓은 벌 동쪽 끝으로
옛이야기 지줄대는 실개천이 휘돌아 나가고,
얼룩백이 황소가
해설피 금빛 게으른 울음을 우는 곳,

— 그곳이 참하 꿈엔들 잊힐 리야.

– 정지용, 「향수」

학생 1: 시의 제목이 '향수'인 것을 볼 때, 이 시에서 '그곳'은 고향을 의미할 거야.
학생 2: 그래서 이 시는 고향을 떠나 (ㄱ ㅈ)에서 살아가는 사람들에게는 고향에 대한 그리움을 불러 일으킬 거야.

자기 집을 멀리 떠나 임시로 있는 곳.

6　○ 24600-0033

밑줄 친 단어 중 '모색하다'와 바꾸어 쓰기에 적절한 것은?

① 길을 잃은 아이가 지금 가족을 <u>찾고</u> 있다.
② 현 정부는 이 사태의 평화적 해결책을 <u>찾는</u> 중이다.
③ 환절기가 되자 감기로 병원을 <u>찾는</u> 환자가 부쩍 늘었다.
④ 이 회사에 대한 자세한 정보는 컴퓨터에서 관련 사이트를 <u>찾으면</u> 된다.
⑤ 시장은 다시 생기를 <u>찾고</u> 눈알이 핑핑 도는 삶의 터전으로 돌아가기 시작했다.

실전 어휘를 알면 답이 보인다

7　○ 24600-0034　　2018학년도 9월 모평 20번 변형

〈보기〉에 대한 설명으로 적절한 것은?

┤ 보기 ├

꿈을 아느냐 네게 물으면,
플라타너스, / 너의 머리는 어느덧 파아란 하늘에 젖어 있다.

너는 사모할 줄을 모르나,
플라타너스, / 너는 네게 있는 것으로 그늘을 늘인다.

– 김현승, 「플라타너스」

① 반어적 표현을 통해 대상의 이중성을 강조하고 있다.
② 대상을 반복적으로 호명함으로써 시상을 집중시키고 있다.
③ 현재형 진술을 통해 대상의 역동적 성격을 부각하고 있다.
④ 색채어를 활용하여 대상의 고풍스러운 모습을 드러내고 있다.
⑤ 상승적 이미지를 활용하여 사물의 변화 과정을 표현하고 있다.

▶ 문제에 쓰인 단어 중 이해하기 어려운 단어의 뜻을 찾아 적어 보자.

● 다음 글을 읽고 물음에 답하시오.

2021학년도 6월 모평

꽃이 피었다,
도시가 나무에게
반어법을 가르친 것이다
이 도시의 이주민이 된 뒤부터
속마음을 곧이곧대로 드러낸다는 것이
얼마나 어리석은가를 나도 곧 깨닫게 되었지만
살아 있자, 악착같이 **들뜬 뿌리**라도 내리자
속마음을 감추는 대신
비트는 법을 익히게 된 서른 몇 이후부터
나무는 나의 스승
그가 견딜 수 없는 건
꽃향기 따라 나비와 벌이
붕붕거린다는 것,
내성이 생긴 이파리를
벌레들이 변함없이 아삭아삭
뜯어 먹는다는 것
도로변 **시끄러운 가로등 곁**에서 허구한 날
신경증과 불면증에 시달리며 피어나는 꽃
참을 수 없다 나무는, 알고 보면
치욕으로 푸르다

– 손택수, 「나무의 수사학 1」

낯선 어휘의 뜻을 사전에서 찾아 적어 보자.

• 이주민: 다른 곳으로 옮겨 가서 사는 사람. 또는 다른 지역에서 옮겨 와서 사는 사람.

• 내성: 환경 조건의 변화에 견딜 수 있는 생물의 성질.

•

•

중심 내용 한눈에 보기

대상에 대한 화자의 태도		'나무'와 화자의 특징	
화자가 발견한 것	**화자의 태도**	**나무**	**화자**
도로변 시끄러운 가로등 곁에서 힘들게 살아가는 [ ]❶을/를 발견함.	[ ]❷의 삶에 적응하기 위해 힘겹게 살아가는 대상에게 동질감을 느낌.	• 도시에 제대로 뿌리를 내리지 못함. • 도시 환경으로 인해 고통을 겪으면서도 [ ]❸을/를 피움.	• 이 도시로 이사해 온 [ ]❹임. • 도시에 적응하여 속마음을 곧이곧대로 드러내지 않고 비틀게 됨.

● 24600-0035

2021학년도 6월 모평 22번 변형

1

윗글에 대한 설명으로 가장 적절한 것은?

① 공간의 이동에 따른 풍경 변화를 묘사하고 있다.
② 단정적 진술을 활용하여 주제 의식을 드러내고 있다.
③ 청각적 이미지를 통해 자연에 대한 두려움을 표현하고 있다.
④ 인격화된 사물을 청자로 하여 화자의 소망을 전달하고 있다.
⑤ 도치된 표현을 활용하여 화자가 처한 부정적 현실에 대한 극복 의지를 강조하고 있다.

❯ 문제의 선지에 쓰인 단어 중 뜻을 모르는 것을 찾아 적어 보자.

● 24600-0036

2021학년도 6월 모평 24번

2

〈보기〉를 바탕으로 윗글을 감상한 내용으로 적절하지 않은 것은?

┤ 보기 ├

　「나무의 수사학 1」의 화자는 도심 속 가로수를 관찰하며 도시를 비판적으로 조망한다. 도시의 가로수는 나무의 푸름이나 아름다운 꽃조차도 도구적 가치에 의해서 평가된다. 화자는 삭막한 도시 환경에도 불구하고 고통을 참아 내며 꽃을 피우는 모습을 나무의 반어법으로 인식한다. 도시에 제대로 뿌리박지 못하면서도 도시 환경에 적응하여 꽃을 피우는 나무에서 치욕을 읽어 낸 것이다. 그것은 도시의 이주민인 화자가 나무에 대해 동질감을 느끼는 이유이기도 하다.

① '들뜬 뿌리'는 나무가 처한 상황에 대한 화자의 동질감을 반영하고 있군.
② '내성이 생긴 이파리'는 나무가 도시에 적응하면서 지니게 된 성질을 보여 주는군.
③ '시끄러운 가로등 곁'은 꽃을 피우며 참아 내야 할 삭막한 도시 환경을 드러내고 있군.
④ '신경증과 불면증'은 나무가 도시에 적응하기 위해 견뎌 내야 할 고통을 보여 주고 있군.
⑤ '치욕으로 푸르다'는 도구적 가치로 평가받아 그 환경에 적응하지 못하는 나무에 대한 비판적 표현이군.

실력 다지기

1 ◐ 24600-0037

㉠이 가리키는 동물과 이로 인해 환기되는 정서를 바르게 짝지은 것은?

> 님 그린 상사몽(相思夢)이 ㉠실솔(蟋蟀)의 넉시 되어 / 추야장(秋夜長) 깁픈 밤에 님의 방(房)에 드럿다가
> 날 잇고 깁피 든 잠을 씨와 볼가 ᄒᆞ노라.
>
> – 박효관의 시조

① 갈매기 – 슬픔   ② 갈매기 – 즐거움   ③ 소쩍새 – 쓸쓸함
④ 귀뚜라미 – 그리움   ⑤ 귀뚜라미 – 반가움

2 ◐ 24600-0038

밑줄 친 단어와 유사한 뜻을 가진 단어로 적절한 것은?

> 산촌에 눈이 오니 돌길이 뭇쳐셰라 / 시비를 여지 마라 날 츠즈리 뉘 이스리
> 밤듕만 일편명월(一片明月)이 긔 벗인가 ᄒᆞ노라.
>
> – 신흠, 「방옹시여」

① 경물(景物)   ② 화류(花柳)   ③ 홍안(紅顔)   ④ 사립문   ⑤ 미투리

3 ◐ 24600-0039

다음 화자의 삶의 태도를 나타낸 것으로 적절한 것은?

> 빈이무원(貧而無怨)을 어렵다 ᄒᆞ건마ᄂᆞᆫ / 닉 생애(生涯) 이러호ᄃᆡ 설온 뜻은 업노왜라.
> 단사표음(簞食瓢飮)을 이도 족(足)히 너기로라. / 평생(平生) ᄒᆞᆫ 뜻이 온포(溫飽)애ᄂᆞᆫ 업노왜라.
>
> – 박인로, 「누항사」

① 맥수지탄(麥秀之嘆)   ② 안분지족(安分知足)   ③ 각주구검(刻舟求劍)
④ 간담상조(肝膽相照)   ⑤ 생사고락(生死苦樂)

4 ◐ 24600-0040

㉠~㉢에 대한 설명으로 적절하지 <u>않은</u> 것은?

> ㉠강호에 ㉡병이 깁퍼 죽림(竹林)의 누엇더니 / 관동(關東) 팔백 리(八百里)에 방면(方面)을 맛디시니
> 어와 ㉢성은(聖恩)이야 가디록 망극(罔極)ᄒᆞ다 / 연추문(延秋門) 드리ᄃᆞ라 경회 남문(慶會南門) ᄇᆞ라보며
> 하직(下直)고 물러나니 옥절(玉節)이 알ᄑᆡ 셧다
>
> – 정철, 「관동별곡」

① ㉠은 옛사람들이 현실을 떠나 지냈던 자연을 의미한다.
② ㉠에서 자연을 벗 삼아 지은 시가들을 '강호가도(江湖歌道)'라고 한다.
③ ㉠과 대조적인 공간으로 '홍진(紅塵)'이 있는데, 번거롭고 속된 세상을 의미한다.
④ ㉡의 원인이 자연에 대한 애정이라면 '연하고질(煙霞痼疾)'과 같은 의미를 갖는다.
⑤ ㉢은 '임금의 은혜.'라는 뜻으로, 유사한 말에는 '군은(君恩)'과 '삼공(三公)' 등이 있다.

⊙ 24600-0041

5 다음 시에서 화자가 대상에 대해 갖는 태도로 적절한 것은?

> 산에는 꽃 피네 / 꽃이 피네 / 갈 봄 여름 없이 / 꽃이 피네 //
> 산에 / 산에 / 피는 꽃은 / 저만치 혼자서 피어 있네
>
> – 김소월, 「산유화」

① 냉소적(冷笑的) ② 자조적(自嘲的) ③ 관조적(觀照的)
④ 비판적(批判的) ⑤ 회의적(懷疑的)

⊙ 24600-0042

6 〈보기〉의 빈칸에 들어갈 말로 적절한 것은?

─┤ 보기 ├─

> 공허한 군중의 행렬에 섞이어 / 내 어디서 그리 무거운 비애를 지니고 왔기에
> 길―게 늘인 그림자 이다지 어두워
>
> – 김광균, 「와사등」

선생님: 이 시는 감각적 이미지를 사용한 표현이 잘 나타난 작품이에요.
학생: 네. '무거운 비애'나 '길―게 늘인 그림자'에 감각적인 표현이 잘 나타나 있어요.
선생님: 그런데 혹시 '비애'가 어떤 감정을 나타내는지 아나요?
학생: 그럼요. '비애(悲哀)'는 [　　　　]을/를 나타내는 감정이죠.

① 설렘　　② 슬픔　　③ 분노　　④ 두려움　　⑤ 부러움

⊙ 24600-0043

7 다음 열쇠 말을 참고하여 오른쪽에 있는 표의 빈칸을 완성하시오.

| 가로 열쇠 |

1. 어떤 것을 간절히 그리워하여 그것만을 생각함.
4. 흉을 보듯이 빈정거리거나 업신여기는 일. 또는 그렇게 웃는 웃음.
5. 겨울철에 북쪽에서 불어오는 찬 바람.
7. 부용을 그리거나 수놓은 방장(房帳).
8. 이름을 부름.
9. 하룻밤을 다섯 부분으로 나누었을 때 맨 마지막 부분.
11. 간절히 바람.

| 세로 열쇠 |

2. 공경하면서 두려워하는 감정.
3. 고요한 마음으로 사물이나 현상을 관찰하거나 비추어 보는 (것).
6. 맑은 바람과 밝은 달.
7. 그곳에 있지 아니함.
8. 지혜와 용기가 뛰어나고 기개와 풍모가 있는 사람.
10. 계절에 따라 달라지는 경치.
11. 간과 창자.

조선 시대 사대부의 자연 인식

　　조선 시대 사대부들은 벼슬에 나아가 국가를 위해 몸 바쳐 일하고 은퇴 후 자연과 하나 되어 살아가는 것을 이상적인 삶의 모습으로 여겼어요. 한편으로는 혼란스러운 정치적 소용돌이에서 벗어나 자연에 묻혀 사는 삶을 더욱 지향하기도 했어요. 이처럼 정치적·경제적 요건으로 인해 자연스럽게 형성된 조선 시대의 자연 예찬 문학의 한 사조를 '**강호가도(江湖歌道)**'라고 합니다. 작품에 따라 자연을 지향하는 모습에 약간의 차이를 보이기도 해요.

> 강산풍월 거느리고 내 백 년을 다 누리면
> 악양루 위의 이백이 살아온들
> 호탕한 회포는 이보다 더할쏘냐
> 이 몸이 이렇게 지내는 것도 역군은(亦君恩)이샷다
> — 송순, 「면앙정가」
>
> 주육(酒肉)에 빠진 분들 부귀를 자랑 마오
> 여름날 더운 길의 홍진 간에 분주하며
> 겨울밤 추운 새벽 대루원에 서성이니
> 자네는 좋다 하나 내 보기엔 괴로워라
> 어와 내 신세를 내 말하니 자네 듣소
> 삼복에 날 더우면 백우선(白羽扇) 높이 들고
> 풍령에 기대 다리 펴고 누웠으니
> 편안한 이 거동을 그 누가 겨룰쏘냐
> — 남도진, 「낙은별곡」

어휘 돋보기

역군은(亦君恩)이샷다

| 역(또한 亦) 군(임금 君) 은(은혜 恩) | + | 이샷다 |

"이 모든 것은 임금의 은혜 덕분이다."라는 의미로, 조선 시대 시가에 관습적으로 활용되는 표현이다. 이러한 표현을 통해 임금을 향한 칭송과 감사의 마음을 효과적으로 전하고 있다.

　　16세기에 창작된 송순의 「면앙정가」는 강호 가사에 흔히 나타나는 자연 속에서 풍류를 즐기는 삶의 모습이 잘 구현되어 있어요. 그런 와중에 '역군은이샷다'라는 표현으로 임금을 향한 감사의 마음도 잘 담아내고 있죠. 이와 비교해 보면 18세기에 창작된 강호 가사인 「낙은별곡」에서는 이전의 강호 가사에서 흔히 보이던, 자연물에 도덕적 이상을 투영하거나 벼슬에 미련을 보이는 태도는 찾을 수 없어요. 작가는 세속적 명리에 뜻을 두지 않고 마음 맞는 사람들과 어울려 자연 속에서 소박하게 풍류를 즐기는 삶의 모습을 제시하고 있죠. 이는 현실에서 만족을 얻으려는 현실 지향적 태도를 형상화한 것으로 볼 수 있습니다.

II

고전 산문·현대 소설

05 강 고전 소설 (1) | 백성의 삶과 문화

조정
아침 朝, 조정 廷

임금이 나라의 정치를 신하들과 의논하거나 집행하는 곳. 또는 그런 기구.

예 **조정**에 모인 여러 신하가 감히 우러러보지 못하였다.

_2024학년도 수능 | 작자 미상, 「김원전」

친절한 샘 '예전에, 벼슬아치들이 모여 나랏일을 처리하던 곳.'을 '**관아(官衙)**'라고 했습니다. '관아'는 보통 마을마다 하나씩 있었죠. 이와 달리 '조정'은 오늘날의 정부에 해당하는 곳으로, '임금'이 '정사(政事)'를 돌보던 곳을 말합니다.

규중
도장방 閨, 가운데 中

부녀자가 거처하는 곳.

예 당상의 늙은 모친 **규중**의 어린 처자 다시 보게 하옵소서. _2019학년도 6월 모평

친절한 샘 바늘, 자, 가위, 인두, 다리미, 실, 골무를 의인화한 작품인 「규중칠우쟁론기」를 아시죠? 제목에 '규중'이 쓰인 것은, 부녀자가 거처하는 방에 있는 물건들이 주인공이기 때문입니다. 유사한 말로 '**규방(閨房)**', '**도장방(도장房)**'이 있으며, 부녀자가 짓거나 읊은 가사 작품을 통틀어서 '**규방 가사(閨房歌辭)**'라고 합니다.

배설하다
늘어설 排, 베풀 設

연회나 의식(儀式)에 물건을 차려 놓다.

예 무수한 사람들이 열좌하여 큰 잔치를 **배설하고**

_2020학년도 6월 모평 | 작자 미상, 「조웅전」

▲ 조선 시대 연회의 모습

친절한 샘 '축하, 위로, 환영, 석별 따위를 위하여 여러 사람이 모여 베푸는 잔치.'를 '**연회(宴會)**'라고 합니다. 많은 사람이 모였으니 즐겁게 먹고 마시며 놀아야겠죠? 이때 사람들이 먹고 마실 수 있도록 음식과 그릇 등을 차려 놓는 것을 '배설'이라고 합니다.

행장
다닐 行, 꾸밀 裝

여행할 때 쓰는 물건과 차림.

예 기뻐 즉시 회답하여 보내고 익일에 **행장** 차려 갈새 _2023학년도 9월 모평 | 작자 미상, 「정수정전」

친절한 샘 여행할 준비를 차린 상태가 '행장'입니다. 여행할 때는 여러 물건이 필요한데, '명아줏대로 만든 지팡이.'는 '**청려장(靑藜杖)**'이라 하고, 물을 떠서 먹을 '한 개의 표주박.'은 '**단표자(單瓢子)**'라고 합니다. 또한 '대나무로 만든 밥그릇에 담은 밥과 표주박에 든 물이라는 뜻으로, 청빈하고 소박한 생활을 이르는 말.'인 '**단사표음(簞食瓢飮)**'이라는 말도 같이 알아 두세요.

시비
모실 侍, 계집종 婢

곁에서 시중을 드는 계집종.

예 이 애는 회산군 댁 **시비**예요 _2024학년도 6월 모평 | 작자 미상, 「상사동기」

친절한 샘 고전 소설에서 인물의 시중을 드는 역할로 유모나 시비가 자주 나오는데, '**유모(乳母)**'는 '남의 아이에게 그 어머니 대신 젖을 먹여 주는 여자.'를 말하며, 시비는 계집종을 말합니다. 동음이의어로 '옳음과 그름.'을 뜻하는 '**시비(是非)**'와 '사립짝을 달아서 만든 문.'을 뜻하는 '**시비(柴扉)**'가 있으니, 잘 구별해야 합니다.

재배하다
다시 再, 절 拜

두 번 절하다.

예 성의 칠보대 아래에서 **재배하는데** _2018학년도 6월 모평 | 작자 미상, 「적성의전」

친절한 샘 여러분은 세배를 한 적이 있죠? '섣달그믐이나 정초에 웃어른께 인사로 하는 절.'을 '**세배(歲拜)**'라고 합니다. 이렇게 절하는 예절을 '**배례(拜禮)**'라고 하는데, '백성들이 왕이나 왕족에게 절을 하던 일.'을 가리키는 '**숙배(肅拜)**'라는 말도 있습니다. 그리고 한 번 절하는 것이 '**단배(單拜)**'이며, 두 번 절하는 것이 바로 '**재배(再拜)**'입니다.

□□ **주렴**

구슬 珠, 발 簾

구슬 따위를 꿰어 만든 발.

예 걷었던 **주렴**을 내리는 소리가 요란하였다. _2018학년도 수능 | 김만중, 「사씨남정기」

친절한 샘 '가늘고 긴 줄을 여러 개 나란히 늘어뜨려 만든 물건.'을 '발'이라고 하는데, 음식점의 출입문에 발을 걸어 놓는 경우가 있습니다. '주렴'은 구슬을 꿰어서 만든 발입니다. 비슷한 말로 **수정렴(水晶簾)**이 있는데, '수정 구슬을 꿰어서 만든 아름다운 발.'을 의미합니다.

□□ **각설**

물리칠 却, 말씀 說

말이나 글 따위에서, 이제까지 다루던 내용을 그만두고 화제를 다른 쪽으로 돌림.

예 **각설**, 이때에 상이 민 중전을 내치시고 태보를 정배 후 _2022학년도 수능 | 작자 미상, 「박태보전」

친절한 샘 말을 하거나 글을 쓸 때, 앞서 이야기하던 내용을 그만두고 다른 내용으로 화제를 돌릴 때가 있는데, 그때 사용하는 말이 '각설'입니다. 따라서 이 단어가 나오면 화제가 전환되어 다른 내용이 나온다고 생각하면 됩니다. 비슷한 말로 **차설(且說)**이 있으니 이 단어도 알아 두세요.

□□ **소저**

작을 小, 누이 姐

'아가씨'를 한문 투로 이르는 말.

예 **소저**가 이 말을 듣고 승상에게 말했다. _2021학년도 수능 | 작자 미상, 「최고운전」

친절한 샘 '예전에, 결혼하지 아니한 성년 여자를 높여 이르던 말.'이 **낭자(娘子)**입니다. '결혼하지 않은 젊은 여자를 이르거나 부르는 말.'이 **아가씨**이므로, 소저와 낭자는 비슷한 말이라 할 수 있습니다. '소저'와 헷갈리는 발음의 단어로 **소자(小子)**가 있는데, 이는 '아들이 부모를 상대하여 자기를 낮추어 이르는 일인칭 대명사.'입니다.

□□ **귀양**

고려·조선 시대에, 죄인을 먼 시골이나 섬으로 보내어 일정한 기간 동안 제한된 곳에서만 살게 하던 형벌.

예 황제 듣지 않고 절강에 **귀양**을 정하시니

_2023학년도 9월 모평 | 작자 미상, 「정수정전」

친절한 샘 정약용은 유배지에서 많은 책을 저술하고 아들에게 편지도 많이 보낸 것으로 유명합니다. 이때 **유배지(流配地)**의 뜻이 '귀양살이하는 곳.'입니다. '유배(流配)'는 죄인을 귀양 보내는 형벌을 말하는데, 그 죄의 가볍고 무거움에 따라 장소의 멀고 가까움이나 주거지의 제한 정도에 차등을 두었습니다.

➕ 어휘 더하기   '오늘'을 기준으로 날짜를 표현하는 어휘

정답과 해설 9쪽

- **작일(昨日)**
  오늘의 바로 하루 전날.
  예 **작일**에 존자 분부하시되 _작자 미상, 「적성의전」

- **금일(今日)**
  지금 지나가고 있는 이날.
  예 귀댁을 찾아 **금일** 만나니 구면처럼 반갑소이다. _작자 미상, 「장끼전」

- **명일(明日)**
  오늘의 바로 다음 날.
  예 **명일** 미명에 서번 적의 간계에 걸려들어 죽을 듯하니 불쌍하도다. _작자 미상, 「조웅전」

'금일까지 과제를 제출하시오.'라는 말은 언제까지 과제를 제출하라는 뜻일까요? 금요일까지 제출하라는 것일까요? 아닙니다. '금일(今日)'은 오늘이기 때문에 오늘까지 제출하라는 뜻입니다. '작일(昨日)'과 '명일(明日)'은 둘 다 오늘을 기준으로 날짜를 표현하는 말로, 각각 어제와 내일을 의미합니다.

- **문맥을 고려하여 괄호 안에 들어갈 적절한 말을 고르시오.**

  (작일 / 명일) 오전 10시에 기념식이 거행되오니 참석해 주시기 바랍니다.

● 24600-0044

1 그림과 뜻을 참고하여, 단어 카드와 단어를 알맞게 연결하시오.

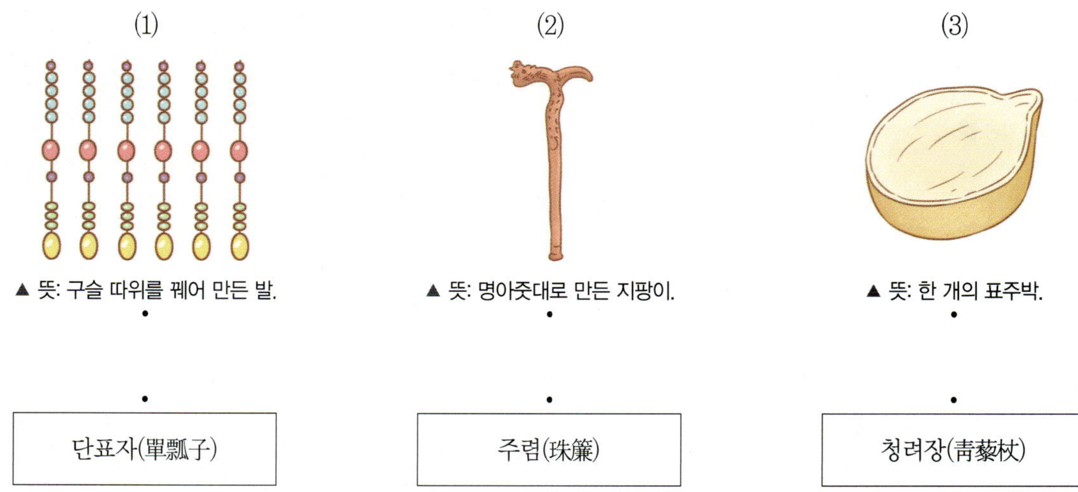

(1)

▲ 뜻: 구슬 따위를 꿰어 만든 발.

•

(2)

▲ 뜻: 명아줏대로 만든 지팡이.

•

(3)

▲ 뜻: 한 개의 표주박.

•

| 단표자(單瓢子) | 주렴(珠簾) | 청려장(靑藜杖) |

● 24600-0045

2 밑줄 친 단어의 뜻과 가장 유사한 것은?

> "자네 일정 간사하도다. 만일 입신양명하면 충신을 험담하여 <u>귀양</u> 보내고 조정을 농권하며 임금을 어둡게 하리로다. 나는 그놈을 찾아가서 서대주라 하고 도적질한 말을 하면 그놈이 겁내어 만석이라도 추심(推尋)하리라."
>
> – 작자 미상, 「장끼전」

① 경계(警戒)　　② 유람(遊覽)　　③ 축원(祝願)　　④ 업보(業報)　　⑤ 유배(流配)

● 24600-0046

3 초성과 단어의 뜻을 보고, 괄호 안에 들어갈 적절한 말을 쓰시오.

> 　낭군은 부질없는 말씀 마옵소서. 제가 낭군을 좇는 것을 원망했다면 어찌 깊은 (ㄱ ㅂ)에서 홀로 늙는 것을 감심하였사오리까? 다만 제가 귀댁에 들어온 지 오륙일이 지났으나 좌우에 친한 사람이 없고 오직 우러르는 바는 아버님, 어머님과 낭군뿐이라 어린 여자의 마음이 편안하지 못한 바이옵니다.
>
> 부녀자가 거처하는 방.
>
> – 작자 미상, 「유씨삼대록」

● 24600-0047

4 문맥을 고려하여, 각각의 괄호 안에 들어갈 적절한 말을 고르시오.

(1) 이에 (조정 / 규중)의 신하들이 당황하여 갈팡질팡하고 임금께 아뢰기를, "고금에 드문 괴변이라."

(2) 정 상서가 일변 (차설 / 행장)을 준비하여 부인더러 이르기를, "나는 천만의외에 귀양 가거니와 부인은 여아를 데리고 조상 제사를 받들어 길이 무탈하소서."

○ 24600-0048

5 ㉠의 역할로 적절한 것은?

> 차시에 성의 오작에게 밥을 부치고 단저로 벗을 삼아 심회를 덜며 일분도 그 형을 원망치 아니하고, 주야에 부모를 생각하니 그 천성대효(天性大孝)를 천지신명이 어찌 돕지 아니하리오.
> ㉠각설, 이때 중국에 호마령이라 하는 재상이 있으니 벼슬이 승상에 오른지라.
>
> – 작자 미상, 「적성의전」

① 화제를 전환함. ② 인물의 말을 인용함. ③ 서술자의 의견을 제시함.
④ 지금까지의 내용을 요약함. ⑤ 앞의 내용을 상세하게 설명함.

○ 24600-0049

6 밑줄 친 부분과 바꾸어 쓸 수 있는 구절로 적절한 것은?

> 하루는 주효를 낭자케 장만하고 원근에 모모한 친구며 사방 사람을 청좌하여 **대연을 배설할 제**, 이때의 참옹고집 전전걸식하다가 맹랑촌 옹고집 활인구제한단 말 듣고 분심으로 하는 말이, "남의 재물 갖고 제 마음대로 쓰는 놈은 어떤 놈의 팔자인고. 찾아가서 내 집 망종 보고 죽자."
>
> – 작자 미상, 「옹고집전」

① 큰 잔치를 열 계획을 세울 때 ② 큰 잔치에 사람들을 초대할 때
③ 큰 잔치를 취소하게 되었을 때 ④ 큰 잔치를 열어 음식을 차려 놓을 때
⑤ 큰 잔치를 열지 사람들에게 물어볼 때

실전 어휘를 알면 답이 보인다

○ 24600-0050

`2024학년도 6월 모평 21번 변형`

7 〈보기〉를 참고하여 작품을 감상한다고 할 때, ㉠~㉤ 중에서 ㉮와 가장 관련이 깊은 것은?

> 문제에 쓰인 단어 중 이해하기 어려운 단어의 뜻을 찾아 적어 보자.

┤ 보기 ├

> 「상사동기」는 남녀가 결연의 어려움을 극복하고 애정을 추구하는 서사라는 점에서, 애정 전기 소설의 전통을 따르면서도 전대 소설보다 현실성이 강화되었다. 감정에 충실하여 애정을 우선시하는 주인공의 성격, 서사 진행에 적극 개입하는 보조적 인물의 등장, 환상성을 벗어나 일상에 밀착된 배경의 설정 등에서 이를 확인할 수 있다. 또한 ㉮신분적 한계를 지닌 여성과의 결연 과정에서 애정 성취를 가로막는 사회적 관습으로 인한 갈등이 드러난다는 점에서 소설사적 의의가 있다.

> "이 애는 회산군 댁 ㉠시비예요. 궁에서 나고 자라 문 앞길도 밟지 못한 지 오래랍니다. ㉡자색(姿色)이 고운 것은 낭군께서 이미 보셨으니 굳이 말할 것 없지만 고운 마음이며 얌전한 몸가짐은 양반집 ㉢규수와 다를 게 없지요. 게다가 ㉣음률과 문장을 알아 나리께서 어여삐 여기시고 장차 소실(小室)로 맞으려 하셨지만, 부인의 시샘이 하동의 ㉤사자후보다 심하여 그렇게 못 하고 있을 뿐이옵니다."
>
> – 작자 미상, 「상사동기」

① ㉠ ② ㉡ ③ ㉢ ④ ㉣ ⑤ ㉤

● 다음 글을 읽고 물음에 답하시오.　　　　　　　　　　　　　　　　　　　　　　　　2023학년도 9월 모평

　　이때 예부 상서 진량을 황제 가장 총애하시니 진량이 의기양양하고 교만 방자한지라, 정 상서 일찍 진량이 소인인 줄 알고 황제께 간하되 황제 종시 그렇지 않다 하심에, 진량이 이 일을 알고 정 상서를 해하려 하더라. 차시 황제의 탄생일이 되었는지라, ㉠마침 정 상서 병이 있어 상소하고 참석지 못하였더니 황제 만조백관더러 묻기를,

　　"정 상서의 병이 어떠하더뇨?"/ 하시고 사관을 보내려 하시니 진량이 나아가 왈,

　　"정 상서는 간악한 사람이라 그 병세를 신이 자세히 아옵니다. 상서가 요사이 황제께 조회하는 것이 다르옵고 신이 상서의 집에 가오니 상서의 말이 수상하옵더니 오늘 조회에 불참하오니 반드시 무슨 생각 있는 줄 아나이다."

　　황제 대경하여 처벌하려 하시거늘 중관이 아뢰길, / "정 상서의 죄 명백함이 없으니 어찌 벌로 다스리오리까?"

　　황제 듣지 않고 절강에 귀양을 정하시니 중관이 명을 듣고 ㉡정 상서의 집에 나아가 황명을 전하니, 상서 크게 울며, / "내 일찍 국은을 갚을까 하였더니 소인의 참언을 입어 이제 귀양을 가니 어찌 애달프지 않으리오."

[중략 줄거리] 정 상서는 귀양지에서 석 달 만에 득병하여 세상을 떠나고, 남장을 한 정수정은 장원 급제한 뒤 북적을 물리친다. 이후 황제에게 자신이 여성임을 밝히고 정혼자인 장연과 혼인한다. 호왕이 침공하자 정수정은 대원수, 장연은 중군장으로 출전한다.

　　㉢대원수 호왕에 승리하여 황성으로 향할새 강서 지경에 이르러 한복더러 묻기를, / "**진량의 귀양지가 여기서 얼마나 되는가?**" / "수십 리는 되나이다." / 대원수 분부하되 철기를 거느려 결박하여 오라 하니 한복 등이 듣고 나는 듯이 가 바로 내실로 들어갈새 진량이 대경하여 연고를 묻거늘 한복이 칼을 들어 시종을 베고 군사를 호령하여 진량을 결박하여 본진으로 돌아와 대원수께 고하되, 대원수 이에 진량을 잡아들여 장하에 꿇리고 노기 대발하여 부친 모해하던 죄상을 문초하니 진량이 다만 살려 달라 빌거늘, 대원수 무사를 호령하여 빨리 베라 하니 이윽고 무사 진량의 머리를 드리거늘, 대원수 **제상을 차려 부친께 제사 지내**더라. / 황제께 첩서를 올려 승전을 알리고, ㉣**중군장 장연을 기주로 보내고** 대군을 지휘하여 경사로 향하여 여러 날 만에 궐하에 이르니, 황제 백관을 거느려 대원수를 맞아 치하하시고 좌각로 평북후를 봉하시니 대원수 사은하고 청주로 가니라.

　　차설. 장연이 기주에 이르러 모친 태부인 뵈옵고 전후사연을 고하되 태부인이 듣고 통분 왈, / "너를 길러 벼슬이 공후에 이르니 기쁨이 측량없던 차에 **전쟁터에서 부인에게 욕을 보고 돌아올 줄** 어찌 알았으리오."

　　장연의 다른 부인들인 원 부인과 공주가 아뢰기를, / "정수정 벼슬이 높으니 능히 제어치 못할 것이요, 저 사람 또한 대의를 알아 삼가 화목할 것이니 이제는 노하지 마소서."

　　태부인이 그렇게 여겨 이에 시녀를 정하여 서찰을 주어 청주로 보내니라. 이때 정수정은 전쟁에서 **장연 징계한 일로 심사 답답**하더니 시비 문득 아뢰되 기주 시녀 왔다 하거늘 불러들여 ㉤**서찰을 본즉 태부인의 서찰이라.** 기뻐 즉시 회답하여 보내고 익일에 행장 차려 갈새, 홍군 취삼으로 봉관 적의에 명월패 차고 수십 시녀를 거느려 성 밖에 나오니, 한복이 정수정을 **호위**하여 기주에 이르러 **태부인께 예**하고 두 부인으로 더불어 예필 좌정함에, 태부인이 지난 일에 조금도 거리낌이 없으니, 정수정 또한 태부인을 지성으로 섬기더라.

　　　　　　　　　　　　　　　　　　　　　　　　　　　　　　　　　　　　　　　– 작자 미상, 「정수정전」

◆ **낯선 어휘의 뜻**을 사전에서 찾아 적어 보자.

• 교만: 잘난 체하며 뽐내고 건방짐.

• 상소하다: 임금에게 글을 올리다.

중심 내용 한눈에 보기

정 상서의 죽음	정수정의 역할 ① '영웅'	정수정의 역할 ② '효녀'	정수정의 역할 ③ '부녀자'
황제의 탄생일에 참석하지 못한 일로 누명을 쓰고 ❶을/를 가서 병을 얻어 죽음.	장원 급제한 뒤 북적을 물리치고, ❷와/과의 전쟁에서 승리함.	부친을 ❸한 진량을 찾아가 죄상을 문초하고 진량의 목숨을 거둠.	시어머니 ❹의 서찰을 받고 기주에 이르러 예를 다함.

◉ 24600-0051

2023학년도 9월 모평 19번 변형

1 ㉠~㉤에 대한 이해로 적절하지 <u>않은</u> 것은?

① ㉠으로 진량에게는 정 상서를 모함할 기회가 생긴다.

② ㉡으로 정 상서는 집을 떠나 절강으로 가야 하는 처지가 된다.

③ ㉢으로 정수정은 황제로부터 노고에 대한 보답을 받게 된다.

④ ㉣로 장연은 큰 공을 세워 벼슬이 높아지게 된다.

⑤ ㉤으로 정수정은 걱정을 덜며 떠날 채비를 하게 된다.

◉ 문제의 선지에 쓰인 단어 중 뜻을 모르는 것을 찾아 적어 보자.

◉ 24600-0052

2023학년도 9월 모평 21번

2 〈보기〉를 참고하여 윗글을 감상한 내용으로 적절하지 <u>않은</u> 것은?

┨ 보기 ┠

정수정은 국가적 위기를 해결하는 영웅이자, 부친의 원수를 갚는 효녀이고, 부녀자로서의 덕목을 지녀야 하는 장씨 가문의 여성이다. 정수정은 주어진 상황과 조건에 따라 세 역할 사이에서 갈등하기도 하지만, 결과적으로는 모든 역할에 충실하며 다양한 능력과 덕목을 갖춘 인물로 형상화된다.

① '진량의 귀양지가 여기서 얼마나 되는'지 묻는 '대원수'의 발언에서, '진량'을 찾아 부친의 한을 풀어 주려는 '정수정'의 효녀로서의 면모가 드러남을 알 수 있군.

② '제상을 차려 부친께 제사 지내'는 '대원수'의 모습에서, '정수정'은 부친의 원수를 갚는 효녀로서의 소임을 수행하여 죽은 부친의 넋을 위로하고 있음을 알 수 있군.

③ '장연'이 '전쟁터에서 부인에게 욕을 보고 돌아'왔다며 통분하는 '태부인'의 모습에서, '태부인'은 '정수정'이 아내의 역할보다 대원수의 역할을 중시한 것에 대해 못마땅해함을 알 수 있군.

④ '장연 징계한 일로 심사 답답'한 '정수정'의 모습에서, '정수정'은 군대를 통솔했던 국가적 영웅으로 돌아가고 싶어 함을 알 수 있군.

⑤ '한복'의 '호위'를 받으며 기주로 가서 '태부인께 예'하는 '정수정'의 모습에서, 국가적 영웅의 면모를 유지하는 '정수정'이 며느리로서의 역할도 수행함을 알 수 있군.

고전 소설 (2) | 영웅 이야기

*어휘 공부를 완료한 뒤 체크!

□□ **원수**
으뜸 **元**, 장수 **帥**

군대에서 가장 높은 계급. 또는 그 계급의 사람.

예 **원수**가 칼을 들어 기둥을 치니 반쯤 부러졌다.

_2024학년도 수능 | 작자 미상, 「김원전」

친절한 샘 '억울하고 원통하여 마음에 응어리가 맺힐 정도로 자기에게 해를 끼친 사람이나 집단.'을 **원수(怨讐)**'라고 하며, '한 나라에서 최고 권력을 지니면서 나라를 다스리는 사람.'도 **원수(元首)**'이므로 잘 구별해야 합니다. **천자(天子)**'는 하늘의 아들로, 황제 또는 임금을 뜻합니다.

□□ **반공**
반 **半**, 빌 **空**

땅으로부터 그리 높지 아니한 허공.

예 우편의 칠백 중들이 합송하니 송경 소리 **반공**에 사무치는지라. _2018학년도 6월 모평 | 작자 미상, 「적성의전」

친절한 샘 '하늘과 땅 사이의 빈 곳.'을 **공중(空中)**'이라고 하며, '텅 빈 공중.'을 **허공(虛空)**'이라고 합니다. '반공'은 '반공중(半空中)'의 줄임말로서 '반(半)'이 1/2을 나타내므로 땅에서 가까운 공중을 말합니다.

□□ **심복**
마음 **心**, 배 **腹**

마음 놓고 부리거나 일을 맡길 수 있는 사람.

예 시녀가 여씨 **심복** 미양을 가리켜 아뢰니 _2023학년도 6월 모평 | 작자 미상, 「소현성록」

친절한 샘 '나라와 임금을 위하여 충성을 다하는 신하를 이르는 말.'이 **충신(忠臣)**'이며, '주인을 충심으로 섬기는 사내종.'을 **충복(忠僕)**'이라고 합니다. 이러한 신하나 사내종은 마음 놓고 일을 맡길 수 있는 사람이니, '심복'이라고 할 수 있습니다. '심복'의 '심(心)'이 '마음'을 뜻하는 말이니, 진정 마음으로 믿고 일을 맡길 수 있다는 뜻이 되는 거죠.

□□ **적강**
귀양갈 **謫**, 내릴 **降**

신선이 인간 세상에 내려오거나 사람으로 태어남.

예 "석 부인은 실로 **적강**선녀라." _2023학년도 6월 모평 | 작자 미상, 「소현성록」

친절한 샘 영웅 소설에 등장하는 일부 인물은 천상계에서 살다가 죄를 지어 인간 세계에 내려오며, 인간 세상에서의 삶을 통해 깨달음을 얻습니다. 이때 **천상계(天上界)**'는 하늘 위의 세계를 말하며, 하늘에 있는 세상이기 때문에 인간 세계로 오는 것을 '내려온다'고 말합니다. 그래서 '내리다'라는 뜻의 '강(降)' 자를 쓰는 거죠.

□□ **계교**
꾀할 **計**, 공교할 **巧**

요리조리 헤아려 보고 생각해 낸 꾀.

예 여차여차하게 **계교**를 갖추고 기다리라고 하였다. _2024학년도 수능 | 작자 미상, 「김원전」

친절한 샘 '계교'와 비슷한 말에는 '어떤 일을 이루기 위한 꾀나 수단.'을 뜻하는 **계략(計略)**'이 있습니다. 이 계략이 악하고 모질 경우 **흉계(凶計)**'라고 하며, 그 뜻은 '흉악한 계략.'입니다. 또한 악인이 나쁜 꾀를 내어 선한 주인공을 함정에 빠뜨리곤 하는데, 이를 **모함(謀陷)**'이라고 하며 그 뜻은 '나쁜 꾀로 남을 어려운 처지에 빠지게 함.'입니다.

□□ **만조백관**
가득할 **滿**, 조정 **朝**,
일백 **百**, 벼슬 **官**

조정의 모든 벼슬아치.

예 황제 **만조백관**더러 묻기를 _2023학년도 9월 모평 | 작자 미상, 「정수정전」

친절한 샘 '젊은 남녀가 부부가 되어 평생을 같이 지낼 것을 굳게 다짐하는 아름다운 언약.'을 **백년가약(百年佳約)**'이라고 하는데, 이때 '백년(百年)'은 100년이 아니라 '평생'을 의미합니다. 마찬가지로 '만조백관'에서 **백관(百官)**'이 의미하는 것도 100명의 신하가 아니라, '모든 벼슬아치.'입니다. '백관'과 비슷한 말로는 '여러 신하.'를 뜻하는 **제신(諸臣)**'이 있습니다.

| □□ **도술**
길 道, 재주 術 | **도를 닦아 여러 가지 조화를 부리는 요술이나 술법.**
예 선생의 **도술**이 높으심을 모르고 존엄을 범하였으니
_2021학년도 6월 모평 │ 작자 미상, 「전우치전」 |

친절한 샘 '도술'과 유사한 말로 '**주술(呪術)**'이 있는데, 그 뜻은 '불행이나 재해를 막으려고 주문을 외거나 술법을 부리는 일. 또는 그 술법.'입니다. 또한 '음양가나 점술에 정통한 사람이 술법을 부리거나 귀신을 쫓을 때 외는 글귀.'를 '**주문(呪文)**'이라고 합니다. 이와 달리 '**제문(祭文)**'의 뜻은 '죽은 사람에 대하여 애도의 뜻을 나타낸 글.'입니다.

▲ 도술을 부리는 홍길동의 모습

| □□ **희롱하다**
놀 戲, 희롱할 弄 | ❶ **말이나 행동으로 실없이 놀리다.**
❷ **손아귀에 넣고 제멋대로 가지고 놀다.**
예 분명 선동(仙童)이 옥저를 불어 속객을 **희롱하는도다.** _2018학년도 6월 모평 │ 작자 미상, 「적성의전」 |

친절한 샘 '농이 심하다'는 말을 들어 본 적이 있나요? '**농(弄)**'은 '실없이 놀리거나 장난으로 하는 말.'을 뜻하는 말로, '**농담(弄談)**'과 같은 말입니다. '농담'의 반대말로는 '**진담(眞談)**'이 있는데, 그 뜻은 '진심에서 우러나온, 거짓이 없는 참된 말.'입니다.

| □□ **속절없다** | **단념할 수밖에 달리 어찌할 도리가 없다.**
예 세상을 다스릴 재주를 지녔사오니 어찌 **속절없이** 세월만 보내오리까? _2019학년도 9월 모평 │「홍길동전」 |

친절한 샘 걸인이 되어 돌아온 이몽룡을 보고 춘향은 "이내 신세, 하릴없이 되었구나."라고 말합니다. 춘향이 희망을 잃고 체념하여 한 말인데, 이때 사용된 '**하릴없다**'는 '달리 어떻게 할 도리가 없다.'라는 뜻으로, '속절없다'와 유사한 뜻을 가진 말입니다.

| □□ **신이하다**
귀신 神, 기이할 異 | **신기하고 이상하다.**
예 옥영의 꿈에 나타난 '만복사의 부처'는, … 문제를 해결하는 데 도움을 주는 **신이한** 존재로서 역할을 한다고 볼 수 있겠군. _2023학년도 수능 |

친절한 샘 '기이하여 세상에 전할 만한 것.'을 '**전기적(傳奇的)**'이라고 합니다. 이때 '**기이(奇異)하다**'의 뜻은 '기묘하고 이상하다.'인데, 고전 소설에서 주인공이 주술을 통해 날씨를 변화시키거나 땅을 솟아오르게 하는 것 등이 모두 기이한 일에 해당됩니다. 이러한 '기이하다'와 비슷한 말이 바로 '신이하다'입니다.

➕ 어휘 더하기 '달'과 '날'을 나타내는 어휘들

정답과 해설 10쪽

월(月)	일(日)
• **정월(正月)** 음력으로 한 해의 첫째 달. 예 **정월** 열나흗날 밤에 잠을 자면 눈썹이 센다.	• **초하루(初하루)** 매달 첫째 날. 예 내년 음력 2월 **초하루**가 길일이라고 하더래요.
• **섣달** 음력으로 한 해의 맨 끝 달. 예 결혼식 날짜는 해를 넘기지 않으려고 **섣달**로 정했다.	• **그믐** 음력으로 그달의 마지막 날. 예 음력 **그믐**에 가까워 달빛도 없는 골목길은 을씨년스레 깜깜했다.

여러분의 생일은 언제인가요? 요즘엔 대부분 양력으로 생일을 지내지만, 예전에는 음력으로 생일을 지내는 사람도 많았습니다. '**음력(陰曆)**'은 1896년에 양력으로 역법이 고쳐지기 전까지 우리나라에서 공식적으로 사용하던 역법입니다. 따라서 음력과 관련된 어휘들을 알아 두면 고전 문학 작품을 감상할 때 큰 도움이 됩니다.

• **㉠**이 의미하는 날짜를 숫자로 쓰시오.

> 다음 해 갑오년 ㉠**정월 초하루**에도 만복사에 올라 기도를 했는데, 이날 밤 장육금불이 옥영의 꿈에 나타나 말했다.
>
> — 조위한, 「최척전」

◐ 24600-0053

1 ㉠과 ㉡에 들어갈 말을 바르게 짝지은 것은?

> • 해가 설핏 기울어 [㉠]에 걸렸다.
> • 고전 소설에서 일부 주인공은 선계(仙界)에서 득죄하여 인간 세계로 [㉡]한 인물로 나타난다.

	㉠	㉡		㉠	㉡
①	반공(半空)	득도(得道)	②	반공(半空)	적강(謫降)
③	도술(道術)	득도(得道)	④	도술(道術)	적강(謫降)
⑤	규방(閨房)	득도(得道)			

◐ 24600-0054

2 ㉠의 뜻으로 가장 적절한 것은?

> 자점이 ㉠심복을 보내 거짓 조서를 전하고 옥에 가두니, 경업이 옥에 갇혀 생각하되,
> '세자와 대군이 어찌 내 일을 모르고 구치 아니시는고?'
>
> – 작자 미상, 「임장군전」

① 마음 놓고 일을 맡길 수 있는 사람
② 잔심부름을 시키기 위해 고용한 사람
③ 양반과 평민의 중간에 있던 신분 계급
④ 남의 소유물로 되어 부림을 당하는 사람
⑤ 사람을 몰래 죽이는 일을 전문으로 하는 사람

◐ 24600-0055

3 다음 설명이 맞으면 ○표, 틀리면 ×표를 하시오.

(1) '만조백관(滿朝百官)'은 조정에서 모시는 옛 선조들을 가리킨다. ······························· ( )
(2) '모함(謀陷)'은 요리조리 헤아려 보고 생각해 낸 꾀를 의미한다. ······························· ( )
(3) '원수(元帥)'는 군대에서 가장 높은 계급을 가진 사람을 지칭한다. ······························· ( )

◐ 24600-0056

4 밑줄 친 말의 의미로 가장 적절한 것은?

> 형의 집에 들어가서 전후좌우 바라보니, 앞노적, 뒷노적, 멍에 노적 담불담불 쌓였으니, 흥부 마음 즐거우나 놀부
> 심사 무거하여 형제끼리 내외하여 구박이 태심하니 흥부가 <u>하릴없어</u> 뜰 아래서 문안하니 놀부가 묻는 말이,
> "네가 뉜고?" / "내가 흥부요."
>
> – 작자 미상, 「흥부전」

① 딱히 할 일이 없어
② 두려운 마음이 들어
③ 속으로 기쁜 마음이 들어
④ 달리 어떻게 할 도리가 없어
⑤ 복된 일이 일어날 조짐이 들어

○ 24600-0057

5 ㉠의 뜻을 나타내는 단어로 가장 적절한 것은?

> '내가 재상가의 귀한 몸으로 유생과 ㉠백년가약을 맺었으니 마음이 흡족하고 뜻이 즐거울 것이거늘, 천자의 귀함으로 한 부마를 뽑는데 어찌 구태여 나의 아름다운 낭군을 빼앗아 가 위세로써 나로 하여금 공주 저 사람의 아래가 되게 하셨는가?'
> – 작자 미상, 「유씨삼대록」

① 연회(宴會)   ② 혼인(婚姻)   ③ 부역(賦役)   ④ 노복(奴僕)   ⑤ 출세(出世)

○ 24600-0058

6 빈칸에 들어갈 말로 가장 적절한 것은?

> 화담이 또한 청사자가 되어 우치를 물어 쓰러뜨리고 크게 꾸짖어 왈, / "너 같은 요술이 임금을 속이고 세상을 [　　　] 어찌 죽이지 아니하리오?" / 우치 애걸 왈, / "선생의 도술이 높으심을 모르고 존엄을 범하였으니 죄당만사(罪當萬死)이오나, 소생에게 노모가 있사오니 원컨대 선생은 잔명을 빌리소서."
> – 작자 미상, 「전우치전」

① 구원(救援)하니   ② 방자(放恣)하니   ③ 희롱(戱弄)하니
④ 기이(奇異)하니   ⑤ 염려(念慮)하니

실전 어휘를 알면 **답**이 보인다

○ 24600-0059　　2022학년도 수능 30번 변형

7 ㉠～㉤에 대한 설명으로 적절한 것은?

> 이때 태보 궐문 밖으로 나오니 그제야 정신없어 기절하거늘 좌우 제신이며 일가 제족이 구완하여 겨우 인사 차려 좌우를 돌아보며 왈, / "㉠이 몸이 명재경각(命在頃刻)이라. 어찌 살기를 바라리오. 군등은 태보가 죽거든 죽기로써 간하여 왕비를 내치지 못하게 하옵소서." / 한데 이때에 상소 중에 이름 올린 제원(諸員)이 모두 이로되, / "㉡그대는 죽기로써 간하다 어명을 입고 사경이 되었으나 우리도 역시 한 탓이로다. 막중한 충을 몰랐으니 무슨 낯이 있으리오. ㉢일은 여럿이 참여하고 죄는 그대만 혼자 당하였으니 죄스럽고 민망하기 측량없노라." / 무수히 위로하다가 형옥(刑獄)으로 전송하더라. 이튿날에 형조 판서 마지못하여 위계를 갖추고 대강 직계(直啓)로 올렸더니 ㉣상(上)이 보시고 다시 하교하사, / "금부로 가두라." / 하시거늘 ㉤금부 옥졸이 옹위하여 금부에 이르니 만조백관이며 장안 백성이 구름 뫼듯 하더라.
> – 작자 미상, 「박태보전」

① ㉠: 태보가 자신의 직무에 대한 자신감을 나타내고 있다.
② ㉡: 제원들이 태보의 위기에 대해 책임을 통감하고 있다.
③ ㉢: 제원들이 태보를 모함한 사람들을 비난하고 있다.
④ ㉣: 상이 직계를 보고 태보가 충신임을 알아채고 있다.
⑤ ㉤: 태보가 아무도 없이 휑한 금부에 도착하고 있다.

> ❯ 문제에 쓰인 단어 중 이해하기 어려운 단어의 뜻을 찾아 적어 보자.

● 다음 글을 읽고 물음에 답하시오.

2024학년도 수능

[A]

　　황상과 만조백관이 어찌할 줄 모르더니 좌장군 서경태가 급히 입직군을 동원하여 칼을 들고 내달아 크게 꾸짖길, / "이 몹쓸 흉악한 놈아, 어찌 이런 변을 짓느냐?"

하고 칼을 들어 치니 아귀가 몸을 기울여 피하고 입을 벌려 숨을 들이쉬니 서경태가 날리어 아귀 입으로 들어갔다. 상이 보시다가 크게 놀라,

　　"짐이 여러 번 전장을 지내었으되 이런 일은 보도 듣도 못하였으니 제신 중에 뉘 이 짐승을 잡아 짐의 한을 씻으리오."

　　정서장군 한세충이 나와 아뢰길, / "소장이 비록 재주 없으나 저것을 베어 황상께 바치리이다."

하고 황금 투구에 엄신갑을 입고 팔 척 장창을 들고 청룡마를 내달아 외쳐 말하길,

　　"흉적은 목을 늘여 내 칼을 받으라." / 아귀가 크게 웃고 말하길, / "아까는 내 숨을 들이쉬니 모기 같은 것도 삼켰으니 지금은 숨을 내쉴 것이니 네 눈을 부릅뜨고 자세히 보라."

하고 입을 벌려 숨을 내부니 황상과 만조백관이 오 리나 밀려갔다. 아귀가 궁중이 텅 빈 것을 보고 세 공주를 등에 업고 돌아갔다. / 이때 황상이 제신과 함께 정신을 겨우 차려 환궁하시니 세 공주가 다 없었다. 상께 이 연고를 아뢰니 상이 크게 놀라 하교하시되, / "이런 해괴한 변이 천고에 없으니 경들의 소견이 어떠하뇨?"

하고 용루를 흘리시니 조정에 모인 여러 신하가 감히 우러러보지 못하였다.

이우영이 아뢰길, / "전 좌승상 김규가 지모 넉넉하오니 불러 문의하심이 마땅할까 하나이다."

상이 깨달아 조서를 내려 김규를 부르셨다.

이때 승상이 원을 데리고 평안히 지내더니 천만의외에 사관이 조서를 가지고 왔거늘 받자와 본즉,

　　"전임 좌승상에게 부치나니 그사이 고향에서 무사한가. 짐은 불행하여 공주를 잃고 종적을 모르니 통한함을 어찌 측량하리오. 경에게 옛 벼슬을 다시 내리나니 바삐 올라와 고명한 소견으로 짐의 아득함을 깨닫게 하라."

하였다. 승상이 사관을 후대하고 ㉠국변을 물으니 아귀 작란하던 일과 세 공주 잃은 말을 대강 고하니 승상이 못내 슬퍼하며 상경하여 사은숙배하니, 상이 보시고,

　　"경이 고향에 돌아감은 짐이 불명한 탓이로다. 국운이 불행하여 세 공주를 일시에 잃었으니 짐의 이 원을 어찌하리오? 경의 소견으로 이 일을 도모하면 평생의 한을 풀리로다."

　　승상이 엎드려 아뢰길, / "소신이 자식이 있삽는데 창법 검술이 일세에 무쌍하와 매일 종적 없이 다니옵기 연고를 물으니 철마산에 가 무예를 익히다가 일일은 그 산에서 아귀라 하는 짐승을 만나 겨루고 그 뒤를 좇아 바위 구멍으로 들어감을 보았노라 하옵기 과연 허언이 아닌가 싶사오니 자식을 불러 들으심이 마땅하올까 하나이다."

– 작자 미상, 「김원전」

- 흉적: 흉악한 도적.

- 환궁하다: 임금이나 왕비, 왕자 등이 대궐로 돌아오다.

중심 내용 한눈에 보기

조정이 겪은 시련	조정의 대처 방안	'김규'의 소견	'김원'의 뛰어난 능력
좌장군 서경태와 정서장군 한세충이 모두 ⬛**❶** 와/과의 싸움에서 패하고, 세 공주가 아귀에게 납치당함.	지모가 넉넉한 전 좌승상 김규를 불러 국변을 해결할 수 있는 방안에 대한 ⬛**❷** 을/를 물음.	조정의 문제를 해결하는 방법으로, 뛰어난 능력을 지닌 자신의 ⬛**❸**인 김원을 불러 들을 것을 제안함.	창법 ⬛**❹**이/가 견줄 만한 사람이 없을 정도로 뛰어나며, 아귀라는 짐승을 만나 겨룬 후 그 뒤를 좇아 바위 구멍으로 들어감.

● 24600-0060

2024학년도 수능 18번

1 **[A]의 서술상 특징에 대한 설명으로 가장 적절한 것은?**

① 서술자가 개입하여 인물에 대한 평가를 제시하고 있다.

② 대화를 통해 인물 간의 위계나 관계를 보여 주고 있다.

③ 현재와 과거를 교차하여 장면의 전환을 보여 주고 있다.

④ 인물의 회상을 통해 인물 간 갈등의 원인을 암시하고 있다.

⑤ 상황에 대한 인물의 반응을 과장되게 서술하여 사건의 비극성을 완화하고 있다.

❥ 문제의 선지에 쓰인 단어 중 뜻을 모르는 것을 찾아 적어 보자.

● 24600-0061

2024학년도 수능 19번 변형

2 **㉠과 관련하여 윗글을 이해한 내용으로 적절하지 <u>않은</u> 것은?**

① 황상은 ㉠의 심각성을 이전의 '전장'과 비교하고, ㉠에 대한 대처 방안을 신하들에게 묻고 있다.

② 이우영은 ㉠의 해결을 위해 '조정'에서 황상의 질문에 답하며 ㉠에 대처할 방안을 찾아 줄 지모 있는 인물을 거명한다.

③ 황상은 ㉠의 여파가 미치지 않은 '고향'에서 편안히 지내던 승상에게 ㉠으로 인한 위기 상황을 알린다.

④ 승상은 ㉠의 원흉인 아귀를 원이 '철마산'에서 본 것을 황상에게 아뢰고, ㉠을 해결할 단서를 제공할 인물을 천거한다.

⑤ 김규는 '조정'에서 상이 보낸 사관을 통해 ㉠을 알게 되는데, ㉠의 심각성에 동의하지 않으며 상의 요청을 거절한다.

현대 소설 (1) | 민족의 시련과 극복

□□ **순사**
돌 巡, 조사할 査

일제 강점기에 둔, 경찰관의 가장 낮은 계급. 또는 그 계급의 사람.

예 읍내서 헌병, **순사**들이 왔다는 말에 홍 씨는 겨우 본채로 돌아갔다. _2020학년도 6월 모평 | 박경리, 「토지」

친절한 샘 '일제 강점기에, 순사가 머무르면서 사무를 맡아보던 경찰의 말단 기관.'을 **주재소(駐在所)**라고 하는데, 많은 백성이 이곳으로 끌려가 큰 고초를 겪었습니다. 주재소는 광복 이후 '**지서(支署)**'로 이름이 바뀌었는데, 그 뜻은 '본서에서 갈려 나가, 그 관할 아래 서 지역의 일을 맡아 하는 관서.'이며 주로 경찰 지서를 가리킵니다.

□□ **세간**

집안 살림에 쓰는 온갖 물건.

예 물건 하나 없이 죄다 빼앗기고, 집과 **세간**은 조각도 못 쓰게 산산 다 부수고, … 본집으로 도망해 왔다. _2023학년도 6월 모평 | 채만식, 「미스터 방」

친절한 샘 집에서 새로운 가전제품을 사면 살림을 장만했다고 말하는데, 이때 '**살림**'이란 집 안에서 주로 쓰는 세간을 말합니다. 비슷한 말로 '**가재도구(家財道具)**'가 있는데, '집안 살림에 쓰는 여러 물건.'이라는 뜻을 갖고 있습니다.

□□ **과도기**
지날 過, 건널 渡,
기간 期

한 상태에서 다른 새로운 상태로 옮아가거나 바뀌어 가는 도중의 시기.

예 「큰 산」에는 도시화로 인한 가치관의 변화와 **과도기**적 상황이 드러난다. _2018학년도 6월 모평

친절한 샘 환절기에 감기 조심하라는 말을 들어 봤죠? '**환절기(換節期)**'는 '철이 바뀌는 시기.'를 뜻하는데, '과도기'도 변화하는 시기를 말합니다. 또한 사회가 급격하게 변할 때에는 '상황 따위가 갑자기 심하게 변하는 시기.'를 뜻하는 '**격변기(激變期)**'나, '사회의 발전이나 역사가 급격하게 움직이는 시기.'를 뜻하는 '**격동기(激動期)**'라는 말을 사용합니다.

□□ **작인**
지을 作, 사람 人

다른 사람의 농지를 빌려 농사를 짓고 그 대가로 사용료를 지급하는 사람.

예 동네 사람한테 거만히 굴고, **작인**들한테 팔 할 가까운 도지를 받고, 고리대금을 하고 하였대서 _2023학년도 6월 모평 | 채만식, 「미스터 방」

친절한 샘 '자신이 소유한 토지를 남에게 빌려주고 지대(地代)를 받는 사람.'을 '**지주(地主)**'라고 하며, '지주를 대리하여 소작권을 관리하는 사람.'을 '**마름**'이라고 합니다. 작인은 지주의 땅을 빌려 농사를 짓는 사람들을 말하며, 다른 말로는 '**소작인(小作人)**', '**소작농(小作農)**'이라고 합니다.

□□ **전장**
싸울 戰, 마당 場

싸움을 치르는 장소.

예 '돌', '벌레' 같은 것들을 '입체 영화'처럼 보며 … **전장**의 긴장 속에서 '나'의 감각이 극대화되고 있음이 나타나고 있군. _2021학년도 수능

친절한 샘 전장은 흔히 '**전쟁터(戰爭터)**'라고 부르는 곳을 말합니다. '전쟁으로 말미암은 재화. 또는 그런 피해.'를 '**전화(戰禍)**'라고 하고, '총포를 쏠 때에 일어나는 불.'을 '**포화(砲火)**'라고 합니다. 또한 전쟁터에서는 많은 사람이 죽게 되는데, '죽은 사람의 몸.'을 '**주검**'이라고 합니다.

□□ **구호소**
구원할 救, 보호할 護,
곳 所

재해나 재난 따위로 어려움에 처한 사람을 돕는 일을 맡아보는 곳.

예 그 후, 그는 두 번 다시 그 빈민 **구호소** 식당 앞에서 얼쩡거리지 않았다. _2018학년도 9월 모평 | 임철우, 「눈이 오면」

친절한 샘 재난이 발생하면 재해를 입거나 다른 곳으로 이주하는 사람들이 발생하죠. '재해를 입은 사람.'을 '**이재민(罹災民)**'이라고 하고, '재난을 피하여 가는 백성.'을 '**피난민(避難民)**'이라고 하는데, '**재난(災難)**'의 뜻은 '뜻밖에 일어난 재앙과 고난.'입니다. '**피란민(避亂民)**'은 '난리를 피하여 가는 백성.'을 뜻하는데, '**난리(亂離)**'는 '전쟁이나 병란(兵亂).'을 의미합니다.

신원
몸 **身**, 근원 **元**

개인의 성장 과정과 관련된 자료.

예 병일이는 취직한 지 2년이 되도록 **신원** 보증인을 얻지 못하였다. _2019학년도 9월 모평 | 최명익, 「비 오는 길」

친절한 쌤 '고용 계약에서, 사용자가 고용된 사람 때문에 입게 될지도 모르는 손해의 배상을 보증인이 담보하는 계약.'을 '**신원 보증(身元保證)**'이라고 합니다. 친구의 보증을 잘못 섰다가 큰 낭패를 당하는 이의 모습이 종종 소설에 나타나죠. 또한 '관청이나 회사, 학교 등에서 각기 소속된 사람임을 증명하는 문서.'를 '**신분증(身分證)**'이라고 하는데, 신원을 확인할 때 사용합니다.

매개물
중매 **媒**, 끼일 **介**,
물건 **物**

둘 사이에서 양편의 관계를 맺어 주는 물건.

예 '어머니'와 '그'의 갈등을 지속시키는 **매개물**이다. _2018학년도 9월 모평

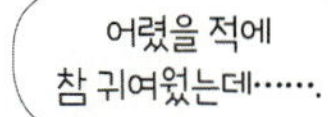

친절한 쌤 우연히 어렸을 적 사진을 보면 옛날 생각이 나죠? 이렇게 '사진'이 과거의 모습을 떠올리게 해 주었을 때, 우리는 '사진'을 과거 회상의 매개물이라고 합니다. '사진'이 과거와 현재를 연결해 주었기 때문이죠. 비슷한 말로는 '**매개자(媒介者)**', '**매개체(媒介體)**'가 있습니다. 그리고 '**회상(回想)**'의 뜻은 '지난 일을 돌이켜 생각함.'입니다.

급사
줄 **給**, 섬길 **仕**

관청이나 회사, 가게 따위에서 잔심부름을 시키기 위하여 부리는 사람.

예 소사와 **급사**와 서사의 일을 한 몸으로 치르고 난 뒤에 하숙으로 돌아가는 병일의 다리와 머리는 물병과 같이 무거웠다. _2019학년도 9월 모평 | 최명익, 「비 오는 길」

친절한 쌤 '여러 가지 자질구레한 심부름.'을 '**잔심부름**'이라고 하는데, 이런 잔심부름을 하는 사람이 바로 '급사'입니다. 비슷한 말로 '**사환(使喚)**'이 있으며, 그 뜻은 '관청이나 회사, 가게 따위에서 잔심부름을 시키기 위하여 고용한 사람.'입니다.

연명하다
이을 **延**, 목숨 **命**

목숨을 겨우 이어 살아가다.

예 그는 다 찌그러진 오막살이에서 콩나물죽으로 **연명하던** 처지였다. _2021학년도 9월 모평 | 이기영, 「고향」

친절한 쌤 '살림을 살아 나갈 방도, 또는 현재 살림을 살아가고 있는 형편.'을 '**생계(生計)**'라고 합니다. 생계가 몹시 어려울 경우 우리는 간신히 목숨만 연명하고 있다고 표현하기도 합니다. '목숨'과 관련된 말로는 '목숨이 짧음.'을 의미하는 '**단명(短命)**'과 '사람의 목숨.'을 의미하는 '**인명(人命)**'이 있습니다.

➕ 어휘 더하기 '대출(貸出)'과 관련된 어휘들

정답과 해설 12쪽

- **대금(貸金)**
  돈을 꾸어 줌. 또는 꾸어 준 돈.
  예 간도 구제회는 처음에는 이재민에게 토지를 담보로 **대금**을 했으나 차차 일반 농민에게 손을 뻗치게 되었다.

- **고리(高利)**
  법정 이자나 보통의 이자를 초과하는 비싼 이자.
  예 그가 농사꾼들한테 **고리**를 놓고 저당 문서를 가져다준 것만도 수백 두락이 될 것이었다.

- **담보(擔保)**
  민법에서, 채무 불이행 때 채무의 변제를 확보하는 수단으로 채권자에게 제공하는 것.
  예 그는 은행에 집을 **담보**로 잡히고 돈을 빌렸다.

자신의 땅을 소유하지 못한 농민들은 지주에게 일정한 대가를 주고 논밭을 빌려서 농사를 지어야 했습니다. 또한 가난한 사람들은 급하게 돈이 필요한 경우도 많았는데, 이때 남에게 돈을 빌리는 것을 '대출(貸出)'이라고 합니다. 그리고 남에게 돈을 빌리면 그 대가로 일정한 비율의 돈을 내야 하는데, 그것이 바로 '이자(利子)'입니다.

- ㉠**이 의미하는 것이 무엇인지 쓰시오.**

  ㉠고리대금과 장릿벼로 동리 백성의 고혈을 빨아서 치부를 하였고……

  — 심훈, 「상록수」

1 ● 24600-0062

밑줄 친 단어와 뜻이 유사한 말은?

> "이거 놓으소. 누가 안 가까 바 이러요? 지내 놓고 보믄 알 기니께요. 내가 머 염탐이라도 하러 온 줄 아요? 흥, 그랬을 양이믄 벌써 조가 놈한테 동네 소문 고해바칬일 기고 읍내서 <u>순사</u>가 와도 몇 놈 왔일 거 아니오."
>
> — 박경리, 「토지」

① 경찰(警察)　　② 작인(作人)　　③ 지주(地主)　　④ 급사(給仕)　　⑤ 사환(使喚)

2 ● 24600-0063

다음과 같이 집안 살림에 쓰는 물건들을 통칭하는 단어로 적절한 것은?

① 마름　　② 세간　　③ 저자　　④ 주검　　⑤ 가문

3 ● 24600-0064

문맥을 고려할 때, 괄호 안에 들어갈 단어로 적절한 것을 고르시오.

(1) 이재민들이 식량을 배급받기 위해 (교도소 / 구호소) 앞에 긴 행렬을 이루고 있었다.

(2) 집을 떠나 도회지로 무작정 나가는 젊은이도 있었으나 대부분 대를 이어 땅이나 일구며 겨우 (단명 / 연명)을 하는 형편이었다.

— 김원일, 「불의 제전」

4 ● 24600-0065

빈칸에 공통으로 들어갈 말로 적절한 것은?

> • 극장은 예술가와 대중의 [　　　] 역할을 한다.
> • 사진은 추억을 불러일으키는 [　　　]이다.
> • 우리는 언어를 [　　　]로 하여 의사소통을 한다.

① 과도기(過渡期)　　② 공공재(公共財)　　③ 매개체(媒介體)　　④ 피사체(被寫體)　　⑤ 격동기(激動期)

5 ○ 24600-0066

밑줄 친 단어와 의미가 동일한 단어는?

> 전쟁터란 가해자와 피해자가 구분되지 않는 혼돈의 현장이다. 이 혼돈 속에서 사람들은 고통받으면서도 생의 의지를 추구해야 한다는 점에서 전쟁은 비극성을 띤다.

① 탈환(奪還)　　② 수복(收復)　　③ 포화(砲火)　　④ 전장(戰場)　　⑤ 전화(戰禍)

6 ○ 24600-0067

다음 단어가 쓰인 예문으로 적절하지 <u>않은</u> 것은?

	단어	예문
①	생계(生計)	아버지가 일터에서 크게 다치시는 바람에 우리 집의 <u>생계</u>가 어려워졌다.
②	급사(給仕)	그 아이는 낮에는 회사에서 <u>급사</u> 노릇을 하고 밤에는 야간 학교를 다닌다.
③	피난민(避難民)	갑자기 마을에 홍수가 나자 임시 수용소는 <u>피난민</u>으로 인산인해를 이루었다.
④	주재소(駐在所)	그는 일본 말도 곧잘 해서 억울하게 <u>주재소</u>로 끌려간 사람을 친히 나서서 도와주었다.
⑤	환절기(換節期)	개국 공신들의 많은 노력으로 인해 나라의 모든 제도와 법령이 안정된 <u>환절기</u>가 되었다.

실전 어휘를 알면 답이 보인다

7 ○ 24600-0068　　[2021학년도 수능 22번 변형]

〈보기〉의 서술상 특징에 대한 설명으로 적절한 것은?

> ┤ 보기 ├
>
> 한 병장이 다시 얼굴을 힐끔 돌리며 잡아 늘이는 듯한 목소리로 말했어. "차 일병은 무섭지 않나?" "아뇨, 전연." "대단하군. 여기선 적이 언제 어디서라도 나타날 수 있지." "저는 적보다 진정으로 무서운 건 무감각이라고 깨달았습니다." "나는 제대하면 곧장 결혼할 거야." "언젭니까, 제대가?" "석 달 남았지." "저는 지금까지 마치 꿈을 꾸다가 깨어난 것 같아요. 이곳에 온 뒤론 바로 생명의 한가운데를 관통하는 느낌입니다." 그런데 중간에서 엔진이 고장 났지. 몇 시간 지체하고 나니 벌써 동이 트더군. 이제부터 정말 위험이 시작된 것이라 싶더군. 왜냐하면 적의 정찰 비행에 발견되면 공중 사격을 받을 우려가 있는 데다 불볕 같은 폭염이 사정 없이 쏟아져 그도 또한 견디기 어려운 문제였지.
> ― 서영은, 「사막을 건너는 법」

① 인물 간의 대화를 통해 사건을 진행하고 있다.
② 복선을 통해 앞으로 일어날 일을 예고하고 있다.
③ 동시에 벌어지는 두 사건을 긴박감 있게 전달하고 있다.
④ 회상 장면을 통해 인물 간의 외적 갈등을 강화하고 있다.
⑤ 공간 이동에 따라 일어나는 사건을 시간순으로 드러내고 있다.

● 문제에 쓰인 단어 중 이해하기 어려운 단어의 뜻을 찾아 적어 보자.

● 다음 글을 읽고 물음에 답하시오.　　　　　　　　　　　　　　　　　　　2023학년도 6월 모평

[앞부분의 줄거리] 해방 직후, 미군 소위의 통역을 맡아 부정 축재를 일삼던 방삼복은 고향에서 온 백 주사를 집으로 초대한다.

"서 주사가 이거 두구 갑디다." / 들고 올라온 각봉투 한 장을 남편에게 건네어 준다.

"어디?" / 그러면서 받아 봉을 뜯는다. 소절수 한 장이 나온다. 액면 만 원짜리다.

미스터 방은 성을 벌컥 내면서 / "겨우 둔 만 원야?" / 하고 소절수를 다다미 바닥에다 홱 내던진다.

"내가 알우?" / "우랄질 자식 어디 보자. 그래 전, 걸 십만 원에 불하 맡아다, 백만 원 하난 냉겨 먹을 테문서, 그래 겨우 둔 만 원야? 엠병헐 자식, ⊙내가 엠피*헌테 말 한마디문, 전 어느 지경 갈지 모를 줄 모르구서."

"정종으루 가져와요?" / "내 말 한마디에, 죽을 눔이 살아나구, 살 눔이 죽구 허는 줄은 모르구서. 흥, 이 자식 경 좀 쳐 봐라……. 증종 따근허게 데와. 날두 산산허구 허니." // 새로이 안주가 오고, 따끈한 정종으로 술이 몇 잔 더 오락가락하고 나서였다. / 백 주사는 마침내, **진작부터 벼르던 이야기**를 꺼내었다. //

백 주사의 아들 ⓛ백선봉은, 순사 임명장을 받아 쥐면서부터 시작하여 8·15 그 전날까지 칠 년 동안, 세 곳 주재소와 두 곳 경찰서를 전근하여 다니면서, 이백 석 추수의 토지와, 만 원짜리 저금통장과, 만 원어치가 넘는 옷이며 비단과, 역시 만 원어치가 넘는 여편네의 패물과를 장만하였다.

[A]　**남들**은 주린 창자를 졸라맬 때 그의 광에는 옥 같은 정백미가 몇 가마니씩 쌓였고, 반년 일 년을 남들은 구경도 못 하는 고기와 생선이 끼니마다 상에 오르지 않는 날이 없었다.

[B]　××경찰서의 경제계 주임으로 있던 마지막 이 년 동안은 더욱더 호화판이었었다. 8·15 그날 밤, **군중**이 그의 집을 습격하였을 때에 쏟아져 나온 물건이 쌀 말고도 / 광목 여섯 필 / 고무신 스물세 켤레 / 지카다비 여덟 켤레 / 빨랫비누 세 궤짝 / 양말 오십 타 / 정종 열세 병 / 설탕 한 부대

[C]　이렇게 **있었더란다.** 만 원어치 여편네의 패물과, 만 원어치의 옷감이며 비단과, 만 원짜리 저금통장은 고만두고 말이었다.

물건 하나 없이 죄다 빼앗기고, 집과 세간은 조각도 못 쓰게 산산 다 부수고, 백선봉은 팔이 부러지고, 첩은 머리가 절반이나 뽑히고, 겨우겨우 목숨만 살아, 본집으로 도망해 왔다.

[D]　일변 고을에서는, 백 주사가, 자식이 그런 짓을 해서 산 토지를 가지고, **동네 사람**한테 거만히 굴고, 작인들한테 팔 할 가까운 도지를 받고, 고리대금을 하고 하였대서, 백선봉이 도망해 와 눕는 그날 밤, 그의 본집인 백 주사네 집을 습격하였다.

[E]　집과 세간 죄다 부수고, 백선봉이 보낸 통제 배급 물자 숱한 것 죄다 빼앗기고, **가족**들은 죽을 매를 맞고, 백선봉은 처가로, 백 주사는 서울로 각기 피신하여 목숨만 우선 보전하였다.

백 주사는 비싼 여관 밥을 사 먹으면서, 울적히 거리를 오락가락, 어떻게 하면 이 분풀이를 할까, 어떻게 하면 빼앗긴 돈과 물건을 도로 다 찾을까 하고 궁리를 하는 것이나, 아무런 묘책도 없었다.

*엠피(MP): 미군 헌병.　　　　　　　　　　　　　　　　　　　　　　　　　　　　　– 채만식, 「미스터 방」

◆ **낯선 어휘의 뜻**을 사전에서 찾아 적어 보자.

・축재: 재물이 모여 쌓임. 또는 재물을 모아 쌓음.

・각봉투: 네모진 봉투.

◆ **중심 내용** 한눈에 보기

방삼복	백 주사	두 인물의 공통점
미군 소위의 [ ]❶을/를 맡음으로써 부정한 방법으로 재물을 모으고, 미군의 권력을 사적으로 이용하려 함.	아들이 [ ]❷이/가 되고 난 후 재물을 모으고, 소작인들에게 높은 이율의 도지를 받고 [ ]❸을/를 함.	방삼복은 미국의 힘에, 백 주사는 [ ]❹의 힘에 기대었으므로, 둘 다 외세에 기대어 개인의 이익을 추구하는 인물임.

◑ 24600-0069 2023학년도 6월 모평 29번

1 ㉠과 ㉡에 대한 설명으로 가장 적절한 것은?

① ㉠과 ㉡에는 모두 외세에 기대어 사익을 추구하는 인물의 부정적 모습이 드러난다.

② ㉠과 ㉡에는 모두 외세와 이를 돕는 인물 간의 권력 관계가 일시적으로 역전된 모습이 드러난다.

③ ㉠과 ㉡에는 모두 사회적 지위를 이용하여 타인의 권익을 침해하는 인물이 몰락하는 모습이 드러난다.

④ ㉠에는 권력을 향한 인물의 조바심이, ㉡에는 권력에 의한 인물의 좌절감이 드러난다.

⑤ ㉠에는 자신의 권위에 대한 인물의 확신이, ㉡에는 추락한 권위를 회복할 수 있다는 인물의 자신감이 드러난다.

> ❯ 문제의 선지에 쓰인 단어 중 뜻을 모르는 것을 찾아 적어 보자.

◑ 24600-0070 2023학년도 6월 모평 31번

2 〈보기〉를 참고하여 [A]~[E]를 감상한 내용으로 적절하지 <u>않은</u> 것은?

┤ 보기 ├

 '진작부터 벼르던 이야기'는 백 주사가 자신과 가족의 억울함을 하소연하는 부분이다. 그런데 서술자는 그 '이야기'를 서술자의 시선뿐 아니라 여러 인물들의 시선으로 초점화하여 서술함으로써 독자와 작중 인물 간의 거리를 조절한다. 또한 세부 항목을 하나씩 나열하여 장면의 분위기를 고조하고 정서를 확장하는 서술 방법으로 독자에게 현장감을 전해 준다. 이때 독자는 백 주사와 그의 가족에게 고통받았던 사람들의 입장에 서서 그들을 비판적으로 보게 된다.

① [A]: 백선봉의 풍요로운 생활을 '남들'의 굶주린 생활과 비교하여 서술함으로써 독자가 그를 비판적으로 보게 하고 있군.

② [B]: 부정하게 모은 많은 물건들을 하나씩 나열하여 습격 당시 현장의 들뜬 분위기를 환기함으로써 '군중'의 놀람과 분노를 독자에게 전하려 하고 있군.

③ [C]: '있었더란다'를 통해 누군가에게 들은 것처럼 전하면서도, 전하는 내용을 '군중'의 시선으로 초점화하여 독자가 '군중'의 입장에 서도록 유도하고 있군.

④ [D]: '동네 사람'의 시선으로 초점화하여 백 주사의 만행을 서술함으로써 백 주사가 습격의 빌미를 제공한 것처럼 독자가 느끼게 하고 있군.

⑤ [E]: 백 주사 '가족'의 몰락을 보여 주는 사건들을 백 주사의 시선으로 일관되게 초점화하여 그들에게 고통받았던 사람들의 편에 선 독자가 통쾌함을 느끼게 하고 있군.

* 어휘 공부를 완료한 뒤 체크!

도회
도읍 都, 모일 會

사람이 많이 살고 상공업이 발달한 번잡한 지역.

[예] 이 **도회**에서의 패잔자는 좀 더 남의 마음에 애달픔을 주는 일 없이 _2019학년도 수능 | 박태원, 「천변풍경」

[친절한 샘] '도회'는 '도시'와 유사한 말입니다. '**도회적(都會的)**'이라는 말이 있는데, 그 뜻은 '풍기는 분위기가 도시에서 사는 것 같은 (것).'입니다. 또한 '도시의 주변 지역.'을 뜻하는 말로 '**교외(郊外)**'가 있으며, '논과 밭이라는 뜻으로, 도시에서 떨어진 시골이나 교외(郊外)를 이르는 말.'인 '**전원(田園)**'도 있습니다.

신작로
새로울 新, 지을 作, 길 路

새로 만든 길이라는 뜻으로, 자동차가 다닐 수 있을 정도로 넓게 새로 낸 길을 이르는 말.

[예] 그 성문을 통하여 이 **신작로**의 수직선으로 뚫린 시가가 바라보이는 것이었다.

_2019학년도 9월 모평 | 최명익, 「비 오는 길」

[친절한 샘] '서양식으로 지은 집.'을 '**양옥(洋屋)**'이라고 하며, '전선이나 통신선을 늘여 매기 위하여 세운 기둥.'을 '**전신주(電信柱)**'라고 합니다. 이들은 모두 근대화(近代化) 과정에서 우리나라에 들어오거나 새롭게 만들어진 것들입니다.

세태
세대 世, 모양 態

사람들의 일상생활, 풍습 따위에서 보이는 세상의 상태나 형편.

[예] 풍자적 어조를 통해 **세태**를 우회적으로 비판하고 있다. _2019학년도 9월 모평

[친절한 샘] '**세상(世上)**'은 '사람이 살고 있는 모든 사회를 통틀어 이르는 말.'이고, '**풍습(風習)**'은 '풍속과 습관을 아울러 이르는 말.'입니다. '그 시대의 유행과 습관 따위를 이르는 말.'은 '**풍속(風俗)**'입니다. 또한 '**세태 소설(世態小說)**'이라는 말이 있는데, 그 뜻은 '사람들의 일상생활과 사회의 풍속, 인심, 유행 따위를 묘사한 소설.'입니다.

생경하다
날 生, 굳을 硬

익숙하지 않아 어색하다.

[예] 그가 내심 섬찟했던 것은 바로 그 **생경한** 이질감 때문이었는지도 모른다. _2018학년도 9월 모평 | 임철우, 「눈이 오면」

[친절한 샘] '전에 본 기억이 없어 익숙하지 않다.'는 것을 '**낯설다**'고 하는데, 이는 '생경하다'와 비슷한 말입니다. 또는 '**생소(生疏)하다**'도 비슷한 말이에요. 이와 반대로 '여러 번 보아서 눈에 익거나 친숙하다.'는 것을 '**낯익다**'고 하는데, 이는 반대말입니다.

속물적
풍속 俗, 사물 物, 어조사 的

교양이 없거나 식견이 좁고 세속적인 일에만 신경을 쓰는 (것).

[예] 자신을 구속하는 **속물적** 욕망으로부터 자유롭지 못한 모습을 찾을 수 있군. _2024학년도 6월 모평

[친절한 샘] '학문, 지식, 사회생활을 바탕으로 이루어지는 품위 또는 문화에 대한 폭넓은 지식.'을 '**교양(敎養)**'이라고 하며, '교양이 있는 사람.'을 '**교양인(敎養人)**'이라고 합니다. 이와 달리 '교양이 없거나 식견이 좁고 세속적인 일에만 신경을 쓰는 사람을 속되게 이르는 말.'이 '**속물(俗物)**'입니다.

소외
소통할 疏, 바깥 外

어떤 무리에서 기피하여 따돌리거나 멀리함.

[예] '나'는 ⓐ로부터 **소외**된 상태에, '노인'은 ⓑ를 상실한 상태에 있다. _2021학년도 수능

[친절한 샘] '산업과 기술이 발달하여 생산이 기계화되고 인구의 도시 집중과 같은 특징을 가진 사회가 되는 것.'을 '**산업화(産業化)**'라고 합니다. 이 과정에서 인간성이 상실되어 인간다운 삶을 잃어버리는 일이 발생하는데, 이를 '**인간 소외(人間疏外)**'라고 합니다.

소시민

작을 小, 시가 市, 백성 民

노동자와 자본가의 중간 계급에 속하는 소상인, 수공업자, 하급 봉급생활자, 하급 공무원 따위를 통틀어 이르는 말.

예 소시민은 자신의 기득권을 지키기 위해 권력관계에 민감하게 반응한다. _2022학년도 수능

친절한 샘 '대체로 부동적(浮動的)이며 중간적인 것.'을 '소시민적(小市民的)'이라고 하며, '소시민이 사회 문제에 별다른 관심을 가지지 않고 경제적 안정만을 추구하는 자기 보전적 태도의 생활.'을 '소시민적 생활(小市民的 生活)'이라고 합니다. 이때 '부동(浮動)'은 '고정되어 있지 않고 움직임.'을 뜻합니다.

배회하다

노닐 徘, 노닐 徊

아무 목적도 없이 어떤 곳을 중심으로 어슬렁거리며 이리저리 돌아다니다.

예 길거리를 배회하면서 시간을 보내는 새로운 습관을 몸에 붙였다. _2022학년도 수능 | 윤흥길, 「매우 잘생긴 우산 하나」

친절한 샘 '배회하다'는 특별한 목적 없이 길거리를 어슬렁거리거나 돌아다니는 것을 말하는데, 이때 '어슬렁거리다'의 뜻은 '몸집이 큰 사람이나 짐승이 몸을 조금 흔들며 계속 천천히 걸어 다니다.'입니다. 길거리를 배회하다가 집으로 돌아간다면 '귀가(歸家)하다'라는 말을 쓸 수 있습니다.

반감

반대할 反, 느낄 感

반대하거나 반항하는 감정.

예 그리도 못 미더워하는 주인의 태도에 원망과 반감을 가지게 되었다. _2019학년도 9월 모평 | 최명익, 「비 오는 길」

친절한 샘 '다른 사람이나 대상에 맞서 대들거나 반대함.'을 뜻하는 말이 '반항(反抗)'인데, 이럴 때 갖는 마음이 '반감'입니다. 이와 달리 상대방을 좋게 여기는 마음을 가질 수 있는데, 이러한 감정을 '호감(好感)'이라고 합니다.

조명하다

비출 照, 밝을 明

❶ 광선으로 밝게 비추다.
❷ 어떤 대상을 일정한 관점으로 바라보다.

예 장면에 따라 서술자를 달리하여 사건의 의미를 입체적으로 조명하고 있다. _2023학년도 9월 모평

친절한 샘 '밝게 비추는 데에 쓰는 등.'을 '조명등(照明燈)'이라고 하죠? '조명하다'는 이렇게 특정 대상을 밝은 빛으로 비춰서 자세히 살펴보는 것을 의미합니다. 이렇게 조명하기 위해서는 그 대상에 관심을 갖고 주의 깊게 살펴야겠죠? 이는 '주목(注目)'이라고 합니다.

➕ 어휘 더하기 '산업화'와 관련된 어휘

정답과 해설 14쪽

- **노동자(勞動者)**
  노동력을 제공하고 얻은 임금으로 생활을 유지하는 사람.
  예 그는 노동자의 권익을 보호하기 위해 싸웠다.

- **자본가(資本家)**
  많은 자본금을 가지고 대부하여 이자를 받거나, 그것으로 노동자를 고용·사역하여 기업을 경영함으로써 이윤을 내는 사람.
  예 청일 전쟁 후 자본가들이 전국 주요 농산 지역의 토지 매입에 나서기 시작했다.

기업을 경영할 때 대표적으로 필요한 것이 자본과 노동력입니다. 이때 자본을 제공하는 주체가 자본가이고, 노동력을 제공하는 주체가 노동자입니다. 기업 경영을 통해 이윤이 발생하면 자본가는 이자를 받고 노동자는 임금을 받습니다. 산업화를 다룬 소설에서 자주 나오는 단어들이니 그 뜻을 꼭 알아 두세요.

- **다음 괄호 안에 들어갈 적절한 단어를 고르시오.**

  대규모 정전이 지속되어 공장의 (자본가 / 노동자)들이 하루 종일 일을 못 하고 있었다.

1 ● 24600-0071

빈칸에 들어갈 적절한 말을 찾아 알맞게 연결하시오.

(1) 상대를 너무 비방하면 그로부터 [   ]을/를 살 수 있다. •　　　　　• ㉠ 풍습(風習)

(2) [   ]이/가 어지럽다 보니 별 희한한 일도 다 생긴다. •　　　　　• ㉡ 반감(反感)

(3) 우리 민족 고유의 전통과 [   ]을/를 잘 보존해야 한다. •　　　　　• ㉢ 세태(世態)

2 ● 24600-0072

〈보기〉에서 말하는 '나'는 무엇인지 쓰시오.

| 보기 |

- '나'는 2음절로 이루어진 단어이며, 다른 말로 '도시'라고도 합니다.
- '나'는 사람이 많이 살고 상공업이 발달한 번잡한 지역을 가리키는 말입니다.
- '이촌향도(離村向都)'란 농촌 인구가 농촌을 떠나 '나'에게로 이동하는 현상을 말합니다.

3 ● 24600-0073

㉠~㉢에 들어갈 말을 적절하게 묶은 것은?

- 인물 간의 갈등을 다각적으로 [㉠]하여 사건 전개의 양상을 다면화하고 있다.
- 대상에 [㉡]하여 대상과 관련된 가치를 추구하는 자세를 나타내고 있다.
- 나는 가끔 주위 사람들에게서 떨어져 [㉢]된 느낌을 받곤 한다.

	㉠	㉡	㉢		㉠	㉡	㉢
①	소외(疏外)	조명(照明)	주목(注目)	②	조명(照明)	소외(疏外)	주목(注目)
③	소외(疏外)	주목(注目)	조명(照明)	④	주목(注目)	소외(疏外)	조명(照明)
⑤	조명(照明)	주목(注目)	소외(疏外)				

4 ● 24600-0074

㉠에서 사람들이 느끼는 감정을 나타내는 말로 가장 적절한 것은?

　　그런데 그 무렵이 마침 경부선이 개통한 직후이다. 이 근처 ㉠사람들은 생전 처음 보는 기차와 정거장과 전봇대를 보고 경이의 눈을 크게 떴다.
　　　- 이기영, 「고향」

① 친근하다　　　② 익숙하다　　　③ 생경하다　　　④ 편안하다　　　⑤ 고독하다

5 ● 24600-0075

밑줄 친 단어와 바꿔 쓸 수 있는 말로 적절한 것은?

> 김달채 씨는 퇴근하기 무섭게 뽀르르 집으로 달려가던 묵은 습관을 버리고 밤늦도록 하릴없이 길거리를 <u>배회하면서</u> 시간을 보내는 새로운 습관을 몸에 붙였다.
> – 윤흥길, 「매우 잘생긴 우산 하나」

① 이리저리 돌아다니면서
② 상태를 샅샅이 살피면서
③ 가로질러 빠르게 가면서
④ 특별한 목적을 갖고 걸으면서
⑤ 어색하고 낯선 감정을 느끼면서

6 ● 24600-0076

빈칸에 공통으로 들어갈 말로 적절한 것은?

> • 시냇물은 이제 그 양편에 축대를 쌓아 하수천이 되었고 소달구지가 지나다녔을 오솔길은 자갈로 다져진 ☐☐☐☐☐이/가 되어 버스가 경적 소리를 내며 달려가고 있는 것이었다.
> – 박태순, 「무너지는 산」
> • 밤에 좁은 길로 다니는 것은 위험하니 ☐☐☐☐☐(으)로 오너라.

① 하천
② 공장
③ 놀이터
④ 신작로
⑤ 지름길

실전 어휘를 알면 답이 보인다

7 ● 24600-0077　　　2024학년도 6월 모평 30번 변형

다음에서 〈보기〉의 밑줄 친 부분과 가장 관련이 깊은 것은?

> [앞부분의 줄거리] 아버지가 위독하다는 소식을 듣고 귀향한 정일은 용팔에게 재산 상속에 관한 이야기를 듣는다.
>
> 아버지가 아직도 지키고 있는 그의 재산을 넘겨다보는 듯한 용팔이가 따지는 산판알이 거침없이 한 자리씩 올라가는 것을 유심히 바라보고 있는 자신을 의식하며 보고 있을 때, 이렇게 대강만 놓아도, 하고 산판을 밀어 놓으며 쳐다보는 용팔의 눈과 마주치게 되자 정일이는 흠칫 놀라게 되는 자신의 얼굴이 붉어지는 것을 깨달았다.
> – 최명익, 「무성격자」

┤ 보기 ├

> 「무성격자」의 정일은 자신을 구속하는 <u>속물적 욕망</u>으로부터 자유롭지 못한 인물이다.

① 흠칫 놀라는 모습
② 얼굴이 붉어지는 모습
③ 용팔의 눈과 마주치는 모습
④ 거침없이 산판알을 올리는 모습
⑤ 산판알이 올라가는 것을 주목하는 모습

» 문제에 쓰인 단어 중 이해하기 어려운 단어의 뜻을 찾아 적어 보자.

● 다음 글을 읽고 물음에 답하시오.　　　　　　　　　　　　　　　　　　　　　2019학년도 9월 모평

　　사무실 마루를 쓸고, ㉠홈치고, 손님에게 차와 점심 그릇을 나르고, 수십 장의 편지를 쓰고, 장부를 정리하는 등 소사와 급사와 서사의 일을 한 몸으로 치르고 난 뒤에 하숙으로 돌아가는 병일의 다리와 머리는 물병과 같이 무거웠다.

　　주인에게 작별 인사를 하고 공장 문밖을 나서면 하루의 고역에서 벗어났다는 시원한 느낌보다도 작은 별들이 반짝이는 하늘 아래 말할 수 없이 호젓해짐을 금할 수 없었다. 그는 주인 앞에서 참고 있었던 담배를 가슴 속 깊이 빨아들이켜며, 2년 내로 구하여도 얻지 못하는 신원 보증인을 다시금 궁리하여 보는 것이었다. 현금에 손을 대지 못하고, 금고에 들어 있는 서류에 참견을 못 하는 것이 책임 문제로 보아서 무한히 간편한 것이지만 취직한 첫날부터 지금까지 하루도 변함없이 자기를 감시하는 주인의 꾸준한 태도에 병일이도 꾸준히 불쾌한 감을 느껴 온 것이었다. 주인의 이러한 감시에 처음 얼마 동안은 신원 보증이 없어서 그같이 못 미더운 자기를 그래도 써 주는 주인의 호의를 한없이 감사하고 미안하게 여겼다. 그다음 얼마 동안은 병일이가 스스로 믿고 사는 자기의 담박한 성정을 그리도 못 미더워하는 주인의 태도에 원망과 반감을 가지게 되었다. (중략)

　　근자에 병일이는 사무실에서 장부 정리를 할 때에도 혹시 후원에서 성낸 소와 같이 거닐고 있던 니체가 푸른 이끼 ㉡돋친 바위를 붙안고 이마를 부딪치는 것을 상상하고 작은 신음 소리가 나오려는 것을 깨닫고는 몸서리를 치기도 하였다. 그럴 때마다 곁에서 담배를 피우며 신문을 뒤적이고 있는 주인을 바라볼 때 신문 외에는 활자와 인연이 없이 살아갈 수 있는 그들의 생활이 부럽도록 경쾌한 것 같았다. 사실 월급에서 하숙비를 ㉢제하고 몇 푼 안 남는 돈으로 탐내어 사들인 책들이 요즈음에는 무거운 짐같이 겨웠다. 활자로 박힌 말의 퇴적이 발호하여서 풍겨 오는 문학의 자극에 자기의 신경은 확실히 피곤하여졌다고 병일은 생각하였다. / 피곤한 병일이는 사무실에서 돌아올 때마다 이 지루한 장마는 언제까지나 계속할 셈인가고 중얼거렸다. 지금부터는 마음대로 할 수 있는 ‘나의 시간’이라고 생각하며 돌아가는 길에 언제나 발을 멈추고 바라보는 성문을 요즈음에는 우산 속에 숨어서 그저 지나치는 때가 많았다. 혹시 생각나서 돌아볼 때에는 수없는 빗발에 씻기며 서 있는 누각을 박쥐조차 나들지 않았다. 전날 큰 구렁이가 기왓장을 떨어쳤다는 말이 병일에게는 육친의 시체를 보는 듯한 침울한 인상을 ㉣주는 것이었다. 모기 소리와 빈대 냄새와 반들거리다가 새침히 뛰어오르는 벼룩이가 기다릴 뿐인 바람 한 점 없는 하숙방에서 활자로 시꺼멓게 메워진 책과 마주 앉을 용기가 없어진 병일이는 어떤 유혹에 끌리듯이 사진관으로 찾아가게 되었다.

　　사진사도 병일이를 환영하였다. 그리고 거기는 술과 한담이 있었다. 아직껏 취흥을 ㉤향락해 본 경험이 없던 병일이는 자기도 적지 않게 마시고 제법 사진사와 같이 한담을 주고받을 수 있다는 것이 만족하게 생각되기도 하였다. 사진사가 수다스럽게 주워섬기는 이야기를 듣고 있는 동안에 병일이는 문득 자기를 기다릴 듯한 어젯밤 펴 놓은 대로 있을 책을 생각하고 시계를 쳐다보기도 하였으나 문밖에 빗소리를 듣고는 누구에 대한 것인지도 모른 송구한 마음을 가라앉히는 것이었다. 그럴 때마다 그는 이야기에 신이 나서 잊고 있는 사진사의 잔을 집어서 거푸 마셨다.

– 최명익, 「비 오는 길」

◆ 낯선 어휘의 뜻을 사전에서 찾아 적어 보자.

• 후원: 집 뒤에 있는 정원이나 작은 동산.

• 발호하다: 권세나 세력을 제멋대로 부리며 함부로 날뛰다.

중심 내용 한눈에 보기

주인공 '병일'	'병일'이 머무는 공간	
	하숙방	사진관
• 하숙방에서 도시의 공장으로 출근하는 노동자 • 2년이 되도록 [ ]❶ 보증인을 얻지 못해 사회적으로 불안정한 생활을 영위하고 있음.	모기 소리와 [ ]❷ 냄새가 있지만, 니체의 책을 읽으며 자신만의 세계에 침잠함. – 자신을 만나는 공간	사진사와 함께 술을 마시고 [ ]❸ 을/를 주고받으며 문밖의 빗소리를 들음. – 삶에서 벗어나는 공간

● 24600-0078

2019학년도 9월 모평 45번 변형

1 [하숙방]과 [사진관]에 대한 이해로 가장 적절한 것은?

① 하숙방은 '병일'이 자신을 대면하는 고독한 곳이고, 사진관은 삶에 지친 '병일'이 일시적으로 도피하는 곳이다.

② 하숙방은 '병일'이 '니체'에 관한 상상을 하였던 곳이고, 사진관은 '사진사'에 대한 '병일'의 동정이 드러나는 곳이다.

③ 하숙방은 '병일'이 자신의 사회적 관계를 회복하려고 노력하는 곳이고, 사진관은 '병일'에게 위안을 주는 곳이다.

④ 하숙방은 '주인'이 '병일'을 감시하는 곳이고, 사진관은 '병일'이 이전에 해 보지 못한 경험을 하는 곳이다.

⑤ 하숙방은 '병일'이 '고역'을 지속하는 곳이고, 사진관은 '병일'이 자신의 과거를 긍정하는 곳이다.

➠ 문제의 선지에 쓰인 단어 중 뜻을 모르는 것을 찾아 적어 보자.

● 24600-0079

2019학년도 9월 모평 43번 변형

2 문맥상 ㉠~㉤의 단어와 다른 의미로 쓰인 것은?

① ㉠: 그는 긴장을 했는지 연방 식은땀을 훔쳐 내었다.

② ㉡: 코뿔소는 머리에 뿔이 돋쳐 있다.

③ ㉢: 점원은 물건값을 제하고 거스름돈을 내어주었다.

④ ㉣: 바쁜 일상이지만 나는 나 자신에게 여유를 주려고 노력한다.

⑤ ㉤: 그는 새로운 문물에 빠져 인생을 향락한 것을 후회하고 있다.

● 24600-0080

1 빈칸에 들어갈 적절한 말의 기호를 연결하시오.

(1) "내 일찍 국은을 갚을까 하였더니 소인의 참언을 입어 이제 [   ]을 •   • ㉠ 행장(行裝)
가니 어찌 애달프지 않으리오."

(2) 황상이 용루를 흘리시니 [   ]에 모인 여러 신하가 감히 우러러보지 •   • ㉡ 귀양
못하였다.

(3) 화담 왈, "내 이제 그대를 데려가려 하나니, [   ]을 꾸리거라." •   • ㉢ 조정(朝廷)

● 24600-0081

2 다음 단어가 사용된 예문으로 적절하지 <u>않은</u> 것은?

	단어	예문
①	도술(道術)	짚옹고집 도술 보고 근처에 참옹고집 온 줄 알았다.
②	심복(心服)	자점이 심복을 보내 거짓 조서를 전하고 옥에 가두었다.
③	흉계(凶計)	경업은 옥에 갇히기 전부터 거짓 조서 때문에 자점의 흉계를 알고 있었다.
④	반공(半空)	좌편의 오백 나한이며 우편의 칠백 중들이 합송하니 송경 소리 반공에 사무치는지라.
⑤	원수(元帥)	'정수정'은 부친의 원수를 갚는 효녀로서의 소임을 수행하여 죽은 부친의 넋을 위로하였다.

● 24600-0082

3 밑줄 친 단어의 뜻으로 적절하지 <u>않은</u> 것은?

① <u>신원</u>이 미심쩍다고 의심하는 상황에서 그 외모가 의심을 가중했다. → 말을 꺼내어 의견을 나타내는 말.
② '신문'은 마을 사람들이 상황을 심각하게 여기게 하는 <u>매개물</u>이군. → 둘 사이에서 양편의 관계를 맺어 주는 물건.
③ 서울 사는 민 판서 집 <u>마름</u>까지 얻어서 이 동리로 옮겨 앉은 것이다. → 지주를 대리하여 소작권을 관리하는 사람.
④ 헌병, <u>순사</u>들이 왔다는 말에 홍 씨는 본채로 돌아갔다. → 일제 강점기에 둔, 경찰관의 가장 낮은 계급의 사람.
⑤ 종갓집 영감님이 <u>작인</u>들에게 고리대금을 하여 살아간다. → 다른 사람의 농지를 빌려 농사를 짓고 그 대가로 사
용료를 지급하는 사람.

● 24600-0083

4 밑줄 친 부분의 의미를 이해한 것으로 적절한 것은?

'어머니'가 <u>생경한 이질감이 느껴지는 음성</u>으로 '그'의 이름을 부른 것은 '그'에게 '어머니'의 변화를 인식하게 하
여 섬찟함을 느끼게 하는군.

① 분노가 느껴지는 음성   ② 낯설게 느껴지는 음성   ③ 따뜻하게 느껴지는 음성
④ 친근하게 느껴지는 음성   ⑤ 배려심이 느껴지는 음성

5 ● 24600-0084

빈칸에 공통으로 들어갈 말로 적절한 것은?

> 꼭두각시: 이게 웬일이오? 여보 영감, 이게 웬일이오. 시속 인사(時俗人事)는 이러하오? 인사 두 번만 받으면 내 머리는 간다 봐라 하겠구나. 인사도 싫으니 [   ]을/를 나눠 주오.
> 표 생원: 괘씸스런 계집들은 불같은 욕심은 있구나. 나의 집은 해남 관머리요, 몸 지체는 한양 성중인데 무슨 [   ] 무슨 재물을 나눠 주니? 짚은 몽둥이로 한번 치면 다 죽으리라.
> — 작자 미상, 「꼭두각시놀음」

① 연회(宴會)   ② 給仕(급사)   ③ 계교(計巧)   ④ 제문(祭文)   ⑤ 세간

6 ● 24600-0085

㉠에 해당하는 사람으로 가장 적절한 것은?

> 1930년대 리얼리즘 장편 소설에는 변화하는 사회적 환경 속에서 사회적 지위가 상승한 인물형이 등장한다. 이들은 근대 문물을 체험해 보지 못한 사람들에게 자신을 과시하지만 자신만의 이익을 추구하기 때문에 그 지위를 인정받지 못한다. 이러한 인물들을 통해 1930년대 농촌 사회에 등장한 ㉠속물적 인물형의 면모를 확인할 수 있다.

① 학문에 정진하는 사람   ② 부모님께 효도하는 사람   ③ 타인을 위해 봉사하는 사람
④ 국가를 위해 희생하는 사람   ⑤ 돈과 명예만을 추구하는 사람

7 ● 24600-0086

다음 열쇠 말을 참고하여 오른쪽에 있는 표의 빈칸을 완성하시오.

| 가로 열쇠 |

1. 재해나 재난 따위로 어려움에 처한 사람을 돕는 일을 맡아보는 곳.
3. 노동자와 자본가의 중간 계급에 속하는 소상인, 수공업자, 하급 봉급생활자, 하급 공무원 따위를 통틀어 이르는 말.
4. 도를 닦아 여러 가지 조화를 부리는 요술이나 술법.
6. 일제 강점기에 둔, 경찰관의 가장 낮은 계급. 또는 그 계급의 사람.
8. 연회나 의식(儀式)에 쓰는 물건을 차려 놓음.
9. 신기하고 이상하다.

| 세로 열쇠 |

2. 어떤 무리에서 기피하여 따돌리거나 멀리함.
3. '아가씨'를 한문 투로 이르는 말.
4. 사람이 많이 살고 상공업이 발달한 번잡한 지역.
5. 관청이나 회사, 가게 따위에서 잔심부름을 시키기 위하여 부리는 사람.
7. 두 번 절하다.
9. 개인의 성장 과정과 관련된 자료.

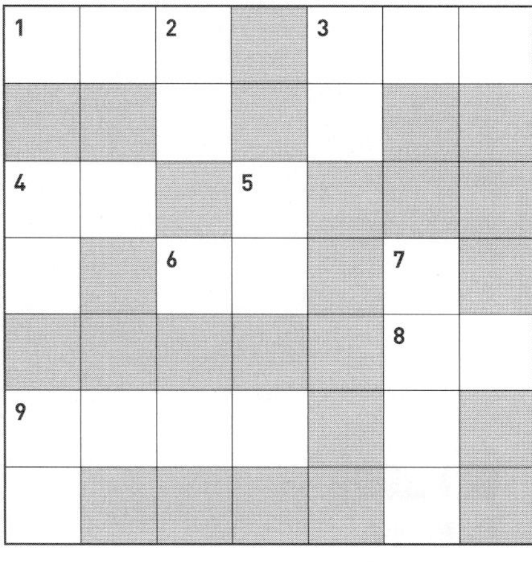

전쟁의 상흔, 분단의 아픔

어휘 돋보기

상흔(傷痕)
상처를 입은 자리에 남은 흔적.

국제 연합군
국제 연합 회원국들의 군 병력으로 편성한 군대. 안전 보장 이사회의 요구에 따라 국가 간의 침략을 방지하고 진압할 목적으로 조직했다. 1950년 6·25 전쟁 때 처음으로 출병하였다.

우리 민족의 큰 아픔 중 하나가 바로 6·25 전쟁입니다. 1950년 6월 25일 북한의 남침으로 시작된 6·25 전쟁은 1953년 7월 27일까지 약 3년 동안 지속되며 우리 민족에게 물질적·정신적 고통을 안겨 주었고, 종전이 아니라 휴전으로 마무리되었어요. 한국 현대 소설은 이러한 동족상잔의 비극적 상황과 전쟁으로 인한 가치관 혼란 등을 주제로 많은 작품이 창작되었어요. 또한 문학을 통해 전쟁이 남긴 고통과 상처를 치유할 수 있는 방안에 대해서도 모색하였지요.

● 6·25 전쟁의 전개 과정

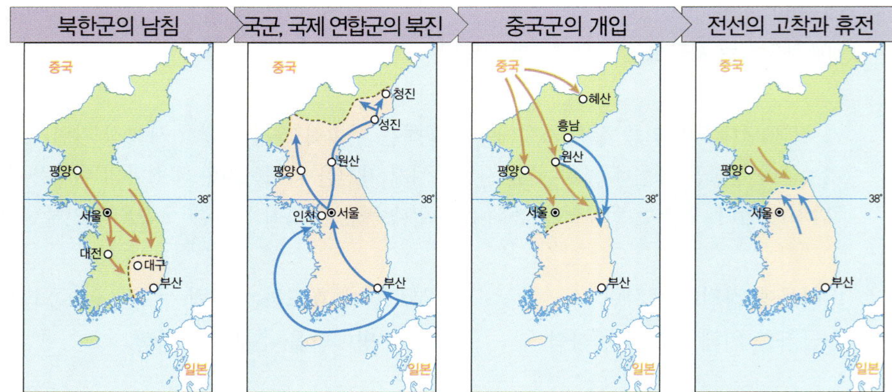

● 6·25 전쟁이 남긴 상처를 소재로 한 작품

> 난리가 났다고는 하지만 순박하던 마을 사람들이 무슨 도척의 영신이라도 씐 것처럼 서로 죽이고 죽는 것 외에는 대포 소리 한 번 제대로 난 적이 없던 마을에 별안간 비행기가 날아와 기총 소사와 폭탄을 쉴 새 없이 퍼붓고 앞산 뒷산에서 총소리가 며칠 계속해 콩 볶듯이 나더니만 이어서 죽은 듯한 정적이 왔다. 집 속에 쥐 죽은 듯이 처박혔던 마을 사람들이 하나둘 조심조심 고개를 내밀었다간 재빨리 움츠러들었다. 아직은 서로의 대화를 꺼리고 있었다. 빨갱이가 물러갔다는 증거도 안 물러갔다는 증거도 없었다. 그쪽에 붙어서 또 부리던 패거리들의 모습은 안 보였지만 인민 위원회가 쓰던 이장 집 마당 깃대 꽂이엔 아직도 그쪽 기가 펄럭대고 있었으니 말이다.
>
> 이런 어중간하고 모호한 때에 벌써 성질이 급한 남편은 야밤을 타서 집에 돌아와 있었다. 서울이 이미 수복됐는데 제까짓 것들이 여기서 버텨 봤댔자 며칠을 더 버티겠느냐는 거였다.
>
> — 박완서, 「겨울 나들이」

전쟁의 비극적인 모습을 알 수 있는 대목이야.

'빨갱이'는 '공산주의자'를 속되게 이르는 말이야. 여기서는 '인민군' 즉 북한군을 가리키는 말이지.

'수복'은 '잃었던 땅이나 권리 따위를 되찾음.'이라는 뜻이야. 서울이 수복되었다는 것은 북한군의 남침으로 빼앗겼던 서울을 국군, 국제 연합군의 북진으로 다시 찾았다는 의미야.

작품 더 보기

최인훈, 「광장」
주인공 이명준을 통하여 남북 간 이데올로기의 대립 속에서 고통받고 갈등하는 지식인상을 보여 준 작품이다.

이 작품은 전쟁과 분단의 상처를 안고 살아가는 인물의 이야기가 액자식 구성으로 전개됩니다. 위에 제시된 장면은 인물이 회상하는 과거의 장면인데, 전란 중에 고통을 받았던 우리 민중의 모습이 잘 드러나 있어요.

III

독서 (인문 · 예술)

* 어휘 공부를 완료한 뒤 체크!

□□ **이치**
도리 **理**, 이를 **致**

사물의 정당한 조리(條理). 또는 도리에 맞는 취지.

예 『노자』의 도를 근원적인 불변하는 도로 본 그는 모든 **이치**를 내재한 도가 현실화하여 천지 만물이 생성된다고 이해했다. _2024학년도 수능

친절한 샘 '이치'의 뜻풀이에서 '조리(條理)'는 '말이나 글 또는 일이나 행동에서 앞뒤가 들어맞고 체계가 서는 갈피.'를 뜻하고, '도리(道理)'는 '사람이 어떤 입장에서 마땅히 행하여야 할 바른길.'을 뜻합니다. 즉 이치란 앞뒤가 들어맞거나 인간이 행해야 할 바른길을 의미한다는 것을 알 수 있습니다.

□□ **지각**
알 **知**, 깨달을 **覺**

감각 기관을 통하여 대상을 인식함. 또는 그런 작용.

예 하지만 **지각**은 주체와 대상이 각자로서 존재하기 이전에 나타나는 얽힘의 체험이다. _2024학년도 6월 모평

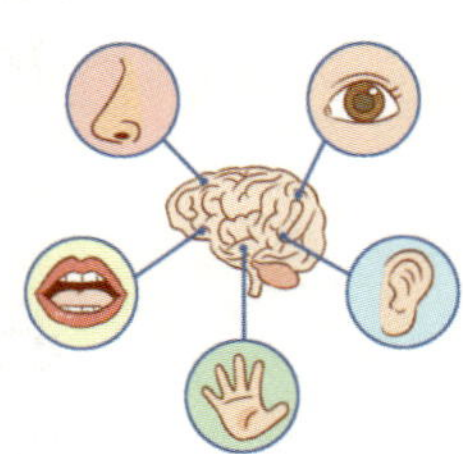

친절한 샘 우리 몸에는 시각, 청각, 미각, 후각, 촉각 등의 감각 기관이 존재하는데, 이를 통해 대상을 인식하는 행위가 바로 '지각'입니다. 즉 감각 기관이 반드시 있어야 하는 거죠. 이와 달리 '직관(直觀)'은 감각 기관 없이 대상을 파악하는 것으로, 그 뜻은 '감각, 경험, 연상, 판단, 추리 따위의 사유 작용을 거치지 아니하고 대상을 직접적으로 파악하는 작용.'입니다.

□□ **본성**
근본 **本**, 성품 **性**

사물이나 현상에 본디부터 있는 고유한 특성.

예 아리스토텔레스는 모든 자연물이 목적을 추구하는 **본성**을 타고나며, 외적 원인이 아니라 내재적 본성에 따른 운동을 한다는 목적론을 제시한다. _2018학년도 수능

친절한 샘 '성선설(性善說)'과 '성악설(性惡說)'을 들어 보았죠? 둘 다 사람의 본성에 대한 관점을 나타낸 학설입니다. 전자의 뜻은 '사람의 본성은 선천적으로 착하나 나쁜 환경이나 물욕으로 악하게 된다는 학설.'이고, 후자의 뜻은 '인간의 본성은 이기적이고 악하므로 선(善) 행위는 후천적 습득에 의해서만 가능하다고 보는 학설.'입니다.

□□ **가변성**
옳을 **可**, 변할 **變**,
성품 **性**

일정한 조건에서 변할 수 있는 성질.

예 도가 **가변성**을 가지고 있어야 도가 일정한 곳에만 있지 않게 되고, 그래야만 도가 모든 사물의 존재와 본질의 근거가 될 수 있다고 파악한 것이다. _2024학년도 수능

친절한 샘 '사랑이 어떻게 변하니?'라는 영화 대사가 있는데, 여러분은 어떻게 생각하시나요? 가변성이란 대상의 특성이 변할 수 있다는 것을 의미합니다. 반의어로 '불변성(不變性)'이 있는데, 그 뜻은 '변하지 아니하는 성질.'입니다.

□□ **명제**
목숨 **命**, 제목 **題**

어떤 문제에 대한 하나의 논리적 판단 내용과 주장을 언어 또는 기호로 표시한 것.

예 많은 전통적 인식론자는 임의의 **명제**에 대해 우리가 세 가지 믿음의 태도 중 하나만을 가질 수 있다고 본다. _2020학년도 수능

친절한 샘 '명제'란 특정 문제에 대한 주장을 나타내는데, 참과 거짓을 판단할 수 있어야 합니다. 예를 들어 '소크라테스는 인간이다.'와 '1 더하기 1은 30이다.'는 둘 다 명제인데, 참과 거짓을 판단할 수 있기 때문입니다. 하지만 '어휘 공부는 즐겁다.'는 명제가 아닙니다. 그 이유는 학습자에 따라 판단 결과가 달라 참과 거짓을 가릴 수 없기 때문입니다.

□□ **척도**
자 **尺**, 법도 **度**

평가하거나 측정할 때 의거할 기준.

예 이들에게는 동아시아에서 문명의 **척도**로 여겨진 중화 관념이 청의 현실에 대한 인식에 각각 다르게 반영된 것이다. _2021학년도 수능

친절한 샘 '기준(基準)'의 뜻은 '기본이 되는 표준.'입니다. 이때 '표준(標準)'의 뜻은 '사물의 정도나 성격 따위를 알기 위한 근거나 기준.'으로 '준거(準據)'와 같은 말입니다. 이처럼 '기준', '표준', '준거' 등의 뜻이 유사하니 잘 알아 두세요.

□□ **상충**
서로 相, 부딪힐 衝

맞지 아니하고 서로 어긋남.

예 16세기 후반에 브라헤는 코페르니쿠스 천문학의 장점은 인정하면서도 아리스토텔레스 형이상학과의 **상충**을 피하고자 _2019학년도 수능

친절한쌤 서로 맞지 않아 부딪히는 것이 바로 '상충'입니다. 이럴 때 종종 갈등이 발생하죠. '**갈등(葛藤)**'의 뜻은 '칡과 등나무가 서로 얽히는 것과 같이, 개인이나 집단 사이에 목표나 이해관계가 달라 서로 적대시하거나 충돌함. 또는 그런 상태.'입니다. 또한 '상충'과 유사한 말로 '**상극(相剋)**'이 있는데, 그 뜻은 '둘 사이에 마음이 서로 맞지 아니하여 항상 충돌함.'입니다.

□□ **욕망**
하고자 할 欲, 바랄 望

부족을 느껴 무엇을 가지거나 누리고자 탐함. 또는 그런 마음.

예 이익 추구를 인간의 자연스러운 **욕망**으로 긍정하고 양반도 이익을 추구하자는 등 실용적인 입장을 보였다. _2021학년도 수능

친절한쌤 욕망과 유사한 말로 '욕구'와 '욕심'이 있는데, '**욕구(慾求)**'의 뜻은 '무엇을 얻거나 무슨 일을 하고자 바라는 일.'이며, '**욕심(欲心)**'의 뜻은 '분수에 넘치게 무엇을 탐내거나 누리고자 하는 마음.'입니다. '욕망'이나 '욕구'와 달리 '욕심'에는 부정적 의미가 있으니 유의하세요.

□□ **필연적**
반드시 必, 그럴 然,
어조사 的

사물의 관련이나 일의 결과가 반드시 그렇게 될 수밖에 없는 (것).

예 "만약 Q이면 Q이다."를 비롯한 **필연적**인 명제들은 모든 가능 세계에서 성립한다. _2019학년도 수능

친절한쌤 우리는 종종 만남이나 인연의 의미를 강조할 때 '필연적'이라는 말을 쓰는데, 이는 반드시 그렇게 될 수밖에 없다는 뜻입니다. 반의어로는 '**우연적(偶然的)**'이 있는데, 그 뜻은 '아무런 인과관계 없이 뜻하지 아니하게 일어나는 것.'입니다.

□□ **간주하다**
볼 看, 지을 做

상태, 모양, 성질 따위가 그와 같다고 보거나 그렇다고 여기다.

예 송대(宋代)에 이르러, 주희는 천문학의 발달로 예측 가능하게 된 일월식을 재이로 **간주하지** 않는 경향을 수용하였고 _2022학년도 6월 모평

친절한쌤 '간주하다'와 유사한 말로는 '여기다'와 '치다'가 있습니다. '**여기다**'의 뜻은 '마음속으로 그러하다고 인정하거나 생각하다.'이고, '**치다**'의 뜻은 '어떠한 상태라고 인정하거나 사실인 듯 받아들이다.'입니다.

＋ 어휘 더하기　　정(定)으로 끝나는 어휘

정답과 해설 16쪽

단정(斷定)	설정(設定)
딱 잘라서 판단하고 결정함. 예 어느 팀이 이길지 쉽게 **단정**을 짓기가 어렵다.	새로 만들어 정해 둠. 예 이번 일은 처음부터 목표 **설정**이 잘못되었다.
추정(推定)	확정(確定)
미루어 생각하여 판정함. 예 현재까지의 **추정**으로는 그 땅의 가격은 오르지 않는다.	일을 확실하게 정함. 예 합격자 발표 날짜가 아직 **확정**이 되지 않았다.

어떤 일을 결정하거나 판단할 때 '단정(斷定), 설정(設定), 추정(推定), 확정(確定)'과 같은 어휘들을 많이 사용하므로, 단어 간의 미묘한 차이를 잘 구분해 두는 것이 좋습니다. 이때 '단(斷), 설(設), 추(推), 확(確)'과 같은 한자어의 뜻을 알아 두면 단어의 뜻을 이해하는 데 많은 도움이 되니 꼭 알아 두세요.

● 다음 빈칸에 들어갈 적절한 단어를 쓰시오.

> 드디어 올해의 대학 입시 요강이 [　　　　　]이 되었다.

○ 24600-0087

1 빈칸에 들어갈 적절한 단어를 〈보기〉에서 골라 쓰시오.

| 보기 |
| 가변　　우연　　필연　　상충　　간주　　동일시 |

(1) 한비자는 인간은 욕망을 [　　　　]적으로 가질 수밖에 없음을 지적하며 욕망을 제어하기 위해서는 법이 필요하다고 강조했다.

(2) 플라톤은 물질적이고 [　　　　]적인 사물들이 존재하는 현실 세계와 비물질적이고 불변적이고 완벽한 이데아들이 존재하는 이상 세계를 구분한다.

(3) 조선 시대의 일부 관리들은 승진을 위해서 장기적인 전망을 갖고 정책을 추진하기보다 가시적이고 단기적인 결과만을 중시했는데, 이는 개인적 동기가 공공성과 [　　　　]되는 현상이 나타난 것이다.

○ 24600-0088

2 빈칸에 공통으로 들어갈 단어로 가장 적절한 것은?

- 당신이 예술가의 관념을 예술 작품의 조건으로 규정할 때 사용하는 [　　　　]는 참과 거짓을 판단할 수 없기 때문에 받아들일 수 없습니다.
- 전통 논리학에서는 "만약 A이면 B이다."라는 형식의 [　　　　]는 A가 거짓인 경우에는 B의 참 거짓에 상관없이 참이라고 규정한다.

① 진리(眞理)　　② 이치(理致)　　③ 명제(命題)　　④ 도리(道理)　　⑤ 기호(記號)

○ 24600-0089

3 ㉠에 들어갈 단어로 적절한 것은?

　사람의 [　㉠　]은 선천적으로 착하지만 나쁜 환경이나 물욕으로 인해 악해진다는 학설이 '성선설(性善說)'이고, 사람의 [　㉠　]은 이기적이고 악하므로 선한 행위는 후천적인 습득에 의해서만 가능하다고 보는 학설이 '성악설(性惡說)'이다.

① 인식(認識)　　② 지각(知覺)　　③ 욕심(欲心)　　④ 본성(本性)　　⑤ 욕망(欲望)

○ 24600-0090

4 밑줄 친 말과 의미가 가장 가까운 것은?

　18세기 북학파들은 청에 다녀온 경험을 연행록으로 기록하여 청의 문물제도를 수용하자는 북학론을 구체화하였다. 이들은 개인적인 학문 성향과 관심에 따라 주목한 영역이 서로 달랐기 때문에 이들의 북학론도 차이를 보였다. 이들에게는 동아시아에서 문명의 <u>척도</u>로 여겨진 중화 관념이 청의 현실에 대한 인식에 각각 다르게 반영된 것이다.

① 기준(基準)　　② 사유(思惟)　　③ 통념(通念)　　④ 이성(理性)　　⑤ 단서(端緒)

5 ● 24600-0091

㉠과 ㉡에 들어갈 말을 바르게 짝지은 것은?

> • 방 안이 너무 캄캄해서 우리는 대상의 모습을 명확히 [㉠] 할 수 없었다.
> • 사고의 과정을 거치지 않고 대상을 직접 파악하는 것을 [㉡] 이라고 한다.

	㉠	㉡			㉠	㉡
①	간주(看做)	지각(知覺)		②	간주(看做)	직관(直觀)
③	직관(直觀)	지각(知覺)		④	직관(直觀)	감각(感覺)
⑤	지각(知覺)	직관(直觀)				

6 ● 24600-0092

〈보기〉의 빈칸에 들어갈 말로 가장 적절한 것은?

┤ 보기 ├

　금기란 어떤 대상을 꺼리거나 피하는 행위를 가리킨다. 공동체의 구성원들은 금기를 위반하면 그 대상에 의해 공동체 혹은 그 구성원이 처벌을 받는다는 인식을 공유한다. 일반적으로 금기를 [   ]하는 근본적인 이유는 알려지지 않지만, 금기와 그 대상에 대한 추측은 구전의 방식을 통해 은밀하게 전파되어 구성원들 간에 회자된다. 이를 통해 금기와 금기의 대상이 환기하는 의미는 세대를 거쳐 전달됨으로써 서로 다른 세대 간에 공동체의 체험을 공유하는 데에 기여하기도 한다.

① 추정(推定)　　② 설정(設定)　　③ 배척(排斥)　　④ 동경(憧憬)　　⑤ 순응(順應)

실전 어휘를 알면 답이 보인다

7 ● 24600-0093 2022학년도 수능 9번

문맥상 ⓐ∼ⓔ와 바꾸어 쓰기에 가장 적절한 것은?

> • 이념과 현실은 하나의 체계를 이루며, 이 두 차원의 원리를 밝히는 철학적 논증도 변증법적 체계성을 ⓐ지녀야 한다.
> • 절대정신은 절대적 진리인 '이념'을 인식하는 인간 정신의 영역을 ⓑ가리킨다.
> • 종합의 범주는 두 대립적 범주 중 하나의 일방적 승리로 ⓒ끝나도 안 되고, 두 범주의 고유한 본질적 규정이 소멸되는 중화 상태로 나타나도 안 된다.
> • 그러나 실질적 내용을 ⓓ보면 직관으로부터 사유에 이르는 과정에서는 외면성이 점차 지워지고 내면성이 점증적으로 강화·완성되고 있음이, 예술로부터 철학에 이르는 과정에서는 객관성이 점차 지워지고 주관성이 점증적으로 강화·완성되고 있음이 확연히 드러날 뿐, 진정한 변증법적 종합은 ⓔ이루어지지 않는다.

① ⓐ: 소지(所持)하여야　　② ⓑ: 포착(捕捉)한다　　③ ⓒ: 귀결(歸結)되어도
④ ⓓ: 간주(看做)하면　　⑤ ⓔ: 결성(結成)되지

▶ 문제에 쓰인 단어 중 이해하기 어려운 단어의 뜻을 찾아 적어 보자.

● 다음 글을 읽고 물음에 답하시오.

2024학년도 수능

유학자들은 도를 인간 삶의 올바른 길을 의미하는 것이라고 보았다. 중국 송나라 이후, 유학자들은 이러한 유학의 도를 기반으로 현상 세계 너머의 근원으로서 도가의 도에 주목하여 『노자』 주석을 전개했다.

혼란기를 거친 송나라 초기에 중앙집권화가 추진된 이후 정치적 갈등이 드러나면서 개혁의 분위기가 조성됐다. 이러한 분위기하에서 유학자이자 개혁 사상가인 왕안석은 『노자주』를 저술했다. 그는 『노자』의 도를 만물의 물질적 근원인 '기(氣)'라고 파악하고, 현상 세계에 앞서 존재하는 기의 작용에 의해 사물이 형성된다고 보았다. 그는 기가 시시각각 변화하듯 현상 세계도 변화한다고 이해했다. 인위적인 것을 제거해야만 도가 드러나고 인간 사회가 안정된다는 『노자』를 비판한 그는 자연과 달리 인간 사회의 안정을 위해서는 제도와 규범의 제정과 같은 인간의 적극적인 개입이 필요하다고 주장했다. 지혜와 덕이 뛰어난 사람이 제정한 사회 제도와 규범도 현실 사회의 변화에 따라 새롭게 해야 한다고 주장한 것이다. 『노자』의 이상 정치가 실현되려면 유학 이념이 실질적 수단으로 사용되어야 한다고 주장하는 등 왕안석은 『노자』를 유학의 실천적 측면과 결부하여 이해했다.

송 이후 원나라에 이르러 성행하던 도교는 유학과 불교 등을 받아들여 체계화되었지만, 오징에게는 주술적인 종교에 불과했다. ㉠유학자의 입장에서 그는 잘못된 가르침을 펴는 도교에 사람들이 빠지는 것을 경계했다. 그는 도교의 시조로 간주된 노자의 가르침이 공자의 학문과 크게 다르지 않음을 밝히고자 『도덕진 경주』를 저술했다. 그는 도와 유학 이념을 관련짓는 구절을 추가하는 등 『노자』의 일부 내용을 바꾸고 기존 구성 체제를 재편했다. 『노자』의 도를 근원적인 불변하는 도로 본 그는 모든 이치를 내재한 도가 현실화하여 천지 만물이 생성된다고 이해했다. 이런 관점에서 그는 유학의 인의예지가 도의 쇠퇴 때문에 나타난 것이라는 『노자』와 달리 도가 현실화하여 드러난 것으로 해석하고, 인간이 마땅히 따라야 할 사회 규범과 사회 질서 체계도 도가 현실화한 결과로 파악했다.

원이 쇠퇴하고 명나라가 들어선 이후 유학과 도가 등 여러 사상이 합류하는 사조가 무르익는 가운데, 유학자인 설혜는 자신의 ㉡학문적 소신에 따라 『노자』를 주석한 『노자집해』를 저술했다. 그는 공자도 존중했던 스승이 노자이므로 노자 사상에 대한 오해를 불식해야 한다고 보았다. 그는 기존의 주석서가 『노자』의 진정한 의미를 제대로 밝히지 못했기 때문에 유학자들이 노자 사상을 이단으로 치부했다고 파악한 것이다. 다양한 경전을 인용하여 『노자』를 해석하면서 그는 『노자』의 도를 인간의 도덕 본성과 그것의 근거인 천명으로 이해하고, 본성과 천명의 이치를 탐구한다는 점에서 노자 사상과 유학이 다르지 않다고 보았다. 또한 그는 『노자』에서 인의 등을 비판한 것은 도덕을 근본으로 삼게 하기 위한 충고라고 파악했다.

◆ **낯선 어휘의 뜻**을 사전에서 찾아 적어 보자.

- **주석**: 낱말이나 문장의 뜻을 쉽게 풀이함. 또는 그런 글.

- **인위적**: 자연의 힘이 아닌 사람의 힘으로 이루어지는 것.

-

-

중심 내용 한눈에 보기

『노자』에 대한 세 학자의 견해

왕안석	오징	설혜
[　　]❶인 것을 제거해야만 도가 드러난다고 본 『노자』를 비판하고, 인간 사회의 안정을 위해서는 인간의 적극적 개입이 필요함을 주장함.	유학의 인의예지가 도의 쇠퇴 때문에 나타난 것이라는 『노자』와 달리 인간의 사회 규범과 사회 질서 체계를 도가 [　　]❷한 결과로 파악함.	본성과 천명의 [　　]❸을/를 탐구한다는 점에서 노자 사상과 유학이 다르지 않다고 보고, 노자 사상에 대한 오해를 불식해야 한다고 봄.

⊙ 24600-0094

<2024학년도 수능 12번 변형>

1

윗글에 대한 이해로 가장 적절한 것은?

① 『노자』가 유학의 발전에 미친 영향력을 분석하고 있다.

② 『노자』에 나타난 당시의 시대상을 사례를 들어 나타내고 있다.

③ 『노자』에 대한 여러 학자의 견해를 시간의 흐름에 따라 제시하고 있다.

④ 『노자』에 대한 해석의 차이와 이를 절충한 종합적인 의견을 제시하고 있다.

⑤ 『노자』에 대해 다양한 시각에서 제시된 비판이 심화되는 과정을 설명하고 있다.

◈ 문제에 쓰인 단어 중 이해하기 어려운 단어의 뜻을 찾아 적어 보자.

⊙ 24600-0095

<2024학년도 수능 14번>

2

㉠과 ㉡에 대한 이해로 가장 적절한 것은?

① ㉠은 유학 덕목의 등장을 긍정적으로 평가한 『노자』의 견해를 수용하는, ㉡은 유학 덕목에 대한 『노자』의 비판에 담긴 긍정적 의도를 밝히려는 것으로 표출되었다.

② ㉠은 유학에 유입되고 있는 주술성을 제거하는, ㉡은 노자 사상이 탐구하는 대상에 대한 이해를 근거로 노자 사상과 유학의 공통점을 제시하려는 것으로 표출되었다.

③ ㉠은 유학의 가르침을 차용한 종교가 사람들을 현혹하는 상황에 대응하는, ㉡은 『노자』를 해석한 경전들을 참고하여 유학 이론의 독창성을 밝히려는 것으로 표출되었다.

④ ㉠은 유학을 노자 사상과 연관 지어 유교적 사회 질서의 정당성을 확인하는, ㉡은 유학에서 이단으로 치부하는 사상의 진의를 밝혀 오해를 바로잡으려는 것으로 표출되었다.

⑤ ㉠은 특정 종교에서 추앙하는 사상가와 유학 이론의 관련성을 제시하는, ㉡은 유학의 사상적 우위를 입증하여 다른 학문을 통합할 수 있는 근거를 제시하려는 것으로 표출되었다.

＊어휘 공부를 완료한 뒤 체크!

논증
논의할 論, 증거 證

옳고 그름을 이유를 들어 밝힘. 또는 그 근거나 이유.

예 변증법에 따라 철학적 **논증**을 수행한 인물로는 단연 헤겔이 거명된다. _2022학년도 수능

친절한 쌤 논증은 근거나 이유를 들어 주장을 뒷받침하는 것을 말합니다. 이때 '**주장(主張)**'의 뜻은 '자기의 의견이나 주의를 굳게 내세움. 또는 그런 의견이나 주의.'이고, '**이유(理由)**'의 뜻은 '어떠한 결론이나 결과에 이른 까닭이나 근거.'이며, '**근거(根據)**'의 뜻은 '어떤 일이나 판단, 주장 따위가 나오게 된 바탕이나 까닭.'입니다.

상정하다
생각 想, 정할 定

어떤 정황을 가정적으로 생각하여 단정하다.

예 따라서 이러한 무한 소급을 끝맺으려면 운동의 최초 원인을 **상정해야**만 한다. _2019학년도 6월 모평

친절한 쌤 '상정하다'와 유사한 말은 '**가정(假定)하다**'인데, 그 뜻은 '사실이 아니거나 또는 사실인지 아닌지 분명하지 않은 것을 임시로 인정하다.'입니다. '최악의 상황을 가정하고 대책을 세우자.'와 같은 예문을 통해 알 수 있듯이, 어떤 것이 그러하다고 임시로 정하는 것입니다. 그래야만 그것을 바탕으로 다음 내용을 이어 갈 수 있기 때문입니다.

범주
법 範, 이랑 疇

동일한 성질을 가진 부류나 범위.

예 변증법은 대등한 위상을 지니는 세 **범주**의 병렬이 아니라, 대립적인 두 **범주**가 조화로운 통일을 이루어 가는 수렴적 상향성을 구조적 특징으로 한다. _2022학년도 수능

친절한 쌤 '사과'와 '배'는 '과일'이라는 범주로 묶을 수 있는데, 그 이유는 둘 다 나무 따위를 가꾸어 얻는, 사람이 먹을 수 있는 열매이기 때문입니다. 그리고 이렇게 '사과'와 '배'라는 하위 개념을 묶어서 상위 개념을 만드는 것을 '**분류(分類)**'라고 하는데, 그 뜻은 '종류에 따라서 가름.'입니다.

유입
흐를 流, 들 入

돈, 물품 따위의 재화가 들어옴.

예 대외 무역의 발전과 은의 **유입**은 중국의 경제적 번영에 영향을 미친 외부적 요인이었다. _2021학년도 수능

친절한 쌤 '유입'의 반의어로 '**유출(流出)**'이 있는데, 그 뜻은 '귀중한 물품이나 정보 따위가 불법적으로 나라나 조직의 밖으로 나가 버림. 또는 그것을 내보냄.'입니다. 이처럼 재화가 안으로 들어오는 것이 '유입'이고 밖으로 나가는 것이 '유출'이라고 보면 됩니다.

수양
닦을 修, 기를 養

몸과 마음을 갈고닦아 품성이나 지식, 도덕 따위를 높은 경지로 끌어올림.

예 이에 대해 심성 **수양**에 절실하지 않을뿐더러 주자학이 아닌 것이 뒤섞여 순수하지 않다는 일부 주자학자의 비판이 있었지만 _2023학년도 수능

친절한 쌤 '**수련회(修練會)**'에 다녀온 적이 있나요? '**수련(修練)**'은 수양과 유사한 말로, 그 뜻은 '인격, 기술, 학문 따위를 닦아서 단련함.'입니다. 또한 비슷한 말로 '**도야(陶冶)**'도 있는데, 그 뜻은 '훌륭한 사람이 되도록 몸과 마음을 닦아 기름을 비유적으로 이르는 말.'입니다.

사료
역사 史, 재료 料

역사 연구에 필요한 문헌이나 유물.

예 역사가는 **사료**를 매개로 과거와 만난다. _2020학년도 9월 모평

친절한 쌤 역사 연구를 할 때 사용되는 자료가 바로 '사료'입니다. 이때 '**문헌(文獻)**'의 뜻은 '옛날의 제도나 문물을 아는 데 증거가 되는 자료나 기록.'입니다. '역사를 전문으로 연구하는 사람.'을 '**사가(史家)**'라고 하며, '역사의 편찬을 맡아 초고를 쓰는 일을 맡아보던 벼슬. 또는 그런 벼슬아치.'를 '**사관(史官)**'이라고 합니다.

□□ **관료**

벼슬 官. 동료 僚

직업적인 관리. 또는 그들의 집단.

예 『경국대전』 체제에서 양인은 **관료**가 될 수 있다는 점에서 능력주의가 일부 작동하는 것처럼 보이지만 _2024학년도 9월 모평

친절한 샘 '**관리(官吏)**'의 뜻은 '관직에 있는 사람.'이고, '**관직(官職)**'의 뜻은 '공무원 또는 관리가 국가로부터 위임받은 일정한 직무나 직책.'입니다. 즉 관료란 공무원 또는 그들의 집단이라고 할 수 있습니다. 아울러 '**관료주의(官僚主義)**'라는 말이 있는데, 그 뜻은 '관료 정치 아래에 있는 관청이나 사회 집단에서 흔히 나타나는 독특한 행동 양식이나 의식 상태를 비판적으로 이르는 말.'입니다.

□□ **세습**

세대 世. 물려받을 襲

한집안의 재산이나 신분, 직업 따위를 대대로 물려주고 물려받음.

예 정약용도 양반의 **세습**을 비판하며 도덕적 능력에 따라 사회 지배층을 재편하는 데 입장을 같이했다. _2024학년도 9월 모평

친절한 샘 세습과 유사한 말로 '**상속(相續)**'이 있는데, 그 뜻은 '일정한 친족 관계가 있는 사람 사이에서, 한 사람이 사망한 후에 다른 사람에게 재산에 관한 권리와 의무의 일체를 이어 주거나, 다른 사람이 사망한 사람으로부터 그 권리와 의무의 일체를 이어받는 일.'입니다.

□□ **천명**

하늘 天. 명령 命

하늘의 명령.

예 그는 『노자』의 도를 인간의 도덕 본성과 그것의 근거인 **천명**으로 이해하고 _2024학년도 수능

친절한 샘 '하늘'이란 하느님을 달리 이르는 말인데, 이때 '**하느님**'이란 '우주를 창조하고 주재한다고 믿어지는 초자연적인 절대자.'를 뜻합니다. 따라서 '천명'이란 초자연적인 절대자가 내리는 명령이라고 할 수 있습니다.

□□ **내재하다**

안 內. 있을 在

어떤 사물이나 범위의 안에 들어 있다.

예 한편, 한비자는 도를 구체적인 사물과 사건에 **내재한** 개별 법칙의 통합으로 보고 _2024학년도 수능

친절한 샘 '내재하다'의 반의어는 '**외재(外在)하다**'로 그 뜻은 '어떤 사물이나 범위 안에 있지 않고 밖에 있다.'입니다. 관련된 어휘로 '**내면(內面)**'이 있는데, '물건의 안쪽.'이나 '밖으로 드러나지 아니하는 사람의 속마음.'을 뜻합니다.

➕ 어휘 더하기 유물과 유적의 차이

정답과 해설 18쪽

유물(遺物)	유적(遺跡)

선대의 인류가 후대에 남긴 물건. 예 한 미술관에서 선사 시대의 토기를 비롯한 각종 **유물**을 전시하고 있다.	남아 있는 자취. 건축물이나 싸움터 또는 역사적인 사건이 벌어졌던 곳이나 패총, 고분 따위를 이른다. 예 우리 동아리는 올해 문화 **유적**을 순례할 계획이다.

옛날 사람들이 사용하던 물건을 '유물'이라고 하고, 건축물이나 싸움터 등을 '유적'이라고 합니다. 유물은 유적에 비해 크기도 작고 위치를 바꿀 수 있지만, 유적은 크기도 크고 위치를 바꿀 수 없는 것이라고 보면 됩니다.

● **다음 괄호 안에 들어갈 적절한 단어를 고르시오.**

다보탑, 석가탑 등의 (유물 / 유적)은 역사가가 역사를 연구할 때 사용하는 사료이다.

● 24600-0096

1 밑줄 친 말과 바꾸어 쓸 수 있는 단어로 가장 적절한 것은?

(1)
> 의료 선교사인 홉슨은 창조주와 같은 질적으로 다른 존재를 상정하면서 이 문제를 해결하기 위해 노력하였다.

① 고찰하면서   ② 가정하면서   ③ 관찰하면서
④ 강구하면서   ⑤ 연구하면서

(2)
> 인의는 군주가 부단한 수양과 안정된 권력을 바탕으로 교화의 정치를 펼쳐야 실현되는 것이다.

① 관망(觀望)   ② 주관(主管)   ③ 규명(糾明)   ④ 수련(修練)   ⑤ 담합(談合)

● 24600-0097

2 빈칸에 들어갈 말로 가장 적절한 것은?

> 한국, 중국 등 동아시아 사회에서 오랫동안 유지되었던 과거제는 세습적 권리와 무관하게 능력주의적인 시험을 통해 [   ]을/를 선발하는 제도라는 점에서 합리성을 갖추고 있었다. 정부의 관직을 두고 정기적으로 시행되는 공개 시험인 과거제가 도입되어, 높은 지위를 얻기 위해서는 신분이나 추천보다 시험 성적이 더욱 중요해졌다.

① 성현(聖賢)   ② 장자(長子)   ③ 관료(官僚)   ④ 제후(諸侯)   ⑤ 시비(侍婢)

● 24600-0098

3 빈칸에 '사료(史料)'가 들어가기에 적절한 것만을 〈보기〉에서 모두 고른 것은?

─── 보기 ───
ㄱ. 이번 발굴 작업에서 새로운 [   ]가 많이 발견되었다.
ㄴ. 새로 문을 연 전시관에는 한인들의 삶과 독립을 향한 열정을 엿볼 수 있는 [   ]들이 가득했다.
ㄷ. 현대 사회에서 관찰할 수 있는 현상들은 대략 몇 가지 [   ]로 묶어 볼 수 있다.
ㄹ. 조선 초기에 진행된 고려 관련 [   ] 편찬은 고려 멸망의 필연성과 조선 건국의 정당성을 드러내는 작업이었다.

① ㄱ, ㄴ   ② ㄱ, ㄷ   ③ ㄴ, ㄹ   ④ ㄱ, ㄴ, ㄹ   ⑤ ㄴ, ㄷ, ㄹ

● 24600-0099

4 ㉠과 ㉡에 공통으로 들어갈 말로 적절한 것은?

> • 정약용도 양반의 [㉠]을/를 비판하며 도덕적 능력에 따라 사회 지배층을 재편하는 데 입장을 같이했다.
> • 신분 [㉡]을/를 비판한 유형원은 현명한 인재라도 노비로 태어나면 노비로 살아야 하는 것이 천하의 도리에 어긋난다고 보고, 노비제 폐지를 주장했다.

① 철폐(撤廢)   ② 매매(賣買)   ③ 차별(差別)   ④ 세습(世襲)   ⑤ 제도(制度)

5 ● 24600-0100

밑줄 친 부분을 이해한 것으로 가장 적절한 것은?

> 저항이나 계몽을 직접 표현하는 것에는 비동일성을 동일화하려는 <u>폭력적 의도가 내재되어 있다고 보기</u> 때문이다.

① 폭력적 의도를 강조한다고 봄.　　② 폭력적 의도가 빠져 있다고 봄.
③ 폭력적 의도를 중요시한다고 봄.　　④ 폭력적 의도와 상관이 없다고 봄.
⑤ 폭력적 의도가 포함되어 있다고 봄.

6 ● 24600-0101

〈보기〉의 ㉠과 ㉡에 들어가기에 적절한 단어를 바르게 짝지은 것은?

┤ 보기 ├

　토론에서 중요한 건 적절한 [㉠]을/를 들어 논제에 대한 자신의 입장이 타당함을 밝히는 [㉡] 능력이니까 그걸 평가하는 건 가능하다고 생각해.

	㉠	㉡
①	주장	근거
②	주장	논증
③	근거	논증
④	논증	주장
⑤	논증	근거

실전 어휘를 알면 답이 보인다

7 ● 24600-0102　　2019학년도 6월 모평 21번

문맥상 ⓐ∼ⓔ와 바꾸어 쓰기에 적절하지 <u>않은</u> 것은?

▶ 문제에 쓰인 단어 중 이해하기 어려운 단어의 뜻을 찾아 적어 보자.

• 17세기 초부터 ⓐ유입되기 시작한 서학(西學) 서적에 담긴 서양의 과학 지식은 당시 조선의 지식인들에게 적지 않은 지적 충격을 주며 사상의 변화를 이끌었다.
• 그는 「서국의(西國醫)」라는 글에서 아담 샬이 쓴 『주제군징(主制群徵)』의 일부를 채록하면서 자신의 생각을 ⓑ제시하였다.
• 대신 기독교를 효과적으로 ⓒ전파하기 위해 신의 존재를 증명하려 했던 로마 시대의 생리설, 중세의 해부 지식 등이 실려 있었다.
• 최한기는 『전체신론』에 ⓓ수록된, 뇌로부터 온몸에 뻗어 있는 신경계 그림을 접하고, 신체 운동을 주관하는 뇌의 역할과 중요성을 인정하였다.
• 비록 양자 사이의 결합이 완전하지는 않았지만, 서양 의학을 ⓔ맹신하지 않고 주체적으로 수용하여 정합적인 체계를 이루고자 한 그의 시도는 조선 사상사에서 주목할 만한 성취라 평가할 수 있을 것이다.

① ⓐ: 들어오기　　② ⓑ: 드러내었다　　③ ⓒ: 퍼뜨리기
④ ⓓ: 실린　　⑤ ⓔ: 가리지

● 다음 글을 읽고 물음에 답하시오.　　　　　　　　　　　　　　　　　　　　　　　　　2021학년도 6월 모평

　　조선 후기의 대표적인 관료 선발 제도 개혁론인 유형원의 공거제 구상은 능력주의적, 결과주의적 인재 선발의 약점을 극복하려는 의도와 함께 신분적 세습의 문제점도 의식한 것이었다. 중국에서는 17세기 무렵 관료 선발에서 세습과 같은 봉건적인 요소를 부분적으로 재도입하려는 개혁론이 ⓐ등장했다. 고염무는 관료제의 상층에는 능력주의적 제도를 유지하되, ㉮지방관인 지현들은 어느 정도의 검증 기간을 거친 이후 그 지위를 평생 유지시켜 주고 세습의 길까지 열어 놓는 방안을 제안했다. 황종희는 지방의 관료가 자체적으로 관리를 초빙해서 시험한 후에 추천하는 '벽소'와 같은 옛 제도를 ⓑ되살리는 방법으로 과거제를 보완하자고 주장했다.

　　이러한 개혁론은 갑작스럽게 등장한 것이 아니었다. 과거제를 시행했던 국가들에서는 수백 년에 ⓒ걸쳐 과거제를 개선하라는 압력이 있었다. 시험 방식이 가져오는 부작용들은 과거제의 중요한 문제였다. 치열한 경쟁은 학문에 대한 깊이 있는 학습이 아니라 합격만을 목적으로 하는 형식적 학습을 하게 만들었고, 많은 인재들이 수험 생활에 장기간 매달리면서 재능을 낭비하는 현상도 낳았다. 또한 학습 능력 이외의 인성이나 실무 능력을 평가할 수 없다는 이유로 시험의 익명성에 대한 ⓓ회의도 있었다.

　　과거제의 부작용에 대한 인식은 과거제를 통해 임용된 관리들의 활동에 대한 비판적 시각으로 연결되었다. 능력주의적 태도는 시험뿐 아니라 관리의 업무에 대한 평가에도 적용되었다. 세습적이지 않으면서 몇 년의 임기마다 다른 지역으로 이동하는 관리들은 승진을 위해서 빨리 성과를 낼 필요가 있었기에, 지역 사회를 위해 장기적인 전망을 가지고 정책을 추진하기보다 ⓔ가시적이고 단기적인 결과만을 중시하는 부작용을 가져왔다. 개인적 동기가 공공성과 상충되는 현상이 나타났던 것이다. 공동체 의식의 약화 역시 과거제의 부정적 결과로 인식되었다. 과거제 출신의 관리들이 공동체에 대한 소속감이 낮고 출세 지향적이기 때문에 세습 엘리트나 지역에서 천거된 관리에 비해 공동체에 대한 충성심이 약했던 것이다.

　　과거제가 지속되는 시기 내내 과거제 이전에 대한 향수가 존재했던 것은 그 외의 정치 체제를 상상하기 어려웠던 상황에서, 사적이고 정서적인 관계에서 볼 수 있는 소속감과 충성심을 과거제로 확보하기 어렵다는 판단 때문이었다. 봉건적 요소를 도입하여 과거제를 보완하자는 주장은 단순히 복고적인 것이 아니었다. 합리적인 제도가 가져온 역설적 상황을 역사적 경험과 주어진 사상적 자원을 활용하여 보완하고자 하는 시도였다.

낯선 어휘의 뜻을 사전에서 찾아 적어 보자.

- 초빙하다: 예를 갖추어 불러 맞아들이다.

- 익명성: 어떤 행위를 한 사람이 누구인지 드러나지 않는 특성.

-

-

중심 내용 한눈에 보기

관료 선발 제도 개혁론의 필요성	과거제의 문제점 ① 시험 방식	과거제의 문제점 ② 관리들의 활동	과거제를 보완하자는 주장의 의의
능력주의적, 결과주의적 ❶ 선발의 약점을 극복해야 함.	형식적 학습, ❷ 낭비, 인성이나 실무 능력을 평가할 수 없음.	가시적이고 단기적인 결과만을 중시했으며, ❸에 대한 충성심이 약함.	합리적인 제도가 가져온 ❹ 상황을 역사적 경험과 주어진 사상적 자원을 활용하여 보완하고자 함.

● 24600-0103

2021학년도 6월 모평 18번

1 윗글을 참고할 때, ㉮와 같은 제안이 등장하게 된 배경을 추론한 내용으로 적절하지 <u>않은</u> 것은?

① 과거제로 등용된 관리들이 근무지를 자주 바꾸게 되어 근무지에 대한 소속감이 약했기 때문이었을 것이다.

② 과거제로 등용된 관리들의 봉건적 요소에 대한 지향이 공공성과 상충되는 세태로 나타났기 때문이었을 것이다.

③ 과거제로 선발한 관료들은 세습 엘리트에 비해 개인적 동기가 강해서 공동체 의식이 높지 않았기 때문이었을 것이다.

④ 과거제를 통해 배출된 관료들이 출세 지향적이어서 장기적 안목보다는 근시안적인 결과에 치중했기 때문이었을 것이다.

⑤ 과거제가 낳은 능력주의적 태도로 인해 관리들이 승진을 위해 가시적인 성과만을 내려는 경향이 강해졌기 때문이었을 것이다.

> ● 문제에 쓰인 단어 중 이해하기 어려운 단어의 뜻을 찾아 적어 보자.

● 24600-0104

2021학년도 6월 모평 21번 변형

2 문맥상 ⓐ~ⓔ의 단어와 <u>다른</u> 의미로 쓰인 것은?

① ⓐ: 새로운 상품이 백화점에 <u>등장하였다</u>.

② ⓑ: 그분이 우리의 목숨을 <u>되살려</u> 주셨다.

③ ⓒ: 그는 수회에 <u>걸쳐</u> 뇌물을 받은 혐의로 체포됐다.

④ ⓓ: <u>회의</u>에서 결정된 사안을 사람들에게 통보하였다.

⑤ ⓔ: 이번 회담에서 <u>가시적인</u> 결과를 도출할 수 있기를 기대한다.

*어휘 공부를 완료한 뒤 체크!

□□ **고양하다**
높을 高, 오를 揚

❶ 높이 쳐들어 올리다.
❷ 정신이나 기분 따위를 북돋워서 높이다.
예 피사체의 진정성에 대한 믿음을 **고양하여** 언어적 서술에 비해 호소력 있는 서술로 비춰지게 된다.
_2020학년도 9월 모평

친절한 쌤 '고양하다'와 종종 혼동하여 쓰는 단어로 '**제고(提高)하다**'가 있는데, 이는 '수준이나 정도 따위를 끌어올리다.'라는 뜻입니다. '고양'은 사기나 자긍심, 애국심 등과 잘 어울리는 데 비해 '제고'는 위상, 이미지, 생산성, 기술 수준, 경쟁력 등과 잘 어울립니다.

□□ **국한**
판 局, 한계 限

범위를 일정한 부분에 한정함.
예 불법 행위 책임은 계약의 당사자 사이에 **국한**된다. _2021학년도 수능

친절한 쌤 '국한'과 비슷한 말로 '**제한(制限)**'이 있는데, 이는 '일정한 한도를 정하거나 그 한도를 넘지 못하게 막음. 또는 그렇게 정한 한계.'를 뜻합니다.

□□ **도출하다**
이끌 導, 날 出

판단이나 결론 따위를 이끌어 내다.
예 화제에 대한 이론들을 평가하여 종합적 결론을 **도출하고** 있다. _2021학년도 9월 모평

친절한 쌤 '도출(導出)'이 있으면 '**도입(導入)**'도 있겠죠? '도입'은 '기술, 방법, 물자 따위를 끌어 들임.'을 뜻합니다. 참고로 '물건을 생산하여 내거나 인물·사상 따위를 냄.'을 뜻하는 말은 '**산출(産出)**'이라고 합니다.

□□ **대면하다**
대할 對, 얼굴 面

서로 얼굴을 마주 보고 대하다.
예 쿠넬리스가 코수스에게: 미술에서 작품의 의미는 감상자가 실제 대상을 **대면해서** 만들어지는 것이 아니라 작가에 의해서 만들어지는 것이어야 한다. _2018학년도 9월 모평

친절한 쌤 '대면하다'와 비슷한 뜻으로 쓰이는 말로 '**당면(當面)하다**'가 있는데, 이 말에는 '바로 눈앞에 당하다.'라는 뜻도 포함되어 있습니다. 어떤 문제 상황을 마주할 때에는 '대면하다'보다는 '당면하다'를 써야 합니다.

□□ **대변하다**
대신할 代, 말 잘할 辯

❶ 어떤 사람이나 단체를 대신하여 그의 의견이나 태도를 표하다.
❷ 어떤 사실이나 의미를 대표적으로 나타내다.
예 예술의 정의에 대한 논의 자체가 불필요하다는 견해를 **대변한다**. _2021학년도 9월 모평

친절한 쌤 정당이나 국가 기관 등에서 그 단체를 대신하여 의견이나 태도를 말하는 일을 맡은 사람을 '**대변인(代辯人)**'이라고 합니다.

□□ **부여하다**
붙을 附, 줄 與

사람에게 권리·명예·임무 따위를 지니도록 해 주거나, 사물이나 일에 가치·의의 따위를 붙여 주다.
예 하나의 작은 삼각형에 다양한 색상의 표면 특성들을 함께 **부여한다**.
_2021학년도 수능

친절한 쌤 '부여하다'와 헷갈릴 수 있는 말로 '**부과(賦課)하다**'가 있는데, 이는 '세금이나 부담금 따위를 매기어 부담하게 하다.' 혹은 '일정한 책임이나 일을 부담하여 맡게 하다.'를 뜻합니다.

외연
바깥 **外**. 늘일 **延**

일정한 개념이 적용되는 사물의 전 범위.

예 역사가는 영화 속에 나타난 풍속, 생활상 등을 통해 역사의 **외연**을 확장할 수 있다. _2020학년도 9월 모평

친절한 샘 '외연'과 짝을 이루는 말로 '**내포(內包)**'가 있습니다. '내포'는 '개념이 적용되는 범위에 속하는 여러 사물이 공통으로 지니는 필연적 성질의 전체.'를 뜻합니다. 일반적으로 본디 외연과 내포는 서로 반대 방향으로 증감합니다.

기괴하다
기이할 **奇**. 괴상할 **怪**

외관이나 분위기가 괴상하고 기이하다.

예 B에서 '우울한 색과 **기괴한** 형태'를 언급한 것은 비평가의 주관적 인상을 반영하기 위한 것이겠군. _2021학년도 9월 모평

친절한 샘 비슷한 말로 '**괴이(怪異)하다**'와 '**이상야릇하다**'가 있는데, 둘 다 '정상적이지 않고 별나며 괴상하다.'를 뜻합니다. 산이나 바닷가에서 볼 수 있는 특이한 모양의 바위나 돌을 '**기암괴석(奇巖怪石)**'이라고 하죠? 여기에도 '기괴'가 들어 있어요.

▲ 기암괴석

포착
잡을 **捕**. 잡을 **捉**

❶ 꼭 붙잡음.
❷ 요점이나 요령을 얻음.
❸ 어떤 기회나 정세를 알아차림.

예 아도르노는 예술이 예술가에게 **포착**된 세계의 본질을 감상자로 하여금 체험하게 하는 것이어야 한다고 본다. _2023학년도 9월 모평

친절한 샘 함께 알아 두면 좋은 말로 '**착안(着眼)**'이 있는데, 이 말은 '어떤 일을 주의하여 봄. 또는 어떤 문제를 해결하기 위한 실마리를 잡음.'을 뜻합니다.

＋ 어휘 더하기　닮은 듯 다른 말

정답과 해설 20쪽

실제(實際)	실재(實在)
사실의 경우나 형편.	실제로 존재함.

난발(亂發)	남발(濫發)
활, 대포, 총 따위를 제대로 겨냥하지 아니하고 아무 곳에나 마구 쏨.	어떤 말이나 행동 따위를 자꾸 함부로 함.

유래(由來)	유례(類例)
사물이나 일이 생겨남. 또는 그 사물이나 일이 생겨난 바.	❶ 같거나 비슷한 예. ❷ 이전부터 있었던 사례.

　형태가 비슷한 단어일수록 발음을 정확하게 하지 않으면 잘못 쓰는 경우가 생깁니다. 눈으로만 확인하지 말고, 정확한 발음과 함께 뜻을 익혀 보세요.

● **문맥을 고려하여 괄호 안에 들어갈 적절한 단어를 고르시오.**

(1) 이 영화는 (실제 / 실재)로 있었던 사건과 (실제 / 실재)하는 인물을 다루었다.
(2) 방송 사상 (유래 / 유례)가 없는 최고의 시청률을 기록했습니다.

1 〇 24600-0105

빈칸에 들어가기에 적절한 말을 〈보기〉에서 찾아 각각 쓰시오.

| 보기 |

국한(局限)　　　대면(對面)　　　대변(代辯)　　　외연(外延)　　　내포(內包)

(1) 게임이란 컴퓨터 게임에 [　　　　]되는 것이 아니라 일정한 규칙에 따라 즐기는 놀이를 아우르는 개념이다.

(2) 바보 취급을 받는 황만근이 신이한 존재와 [　　　　]했으나, 위기를 극복하며 의외의 승리를 거둔다는 비현실적 이야기는 민담적 특징을 잘 보여 준다.

(3) 판소리는 작품이 열두 가지밖에 없어서 소설에 비하면 [　　　　]이/가 아주 좁다고 말할 수 있다.

(4) 그의 이론은 예술의 정의에 대한 기존의 이론들이 겉보기에는 명제의 형태를 취하고 있으나 사실은 참과 거짓을 판정할 수 없는 사이비 명제이므로, 예술의 정의에 대한 논의 자체가 불필요하다는 견해를 [　　　　]한다.

2 〇 24600-0106

밑줄 친 단어의 쓰임이 적절하지 <u>않은</u> 것은?

① 이번 일로 우리 팀 선수들의 사기가 한껏 <u>고양</u>됐다.
② 우리나라의 위상을 <u>제고</u>하기 위한 방안을 마련해야 한다.
③ 철학은 우리에게 현 상황에 대한 비판적 의식을 <u>고양</u>하려고 한다.
④ 학교가 해야 할 더 중요한 일은 학사 운영의 효율성 <u>제고</u>라고 생각한다.
⑤ 우리 회사의 기술력을 <u>고양</u>하려면 연구 개발에 더 많은 투자를 해야 한다.

3 〇 24600-0107

다음 글에서 밑줄 친 단어와 바꾸어 쓰기에 가장 적절한 말은?

사극에서는 실존 인물이 새로운 성격을 <u>지니도록</u> 해 주거나, 실재하지 않았던 인물을 등장시켜 극적 긴장감을 더욱 높인다. 이러한 점은 시청자들이 사극에 공감하고 재미를 느끼게 하는 요인이 되어 실제 역사에 대한 관심을 유도하는 역할을 한다.

① 부여(附與)하거나　　　② 수여(授與)하거나　　　③ 기여(寄與)하거나
④ 부과(賦課)하거나　　　⑤ 부담(負擔)하거나

4 ● 24600-0108

빈칸에 공통으로 들어갈 단어로 가장 적절한 것은?

> ㄱ. 그의 사진에는 사자가 먹이를 [   ]하는 순간이 담겨 있었다.
> ㄴ. 글의 중반부를 지나자 비로소 작가가 말하고자 하는 것이 무엇인지 [   ]되었다.
> ㄷ. 그는 시장의 흐름을 [   ]하는 능력이 뛰어나 우리 회사에 큰 도움을 주고 있다.

① 포획(捕獲) 　② 착안(着眼) 　③ 주시(注視)
④ 포착(捕捉) 　⑤ 포식(捕食)

5 ● 24600-0109

〈보기〉를 참고할 때, 밑줄 친 단어의 쓰임이 적절하지 <u>않은</u> 것은?

> ┤ 보기 ├
>
> 　난발(亂發)과 남발(濫發)은 둘 다 '법령이나 지폐, 증서 따위를 마구 공포하거나 발행함.'을 뜻하는 단어입니다. 따라서 '법령의 난발', '법령의 남발' 모두 맞는 표현입니다. 하지만 '활, 대포, 총 따위를 제대로 겨냥하지 아니하고 아무 곳에나 마구 쏨.'을 뜻할 때는 '난발', '어떤 말이나 행동 따위를 자꾸 함부로 함.'을 뜻할 때는 '남발'이라고 가려서 써야 합니다.

① 그는 지키지도 못할 공약을 남발하였다.
② 그는 신용 카드의 남발 문제를 지적하였다.
③ 적군은 허공을 향해 총을 난발하기 시작하였다.
④ 그 나라는 화폐 난발로 재정 문제가 더욱 심각해졌다.
⑤ 외래어뿐만 아니라 외국어의 난발도 심각한 수준이다.

실전 어휘를 알면 답이 보인다

6 ● 24600-0110　　　　　　　　　　　　　　[2020학년도 9월 모평 26번 변형]

다음 글에서 문맥상 ⓐ와 바꿔 쓰기에 가장 적절한 것은?

▶ 문제에 쓰인 단어 중 이해하기 어려운 단어의 뜻을 찾아 적어 보자.

> 　과거는 지나가 버렸기 때문에 역사가가 과거의 사실과 직접 ⓐ만나는 것은 불가능하다. 역사가는 사료를 매개로 과거와 만난다. 사료는 과거를 그대로 재현하는 것은 아니기 때문에 불완전하다. 사료의 불완전성은 역사 연구의 범위를 제한하지만, 그 불완전성 때문에 역사학이 학문이 될 수 있으며 역사는 끝없이 다시 서술된다.

① 대응(對應)하는 　② 대변(代辯)하는 　③ 대면(對面)하는
④ 대처(對處)하는 　⑤ 대리(代理)하는

● 다음 글을 읽고 물음에 답하시오.

　　아도르노는 문화 산업에 의해 ㉠양산되는 대중 예술이 이윤 극대화를 위한 상품으로 전락함으로써 예술의 본질을 상실했을 뿐 아니라 현대 사회의 모순과 부조리를 은폐하고 있다고 지적했다. 아도르노가 보는 대중 예술은 창작의 구성에서 표현까지 표준화되어 생산되는 상품에 불과하다. 그는 대중 예술의 규격성으로 인해 개인의 감상 능력 역시 표준화되고, 개인의 개성은 다른 개인의 그것과 다르지 않게 된다고 보았다. 특히 모든 것을 상품의 교환 가치로 환원하려는 자본주의 사회에서, 대중 예술은 개인의 정체성마저 상품으로 ㉡전락시키는 기제로 작용한다는 것이다.

　　아도르노는 서로 다른 가치 체계를 하나의 가치 체계로 통일시키려는 속성을 동일성으로, 하나의 가치 체계로의 환원을 거부하는 속성을 비동일성으로 규정하고, 예술은 이러한 환원을 거부하는 비동일성을 지녀야 한다고 주장한다. 그렇기 때문에 예술은 대중이 원하는 아름다운 상품이 되기를 거부하고, 그 자체로 추하고 불쾌한 것이 되어야 한다는 것이다. 그에게 있어 예술은 예술가가 ㉢직시한 세계의 본질을 감상자들에게 체험하게 해야 한다. 예술은 동일화되지 않으려는, 일정한 형식이 없는 비정형화된 모습으로 나타남으로써 현대 사회의 부조리를 체험하게 하는 매개여야 한다는 것이다.

　　아도르노는 쇤베르크의 음악과 같은 전위 예술이 그 자체로 동일화에 저항하면서도, 저항이나 계몽을 직접적으로 드러내지 않는다는 것을 높게 평가한다. 저항이나 계몽을 직접 표현하는 것에는 비동일성을 동일화하려는 폭력적 의도가 ㉣내재되어 있다고 보기 때문이다. 불협화음으로 가득 찬 쇤베르크의 음악이 감상자들에게 불쾌함을 느끼게 했던 것처럼 예술은 그것에 드러난 비동일성을 체험하게 함으로써 동일화의 폭력에 저항해야 한다는 것이다.

　　아도르노에게 있어 예술은 사회적 산물이며, 그래서 미학은 작품에 침전된 사회의 고통스러운 상태를 읽기 위해 존재한다. 그는 비동일성 그 자체를 속성으로 하는 전위 예술을 예술이 ㉤추구해야 할 바람직한 모습으로 제시했다.

◆ **낯선 어휘의 뜻**을 사전에서 찾아 적어 보자.

- 전위 예술: 이전의 것을 배격하고 새로운 표현 수법을 시도하는 실험적이고 혁신적인 예술.

◆ 중심 내용 한눈에 보기

아도르노의 지적	아도르노의 예술관	아도르노가 높게 평가한 예술
대중 예술이 이윤 극대화를 위한 ⬜❶(으)로 전락 → 예술의 본질 상실, 사회의 모순과 부조리 은폐, 개인의 감상 능력 표준화, 개성의 차이 상실 등	• 예술은 ⬜❷을/를 지녀야 함. • 예술은 그 자체로 추하고 불쾌한 것이 되어야 함. • 예술은 예술가가 직시한 세계의 본질을 감상자에게 체험하게 해야 함.	⬜❸ 예술 • 동일화에 저항. 저항이나 계몽을 직접 표현 X • 예술이 추구해야 할 바람직한 모습 • 쇤베르크의 음악

○ 24600-0111

2023학년도 9월 모평 5번

1 아도르노가 보는 대중 예술 에 대한 이해로 적절하지 <u>않은</u> 것은?

① 문화 산업을 통해 상품화된 개인의 정체성과 대립적 관계를 형성한다.
② 일정한 규격에 맞춰 생산될 뿐 아니라 대중의 감상 능력을 표준화한다.
③ 자본주의의 교환 가치 체계에 종속된 것으로서 예술로 포장된 상품에 불과하다.
④ 모든 것을 상품의 교환 가치로 환원하려는 자본주의 사회의 속성을 은폐한다.
⑤ 문화 산업의 이윤 극대화 과정에서 개인들이 지닌 개성의 차이를 상실시킨다.

➔ 문제에 쓰인 단어 중 이해하기 어려운 단어의 뜻을 찾아 적어 보자.

○ 24600-0112

2023학년도 9월 모평 9번 변형

2 ㉠~㉫의 뜻풀이로 적절하지 <u>않은</u> 것은?

① ㉠: 어떤 사물을 특징지어 두드러지게 하다.
② ㉡: 나쁜 상태나 타락한 상태에 빠지게 하다.
③ ㉢: 사물의 진실을 바로 보다.
④ ㉣: 어떤 사물이나 범위의 안에 들어 있다.
⑤ ㉤: 목적을 이룰 때까지 뒤좇아 구하다.

* 어휘 공부를 완료한 뒤 체크!

□□ **유파**
흐를 流, 갈래 派

주로 학계나 예술계에서, 생각이나 방법 경향이 비슷한 사람이 모여서 이룬 무리.

예 현실에 존재하는 것을 실재라고 믿을 수 있도록 재현하는 **유파**를 하이퍼리얼리즘이라고 한다.
_2018학년도 9월 모평

친절한 상 샘 '유파'라고 하면 '고전주의, 인상주의, 입체주의, 사실주의, ……' 등이 떠오르죠? 유파 중에서 자주 언급되는 '**인상주의(印象主義)**'에 대해 간단하게 알아보죠. 인상주의는 19세기 후반 프랑스에서 일어난 근대 미술의 한 경향입니다. 사물을 있는 그대로 재현하기보다는 태양 광선에 의하여 시시각각으로 변해 보이는 대상의 순간적인 색채를 포착해서 그림을 그렸죠. 여기에서 '**인상(印象)**'은 '어떤 대상에 대하여 마음속에 새겨지는 느낌.'을 뜻해요.

□□ **질감**
바탕 質, 느낄 感

❶ 재질의 차이에서 받는 느낌.
❷ 물감, 캔버스, 필촉, 화구 따위가 만들어 내는 화면 대상의 느낌.

예 인체의 피부 **질감**을 재현할 수 있었던 것은 합성수지, 폴리에스터, 유리 섬유 따위의 신재료를 사용했기 때문이다. _2018학년도 9월 모평

친절한 상 샘 '질감'과 짝을 이루는 반대말은 '**양감(量感)**'인데, 이 말은 대상의 부피나 무게의 느낌을 나타내는 말로 쓰입니다. 매끄럽다거나 거칠다는 느낌이라면 질감, 묵직하다거나 풍만하다는 느낌이라면 양감이라고 보면 되겠군요.

□□ **유리되다**
흩어질 遊, 떠날 離

따로 떨어지게 되다.

예 가령 사과를 표현한 세잔의 작품을 아도르노의 미학으로 읽어 낸다면, 이 그림은 사회의 본질과 **유리된** '아름다운 가상'을 표현한 것에 불과할 것이다. _2023학년도 9월 모평

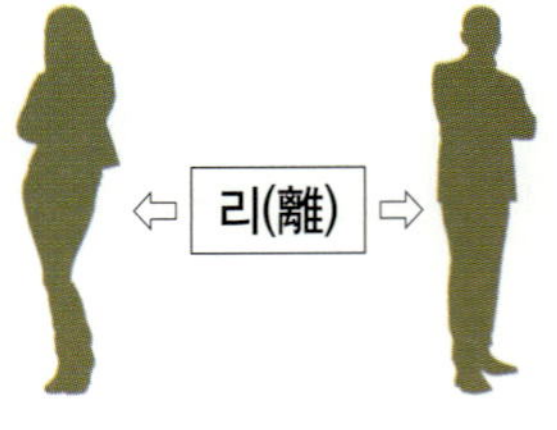

친절한 상 샘 '리(離)'는 떠나거나 분리된다는 뜻의 한자로, '이별', '이탈', '분리', '격리' 등의 단어가 모두 이 한자를 사용한 것입니다. '유리되다'와 비슷한 말로 '**괴리(乖離)되다**'가 있는데, 이는 '서로 어그러져 동떨어지다.'라는 뜻입니다.

□□ **미시사**
작을 微, 볼 視
역사 史

전체적인 면에서가 아니라 개별적으로 포착하여 아주 작은 사실들을 파헤치는 역사.

예 평범한 사람들의 삶의 모습을 중점적인 주제로 다루었던 **미시사** 연구에서 … '서사적' 자료에 주목한 것도 사료 발굴을 위한 노력의 결과이다. _2020학년도 9월 모평

친절한 상 샘 사물이나 현상을 전체적인 면에서 포착하여 분석하는 것을 '**거시적(巨視的)**'이라고 하고, 개별적으로 포착하여 분석하는 것을 '**미시적(微視的)**'이라고 합니다.

□□ **통시적**
꿰뚫을 通, 때 時,
어조사 的

어떤 시기를 종적으로 바라보는 (것).

예 (가)는 특정 제도의 발전을 **통시적**으로, (나)는 특정 제도에 대한 학자들의 상반된 입장을 공시적으로 언급하고 있다. _2021학년도 6월 모평

친절한 상 샘 예문에 나와 있는 것처럼 '통시적'과 짝을 이루는 말로 '**공시적(共時的)**'이 있습니다. '공시적'은 '통시적'과 달리 '어떤 시기를 횡적으로 바라보는 (것).'을 뜻합니다. 즉 '통시적'은 시간의 경과에 따라 나타나는 변화와 관련 있지만, '공시적'은 어떤 특정 시기에 일어나는 것과 관련 있습니다.

□□ **이질적**

다를 異, 바탕 質, 어조사 的

성질이 다른 (것).

㉠ **이질적**인 것이 병치되고 뒤섞이며 빠르게 흘러가는 공간이다. _2019학년도 9월 모평

[친절한 샘] '성질이 서로 달라 낯설거나 잘 맞지 않는 느낌.'을 **이질감(異質感)**이라고 합니다. '이질적'과 반대로 '성질이 같은 (것).'을 뜻하는 말은 **동질적(同質的)**이라고 합니다.

□□ **재현하다**

다시 再, 나타낼 現

다시 나타나다. 또는 다시 나타내다.

㉠ 팝아트는 대상을 함축적으로 변형했지만 하이퍼리얼리즘은 대상을 정확하게 **재현하려고** 하였다.

_2018학년도 9월 모평

[친절한 샘] 박물관은 옛날 사람들의 모습을 그대로 재현해 놓았습니다. 옛사람들의 삶을 다시 나타낸 것이지요. '재현하다'와 혼동할 수 있는 단어로 **재연(再演)하다**가 있는데, 이는 '한 번 하였던 행위나 일을 다시 되풀이하다.'를 뜻합니다.

□□ **비정형성**

아닐 非, 정할 定, 본 型, 성질 性

일정한 형식이나 틀을 띠지 않는 성질.

㉠ 진정한 예술을 감각적 대상인 형태 그 자체의 **비정형성**에 대한 체험으로 한정한다. _2023학년도 9월 모평

[친절한 샘] 전통적인 기반에서 급진적으로 벗어나려는 창작 태도를 **모더니즘(modernism)**이라고 합니다. 20세기 서구 예술상의 한 경향으로, 흔히 현대 문명에 대하여 비판적이고 미래에 대해서는 반유토피아적입니다. 또한 현실 비판의 한 방법으로 예술의 비인간화를 시도하기도 합니다.

□□ **사유하다**

생각 思, 생각할 惟

❶ 대상을 두루 생각하다.
❷ 개념, 구성, 판단, 추리 따위를 행하는 인간의 이성 작용을 하다.

㉠ 이러한 내용을 예술은 직관하고 종교는 표상하며 철학은 **사유하기**에, 이 세 형태 간에는 단계적 등급이 매겨진다. _2022학년도 수능

[친절한 샘] '사(思)'는 '생각하다.'를 뜻합니다. **사색(思索)**은 '어떤 것에 대하여 깊이 생각하고 이치를 따짐.'을 뜻하고, **사려(思慮)**는 '여러 가지 일에 대하여 깊게 생각함. 또는 그런 생각.'을 뜻합니다.

+ 어휘 더하기 **비유적 의미로 자주 쓰이는 '탑(塔)'**

정답과 해설 21쪽

기념탑(紀念塔)	금자탑(金字塔)
오래도록 기념하면서 후대에 전할 만한 사실이나 인물, 또는 그 업적을 비유적으로 이르는 말. = 기념비.	❶ '金' 자 모양의 탑이라는 뜻으로, 피라미드를 이르던 말. ❷ 길이 후세에 남을 뛰어난 업적을 비유적으로 이르는 말.
상아탑(象牙塔)	바벨탑(Babel塔)
❶ 속세를 떠나 오로지 학문이나 예술에만 잠기는 경지. ❷ '대학'을 비유적으로 이르는 말.	❶ 구약 성경의 「창세기」에 나오는 탑. ❷ 실현 가능성이 없는 계획을 비유적으로 이르는 말.

탑은 높고 뾰족한 특성 때문에 어디서든 잘 보입니다. 눈에 잘 띄는 만큼 비유의 대상으로 많이 쓰이기도 합니다.

● **다음 빈칸에 공통으로 들어갈 말로 적절한 것은?**

• 그는 우리 시대 정신의 기념□(이)라 할 만하다.
• 역사에 길이 남을 금자□을/를 이룩했다.
• 진리를 탐구하는 상아□의 본질을 회복하자.

① 비(碑)　　② 탑(塔)　　③ 관(館)
④ 당(堂)　　⑤ 대(臺)

● 24600-0113

1 다음은 국어사전의 일부이다. ㉠과 ㉡에 들어가기에 적절한 단어를 〈보기〉에서 찾아 각각 쓰시오.

┤ 보기 ├

거시적   공시적   미시적   통시적

╌╌╌╌╌╌╌╌╌╌╌╌╌╌╌╌╌╌╌╌╌

┌─── ㉠ ───┐

[Ⅰ]「명사」어떤 시기를 종적으로 바라보는 것.
[Ⅱ]「관형사」어떤 시기를 종적으로 바라보는.

「참고 어휘」 ┌─── ㉡ ───┐ (어떤 시기를 횡적으로 바라보는. 또는 그런 것.)

● 24600-0114

2 밑줄 친 단어의 쓰임이 적절하지 <u>않은</u> 것은?

① 이 책상은 나무의 따뜻한 <u>질감</u>을 그대로 살렸다.
② 명암을 어떻게 넣느냐에 따라 대상의 <u>양감</u>이 달라질 수 있다.
③ 우리는 단어의 의미와 <u>유례</u>를 통해 당대의 사회상을 짐작할 수 있다.
④ 그는 미술과 과학이라는 두 <u>이질적</u> 분야에서 모두 놀라운 재능을 보였다.
⑤ 팝 아트와 달리 하이퍼리얼리즘은 대상을 정확히 <u>재현하는</u> 방법을 추구하였다.

● 24600-0115

3 빈칸에 공통으로 들어갈 단어로 가장 적절한 것은?

　　　지금 보시는 것은 우리나라의 자랑스러운 국가유산인 '금동미륵보살반가│　　　│상' 입니다. 이름의 맨 앞에 있는 것은 재질을 가리키는데, '금동'은 금으로 도금하거나 금박을 입힌 구리를 뜻합니다. '미륵보살'은 인물을 가리킵니다. '반가(半跏)'는 한쪽 다리를 구부려 다른 쪽 다리의 허벅다리 위에 올려놓고 앉는 자세를 뜻합니다. 그리고 '│　　　│'은/는 '대상을 두루 생각함.'을 뜻합니다. 그러니까 이 이름에는 '한쪽 다리를 무릎에 올리고 앉아서 생각에 잠긴 미륵보살을 동으로 만들고 금칠을 한 조각'이라는 뜻이 담겨 있습니다.

① 사색(思索)　　　　② 사유(思惟)　　　　③ 사고(思考)
④ 사상(思想)　　　　⑤ 사려(思慮)

4

● 24600-0116

다음 글의 빈칸에 들어갈 단어로 가장 적절한 것은?

전통적인 기반에서 급진적으로 벗어나려 했던 모더니즘은 미술뿐만 아니라 건축에도 영향을 미쳤다. 일정한 형식이나 틀을 띠지 않는 □□□을 추구한 건축물이 많이 지어졌는데, 이 건물들은 기존의 네모반듯한 상자형 건물과 달리 유선형으로 이루어진 기하학적 외관을 지녔다. 이러한 독특한 생김새로 인해 해당 건축물은 그 지역의 랜드마크 역할을 하기도 하였다.

① 추상성   ② 대칭성   ③ 간결성
④ 비합리성   ⑤ 비정형성

5

● 24600-0117

다음 빈칸에 들어가기에 적절한 말을 〈보기〉에서 찾아 쓰시오.

┤ 보기 ├

바벨탑   기념탑   상아탑

이 그림은 피카소의 대표작인 「게르니카」입니다. 1937년 히틀러가 바스크 산악 마을인 '게르니카'에 30여 톤의 폭탄을 퍼부어 수많은 인명을 살상한 비극적 사건의 참상을 그린 작품입니다. 절규하는 사람들과 울부짖는 말, 부러진 칼 등의 상징적 이미지를 사용하여 전쟁의 참상을 전 세계에 고발한 □□□이라고 할 수 있습니다.

실전 어휘를 알면 답이 보인다

6

● 24600-0118

2023학년도 9월 모평 9번 변형

다음 글에서 문맥상 ⓐ와 바꿔 쓰기에 가장 적절한 것은?

▶ 문제에 쓰인 단어 중 이해하기 어려운 단어의 뜻을 찾아 적어 보자.

그의 미학은 기존의 예술에 대한 비판적 관점을 제공한다. 가령 사과를 표현한 세잔의 작품을 아도르노의 미학으로 읽어 낸다면, 이 그림은 사회의 본질과 ⓐ유리된 '아름다운 가상'을 표현한 것에 불과할 것이다.

① 맞닿은   ② 동떨어진   ③ 뒤따르는
④ 맞바꾸는   ⑤ 들어맞는

● 다음 글을 읽고 물음에 답하시오.

그렇다면 영화는 역사와 어떻게 관계를 맺고 있을까? 역사에 대한 영화적 독해와 영화에 대한 역사적 독해는 영화와 역사의 관계에 대한 두 축을 이룬다. 역사에 대한 영화적 독해는 영화라는 매체로 역사를 해석하고 평가하는 작업과 연관된다. 영화인은 자기 나름의 시선을 서사와 표현 기법으로 녹여내어 역사를 비평할 수 있다. 역사를 소재로 한 역사 영화는 역사적 고증에 충실한 개연적 역사 서술 방식을 취할 수 있다. 혹은 역사적 사실을 자원으로 삼되 상상력에 의존하여 가공의 인물과 사건을 덧대는 상상적 역사 서술 방식을 취할 수도 있다. 그러나 비단 역사 영화만이 역사를 ⓐ재현하는 것은 아니다. 모든 영화는 명시적이거나 우회적인 방법으로 역사를 증언한다. 영화에 대한 역사적 독해는 영화에 담겨 있는 역사적 흔적과 맥락을 검토하는 것과 연관된다. 역사가는 영화 속에 나타난 풍속, 생활상 등을 통해 역사의 외연을 확장할 수 있다. 나아가 제작 당시 대중이 공유하던 욕망, 강박, 믿음, 좌절 등의 집단적 무의식과 더불어 이상, 지배적 이데올로기 같은 미처 파악하지 못했던 가려진 역사를 끌어내기도 한다.

영화는 주로 허구를 다루기 때문에 역사 서술과는 거리가 있다고 보는 사람도 있다. 왜냐하면 역사가들은 일차적으로 사실을 기록한 자료에 ⓑ기반해서 연구를 펼치기 때문이다. 또한 역사가는 ㉠자료에 기록된 사실이 허구일지도 모른다는 의심을 버리지 않고 이를 확인하고자 한다. 그러나 문헌 기록을 바탕으로 하는 역사 서술에서도 허구가 ⓒ배격되어야 할 대상만은 아니다. 역사가는 허구의 이야기 속에서 그 안에 반영된 당시 시대적 상황을 발견하여 사료로 삼으려고 노력하기도 한다. 지어낸 이야기는 실제 있었던 사건에 대한 기록이 아니지만 사고방식과 언어, 물질문화, 풍속 등 다양한 측면을 반영하며, 작가의 의도와 상관없이 혹은 작가의 의도 이상으로 동시대의 현실을 전달해 주기도 한다. 어떤 역사가들은 허구의 이야기에 반영된 사실을 확인하는 것에서 더 나아가 사료에 직접적으로 나타나지 않은 과거를 재현하기 위해 허구의 이야기를 활용하여 사료에 기반한 역사적 서술을 보완하기도 한다. 역사가가 허구를 활용하는 것은 실제로 존재했던 과거에 접근하고자 하는 고민의 결과이다.

[A]
영화는 허구적 이야기에 역사적 사실을 담아냄으로써 새로운 사료의 원천이 될 뿐 아니라, 대안적 역사 서술의 가능성까지 지니고 있다. 영화는 공식 제도가 ⓓ배제했던 역사를 사회에 되돌려 주는 '아래로부터의 역사'의 형성에 ⓔ기여한다. 평범한 사람들의 회고나 증언, 구전 등의 비공식적 사료를 토대로 영화를 만드는 작업은 빈번하게 이루어지고 있다. 그리하여 영화는 하층 계급, 피정복 민족처럼 역사 속에서 주변화된 집단의 묻혀 있던 목소리를 표현해 낸다. 이렇듯 영화는 공식 역사의 대척점에서 활동하면서 역사적 의식 형성에 참여한다는 점에서 역사 서술의 한 주체가 된다.

✦ **낯선 어휘의 뜻**을 사전에서 찾아 적어 보자.

• **고증**: 예전에 있던 사물들의 시대, 가치, 내용 따위를 옛 문헌이나 물건에 기초하여 증거를 세워 이론적으로 밝힘.

•

•

•

중심 내용 한눈에 보기

영화와 역사의 관계	사람들의 오해	영화의 가치
• 역사에 대한 영화적 독해 　- 영화로 역사를 해석하고 평가 　- 모든 영화는 명시적·□❶(으) 　　로 역사를 증언 • 영화에 대한 역사적 독해 　- 영화에 담긴 역사적 흔적과 맥락 　　검토	주로 □❷을/를 다루는 영화는 역사 소설과 거리가 있음. ↪ 역사 서술에서 허구가 배격되어야 　할 대상만은 아님.	• 허구적 이야기에 역사적 사실을 담 아냄. 　→ 새로운 □❸의 원천, 대안 　적 역사 서술의 가능성 • 공식 역사의 대척점에서 활동하며 역 사적 의식 형성에 참여 　→ 역사 서술의 한 주체가 됨.

● 24600-0119　　　　　　　　　　　　　　　　　　2020학년도 9월 모평 24번

1 **㉠에 나타난 역사가의 관점에서 [A]를 비판한 내용으로 가장 적절한 것은?**

① 영화는 많은 사실 정보를 담고 있기 때문에 사료로서의 가능성을 가지고 있다.

② 하층 계급의 역사를 서술하기 위해서는 영화와 같이 허구를 포함하는 서사적 자료에
주목해야 한다.

③ 영화가 늘 공식 역사의 대척점에 있는 것은 아니며, 공식 역사의 입장에서 지배적 이
데올로기를 선전하는 수단으로 활용되곤 한다.

④ 주변화된 집단의 목소리는 그 집단의 이해관계를 반영하기 때문에 그것에 바탕을 둔
영화는 주관에 매몰된 역사 서술일 뿐이다.

⑤ 기억이나 구술 증언은 거짓이거나 변형될 가능성이 있기 때문에 다른 자료와 비교하
여 진위 여부를 검증한 후에야 사료로 사용이 가능하다.

> ❯ 문제에 쓰인 단어 중 이해하
> 기 어려운 단어의 뜻을 찾아
> 적어 보자.

● 24600-0120　　　　　　　　　　　　　　　　　　2020학년도 9월 모평 26번 변형

2 **문맥을 고려할 때, ⓐ~ⓔ의 쓰임이 적절하지 않은 것은?**

① ⓐ: 백여 년 전의 농촌을 재현한 마을에 관광객이 줄을 이었다.

② ⓑ: 요즘엔 실화에 기반한 영화가 많은 인기를 끌고 있다.

③ ⓒ: 도저히 납득할 수 없는 판정이었지만, 우리는 결국 그 판정을 배격하기로 했다.

④ ⓓ: 판사는 주관적 감정을 배제한 채로 객관적으로 판결해야 한다.

⑤ ⓔ: 두 국가 간의 무역은 서로의 경제 발전에 크게 기여하였다.

실력 다지기

24600-0121

1 문맥을 고려할 때, 밑줄 친 단어의 사전적 의미로 적절하지 <u>않은</u> 것은?

① 그는 보통 사람과는 다른 <u>기괴한</u> 성격을 지녔다.

→ 외관이나 분위기가 괴상하고 기이하다.

② 백여 년 전의 농촌을 <u>재현한</u> 마을에 관광객이 줄을 이었다.

→ 한 번 하였던 행위나 일을 다시 되풀이하다.

③ 일부 소수의 의견을 대다수의 의견인 것처럼 <u>간주하고</u> 있다.

→ 상태, 모양, 성질 따위가 그와 같다고 보거나 그렇다고 여기다.

④ 막상 그녀와 <u>대면하기</u> 직전까지만 해도 그는 몹시 겁을 집어먹고 있었다.

→ 서로 얼굴을 마주 보고 대하다.

⑤ 추론이란 주어진 자료에서 결론을 <u>도출하는</u> 논리적 과정을 지칭하는 말이다.

→ 판단이나 결론 따위를 이끌어 내다.

24600-0122

2 빈칸에 들어갈 단어로 가장 적절한 것은?

(1)
> 기존 입체 작품의 재료인 청동의 금속재 대신에 합성수지, 폴리에스터, 유리 섬유 등을 사용하고 에어브러시로 채색하여 사람 피부의 [   ]과 색채를 똑같이 재현하였다. 여기에 오브제인 가발, 목걸이, 의상 등을 덧붙이고 쇼핑 카트, 식료품 등을 그대로 사용하여 사실성을 높였다.

① 사색(思索)　　② 고양(高揚)　　③ 상충(相衝)　　④ 질감(質感)　　⑤ 지각(知覺)

(2)
> 독서는 자신을 둘러싼 현실을 올바로 인식하고 자기 앞에 [   ]한 문제를 해결할 논리와 힘을 지니게 한다. 독자의 생각과 오랜 세월 축적된 지식의 만남은 독자에게 올바른 식견을 갖추고 [   ]한 문제를 해결할 방법을 모색하도록 함으로써 세상을 바꾼다.

① 당면(當面)　　② 대변(大辯)　　③ 국한(局限)　　④ 포획(捕獲)　　⑤ 내재(內在)

24600-0123

3 밑줄 친 부분에 대한 이해로 적절한 것은?

> 예술은 사회적인 것인 동시에 사회에서 떨어져 사회의 본질을 직시하는 것이어야 한다고 보기 때문이다. 그의 미학은 기존의 예술에 대한 비판적 관점을 제공한다. 가령 사과를 표현한 세잔의 작품을 아도르노의 미학으로 읽어 낸다면, 이 그림은 <u>사회의 본질과 유리된 '아름다운 가상'</u>을 표현한 것에 불과할 것이다.

① 사회의 본질을 파괴한　　　　　　② 사회의 본질을 비판한

③ 사회의 본질에 가까운　　　　　　④ 사회의 본질을 잘 나타낸

⑤ 사회의 본질에서 따로 떨어진

4 ○ 24600-0124

빈칸에 공통으로 들어갈 말로 가장 적절한 것은?

> • B국에서는 해외 자금 ☐☐☐☐ 에 따른 통화량 증가로 B국의 시장 금리가 변동할 것으로 예상된다.
> • 외국 제품의 ☐☐☐☐ (으)로 우리나라의 공업이 큰 피해를 입었다.

① 상정(想定)　　　② 도야(陶冶)　　　③ 내재(內在)　　　④ 유입(流入)　　　⑤ 가정(假定)

5 ○ 24600-0125

빈칸에 들어갈 말을 〈보기〉에서 하나씩 골라 쓰시오.

┤ 보기 ├

단정(斷定)　　　추정(推定)　　　확정(確定)

(1) 공연 관계자들은 가수의 폭발적인 인기를 근거로 이번 공연에서 전석이 매진될 것으로 ☐☐☐☐ 했지만, 당일 기상 악화가 예상되는 바람에 많은 관객이 예매를 취소했다.

(2) 경찰은 처음에 목격자의 진술에만 의존하여 그를 범인으로 ☐☐☐☐ 을 짓고 수사를 시작했지만, 오랜 수사 끝에 결국 그가 범인이 아니라는 ☐☐☐☐ 을 내렸다.

6 ○ 24600-0126

다음 열쇠 말을 참고하여 오른쪽에 있는 표의 빈칸을 완성하시오.

| 가로 열쇠 |

2. 전체적인 면에서가 아니라 개별적으로 포착하여 아주 작은 사실들을 파헤치는 역사.
3. 성질이 다른 (것).
5. 일정한 조건에서 변할 수 있는 성질.
6. 평가하거나 측정할 때 의거할 기준.
9. 일정한 개념이 적용되는 사물의 전 범위.

| 세로 열쇠 |

1. 어떤 시기를 종적으로 바라보는 (것).
3. 사물의 정당한 조리(條理). 또는 도리에 맞는 취지.
4. 어떤 사람이나 단체를 대신하여 그의 의견이나 태도를 표하다.
7. 판단이나 결론 따위를 이끌어 내다.
8. 사물의 관련이나 일의 결과가 반드시 그렇게 될 수밖에 없는 (것).

예술 지문, 음(音)에 대한 이해

Q. 낮은 '도'와 높은 '도' 사이는 몇 단계의 반음으로 이루어져 있을까?

A. 12단계의 반음으로 이루어져 있다.

피아노 건반을 보면 흰색과 검은색 건반이 있지요? 이때 흰색 건반과 바로 옆의 검은색 건반이 반음 차이가 납니다. 그리고 반음과 반음을 더하면 온음 차이가 됩니다. 즉 '반음 + 반음 = 온음'이 되는 거죠. 그래서 흰색 건반과 바로 옆의 흰색 건반은 온음 차이가 나게 됩니다. 또한 음악 기호 중에 #(샤프)가 하나 붙으면 음의 높이를 반음 올리는 것을 지시하는 것이고, ♭(플랫)이 붙으면 음의 높이를 반음 내리는 것을 지시하는 기호입니다. 예를 들어 '도' 옆에 #가 있거나 '레' 옆에 ♭이 붙어 있으면 '도'와 '레' 사이의 검은색 건반을 지시하는 것이지요.

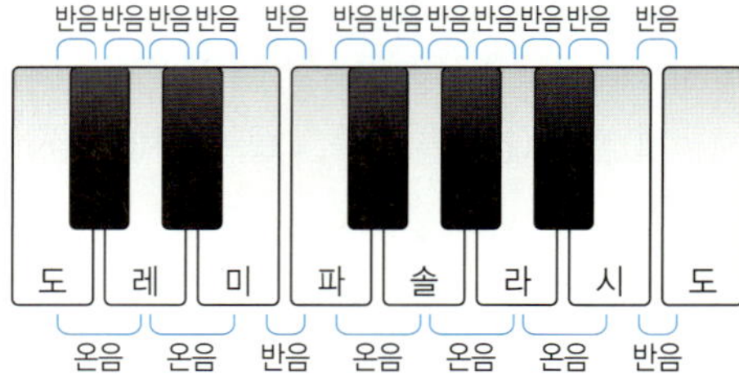

● 소리의 파동에 대해 알고 있나요?

파동(波動)은 진동이 퍼져 나가는 것을 의미하는데, 소리는 공기 입자가 진동하여 멀리 퍼져 나가는 파동이에요. 파장과 진동수, 진폭, 주기의 개념을 알면 파동의 특징을 쉽게 이해할 수 있어요.

파장(波長)은 파동에서 마루와 마루, 골과 골 사이의 거리를 말해요. 진동수(=주파수)는 단위 시간에 같은 상태가 몇 번이나 반복되는가를 나타내는 양이에요. 즉 매질이 1초 동안 진동하는 횟수를 의미하지요. 단위는 헤르츠(Hz)로 나타내요. 가령, 7Hz는 1초에 7번 진동한다는 의미죠. 진폭은 진동하고 있는 물체가 정지 또는 평형 위치에서 최대 변위까지 이동하는 거리인데, 진폭이 클수록 소리의 세기가 커진답니다. 주기는 같은 현상이나 특징이 한 번 나타나고부터 다음번 되풀이되기까지의 시간이고 단위는 '초(시간)'로 나타내요.

공기 입자가 한 곳에서 진동하고 파동이 퍼져 나가면 소리가 전해지는데, 이 과정에서 공기 입자가 서로 가까이 모이기도 하고 멀리 떨어지기도 해요.

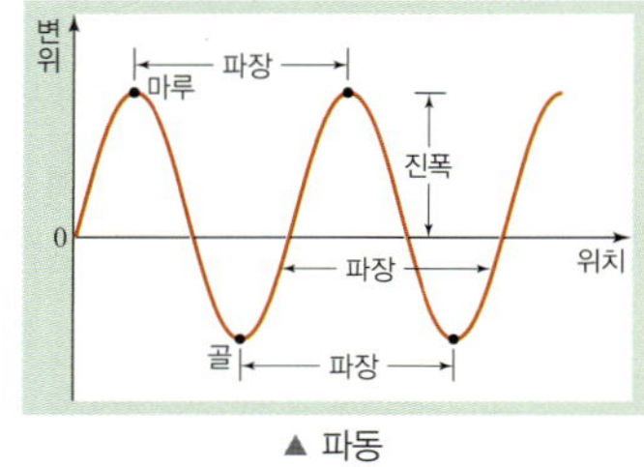

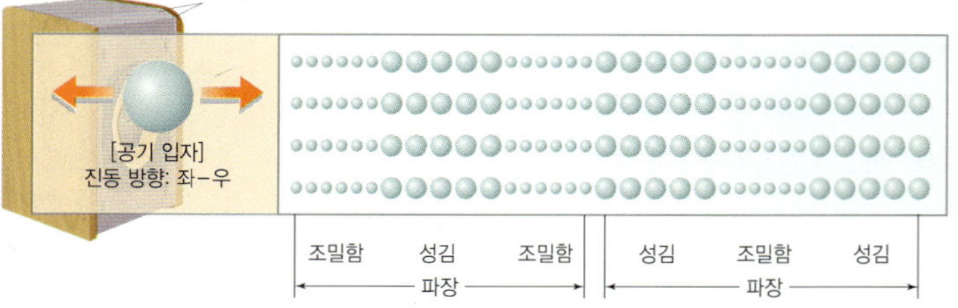

이때 온도가 공기 입자의 운동 속도와 방향에 영향을 줘요. 온도가 높을수록 공기 입자의 운동 속도와 진동이 빨라지면서 소리의 속도가 빨라져요. 진동수가 크면 높은 소리가 나기 때문에 악기를 연주할 때 높은 소리를 내려면 진동이 빠르게 일어나도록 하면 됩니다.

매질(媒質)

파동을 한 곳에서 다른 곳으로 옮겨 주는 매개물. 소리의 경우는 공기가 매질이다.

높은 소리

진동수가 큼.
= 파동이 촘촘함.

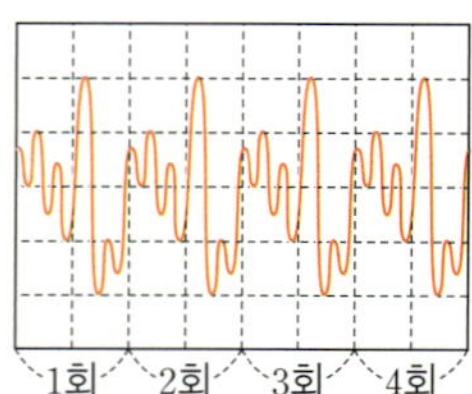

낮은 소리

진동수가 작음.
= 파동이 성김.

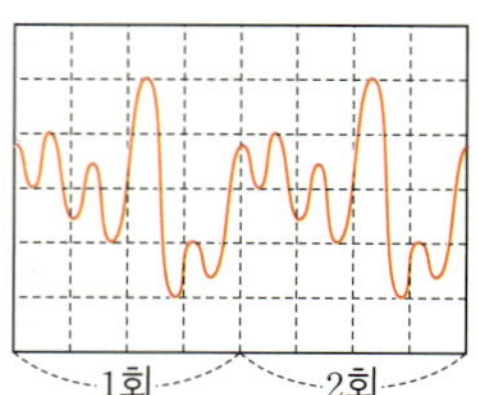

IV

독서(사회 · 문화)

사회 (1) | 경제

☐☐ **금리**
돈 金, 이자 利

빌려준 돈이나 예금 따위에 붙는 이자. 또는 그 비율.

예 수출입 기업을 대상으로 국내외 **금리** 변동, 해외 투자 자금 동향 등 환율 변동에 영향을 주는 요인들에 대한 정보를 제공한다. _2018학년도 수능

친절한 샘 '금리'는 '돈에 붙는 이자.'라는 뜻이에요. '**이자(利子)**'는 남에게 돈을 빌려 쓴 것에 대한 사용료로서, 돈을 빌려 쓴 대가로 치르는 돈이에요. 이를 일정한 비율로 표시한 것이 '**이자율(利子率)**'이죠. '금리'는 맥락에 따라 '이자액.' 또는 '이자율.'을 뜻해요. 1,000원을 연 10% 이자율로 빌려준 경우, 이자(액)는 100원이라고 할 수 있죠.

☐☐ **통화**
통할 通, 재화 貨

유통 수단이나 지불 수단으로서 기능하는 화폐.

예 각 국가의 **통화** 가치는 정해진 양의 금의 가치에 고정되었다. _2022학년도 수능

친절한 샘 '통화'는 글자 그대로 '유통되는 화폐.'라고 생각하면 쉬워요. 지폐, 동전(주화) 등이 있어요. 위 예문에서 통화 가치가 금의 가치에 고정되었다는 것은 통화를 일정한 양의 금과 맞바꿀 수 있었다는 뜻이에요. 경제 지문을 읽다 보면 기축 통화라는 말이 나오는데요, '**기축 통화**'는 국제 무역이나 금융 거래의 기본이 되는 통화이며 어느 나라와의 거래에서든 공통적으로 쓸 수 있는 통화로, 대표적으로 미국의 달러가 있지요.

☐☐ **환율**
바꿀 換, 비율 率

자기 나라 돈과 다른 나라 돈의 교환 비율.

예 국가 간 통화의 교환 비율인 **환율**은 자동적으로 결정되었다. _2022학년도 수능

친절한 샘 '환율'은 '**외국환 시세**'라고도 합니다. 외국 돈을 사려면 자기 나라의 돈으로 얼마를 줘야 하는가를 뜻하죠. 예를 들어, 환율이 달러당 1,000원이라고 하는 경우 우리나라 돈 1,000원이 1달러와 같은 교환 가치를 지닌다는 의미예요.

☐☐ **수요**
구할 需, 요구할 要

어떤 재화나 용역을 일정한 가격으로 사려고 하는 욕구.

예 기존 판매자가 공급하던 상품에 대한 **수요**는 감소하여 이윤이 줄어들 것이기 때문이다. _2022학년도 9월 모평

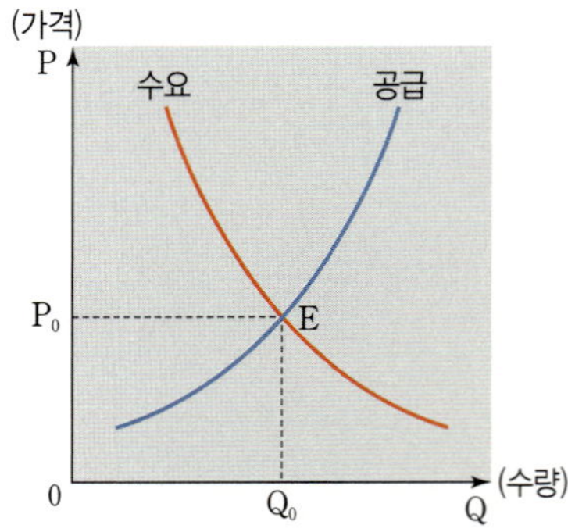

친절한 샘 '수요'의 반의어는 '**공급(供給)**'이에요. '공급'은 '교환하거나 판매하기 위하여 시장에 재화나 용역을 제공하는 일. 또는 그 제공된 상품의 양.'을 말해요. 수요량과 공급량이 일치하는 지점에서 '**균형 가격(E)**'이 형성돼요. 시장에서 다른 조건이 일정할 때, 수요가 증가하면 가격은 상승하고, 수요가 감소하면 가격은 하락하죠. 한편 같은 전제하에 공급이 증가하면 가격은 하락하고, 공급이 감소하면 가격은 상승해요.

☐☐ **내수**
안 內, 구할 需

국내에서의 수요(需要).

예 정부는 환율 변동으로 가격이 급등한 수입 필수 품목에 대한 세금을 조절함으로써 **내수**가 급격히 위축되는 것을 방지하려고 하기도 한다. _2018학년도 수능

친절한 샘 '내수'는 국내 경제의 주체인 민간(가계, 기업)과 정부에 의한 소비와 투자를 의미하는 말이에요. 주로 경제를 다룬 지문에서 '**내수 경기(內需景氣)**'라는 말로 사용되죠. '내수 경기'는 '국내 수요의 호황이나 불황 따위의 경제 활동 상태.'를 뜻해요. 국내 수요가 증가하면 내수 경기가 좋다고 할 수 있겠죠? '내수'의 반대말이 '**외수(外需)**'인데, 이는 '외국에서의 수요.'를 의미해요.

□□ 재화

재물 財, 재물 貨

사람이 바라는 바를 충족시켜 주는 모든 물건.

㉿ 데이터를 **재화**로 보아 소유권이 누구에게 귀속되어야 하는지에 대
한 논의가 있다. _2024학년도 9월 모평

(친절한 쌤) '재화'란 쌀이나 옷, 책, 공기처럼 사람들의 생활에 필요한 것을 말해요. 재화는
공기, 햇볕 등과 같이 누구나 자유롭게 쓸 수 있는 '**자유재(自由財)**'와 자동차, 옷 등과 같
이 양이 한정되어 있어 가질 수 있거나 다른 사람에게 팔 수 있는 것인 '**경제재(經濟財)**'로
나눌 수 있어요.

□□ 채권

빚 債, 문서 券

❶ **남에게 빌린 돈의 금액을 적는 장부.**
❷ **국가, 지방 자치 단체, 은행, 회사 따위가 사업에 필요한 자금을 차입하기 위하여 발행하는 유가 증권.**
공채, 국채, 사채, 지방채 따위가 있다.

㉿ **채권**은 정부나 기업이 자금을 조달하기 위해 발행하며 그 가격은 **채권**이 매매되는 **채권** 시장에서
결정된다. _2019학년도 9월 모평

(친절한 쌤) '채권'은 '**차용증(借用證)**'이라고 생각하면 쉬워요. '차용증'이란 '남의 돈이나 물건을 빌린 것을 증명하는 문서.'로, 얼마를
빌리고, 언제까지 어떻게 갚겠다는 내용이 담겨 있죠. 이처럼 정부나 회사도 외부에서 자금을 빌릴 때 차용증 같은 것을 발행하는데,
이것을 '채권'이라고 해요. 우리가 국가나 회사에 돈을 빌려주었다고 할 때, '**국채(國債)**'는 국가가 발행하는 차용증, '**회사채(會社債)**'
는 회사가 발행하는 차용증이죠. '채권'은 다른 사람에게 사고파는 것이 가능하답니다.

✚ 어휘 더하기 '들어가다'의 의미

정답과 해설 23쪽

들어가다 ▶동사

❶ 밖에서 안으로 향하여 가다.
㉿ 물속에 **들어가다.**

❷ 전기나 수도 따위의 시설이 설치되다.
㉿ 이 마을에 수도가 **들어갈** 계획이다.

❸ 새로운 상태나 시기가 시작되다.
㉿ 이 공장은 내년부터 가동에 **들어간다.**

❹ 어떤 일에 돈, 노력, 물자 따위가 쓰이다.
㉿ 돈이 다 이자 갚는 데로 **들어가** 생활이 빠듯하다.

'들어가다'는 이 밖에도 다양한 의미를 지니고 있는 다의어
입니다. 문맥을 고려하여 들어가는 주체가 무엇인지, 들어가
는 방향이나 대상이 무엇인지를 살피면 유사한 의미로 사용된
단어를 파악하는 데 도움이 됩니다.

● **다음 밑줄 친 말과 바꿔 쓰기에 적절한 것은?**

> 이번 주부터 본격적인 선거전에 <u>들어간다.</u>

① 돌입한다　② 다다른다　③ 넘어선다
④ 등장한다　⑤ 출마한다

1 ● 24600-0127

㉠~㉢에 들어갈 적절한 단어를 순서대로 나열한 것은?

> 장래에 물가가 [㉠] 것으로 예상되면 돈을 빌려주는 사람은 같은 금액의 이자를 받는다 하더라도 그 실질 가치가 떨어지므로 더 높은 금리를 요구하게 되어 금리는 상승하게 된다. 이 밖에 금리는 빌리는 사람의 신용과 돈을 빌리는 기간 등에 따라 그 수준이 달라지는데 빌려준 돈을 받지 못할 위험이 [㉡], 그리고 빌리는 기간이 [㉢] 금리가 높은 것이 일반적이다.
>
> – 출처: 한국은행

	㉠	㉡	㉢
①	오를	클수록	짧을수록
②	오를	작을수록	길수록
③	오를	클수록	길수록
④	떨어질	클수록	길수록
⑤	떨어질	작을수록	짧을수록

2 ● 24600-0128

다음은 수요 곡선과 공급 곡선의 변화를 분석한 것이다. 괄호 안에 들어갈 적절한 말을 고르시오.

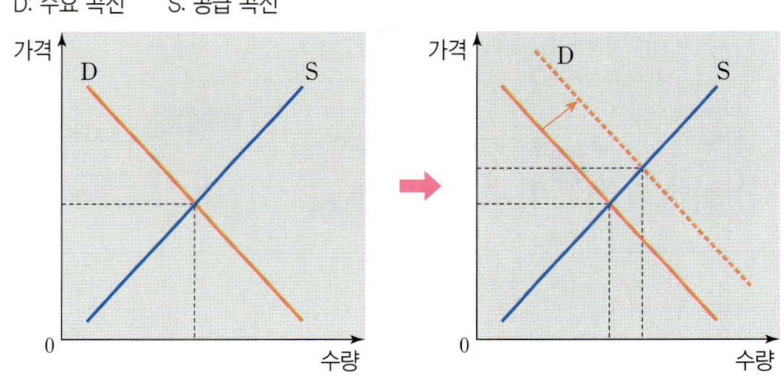

(1) (수요 / 공급)은/는 그대로이지만 (수요 / 공급)이/가 증가하여 그 균형점이 변동했다.

(2) 수요가 증가하여 균형 가격이 상승하고 균형 거래량이 (감소했다 / 증가했다).

3 ● 24600-0129

빈칸에 들어갈 적절한 말을 〈보기〉에서 모두 찾아 쓰시오.

┤ 보기 ├

바람   공기   볼펜   신발   책   햇볕

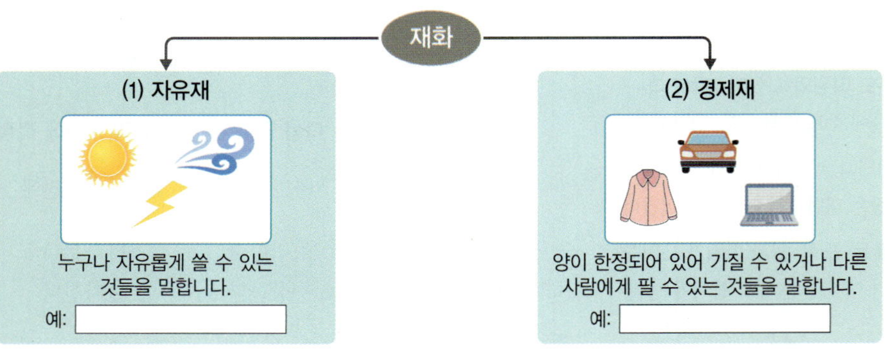

4 ● 24600-0130

㉠과 ㉡에 들어갈 말로 적절한 것은?

> 정부는 [㉠] 변동으로 가격이 급등한 수입 필수 품목에 대한 세금을 조절함으로써, 민간과 정부에 의한 소비와 투자인 국내에서의 수요, 즉 [㉡]이/가 급격히 위축되는 것을 방지하려고 하기도 한다.

	㉠	㉡		㉠	㉡		㉠	㉡
①	환율	내수	②	환율	외수	③	금리	내수
④	금리	공급	⑤	이자	공급			

5 ● 24600-0131

다음 열쇠 말을 참고하여 오른쪽에 있는 표의 빈칸을 완성하시오.

| 가로 열쇠 |

1. 국내에서의 수요.
3. 물건이나 서비스 따위를 이용하는 대가로 내는 돈.
6. 국가, 지방 자치 단체, 은행, 회사 따위가 사업에 필요한 자금을 차입하기 위하여 발행하는 유가 증권.
9. 유통 수단이나 지불 수단으로서 기능하는 화폐.
11. 경제적 가치를 가지며 점유나 매매 같은 경제 행위의 대상이 되는 재화.

| 세로 열쇠 |

2. 어떤 재화나 용역을 일정한 가격으로 사려고 하는 욕구.
4. 빌려준 돈이나 예금 따위에 붙는 이자. 또는 그 비율.
5. 국가가 재정상의 필요에 따라 국가의 신용으로 설정하는 금전상의 채무. 또는 그것을 표시하는 채권.
7. 어떤 일을 행하거나 타인에 대하여 당연히 요구할 수 있는 힘이나 자격.
8. 사람이 바라는 바를 충족시켜 주는 모든 물건.
10. 사용 가치는 있지만 무한으로 존재하여 교환 가치가 없는 재화.

실전 어휘를 알면 답이 보인다

6 ● 24600-0132

문맥상 ⓐ와 바꿔 쓰기에 가장 적절한 것은?

> 촉진된 소비는 생산 활동을 자극한다. 상품의 생산에는 근로자의 노동, 기계나 설비 같은 생산 요소가 ⓐ들어가므로, 생산 활동이 증가하면 결과적으로 고용이나 투자가 증가한다.

❯ 문제에 쓰인 단어 중 이해하기 어려운 단어의 뜻을 찾아 적어 보자.

① 반입(搬入)되므로
② 삽입(挿入)되므로
③ 영입(迎入)되므로
④ 주입(注入)되므로
⑤ 투입(投入)되므로

● 다음 글을 읽고 물음에 답하시오.　　　　　　　　　　　　　　　　　　　　　　　　　　　2018학년도 6월 모평

통화 정책은 중앙은행이 물가 안정과 같은 경제적 목적의 달성을 위해 이자율이나 통화량을 조절하는 것이다. 대표적인 통화 정책 수단인 '공개 시장 운영'은 중앙은행이 민간 금융 기관을 상대로 채권을 매매해 금융 시장의 이자율을 정책적으로 결정한 기준 금리 수준으로 접근시키는 것이다. 중앙은행이 채권을 매수하면 이자율은 하락하고, 채권을 매도하면 이자율은 상승한다. 이자율이 하락하면 소비와 투자가 확대되어 경기가 활성화되고 물가 상승률이 오르며, 이자율이 상승하면 경기가 위축되고 물가 상승률이 떨어진다. 이와 같이 공개 시장 운영의 영향은 경제 전반에 ⓐ파급된다.

중앙은행의 통화 정책이 의도한 효과를 얻기 위한 요건 중에는 '선제성'과 '정책 신뢰성'이 있다. 먼저 통화 정책이 선제적이라는 것은 중앙은행이 경제 변동을 예측해 이에 미리 대처한다는 것이다. 기준 금리를 결정하고 공개 시장 운영을 실시하여 그 효과가 실제로 나타날 때까지는 시차가 발생하는데 이를 '정책 외부 시차'라 하며, 이 때문에 선제성이 문제가 된다. 예를 들어 중앙은행이 경기 침체 국면에 들어서야 비로소 기준 금리를 인하한다면, 정책 외부 시차로 인해 경제가 스스로 침체 국면을 벗어난 다음에야 정책 효과가 ⓑ발현될 수도 있다. 이 경우 경기 과열과 같은 부작용이 ⓒ수반될 수 있다. 따라서 중앙은행은 통화 정책을 선제적으로 운용하는 것이 바람직하다.

또한 통화 정책은 민간의 신뢰가 없이는 성공을 거둘 수 없다. 따라서 중앙은행은 정책 신뢰성이 손상되지 않게 ⓓ유의해야 한다. 그런데 어떻게 통화 정책이 민간의 신뢰를 얻을 수 있는지에 대해서는 견해 차이가 있다. 경제학자 프리드먼은 중앙은행이 특정한 정책 목표나 운용 방식을 '준칙'으로 삼아 민간에 약속하고 어떤 상황에서도 이를 지키는 ㉠'준칙주의'를 주장한다. 가령 중앙은행이 물가 상승률 목표치를 민간에 약속했다고 하자. 민간이 이 약속을 신뢰하면 물가 불안 심리가 진정된다. 그런데 물가가 일단 안정되고 나면 중앙은행으로서는 이제 경기를 ⓔ부양하는 것도 고려해 볼 수 있다. 문제는 민간이 이 비일관성을 인지하면 중앙은행에 대한 신뢰가 훼손된다는 점이다. 준칙주의자들은 이런 경우에 중앙은행이 애초의 약속을 일관되게 지키는 편이 바람직하다고 주장한다.

그러나 민간이 사후적인 결과만으로는 중앙은행이 준칙을 지키려 했는지 판단하기 어렵고, 중앙은행에 준칙을 지킬 것을 강제할 수 없는 것도 사실이다. 준칙주의와 대비되는 ㉡'재량주의'에서는 경제 여건 변화에 따른 신축적인 정책 대응을 지지하며 준칙주의의 엄격한 실천은 현실적으로 어렵다고 본다. 아울러 준칙주의가 최선인지에 대해서도 물음을 던진다. 예상보다 큰 경제 변동이 있으면 사전에 정해 둔 준칙이 장애물이 될 수 있기 때문이다. 정책 신뢰성은 중요하지만, 이를 위해 중앙은행이 반드시 준칙에 얽매일 필요는 없다는 것이다.

◆ 낯선 어휘의 뜻을 사전에서 찾아 적어 보자.

- **매도하다**: 값을 받고 물건의 소유권을 다른 사람에게 넘기다.

- **선제**: 선수를 쳐서 상대편을 제압함.

-

-

중심 내용 한눈에 보기

• 중앙은행의 통화 정책: '공개 시장 운영'을 통한 이자율이나 통화량 조절

채권 매수	채권 매도
이자율 하락 → 소비, 투자 확대 → 경기 [ ]❶	이자율 상승 → 소비, 투자 축소 → 경기 [ ]❷
통화 정책이 효과를 거두기 위한 요건: 선제성, 정책 신뢰성	

• '정책 신뢰성'에 대한 두 입장

[ ]❸	[ ]❹
중앙은행이 특정한 정책 목표나 운용 방식을 '준칙'으로 삼아 이를 지키는 것을 중요시함.	경제 여건의 변화에 따른 신축적인 정책 대응을 지지함. 정책 신뢰성은 중요하지만 반드시 준칙에 얽매일 필요는 없음.

○ 24600-0133

2018학년도 6월 모평 24번

1 윗글의 ㉠과 ㉡에 대한 설명으로 가장 적절한 것은?

➤ 문제에 쓰인 단어 중 이해하기 어려운 단어의 뜻을 찾아 적어 보자.

① ㉠에서는 중앙은행이 정책 운용에 관한 준칙을 지키느라 경제 변동에 신축적인 대응을 못 해도 이를 바람직하다고 본다.

② ㉡에서는 중앙은행이 스스로 정한 준칙을 지키는 것은 얼마든지 가능하다고 본다.

③ ㉠에서는 ㉡과 달리, 정책 운용에 관한 준칙을 지키지 않아도 민간의 신뢰를 확보할 수 있다고 본다.

④ ㉡에서는 ㉠과 달리, 통화 정책에서 민간의 신뢰 확보를 중요하게 여기지 않는다.

⑤ ㉡에서는 ㉠과 달리, 경제 상황 변화에 대한 통화 정책의 탄력적 대응이 효과적이지 않다고 본다.

○ 24600-0134

2018학년도 6월 모평 25번

2 ⓐ~ⓔ의 문맥적 의미를 활용하여 만든 문장으로 적절하지 <u>않은</u> 것은?

① ⓐ: 그의 노력으로 소비자 운동이 전국적으로 <u>파급</u>되었다.

② ⓑ: 의병 활동은 민중의 애국 애족 의식이 <u>발현</u>한 것이다.

③ ⓒ: 이 질병은 구토와 두통 증상을 <u>수반</u>하는 경우가 많다.

④ ⓓ: 기온과 습도가 높은 요즘 건강 관리에 <u>유의</u>해야 한다.

⑤ ⓔ: 장남인 그가 늙으신 부모와 어린 동생들을 <u>부양</u>하고 있다.

사회 (2) | 법

□□ **임의**
맡길 任, 뜻 意

❶ 일정한 기준이나 원칙 없이 하고 싶은 대로 함.
❷ 대상이나 장소 따위를 일정하게 정하지 아니함.

(예) 두 집단에 표본이 **임의**로 배정되도록 사건을 설계하는 실험적 방법이 이상적이다. _2023학년도 6월 모평

(친절한 샘) '임의'는 '제멋대로 하는 생각.'을 의미하는 '**자의(恣意)**'와 유사한 뜻이에요. 만약 어떤 문제를 '임의로 처리했다.'라고 한다면 일정한 원칙에 따라 처리한 것이 아니라 주체가 하고 싶은 대로, 제멋대로 처리했다는 의미이죠.

□□ **채무**
빚 債, 힘쓸 務

재산권의 하나. 특정인이 다른 특정인에게 어떤 행위를 하여야 할 의무를 이른다.

(예) 가해자는 피해자에게 손해를 돈으로 배상할 **채무**를 지기 때문이다. _2021학년도 수능

(친절한 샘) '채무'는 반의 관계에 있는 '**채권(債權)**'과 함께 생각하면 이해하기가 쉬워요. '채권'은 재산권의 하나로, 특정인이 다른 특정인에게 어떤 행위를 청구할 수 있는 권리를 뜻해요. 앞서 배운 '**채권(債券)**'과 혼동하면 안 됩니다. 채무자가 채무의 내용대로 이행하여 채권을 소멸시키는 것을 '**변제(辨濟)**'라고 해요.

□□ **증여**
줄 贈, 줄 與

❶ 물품 따위를 선물로 줌.
❷ 당사자의 일방이 자기의 재산을 무상으로 상대편에게 줄 의사를 표시하고 상대편이 이를 승낙함으로써 성립하는 계약.

(예) **증여**는 변제의 의무를 발생시키지 않는다는 점에서 매매와 차이가 있다. _2019학년도 수능

(친절한 샘) '**양도(讓渡)**'는 일반적으로 대가를 받고 재산이나 물건을 남에게 넘겨주는 것에 반해, '증여'는 대가 없이 재산을 내놓는다는 점에서 차이가 있어요.

□□ **일의적**
하나 一, 옳을 義,
어조사 的

❶ 가장 중요한 의미를 갖는 (것).
❷ 뜻이나 결과가 같은 (것).

(예) 그 요건이나 효과가 항상 **일의적**인 것은 아니다. _2023학년도 수능

(친절한 샘) '일의적'은 두 가지 의미가 있는 다의어입니다. 가령, '철학의 일의적인 문제는 삶과 죽음에 관한 것이다.'에서는 ❶의 의미로 사용된 것이고, '관점만 다를 뿐 일의적인 문제를 놓고 이제 논쟁은 그만하자.'에서는 ❷의 의미로 사용된 것이죠.

□□ **촉진하다**
재촉할 促, 나아갈 進

다그쳐 빨리 나아가게 하다.

(예) 광고가 독점적 경쟁 시장의 판매자 간 경쟁을 **촉진할** 수 있다. _2022학년도 9월 모평

(친절한 샘) '촉진하다'는 한자의 뜻풀이 그대로 재촉해서 더 잘 진행되도록 나아가게 한다는 의미가 있어요.

☐☐ **도외시하다**

법도 **度**, 바깥 **外**,
볼 **視**

상관하지 아니하거나 무시하다.

예 경마식 보도는 선거의 주요 의제를 **도외시하고** 경쟁 결과에 초점을 맞춰 선거의 공정성을 저해할 수 있다. _2024학년도 수능

친절한 샘 '도외시하다'에서 '-시(視)'는 '그렇게 여김.' 또는 '그렇게 봄.'의 뜻을 더하는 접미사입니다. 접미사 '-시(視)'가 결합된 단어로는 '소홀하게 보아 넘김.'이라는 뜻의 **등한시(等閑視)**, '적으로 여겨 봄.'이라는 뜻의 **적대시(敵對視)**, '남을 업신여기거나 무시하는 태도로 흘겨봄.'이라는 뜻의 **백안시(白眼視)**가 있어요.

☐☐ **공시**

공적인 **公**, 보일 **示**

❶ 일정한 내용을 공개적으로 게시하여 일반에게 널리 알림. 또는 그렇게 알리는 글.
❷ 공공 기관이 권리의 발생, 변경, 소멸 따위의 내용을 공개적으로 게시하여 일반에게 널리 알림. 또는 그렇게 알리는 글.

예 점유는 소유자를 **공시**하는 기능도 수행한다. _2020학년도 9월 모평

친절한 샘 법률 지문에서는 '공시'라는 개념이 많이 등장하는데, 주로 ❷의 뜻으로 사용됩니다. '공시'와 유사한 단어로 **고지(告知)**가 있는데, '❶ 게시나 글을 통하여 알림. ❷ 소송법에서, 법원이 결정 사항이나 명령을 당사자에게 알리는 일.'을 뜻합니다. '고지'와 유사한 말로 **통지(通知)**도 알아 두세요. '통지'는 '기별을 보내어 알게 함.'을 뜻하는데, **통지서**라고 하면 '어떤 사실을 기별하여 알리는 문서.'라는 뜻이죠.

☐☐ **위임하다**

맡길 **委**, 맡길 **任**

❶ 어떤 일을 책임 지워 맡기다.
❷ 당사자 중 한쪽이 상대편에게 사무 처리를 맡기고 상대편은 이를 승낙하다.

예 국회는 행정 규제 사항에 관한 법률을 제정할 때 특정한 내용에 관한 입법을 행정부에 **위임할** 수 있다. _2021학년도 9월 모평

친절한 샘 '위임하다'라는 말이 어렵게 느껴지면 **맡기다**라는 단어로 대체해서 이해하면 쉽게 의미를 파악할 수 있어요.

➕ 어휘 더하기 '용이하다'의 의미

정답과 해설 24쪽

용이(容易)하다 ▸형용사

어렵지 아니하고 매우 쉽다.
예 이 카메라는 인물 촬영에 **용이한** 몇 가지 장점을 지니고 있다.

'용이하다'는 수능 기출 지문에 자주 언급되는 단어입니다. 유의어로는 '쉽다', '수월하다', '편리하다' 등이 있고, 반의어로는 '어렵다'가 있습니다. 어휘가 사용되는 문장을 중심으로 단어의 의미를 이해해 두면 어휘 문제는 어렵지 않게 해결할 수 있을 거예요.

● 문맥상 ⓐ와 바꾸어 쓰기에 적절한 말을 고르시오.

　광범위하게 정리한 지식을 식자층이 ⓐ쉽게 접할 수 있어야 한다고 생각했고, 객관적 사실 탐구를 중시하여 박물학과 자연 과학에 관심을 기울였다.

(용이하게 / 차분하게)

1 ● 24600-0135

㉠과 ㉡에 들어갈 단어를 짝지은 것으로 가장 적절한 것은?

> **2019학년도 대학수학능력시험 문제지**
> ### 국어 영역
>
> 계약은 법률 행위의 일종으로서, 당사자에게 일정한 청구권과 이행 의무를 발생시킨다. 청구권을 내용으로 하는 권리가 채권이고, 그에 따라 이행을 해야 할 의무가 ⟨ ㉠ ⟩이다. 따라서 이 둘은 발생한 법률 효과가 동전의 양면처럼 서로 다른 방향에서 파악되는 것이라 할 수 있다. 채무자가 채무의 내용대로 이행하여 채권을 소멸시키는 것을 ⟨ ㉡ ⟩(이)라 한다.

	㉠	㉡		㉠	㉡		㉠	㉡
①	채무	변제	②	채무	고시	③	채무	이행
④	급부	이행	⑤	급부	고시			

2 ● 24600-0136

다음 대화의 ㉠과 ㉡에 들어갈 말로 적절한 것을 〈보기〉에서 찾아 쓰시오.

> **선생님:** 이 단어는 진나라 때 죽림칠현의 한 사람인 완적(阮籍)이 반갑지 않은 손님은 눈의 흰자를 보이며 흘겨보고, 반가운 손님은 푸른 눈을 반짝이며 대했던 데서 유래한 것입니다. 다음은 이 단어를 사용한 문장입니다. '환경 오염을 아무렇지 않게 여기는 그는 사람들에게 ⟨ ㉠ ⟩의 대상이다.'
> **학생:** ㉠은 다른 사람을 무시하는 태도가 담긴 어휘군요. 그런데 이 예문을 보고 저는 환경 문제를 더 이상 ⟨ ㉡ ⟩ 해서는 안 되겠다는 생각이 들었어요. 저도 생활 속에서 환경을 위해 할 수 있는 일을 찾아서 실천해야겠어요.

─┤ 보기 ├─

백안시　　　청안시　　　도외시　　　적대시

3 ● 24600-0137

다음 빈칸에 들어갈 말로 가장 적절한 것은?

> 등기는 국가 기관이 법정 절차에 따라 권리, 재산, 신분 등에 관련된 사실이나 관계를 등기부에 기재하는 일로, 권리 내용을 명백히 ⟨　　　⟩하여 권리를 보호하거나 거래의 안전을 도모하기 위한 제도이다.

① 반포(頒布)　　② 배포(配布)　　③ 공유(共有)　　④ 공시(公示)　　⑤ 통지(通知)

4 ● 24600-0138

문장의 맥락을 고려할 때, 괄호 안에 들어갈 단어로 적절한 것을 고르시오.

(1) 철학의 (일의적 / 임시적)인 문제는 삶과 죽음에 관한 것이다.

(2) 아버지는 외국으로 나가시면서 큰형에게 가정사 일체를 (배임 / 위임)하고 떠나셨다.

(3) 그녀는 전 재산을 아무 대가도 받지 않고 자신의 모교의 장학 재단에 (증여 / 변제)하였다.

5 ● 24600-0139

㉠~㉤의 사전적 의미로 적절하지 <u>않은</u> 것은?

사법(私法)은 개인과 개인 사이의 재산, 가족 관계 등에 적용되는 법으로서 이 법의 영역에서는 '계약 자유의 원칙'이 적용된다. ㉠계약의 구체적인 내용 결정 등은 당사자들 스스로 정할 수 있다는 것이다. 따라서 당사자들이 사법에 속하는 법률의 ㉡규정과 어긋난 내용으로 계약을 체결한 경우에 계약 내용이 우선 적용된다. 이처럼 법률상으로 규정되어 있더라도 당사자가 자유롭게 계약 내용을 정할 수 있는 법률 규정을 '임의 법규'라고 한다. 사법은 원칙적으로 ㉢임의 법규이므로, 사법으로 규정한 내용에 대해 당사자들이 계약으로 달리 정하지 않았다면 원칙적으로 법률의 규정이 적용된다. 위에서 본 ㉣임대인의 수선 의무 ㉤조항이 이에 해당한다.

① ㉠: 일정한 법률 효과의 발생을 목적으로 두 사람의 의사를 표시함.
② ㉡: 양이나 범위 따위를 제한하여 정함.
③ ㉢: 사물의 관련이나 일의 결과가 반드시 그렇게 될 수밖에 없는 것.
④ ㉣: 임대차 계약에 따라 돈을 받고 다른 사람에게 물건을 빌려준 사람.
⑤ ㉤: 법률이나 규정 따위의 조목이나 항목.

실전 어휘를 알면 답이 보인다

6 ● 24600-0140　　　　　　　　　　　　　　2023학년도 수능 13번 변형

문맥상 ⓐ의 의미와 가장 가까운 것은?

> 문제에 쓰인 단어 중 이해하기 어려운 단어의 뜻을 찾아 적어 보자.

위약금이 위약벌임이 증명되면 채권자는 위약벌에 해당하는 위약금을 ⓐ받을 수 있고, 손해 배상 예정액과는 달리 법원이 감액할 수 없다. 이때 채권자가 손해 액수를 증명하면 손해 배상금도 받을 수 있다.

① 알을 <u>받아</u> 부화를 시켰다.
② 다른 사람들에게 주목을 <u>받았다</u>.
③ 선생님에게서 가르침을 <u>받았다</u>.
④ 그의 술주정을 <u>받아</u> 주기 시작하면 끝이 없다.
⑤ 그는 거래처에서 오랫동안 밀린 외상값을 <u>받았다</u>.

● 다음 글을 읽고 물음에 답하시오. 2024학년도 9월 모평

교통 이용 내역과 같은 기록은 개인의 데이터이며, 그 개인이 '정보 주체'이다. 데이터는 물리적 형체가 없고, 복제와 재사용이 수월하다. 이 데이터가 대량으로 집적·처리되면 빅 데이터가 되고, 이것의 정보 처리자인 기업 등이 '빅 데이터 보유자'이다. 산업 분야의 빅 데이터는 특정한 목적으로 활용될 수 있다는 점에서 경제적 가치를 지닌다.

데이터를 재화로 보아 소유권이 누구에게 귀속되어야 하는지에 대한 논의가 있다. 소유권의 주체를 빅 데이터 보유자로 보는 견해와 정보 주체로 보는 견해가 있다. 전자는 빅 데이터 보유자에게 소유권을 부여하면 빅 데이터의 생성 및 유통이 ⓐ쉬워져 데이터 관련 산업이 활성화된다고 주장한다. 후자는 정보 생산 주체는 개인인데, 빅 데이터 보유자에게 부가 집중되는 것은 부당하므로, 정보 주체에게도 대가가 주어져야 한다고 본다.

최근에는 논의의 중심이 데이터의 소유권 주체에서 데이터에 접근하기 위한 방안으로서의 데이터 이동권으로 바뀌고 있다. 우리나라는 데이터에 대해 소유권이 아닌 이동권을 법으로 명문화하여 정보 주체의 개인 정보 자기 결정권을 강화하였다. 데이터 이동권이란 정보 주체가 본인의 데이터를 보유한 자에게 데이터 이동을 요청하면, 그 데이터를 본인 혹은 지정한 제3자에게 무상으로 전송하게 하는 권리이다. 다만, 본인의 데이터라도 빅 데이터 보유자가 수집하여, 분석·가공하는 개발 과정을 거쳐 새로운 가치가 생성된 것은 이에 해당되지 않는다. 법제화 이전에도 은행 간에 계좌 자동 이체 항목을 이동할 수 있는 서비스는 있었다. 이는 은행 간 약정에 ⓑ따라 부분적으로 시행한 조치였다. 데이터 이동권의 도입으로 쇼핑몰 상품 소비 이력 등 정보 주체의 행동 양상과 관련된 부분까지 정보 주체가 자율적으로 통제·관리할 수 있는 범위가 확대되었다.

데이터 이동권의 법제화로 기업은 데이터의 생성 비용과 거래 비용을 줄일 수 있다. 생성 비용은 기업 내에서 데이터를 개발할 때 발생하는 비용으로, 기업이 스스로 데이터를 수집할 때보다 전송받은 데이터를 복제 및 재사용하게 되면 절감할 수 있다. 거래 비용은 경제 주체 간 거래 시 발생하는 비용으로, 계약 체결이나 분쟁 해결 등의 과정에서 생긴다. 그런데 데이터 이동권의 법제화로, 정보 주체가 지정하여 데이터를 전송받게 된 기업은 정보 주체의 데이터를 보유했던 기업으로부터 데이터를 받으면 비용을 절감할 수 있다. 이에 따라 기업 간 공유나 유통이 촉진되고, 관련 산업이 활성화된다.

한편, 정보 주체가 보안의 신뢰성이 높고 데이터 제공에 따른 혜택이 많은 기업으로 데이터를 이동하면, 데이터가 집중되어 데이터의 공유나 유통이 위축될 수 있다는 우려도 있다. 데이터 보유량이 적은 신규 기업은 기존 기업과 거래를 통해 데이터를 수집하는 것이 데이터 생성 비용 절감에도 효율적이다. 그런데 데이터가 집중된 기존 기업이 집적·처리된 데이터를 공유하려 하지 않으면, 신규 기업의 시장 진입이 어려워져 독점화가 강화될 수 있다.

✦ **낯선 어휘의 뜻**을 사전에서 찾아 적어 보자.

- **집적**: 모아서 쌓음.
- **귀속되다**: 재산이나 영토, 권리 따위가 특정 주체에 붙거나 딸리게 된다.
-
-

중심 내용 한눈에 보기

데이터 ❶의 주체에 대한 논의	
빅 데이터 보유자로 보는 견해	정보 주체로 보는 견해
데이터 관련 산업이 활성화됨.	정보 생산의 주체인 개인에게도 대가가 주어져야 함.

데이터 ❷의 도입: 정보 주체의 개인 정보 자기 결정권 강화

↓

장점	우려되는 점
기업은 데이터 생성 비용과 거래 비용 ❸ → 관련 산업 활성화	데이터가 집중된 기존 기업이 데이터를 공유하지 않으려 하는 경우 → 신규 기업의 시장 진입이 어려워짐. → ❹ 강화

● 24600-0141   2024학년도 9월 모평 4번

1 윗글의 내용과 일치하지 <u>않는</u> 것은?

① 데이터는 재사용할 수 있으며 물리적 형체가 없다.

② 교통 이용 내역이 집적·처리되면 경제적 가치를 지닌 데이터가 될 수 있다.

③ 우리나라 현행법에는 정보 주체에게 데이터의 소유권을 인정하는 규정이 있다.

④ 정보 주체의 데이터로 발생한 이득이 빅 데이터 보유자에게 집중되는 것은 부당하다는 견해가 있다.

⑤ 데이터 이동권의 도입으로 정보 주체의 데이터 통제 범위가 본인의 행동 양상과 관련된 부분으로 확대되었다.

▶ 문제에 쓰인 단어 중 이해하기 어려운 단어의 뜻을 찾아 적어 보자.

● 24600-0142   2024학년도 9월 모평 7번

2 문맥상 ⓐ, ⓑ와 바꾸어 쓰기에 가장 적절한 것은?

	ⓐ	ⓑ
①	용이(容易)해져	근거(根據)하여
②	유력(有力)해져	근거(根據)하여
③	용이(容易)해져	의탁(依託)하여
④	원활(圓滑)해져	의탁(依託)하여
⑤	유력(有力)해져	기초(基礎)하여

사회 (3) | 제도와 문화

□□ 회의적

품을 懷, 의심 疑
어조사 的

어떤 일에 의심을 품는 (것).

예 인상주의 비평은 모든 분석적 비평에 대해 **회의적**인 시각을 가지고 있어 예술을 어떤 규칙이나 객관적 자료로 판단할 수 없다고 본다. _2021학년도 9월 모평

친절한 샘 '회의적'이라는 것은 어떤 일에 대해 **비관적(悲觀的)** 혹은 **부정적(否定的)**으로 인식하는 태도를 의미해요. 그런데 철학에서 '**회의론**', '**회의주의**'라는 말을 들어 본 적 있지요? 이 경우는 '진리의 절대성을 의심하고 궁극적인 판단을 하지 않으려는 태도.'를 뜻해요.

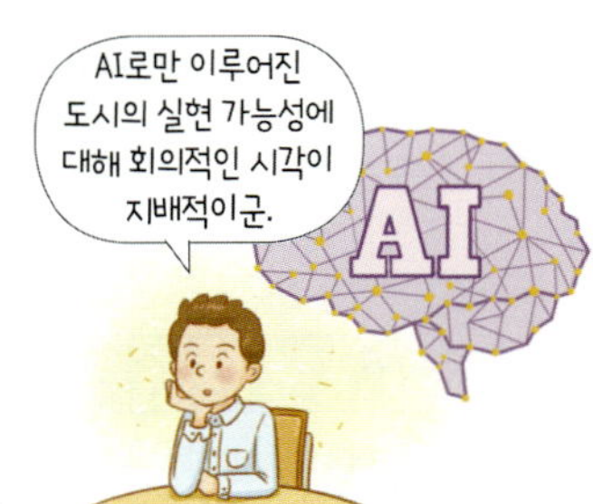

□□ 의례

법식 儀, 예절 禮

행사를 치르는 일정한 법식. 또는 정하여진 방식에 따라 치르는 행사.

예 뒤르켐은 오스트레일리아 부족들의 집합 **의례**를 공동체 결속의 관점에서 탐구한다. _2018학년도 9월 모평

친절한 샘 공식 행사는 대개 '의례'에 따라 진행하죠. 유의어로는 '**의식(儀式)**'이 있어요. '의례'라는 말이 어렵게 느껴지면 '의식'으로 바꿔서 이해해 보세요.

□□ 통찰

꿰뚫을 洞, 살필 察

예리한 관찰력으로 사물을 꿰뚫어 봄.

예 파슨스와 스멜서는 이러한 이론적 **통찰**을 기능주의 이론으로 구체화한다. _2018학년도 9월 모평

친절한 샘 '통찰하다'와 종종 혼동하는 단어로 '어떤 것을 깊이 생각하고 연구하다.'라는 의미의 **고찰(考察)하다**가 있어요. '고찰'이 주로 깊이 있게 학문하는 태도로 생각을 깊게 펼쳐 나가는 것이라면, '통찰'은 관찰력을 바탕으로 '아하!' 하는 깨달음을 얻어 대상을 꿰뚫는 것이죠.

□□ 규율하다

법칙 規, 법칙 律

질서나 제도를 좇아 다스리다.

예 행정 법령은 행정청이 구체적 사실에 대해 행하는 법 집행인 행정 작용을 **규율한다**. _2023학년도 수능

친절한 샘 '**규율(規律)**'은 '질서나 제도를 유지하기 위하여 정하여 놓은, 행동의 준칙이 되는 본보기.', '질서나 제도를 좇아 다스림.'이라는 의미를 지닌 단어입니다. '규(規)'를 사용하는 어휘로는 '내용이나 성격, 의미 따위를 밝혀 정하다.'라는 뜻의 '**규정(規定)하다**'도 있어요.

□□ 시사하다

보일 示, 부추길 唆

어떤 것을 미리 간접적으로 표현해 주다.

예 이는 지식 재산 보호의 최적 수준에 대해서도 국가별 입장이 다름을 **시사한다**. _2021학년도 6월 모평

친절한 샘 '시사하다'는 '간접적으로' 의미를 나타내는 것을 말해요. 예를 들어 A와 B가 대립하는 상황에서 A가 상대방의 합리적 제안은 수용하겠다고 말했다면, 이 말은 A와 B 사이에 합의가 이루어질 가능성이 있음을 시사하는 것이라고 할 수 있죠. 유사한 말로 '**암시하다**', '**알리다**'가 있어요. 한편 소리는 같지만 한자어가 다른 '**시사(時事)**'가 있는데, 이는 '그 당시에 일어난 여러 가지 사회적 사건.'을 뜻하는 말입니다.

단행하다

끊을 斷, 행할 行

결단하여 실행하다.

(예) 미국은 결국 1971년 달러화의 금 태환 정지를 선언한 닉슨 쇼크를 **단행했고**, 브레턴우즈 체제는 붕괴되었다. _2022학년도 수능

(친절한 쌤) '단행하다'는 실천, 행동의 의미가 포함되어 있는 단어예요. 그래서 행위를 하는 주체의 결심이 선행되어야 하죠. '파업을 단행하다.', '제도 개편을 단행하다.'와 같은 예가 있어요.

구별되다

나눌 區, 나눌 別

성질이나 종류에 따라 차이가 나다.

(예) 일상에서 예약이라고 할 때와 법적인 관점에서의 예약은 **구별된다**. _2021학년도 수능

(친절한 쌤) '별(別)'이 쓰인 다른 어휘도 알아볼까요? '**판별(判別)하다**'는 '옳고 그름이나 좋고 나쁨을 판단하여 구별하다.'라는 의미입니다. 가치를 헤아려 판단하는 것을 의미하지요.

향유하다

누릴 享, 가질 有

누리어 가지다.

(예) 관객은 이런 체험을 집단적으로 공유하면서 동시에 개인적인 꿈의 세계를 **향유한다**. _2019학년도 9월 모평

(친절한 쌤) '향유'의 뜻을 고려하면, 그 앞에 있는 대상은 누릴 만한 것이니까 좋은 것들이겠죠? 이를테면 '문화, 자유, 예술, 부(富), 이익' 같은 것들이 '향유' 앞에 올 거예요. '향유하다'가 어렵게 느껴지면 **누리다**로 바꿔서 읽어 보세요. 더 쉽게 이해할 수 있을 거예요.

➕ 어휘 더하기   '떨어지다'의 의미

정답과 해설 25쪽

떨어지다 › 동사

❶ 위에서 아래로 내려지다.
　(예) 그는 발을 헛디뎌서 구덩이로 **떨어졌다**.
❷ 어떤 상태나 처지에 빠지다.
　(예) 깊은 잠에 **떨어지다**.
❸ 관계가 끊어지거나 헤어지다.
　(예) 아이가 부모와 **떨어져** 지내는 것은 힘든 일이다.
❹ 값, 기온, 수준, 형세 따위가 낮아지거나 내려가다.
　(예) 연일 주가가 **떨어지고** 있다.
❺ 이익이 남다.
　(예) 거짓말을 해도 나에게 **떨어지는** 건 아무것도 없다.

문맥상 ⓐ의 의미와 가장 가까운 의미로 쓰인 것은?

> 다른 조건이 일정한 가운데 신용 위험이 커지면 채권 시장에서 해당 채권의 가격이 ⓐ**떨어진다**.

① 오늘 아침에는 기온이 영하로 **떨어졌다**.
② 과자 한 봉지를 팔면 내게 100원이 **떨어진다**.
③ 그 사건을 계기로 그는 타락의 길로 **떨어졌다**.
④ 신발이 **떨어져서** 걸을 때마다 빗물이 스며든다.
⑤ 앞으로 우리 둘은 절대로 **떨어져서** 살 수 없다.

1 ● 24600-0143

빈칸에 공통으로 들어갈 말을 쓰시오.

> • 정부는 이번 발표를 통해 불법 상거래에 대한 단속 강화를 강력히 [   ]했다.
> • 감독의 말은 선수들 간의 경쟁이 우승 비결임을 [   ]하고 있다.
> • 그 보도는 우리나라의 심각한 저출생 문제를 [   ]하고 있다.

2 ● 24600-0144

다음 중 '시사'의 의미가 <u>다른</u> 문장을 말하는 학생을 찾으시오.

3 ● 24600-0145

밑줄 친 단어들과 공통으로 바꾸어 쓸 수 있는 것으로 적절한 것은?

> • 문화 생활을 <u>영위하다</u>.
> • 그보다 좀 더 자유롭고 인간적인 삶을 <u>누리다</u>.
> • 나에게 주어진 모든 것을 <u>만끽하다</u>.

① 감상하다　　② 관람하다　　③ 향유하다　　④ 나아가다　　⑤ 느끼다

● 24600-0146

4 괄호 안에서 문맥에 알맞은 단어를 고르시오.

(1) 헌법에서는 집회의 자유를 (규정 / 시사)하고 있다.

(2) 나는 그 쌍둥이 자매를 (구별 / 판별)하지 못해서 이름을 잘못 부른 적이 많았다.

● 24600-0147

5 다음은 어떤 단어의 사전적 정의이다. 이에 해당하는 단어는?

「명사」
「1」 예리한 관찰력으로 사물을 꿰뚫어 봄.
「2」『심리』 새로운 사태에 직면하여 장면의 의미를 재조직화함으로써 갑작스럽게 문제를 해결함. 또는 그런 과정. 쾰러는 학습이 시행착오에 의하여 일어나는 것이 아니라 이러한 과정에 의하여 일어난다고 보았다.
「3」『심리』 심리 치료에서, 환자가 이전에는 인식하지 못하였던 자신의 심적 상태를 알게 되는 일.

① 통찰　　　② 고찰　　　③ 통념　　　④ 관찰　　　⑤ 통과

● 24600-0148

6 빈칸에 들어갈 말로 알맞은 것은?

> 　사색 문제의 증명은 거의 컴퓨터에 의존해서 이루어졌다. 그 증명을 받아들이려면 증명에 사용된 컴퓨터 프로그램이 제작자의 의도대로 실행되었다고 믿어야만 한다. 하지만 처음에는 많은 수학자가 이에 대해 [　　　　]으로 반응했다. 어떤 수학자는 "컴퓨터에서 얻은 결과를 불가피하게 이용하는 이런 과정은 사람의 손으로 점검해 볼 수 없다는 점에서 수학적 증명으로 간주할 수 없다."라고 주장했다.

① 호의적　　　② 회의적　　　③ 절망적　　　④ 낙관적　　　⑤ 맹목적

실전 어휘를 알면 답이 보인다

● 24600-0149　　　　　　　　　　　　　　　　　2022학년도 6월 모평 13번 변형

7 문맥상 ⓐ와 바꿔 쓰기에 가장 적절한 것은?

▶ 문제에 쓰인 단어 중 이해하기 어려운 단어의 뜻을 찾아 적어 보자.

> 　끊임없는 전쟁과 같은 상태에서 벗어나기 위하여 자유의 일부를 떼어 주고 나머지 자유의 몫을 평온하게 ⓐ누리기로 합의한 것이다.

① 향유하기로　　　② 단절하기로　　　③ 배분하기로
④ 위임하기로　　　⑤ 수립하기로

● 다음 글을 읽고 물음에 답하시오. `2018학년도 9월 모평`

사람들은 함께 모여 '집합 의례'를 행한다. ㉠뒤르켐은 오스트레일리아 부족들의 집합 의례를 공동체 결속의 관점에서 탐구한다. 부족 사람들은 문제 상황이 발생할 경우 생계 활동을 멈추고 자신들이 공유하는 성(聖)과 속(俗)의 분류 체계를 활용하여 이 상황이 성스러운 것인지 아니면 속된 것인지를 판별하는 집합 의례를 행한다. 이 과정에서 그들은 자신들이 공유하는 성스러움이 무엇인지 새삼 깨닫고 그것을 중심으로 약해진 기존의 도덕 공동체를 재생한다. 집합 의례가 끝나면 부족 사람들은 가슴속에 성스러움을 품고 일상의 속된 세계로 되돌아간다. 이로써 단순히 먹고사는 문제에 불과했던 생계 활동이 성스러움과 연결된 도덕적 의미를 ⓐ지니게 된다.

뒤르켐은 현대 사회의 집합 의례가 기존 도덕 공동체의 재생으로 끝나지 않고 새로운 도덕 공동체를 창출할 것이라고 본다. 예를 들어, 프랑스 혁명은 자유, 평등, 우애와 같은 새로운 성스러움을 창출하고 이를 중심으로 새로운 도덕 공동체를 구성한 집합 의례다. 뒤르켐은 새로 창출된 성스러움이 자기 이해관계를 추구하며 속된 세계에서 살아가는 개인들에게 서로 결속할 수 있는 도덕적 의미를 제공할 것이라 여긴다.

파슨스와 스멜서는 이러한 이론적 통찰을 기능주의 이론으로 구체화한다. 그들은 성스러움을 가치라는 말로 바꿔 표현한다. 현대 사회에서는 가치가 평상시 사회적 삶 아래에 잠재되어 있다가, 그 도덕적 의미가 뿌리부터 뒤흔들리는 위기 시기에 위로 올라와 전국적으로 일반화된다. 속된 일상에서 사람들은 가치를 추구하기보다는 자기 이해관계를 구체화한 목표와 이의 실현을 안내하는 규범에 따라 살아간다. 하지만 위기 시기에는 사람들의 관심이 자신들의 특수한 이해관계에서 보편적인 가치로 상승한다. 사람들은 가치에 기대어 위기가 주는 심리적 긴장과 압박을 해소하는 집합 의례를 행한다. 그 결과 사회의 통합이 회복된다. 파슨스와 스멜서는 이것이 마치 유기체가 환경의 압박으로 인해 흐트러진 항상성의 기능을 생리 작용을 통해 회복하는 과정과 유사하다고 본다.

알렉산더는 파슨스와 스멜서의 이론을 받아들이면서도 그들이 사용한 생물학적 은유가 복잡한 현대 사회의 집합 의례를 탐구하는 데는 한계가 있다고 보고, 그 대안으로 '사회적 공연론'을 제시한다. 그는 가치를 전 사회로 일반화하는 집합 의례가 현대 사회에서는 유기체의 생리 작용처럼 자연적으로 진행되는 것이 아니라, 그 결과가 정해지지 않은 과정이라고 본다. 현대 사회는 사회적 공연의 요소들이 분화되어 있을 뿐만 아니라 각 요소가 자율성을 지니고 있다. 따라서 이 요소들을 융합하는 사회적 공연은 우발성이 극대화된 문화적 실천을 요구한다. 알렉산더가 기능주의 이론과 달리 공연의 요소들이 어떤 조건 아래에서 어떤 과정을 거쳐 융합이 이루어지는지 경험적으로 세밀하게 탐구해야 한다고 강조하는 이유가 여기에 있다.

• 성(聖): 함부로 가까이할 수 없을 만큼 고결하고 거룩함.

중심 내용 한눈에 보기

• 집합 의례: 성(聖)과 속(俗)의 분류 체계를 활용하여 공동체 구성원이 처한 문제 상황이 성스러운 것인지 아니면 속된 것인지를 판별하는 의식

뒤르켐	현대 사회의 집합 의례가 새로운 [①]을/를 창출할 것이라고 봄. - 성스러움을 창출 → 속된 세계를 살아가는 개인에게 도덕적 의미를 제공함.
파슨스와 스멜서	뒤르켐의 이론적 통찰을 '기능주의' 이론으로 구체화함.('성스러움'을 '가치'로 바꿔 표현함.) - 평상시: 가치가 잠재되어 있음. 이해관계, 규범에 따라 살아감. - 위기시: 특수한 [②] → 보편적 [③]
알렉산더	'사회적 공연론'을 제시함. - 현대 사회는 사회적 공연의 요소들이 분화되어 있을 뿐만 아니라 각 요소가 자율성을 지니고 있음. 　→ 사회적 공연은 우발성이 극대화된 문화적 실천을 요구함.

❯ 24600-0150

2018학년도 9월 모평 39번

1 **'집합 의례'에 대해 ㉠이 할 수 있는 말로 적절하지 않은 것은?**

① 부족 사회는 집합 의례를 행하여 기존의 도덕 공동체를 되살린다.

② 집합 의례를 통해 사람들은 생계 활동의 성스러운 의미를 얻는다.

③ 현대 사회에서는 집합 의례를 통해 새로운 도덕 공동체가 형성된다.

④ 공동체 성원들은 집합 의례를 거쳐 구체적인 이해관계를 중심으로 묶인다.

⑤ 집합 의례의 과정에서 공동체 성원들은 문제 상황을 성 또는 속의 문제로 규정한다.

❯ 문제에 쓰인 단어 중 이해하기 어려운 단어의 뜻을 사전에서 찾아 써 보자.

❯ 24600-0151

2 **문맥상 ⓐ의 의미와 가장 가까운 의미로 쓰인 것은?**

① 돌아가신 어머니의 유언을 마음에 지닌다.

② 그는 어릴 때의 모습을 그대로 지니고 있다.

③ 그는 친구가 준 목걸이를 늘 몸에 지니고 다닌다.

④ 그는 일을 성사시킬 책임을 지니고 해외로 출장을 떠났다.

⑤ 사람은 저마다 자기중심적인 고정 관념을 지니고 살게 마련이다.

* 어휘 공부를 완료한 뒤 체크!

□□ 자의적
방자할 恣, 뜻 意, 어조사 的

일정한 질서를 무시하고 제멋대로 하는 (것).

(예) 이 규정을 소수 정당이나 정치 신인 등에 대한 **자의적**이고 차별적인 침해라고 본 것이다.
_2024학년도 수능

(친절한 샘) '자의적'과 유사한 말은 '**임의적**', 반대말은 '**필연적**'입니다.

| 임의적 | 일정한 기준이나 원칙 없이 하고 싶은 대로 하는 (것).
(예) 자신의 판단만을 믿고 **임의적**으로 기사를 써서는 안 된다. |
| 필연적 | 사물의 관련이나 일의 결과가 반드시 그렇게 될 수밖에 없는 (것).
(예) 네가 열심히 노력했으니 좋은 결과는 **필연적**인 것이다. |

□□ 탄력성
탄알 彈, 힘 力, 성질 性

원인 변수의 값이 1% 변할 때, 그 영향을 받는 변수가 몇 퍼센트나 변하는지를 나타내는 척도.

(예) 가격이 변화할 때 구매자의 상품 수요량이 변하는 정도를 수요의 가격 **탄력성**이라 하는데, 구매자가 자신이 선호하는 상품이 차별화되었다고 느낄수록 수요의 가격 **탄력성**은 감소한다. _2022학년도 9월 모평

(친절한 샘) '탄력성'은 일반적으로 '상황에 따라서 알맞게 대처하는 성질.'을 의미해요. 예를 들면, '그 문제에 탄력성 있게 대처하다.'와 같이 사용하죠. 그런데 '경제' 분야에서는 위와 같은 의미로 사용되는데, 탄력성이 크다는 것은 가격 변화에 대한 수량 변화가 그만큼 많다는 것을 의미해요. '물리' 영역에서는 '탄력성이 뛰어난 물체'와 같이 '물체가 외부에서 힘을 받았을 때 튀기는 힘이 있는 성질.'을 뜻하죠.

□□ 부동산
아닐 不, 움직일 動, 낳을 産

움직여 옮길 수 없는 재산. 토지나 건물, 수목 따위이다.

(예) 공인 중개사가 자신이 소유한 **부동산**을 고객에게 직접 파는 것을 금지하는 규정은 단속 법규에 해당한다. _2019학년도 6월 모평

(친절한 샘) '부동산'은 아마 다들 들어 봤을 거예요. 법 관련 지문에서는 '부동산'과 '동산'이 같이 나오는 경우가 많아요. '부동산'의 반대되는 어휘로 '**동산(動産)**'이 있죠. '동산'은 '형상, 성질 따위를 바꾸지 아니하고 옮길 수 있는 재산.'이라는 뜻으로 돈, 증권 등이 이에 해당해요.

□□ 저해하다
막을 沮, 해할 害

막아서 못 하도록 해치다.

(예) 형벌이 사회적 행복 증진을 **저해한다**고 보는 공리주의의 입장에서 사형을 반대한다. _2022학년도 6월 모평

(친절한 샘) '저해하다'의 유의어로는 '**방해하다**', '**장해하다**' 등이 있어요. '장해하다'는 조금 낯설죠? '막을 장(障)'을 사용하는 이 단어는 '하고자 하는 일을 막아서 방해하다.'라는 의미를 지니죠.

□□ 점유하다
점령할 占, 있을 有

물건이나 영역, 지위 따위를 차지하다.

(예) 가방을 **점유하고** 있더라도 그 가방의 소유자가 아닐 수 있다. _2020학년도 9월 모평

(친절한 샘) '점령할 점(占)'을 사용하는 단어가 '점유하다'라면 '함께'라는 의미의 '공(共)'을 사용하는 단어가 '**공유(共有)하다**'예요. 이는 '두 사람 이상이 한 물건을 공동으로 소유하거나 이용하다.'의 의미입니다.

편향되다

치우칠 **偏**. 향할 **向**

한쪽으로 치우치게 되다.

예 레벤달은 재니스의 연구가 인간의 감정적 측면에만 **편향되었다**고 비판하며, 공포 소구의 효과는 수용자의 감정적 반응만이 아니라 인지적 반응과도 관련된다고 하였다. _2024학년도 6월 모평

친절한⑧샘 어느 한쪽으로 편향된 생각을 지니는 것은 위험해요. 심리학에는 '**확증 편향**'이라는 말이 있어요. 이는 자신의 생각이나 주장과 일치하는 정보만을 선택적으로 수집하고 그렇지 않은 것은 의도적으로 무시하는 심리적 경향을 의미하죠. 확증 편향에 빠질 경우 합리적 사고를 하기 어려우니 주의해야 해요.

기인하다

일어날 **起**. 원인 **因**

어떠한 것에 원인을 두다.

예 이러한 관점은 … 자산 시장에서는 가격이 본질적 가치를 초과하여 폭등하는 버블이 존재하지 않는다는 효율적 시장 가설에 **기인한다**. _2020학년도 6월 모평

친절한⑧샘 '기인하다'는 수능 지문에 정말 자주 나오는 어휘입니다. 'A가 B에 기인하다.'라는 문장이 나올 경우, A가 결과, B가 원인에 해당한다는 사실을 이해하면 지문 독해가 수월해질 거예요. 어렵게 느껴지면 '**비롯되다**'라는 의미로 바꾸어 생각해 보세요. 유사한 말로 '**연유(緣由)하다**'가 있어요.

와해되다

기와 **瓦**. 쪼갤 **解**

조직이나 계획 따위가 산산이 무너지고 흩어지게 되다. 기와가 깨진다는 뜻에서 나온 말이다.

예 글로벌 금융 위기 이후 금융 시스템이 **와해되어** 경제 불안이 확산되면서 기존의 접근 방식에 대한 자성이 일어났다. _2020학년도 6월 모평

친절한⑧샘 '와해되다'가 어렵게 느껴지면 같은 자리에 '**무너지다**', '**깨지다**' 등을 넣어서 의미가 유사한지 확인해 보면 문장의 의미를 쉽게 이해할 수 있어요.

＋ 어휘 더하기   '개발'의 의미

정답과 해설 27쪽

개발(開發) ▶명사

❶ 토지나 천연자원 따위를 유용하게 만듦.
  예 유전 **개발**
❷ 지식이나 재능 따위를 발달하게 함.
  예 자신의 능력 **개발**
❸ 산업이나 경제 따위를 발전하게 함.
  예 산업 **개발**
❹ 새로운 물건을 만들거나 새로운 생각을 내어놓음.
  예 신제품 **개발**

'개발(開發)'과 많이 혼동하는 단어 중에 '슬기나 재능, 사상 따위를 일깨워 줌.'이라는 의미를 가지는 '**계발(啓發)**'이 있어요. '개발'의 ❷와 의미가 유사하죠. 따라서 '지식이나 재능'에 해당하는 '능력'의 경우 '능력 개발'과 '능력 계발'을 모두 사용할 수 있어요.

● **다음 밑줄 친 단어와 바꾸어 쓰기에 적절한 것은?**

우리 팀이 이번에 새로운 프로그램을 <u>만들어</u> 보너스를 많이 받았다.

① 계발(啓發)하여   ② 개발(開發)하여

○ 24600-0152

1 밑줄 친 단어와 바꾸어 쓰기에 적절하지 <u>않은</u> 말은?

> 그는 각종 정부 규제가 기업 활동을 <u>저해하고</u> 있다고 주장했다.

① 해치고   ② 장해하고   ③ 방해하고   ④ 막아서고   ⑤ 쇄신하고

○ 24600-0153

2 초성과 뜻풀이를 참고하여 괄호 안에 들어갈 말을 쓰시오.

> 여론 조사가 근본적으로 가지는 문제점은 여론 조사 자체의 문제점과 그 결과를 해석하는 이들의 문제점으로 나누어 생각할 수 있다. 전자는 여론 조사의 질문이나 조사 대상이 편향되었을 수 있다는 것이고, 후자는 여론 조사의 결과를 타당한 근거 없이 (ㅈㅇㅈ)(으)로 해석할 수 있다는 것이다.
>
> 일정한 질서를 무시하고 제멋대로 하는 (것).

○ 24600-0154

3 빈칸에 공통으로 들어갈 말을 쓰시오.

> • 어느 한쪽으로만 [   ]된 태도는 갈등만을 일으킨다.
> • 기존의 교육은 실습보다는 이론 위주의 교육으로 [   ]되어 있다.

○ 24600-0155

4 다음 단어들을 '동산(動産)'과 '부동산(不動産)'으로 분류하여 아래의 빈칸에 쓰시오.

채권

토지

건물

(1) 동산	(2) 부동산

◐ 24600-0156

5 밑줄 친 단어의 사용이 적절하지 <u>않은</u> 것은?

① 과학은 현대 사회에서 확고한 위치를 <u>점유</u>하고 있다.
② 네가 열심히 노력했으니 좋은 결과는 <u>필연적</u>인 것이다.
③ 우리 회사는 그 기계를 국내에 <u>독점</u>으로 유통하고 있다.
④ 일부 공직자들은 재산을 공개하면서 건물, 토지 등의 <u>동산</u>은 포함시키지 않았다.
⑤ 사실상 지도부가 분열되었기 때문에 그들 조직은 이미 <u>와해</u>된 것이나 다름없었다.

◐ 24600-0157

6 괄호 안에 들어갈 말로 알맞은 것을 각각 고르시오.

> 전자 제품 시장의 판매 경쟁이 뜨겁다. 여러 회사의 노트북이 많기 때문에 노트북에 대한 수요는 가격에 대해 (탄력적 / 비탄력적)이다. 하지만 노트북을 충전할 때 사용하는 충전기는 같은 회사의 충전기만 사용할 수 있도록 제작되었기 때문에 노트북을 구매한 소비자들에게 노트북에 맞는 충전기에 대한 수요는 가격에 대해 (탄력적 / 비탄력적)이다.

실전 어휘를 알면 답이 보인다

◐ 24600-0158　　　　　　　　　　　2024학년도 9월 모평 지문 변형

7 문맥상 ⓐ에 들어갈 말로 가장 적절한 것은?

> 우리 지역은 역사의 중심지여서 많은 청소년이 역사적 자긍심을 느끼고 있습니다. 그러나 역사학에 관심이 있는 청소년이 많은 편이지만, 진로 체험의 기회는 부족합니다. 유물의 보존과 연구에 대해 배우는 강좌가 운영된다면, 지역 청소년의 진로 (ⓐ)에 큰 도움이 될 것입니다.

① 개발(開發)　　② 향상(向上)　　③ 점유(占有)
④ 발명(發明)　　⑤ 고안(固安)

▶ 문제에 쓰인 단어 중 이해하기 어려운 단어의 뜻을 찾아 적어 보자.

● 다음 글을 읽고 물음에 답하시오.　　　　　　　　　　　　　　　　　　　2020학년도 9월 모평

　　물건을 사용하고 있는 사람이 그 물건의 주인일까? 점유란 물건에 대한 사실상의 지배 상태를 뜻한다. 이에 비해 소유란 어떤 물건을 사용·수익·처분할 수 있는 권리를 가진 상태라고 정의된다. 따라서 점유자와 소유자가 항상 일치하지는 않는다.

[A]
　　물건을 빌려 쓰거나 보관하고 있는 것을 포함하여 물건을 물리적으로 지배하는 상태를 직접점유라고 한다. 이에 비해 어떤 물건을 빌려 쓰거나 보관하는 사람에게 그 물건의 반환을 청구할 수 있는 권리를 가진 사람도 사실상의 지배를 한다고 볼 수 있다. 이와 같이 반환청구권을 가진 상태를 간접점유라고 한다. 직접점유와 간접점유는 모두 점유에 해당한다. 점유는 소유자를 공시하는 기능도 수행한다. 공시란 물건에 대해 누가 어떤 권리를 가지고 있는지를 알려 주는 것이다. 물건 중에서 피아노, 금반지, 가방 등과 같은 대부분의 동산은 점유에 의해 소유권이 공시된다.

　　물건의 소유권이 양도되려면, 소유자가 양도인이 되어 양수인과 유효한 양도 계약을 하고 이에 더하여 소유권 양도를 공시해야 한다. 점유로 소유권이 공시되는 동산의 소유권 양도는 점유를 넘겨주는 점유 인도로 공시된다. 양수인이 간접점유를 하여 소유권 이전이 공시되는 경우로서 '점유개정'과 '반환청구권 양도'가 있다. 예를 들어 A가 B에게 피아노의 소유권을 양도하기로 계약하되 사흘간 빌려 쓰는 것으로 합의한 경우, B는 A에게 피아노를 사흘 후 돌려 달라고 요구할 수 있는 반환청구권을 가지게 된다. 이처럼 양도인이 직접점유를 유지하지만, 양수인에게 점유 인도가 이루어진 것으로 간주되는 경우를 점유개정이라고 한다. 한편 C가 자신이 소유한 가방을 D에게 맡겨 두어 이에 대한 반환 청구권을 가지게 되었는데, 이 가방의 소유권을 E에게 양도하는 계약을 체결하였다고 하자. 이때 C가 D에게 통지하여 가방 주인이 바뀌었으니 가방을 E에게 반환하라고 알려 주면 D가 보관 중인 가방에 대한 반환청구권은 C로부터 E에게로 넘어간다. 이 경우를 반환청구권 양도라고 한다.

　　양도인이 소유자가 아니더라도 양수인이 점유 인도를 받으면 소유권을 취득할 수 있을까? 점유로 공시되는 동산의 경우 양수인이 충분히 주의를 했는데도 양도인이 소유자가 아님을 알지 못한 채 양도인과 유효한 계약을 하고, 점유 인도로 공시를 했다면 양수인은 소유권을 취득한다. 이것을 '선의취득'이라 한다. 다만 간접점유에 의한 인도 방법 중 점유개정으로는 선의취득을 하지 못한다. 선의취득으로 양수인이 소유권을 취득하면 원래 소유자는 원하지 않아도 소유권을 상실하게 된다.

　　반면에 국가가 관리하는 공적 기록인 등기·등록으로 공시되어야 하는 물건은 아예 선의취득 대상이 아니다. 법률이 등록 대상으로 규정한 자동차, 항공기 등의 동산은 등록으로 공시되는 물건이고, 토지·건물과 같은 부동산은 등기로 공시되는 물건이다. 이러한 고가의 재산에 대해 선의취득을 허용하게 되면 원래 소유자의 의사에 반하는 소유권 박탈이 ⓐ일어나게 된다. 이것은 거래 안전에만 치중하고 원래 소유자의 권리 보호를 경시한 것이 되어 바람직하지 않다고 볼 수 있다.

◆ **낯선 어휘의 뜻**을 사전에서 찾아 적어 보자.

- **반환:** 빌리거나 차지했던 것을 되돌려줌.

중심 내용 한눈에 보기

• 점유와 소유

	❶	물건에 대한 사실상의 지배 상태		❷ 점유	물건을 물리적으로 지배하는 상태
				❸ 점유	반환청구권을 가진 상태
소유		물건을 사용, 수익, 처분할 수 있는 권리를 가진 상태			

• 양수인이 간접점유를 하여 소유권 이전이 공시되는 경우

점유개정	예 A가 B에게 피아노의 소유권을 양도하기로 계약하되 사흘간 빌려 쓰는 것으로 합의한 경우, B는 A에게 반환청구권을 가짐.
❹ 양도	예 C가 자기 소유의 가방을 D에게 맡겨 두었는데, 가방 소유권을 E에게 양도하는 계약을 체결했을 때, C가 D에게 이를 공시하면 가방에 대한 반환청구권은 E에게 넘어감.

• 선의취득
 - 선의취득으로 양수인이 소유권을 취득하면 원래 소유자는 소유권을 상실하게 됨.
 - 국가가 관리하는 공적 기록인 등기·등록으로 공시되어야 하는 물건은 선의취득 대상이 아님.

---

1 ● 24600-0159 `2020학년도 9월 모평 28번`

[A]에 대한 이해로 가장 적절한 것은?

① 물리적 지배를 해야 동산의 간접점유자가 될 수 있다.
② 간접점유는 피아노 소유권에 대한 공시 방법이 아니다.
③ 하나의 동산에 직접점유자가 있으려면 간접점유자도 있어야 한다.
④ 피아노의 직접점유자가 있으면 그 피아노의 간접점유자는 소유자가 아니다.
⑤ 유효한 양도 계약으로 피아노의 소유자가 되려면 피아노에 대해 직접점유나 간접점유 중 하나를 갖춰야 한다.

❱ 문제에 쓰인 단어 중 이해하기 어려운 단어의 뜻을 찾아 적어 보자.

---

2 ● 24600-0160 `2020학년도 9월 모평 31번`

문맥상 의미가 ⓐ와 가장 가까운 것은?

① 작년은 우리나라에서 수많은 사건이 일어난 해였다.
② 청중 사이에서는 기쁨으로 인해 환호성이 일어났다.
③ 형님의 강한 의지력으로 집안이 다시 일어나게 되었다.
④ 나는 그 사람에 대해 경계심이 일어나지 않을 수 없었다.
⑤ 사회는 구성원들이 부조리에 맞서 일어남으로써 발전한다.

● 24600-0161

1 문맥을 고려할 때, 밑줄 친 단어와 바꾸어 쓰기에 적절하지 <u>않은</u> 것은?

> 문화생활을 <u>향유하는</u> 것은 우리의 삶에 깊은 재미를 가져다준다.

① 즐기는   ② 누리는   ③ 만끽하는   ④ 공유하는   ⑤ 영위하는

● 24600-0162

2 빈칸에 들어갈 단어로 알맞은 것을 〈보기〉에서 골라 쓰시오.

보기
금리   내수   공시   의례   통찰   환율

(1) 통화 증발로 인한 인플레를 억제하기 위하여 [   ]와/과 세금을 인상할 것으로 예상된다.

(2) 현대에 이르러 편의성을 중시하게 되면서 [   ]이/가 점점 간략화되고 있다.

(3) 그 등기는 법정 사항의 [   ]을/를 주된 목적으로 한다.

(4) 엔화에 대한 원화의 [   ]이/가 큰 폭으로 올랐다.

(5) 자신의 불행이 바로 그런 것 때문이었다는 사실을 [   ]하게 되었다.

(6) 전문가들은 [   ] 경제 활성화의 중요성을 강조했다.

● 24600-0163

3 밑줄 친 단어와 바꾸어 쓸 수 있는 말의 연결이 적절한 것은?

	예문	바꾸어 쓸 수 있는 말
①	시대의 변화에 따라 봉건 왕조가 <u>와해되었다</u>.	분화되었다
②	철학의 <u>일의적인</u> 문제는 삶과 죽음에 관한 것이다.	핵심적인
③	시는 시민들의 반대에도 불구하고 그 정책을 <u>단행했다</u>.	단념했다
④	사람이면 누구든 바다를 함께 <u>점유하고</u> 살아갈 권리가 있는 것이다.	나누고
⑤	이번 협정은 공산품 수출을 <u>촉진한다는</u> 점에서 긍정적으로 평가받고 있다.	실현한다는

4

● 24600-0164

㉠~㉤의 사전적 의미로 적절하지 <u>않은</u> 것은?

> 채권은 정부나 기업이 자금을 ㉠조달하기 위해 발행하며 그 가격은 ㉡채권이 매매되는 채권 시장에서 결정된다. 채권의 발행자는 정해진 날에 일정한 이자와 원금을 투자자에게 지급할 것을 약속한다. 채권을 매입한 투자자는 이를 다시 매도하거나 이자를 받아 수익을 얻는다. 그런데 채권 투자에는 발행자의 지급 능력 부족 등의 ㉢사유로 이자와 원금이 지급되지 않을 가능성인 신용 위험이 ㉣수반된다. 이에 따라 각국은 채권 신용 위험을 평가해 신용 등급으로 ㉤공시하는 신용 평가 제도를 도입하여 투자자를 보호하고 있다.

① ㉠: 자금이나 물자 따위를 대어 줌.
② ㉡: 특정인이 다른 특정인에게 어떤 행위를 청구할 수 있는 권리.
③ ㉢: 일의 까닭.
④ ㉣: 어떤 일과 더불어 생김.
⑤ ㉤: 일정한 내용을 공개적으로 게시하여 일반에게 널리 알림.

5

● 24600-0165

밑줄 친 낱말의 쓰임이 바르지 <u>않은</u> 것은?

① 그 정책은 현실을 <u>도외시했다는</u> 비난을 받았다.
② 사장은 그 계획의 성공 가능성에 <u>회의적</u>이었다.
③ 그 책은 우리 고대사를 너무나 <u>자의적</u>으로 해석한다.
④ 그 보도는 우리나라의 척박한 교육 현실을 <u>시사하고</u> 있다.
⑤ 오케스트라에서는 명확한 기준에 따라 <u>임의대로</u> 단원을 선발한다.

6

● 24600-0166

다음 열쇠 말을 참고하여 오른쪽에 있는 표의 빈칸을 완성하시오.

| 가로 열쇠 |

2. 남에게 돈을 빌려 쓴 대가로 치르는 일정한 비율의 돈.
4. 일정한 질서를 무시하고 제멋대로 하는 (것).
6. 가장 중요한 의미를 갖는 (것).
8. 한쪽으로 치우침.

| 세로 열쇠 |

1. 어렵지 아니하고 매우 쉽다.
3. 어떤 일에 의심을 품는 (것).
5. 일정한 기준이나 원칙 없이 하고 싶은 대로 함.
7. 적으로 여겨 봄.
9. 누리어 가짐.

국가 경제의 건전성을 알려 주는 지표, 환율

환율

환율은 그 나라의 화폐 가치를 말한다. 국가 경제가 안정적일 때는 자국의 화폐 가치가 올라가고 이에 따라 환율은 하향 안정된다. 반면 국가 경제가 불안할 때는 자국의 화폐 가치가 내려가고 이에 따라 환율이 급등한다.

우리나라 돈과 다른 나라의 돈을 교환할 때에는 일정한 '교환 비율'을 따릅니다. 바로 이 교환 비율을 환율(換率)이라고 해요. 예를 들어 환율을 '1,000원/달러'라고 표시하는 경우 우리나라 돈 1,000원이 1달러와 같은 교환 가치를 지닌다는 의미입니다.

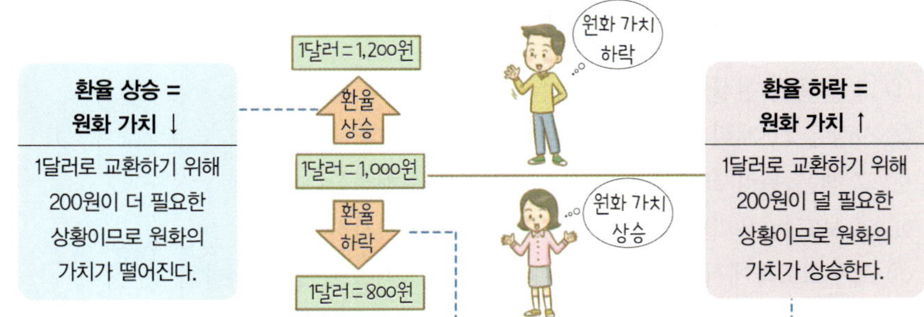

환율 상승

외화의 수요가 증가하거나 외화의 공급이 감소하면 환율은 상승한다. 환율이 상승하면 같은 양의 원화로 바꿀 수 있는 외화의 금액이 줄어들어 해외여행을 갈 경우 부담이 늘어난다.

● 환율 상승

환율이 1달러당 1,000원에서 1,200원으로 상승하면 1,000원짜리 우리나라 수출품이 외국에서 팔릴 때 1달러에서 약 0.83달러로 인하되는 효과가 있어요. 즉 수출품의 가격 경쟁력이 높아져서 수출이 증가할 수 있죠. 하지만 1,000원에 수입하던 1달러짜리 미국 수입품이 1,200원으로 상승하게 되어 수입품의 가격 경쟁력이 낮아 수입이 감소할 수 있어요. 즉 환율이 상승하면 수출에 유리하고, 국내 기업의 생산 증가로 고용이 확대되는 긍정적 효과가 있어요. 하지만 수입 상품 및 원자재 가격 상승으로 생산비가 증가해 국내 물가가 상승하고 외채 상환의 부담이 늘어나는 부정적 측면도 있어요.

외채 상환

자금 조달을 위해 외국의 자본 시장에서 빌려 온 자금을 갚거나 돌려주는 것.

● 환율 하락

환율이 1달러당 1,000원에서 800원으로 하락하면 기존에 1,000원에 사던 1달러짜리 수입품을 800원에 살 수 있어요. 이처럼 수입 상품 및 원자재의 가격이 하락하여 생산비가 감소하면 국내 물가가 하락하고, 외채 상환 부담은 줄어드는 긍정적 효과가 있어요. 하지만 수출 상품의 가격 경쟁력이 낮아져 수출은 감소하고, 이에 따라 국내 기업의 생산이 감소하면 고용이 위축되어 경제 성장에 부정적인 영향을 미칠 수 있어요.

V

독서 (과학 · 기술)

과학 (1) | 물리학·지구 과학

거시 세계
클 **巨**, 볼 **視**
세상 **世**, 지경 **界**

눈으로 볼 수 있는 세계. 또는 감각으로 직접 알 수 있는 세계.

예 미시 세계에 대한 이러한 연구 성과는 **거시 세계**에 대해 우리가 자연스럽게 지니게 된 상식적인 생각들에 근본적인 의문을 던진다. _2018학년도 9월 모평

친절한 쌤 '거시 세계'는 일상적으로 우리가 경험하는 세계이며, 고전 물리학의 법칙으로 잘 설명이 됩니다. 이와 짝을 이루는 반대말은 '**미시(微時) 세계**'입니다. 이는 아주 작은 크기의 입자들과 그들의 상호 작용을 다루는 세계를 뜻합니다. 이 세계는 양자 역학과 상대성 이론과 같은 현대 물리학의 개념과 법칙을 통해 설명이 이루어집니다.

전자
전기 **電**, 아들 **子**

음전하를 가지고 원자핵의 주위를 도는 소립자의 하나.

예 흡착된 반응물은 **전자**를 금속 표면의 원자와 공유하여 안정화된다. _2024학년도 6월 모평

친절한 쌤 전기를 사용할 때 전류가 흐른다는 말을 하죠? 그런데 실제로 도선 안에서 움직이는 것은 전자예요. 음(−)전하를 띠는 전자의 이동 방향은 음극에서 양극으로 이동하기 때문에 양극에서 음극으로 이동하는 전류의 방향과는 반대입니다. '**전류(電流)**'는 전하가 연속적으로 이동하는 현상입니다. 전하를 띤 물체 주위에는 극에 따라 인력과 척력의 전기력이 발생하는데, 이러한 전기력이 미치는 공간을 '**전기장(電氣場)**'이라고 해요. '**전압(電壓)**'은 '전기장이나 도체 안에 있는 두 점 사이의 전기적인 위치 에너지 차.'를 의미해요.

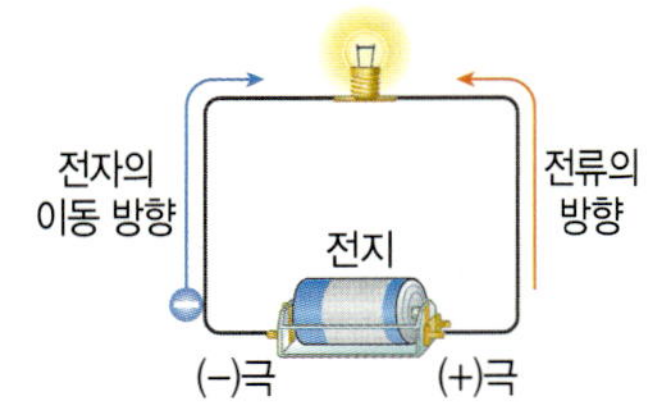

자기장
자석 **磁**, 기운 **氣**, 마당 **場**

자석의 주위, 전류의 주위, 지구의 표면 따위와 같이 자기의 작용이 미치는 공간.

예 **자기장**은 전자가 양극까지 이동하는 거리를 **자기장**이 없을 때보다 증가시켜 주어 전자와 기체 분자와의 충돌 빈도를 높여 준다. _2019학년도 9월 모평

친절한 쌤 자석이 철과 같은 금속을 끌어당기는 것을 '**자기력(磁氣力)**'이라고 합니다. 이때 작용하는 자기력은 자석의 양쪽 극(N극, S극)에서 가장 강하고, 극에서 멀어질수록 약해지는데 이러한 자기력이 미치는 공간을 '자기장'이라고 해요. 전류는 주위에 자기장을 만들기 때문에 전류가 흐르는 도선 주위에 자석이 있으면 전류에 의한 자기장과 자석에 의한 자기장이 서로 작용을 해요. 전류가 흐르는 도선이 자기장에서 받는 힘을 '**전자기력(電磁氣力)**'이라고 해요.

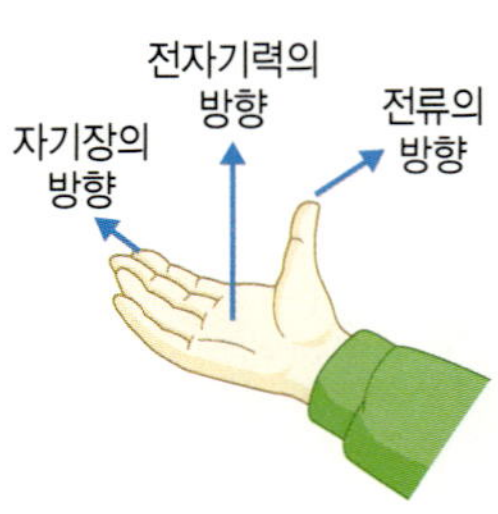

주파수
두루 **周**, 진동 **波**, 수량 **數**

전파나 음파가 1초 동안에 진동하는 횟수.

예 대상 기체의 농도에 따라 수정 진동자의 **주파수** 변화를 미리 측정해 놓아야 한다. _2024학년도 9월 모평

친절한 쌤 '**진동수(振動數)**'라고도 하는데, 단위는 헤르츠(Hz)를 사용합니다. 예를 들어 9Hz는 1초에 9번 진동을 하는 것을 말해요. 소리의 경우 높은음일수록 진동수가 크고, 낮은음일수록 진동수가 작아요.

인과성
원인 **因**, 결과 **果**, 성질 **性**

둘이나 그 이상의 존재 사이에 원인과 결과로서 맺어지는 관계.

예 '나'와 '나의 후손'은 동일한 개체는 아니지만 '나'와 다른 개체들 사이에 비해 더 강한 **인과성**으로 연결되어 있다. _2020학년도 6월 모평

친절한 쌤 둘 사이의 연관성을 찾아 원인과 결과의 관계를 규명하는 것은 과학에서 중요한 일 중 하나입니다. 특히 생물학에서는 서로 다른 시기에 존재하는 두 대상을 동일한 개체로 판단하는 조건이 바로 두 대상 사이의 인과성이죠. '**상관성(相關性)**'은 '두 가지 사건이나 사물 사이에 서로 관계되는 성질이나 특성.'을 의미하는데 인과성이 없어도 서로 관련이 있는 경우에 상관성이 있다고 말합니다.

□□ **행성**

다닐 行, 별 星

중심 별이 강하게 끌어당기는 힘 때문에 타원형의 궤도를 그리며 중심 별의 주위를 도는 천체.

[예] 지구의 주위를 달, 태양, 다른 **행성**들의 천구들과, 항성들이 붙어 있는 항성 천구가 회전한다는 지구 중심설을 내세웠다. _2019학년도 수능

[친절한 쌤] 보이는 위치를 바꾸지 않고 별자리를 구성하며 스스로 빛을 내는 별을 '**항성(恒星)**'이라고 하는데, 항성에는 북극성, 북두칠성 등이 있습니다. 태양계에서 태양은 항성이고 지구는 행성입니다. 그리고 태양을 초점으로 긴 타원이나 포물선에 가까운 궤도를 그리며 도는, 꼬리가 달린 천체를 '**혜성(彗星)**'이라고 합니다.

□□ **공전**

공평할 公, 회전할 轉

한 천체(天體)가 다른 천체의 둘레를 주기적으로 도는 일. 행성이 태양의 둘레를 돌거나 위성이 행성의 둘레를 도는 따위를 이른다.

[예] 코페르니쿠스는 태양을 우주의 중심에 고정하고 그 주위를 지구를 비롯한 행성들이 **공전**하며 지구가 자전하는 우주 모형을 만들었다. _2019학년도 수능

[친절한 쌤] '**자전(自轉)**'은 '천체가 스스로 고정된 축을 중심으로 회전함. 또는 그런 운동.'을 의미해요. 지구는 자전축을 중심으로 하루에 한 바퀴씩 자전을 하고, 태양을 중심으로 일 년에 한 바퀴씩 공전을 하지요.

□□ **유기적**

있을 有, 틀 機, 어조사 的

생물체처럼 전체를 구성하고 있는 각 부분이 서로 밀접하게 관련을 가지고 있어서 떼어 낼 수 없는 (것).

[예] 바닷물을 개체라고 말하기 어려운 이유는 **유기적** 상호작용이 약하기 때문이다. _2020학년도 6월 모평

[친절한 쌤] '유기적'이라는 말은 생물에만 사용하는 말은 아닙니다. 가령, 글 전체를 이루는 요소나 성분이 일관된 주제 속에서 내용상 유기적인 관련을 맺고 있다고 할 때도 사용됩니다. 이때 '유기적'이라는 말은 밀접한 관련성이라고 생각하면 좋겠죠?

＋ 어휘 더하기　과학 · 기술 지문에 자주 사용되는 동사

정답과 해설 29쪽

구성(構成)하다 〉동사

몇 가지 부분이나 요소들을 모아서 일정한 전체를 짜 이루다.
[예] 조사단을 **구성하다**.

생성(生成)하다 〉동사

사물이 생겨나다. 또는 사물이 생겨 이루어지게 하다.
[예] 핵반응으로 에너지를 **생성하다**.

변성(變性)하다 〉동사

성질이 변하다.
[예] 반만 얼려 저장하는 방법은 단백질이 **변성하는** 것을 피하면서도 신선도를 유지할 수 있다.

● **문맥상 ⓐ와 바꾸어 쓰기에 적절한 것은?**

우리는 한 대의 자동차는 개체라고 하지만 바닷물을 개체라고 하지는 않는다. 어떤 부분들이 모여 하나의 개체를 ⓐ이룬다고 할 때 이를 개체라고 부를 수 있는 조건은 무엇일까?

① 구성한다고　　　② 변성한다고

● 24600-0167

1 괄호 안에서 문맥상 적절한 단어를 각각 고르시오.

> 어떤 부분들이 모여 하나의 개체를 이룬다고 할 때, 이를 개체라고 부를 수 있는 조건으로는 흔히 부분들의 강한 (유기적 / 순차적) 상호 작용이 제시된다. 하나의 개체를 구성하는 부분들은 외부 존재가 개체에 영향을 주는 것과는 비교할 수 없이 강한 방식으로 서로 영향을 주고받는다.
> 상이한 시기에 존재하는 두 대상을 동일한 개체로 판단하는 조건으로는 두 대상 사이의 (상관성 / 인과성)이 있다. 가령 과거의 '나'와 현재의 '나'는 세포 분열로 세포가 교체되는 과정을 통해 원인과 결과의 관계로 이어져 있다.

● 24600-0168

2 괄호 안의 말 중 문맥상 알맞은 말을 고르시오.

> (거시 세계 / 미시 세계)는 우리가 일상에서 경험하고 관찰하는 세계를 나타내며, 뉴턴의 고전 역학과 관련된 원리와 법칙이 주로 적용되는 영역이다. 이 세계에 대한 이해는 일상생활과 공학, 천문학, 기체 역학, 열역학 등 다양한 분야에 적용된다. 한편 (거시 세계 / 미시 세계)는 원자, 분자 등 아주 작은 크기의 물질과 입자들이 존재하는 세계를 뜻한다. 이 세계는 양자 역학의 범주에 속하기 때문에 뉴턴의 고전 역학과는 다른 원리와 개념이 적용된다. 이 세계에 대한 이해는 현대 물리학과 기술 발전에 큰 영향을 미치며, 나노 기술, 양자 컴퓨팅, 물질 과학, 의학 영상 기술 등 혁신적인 기술의 개발에 공헌한다.

● 24600-0169

3 밑줄 친 '이것'에 해당하는 개념으로 적절한 것은?

> '이것'은 전파나 음파가 단위 시간(1초) 동안에 반복되어 진동하는 횟수이다. 단위로는 헤르츠(Hertz, Hz)를 사용한다.

① 주파수　　　② 전자　　　③ 주기　　　④ 광속　　　⑤ 전자기파

● 24600-0170

4 다음 대화의 빈칸에 공통으로 들어갈 수 있는 단어로 가장 적절한 것은?

> 동생: 우아, 멋있다. 오빠 이 꼬리가 달린 천체 사진 너무 예쁘지 않아?
> 오빠: 천체에 관한 책을 읽고 있구나!
> 동생: 너무 재밌어. 이 꼬리 달린 천체는 태양을 초점으로 타원이나 포물선에 가까운 궤도를 그리며 돈대.
> 오빠: 그렇지. 그 천체의 이름을 [　　　]이라고 해.
> 동생: 한 분야에서 갑자기 뛰어나게 드러나는 존재를 비유적으로 말할 때, [　　　]처럼 등장했다고 하잖아. 그럼 둘이 같은 단어인거야?
> 오빠: 그렇지. 내 동생 똑똑하다.

① 행성　　　② 금성　　　③ 항성　　　④ 혜성　　　⑤ 수성

5 ● 24600-0171
문맥을 고려할 때, 괄호 안에 들어갈 적절한 단어를 고르시오.

(1) 태양은 중심부의 핵융합 반응으로 스스로 빛을 내기 때문에 (행성 / 항성)이다.

(2) 지구의 (자전 / 공전)은 지구가 축을 중심으로 하루에 한 바퀴씩 회전하는 운동이다. 이로 인해 태양의 빛을 받는 쪽은 낮, 반대편은 밤이 된다.

(3) 지구의 (자전 / 공전)은 지구가 태양을 중심으로 일 년에 한 바퀴씩 회전하는 운동이다. 이로 인해 계절에 따라 태양의 반대편에 위치한 별자리를 관측하는 것이 가능하다.

6 ● 24600-0172
〈보기〉의 선생님 설명 중 빈칸에 공통으로 들어갈 단어를 쓰시오.

┤ 보기 ├

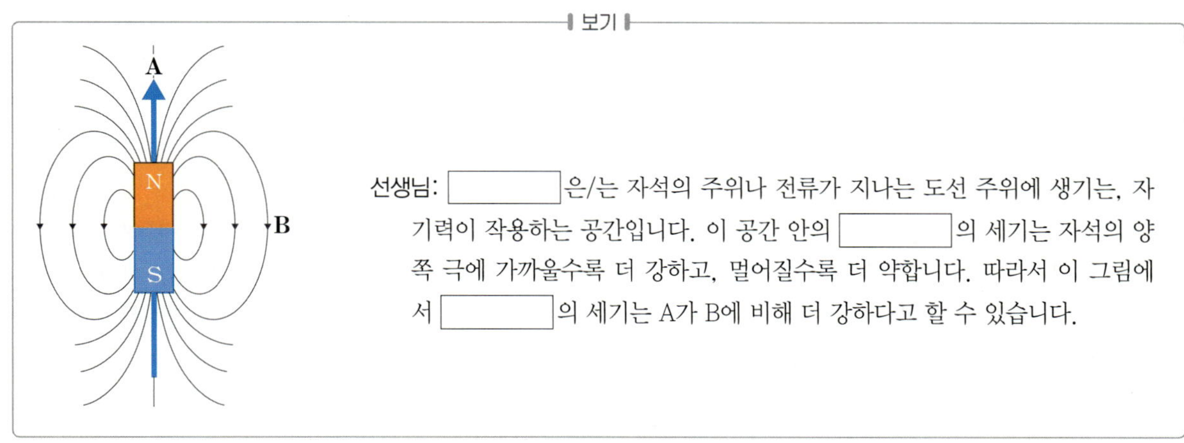

선생님: [   ]은/는 자석의 주위나 전류가 지나는 도선 주위에 생기는, 자기력이 작용하는 공간입니다. 이 공간 안의 [   ]의 세기는 자석의 양쪽 극에 가까울수록 더 강하고, 멀어질수록 더 약합니다. 따라서 이 그림에서 [   ]의 세기는 A가 B에 비해 더 강하다고 할 수 있습니다.

실전 어휘를 알면 답이 보인다

7 ● 24600-0173   2023학년도 수능 지문 변형
문맥상 ⓐ와 바꿔 쓰기에 가장 적절한 것은?

하루에 필요한 에너지의 양은 하루 동안의 총 열량 소모량인 대사량으로 구한다. 그중 기초 대사량은 생존에 필수적인 에너지로, 쾌적한 온도에서 편히 쉬는 동물이 공복 상태에서 ⓐ만들어 내는 열량으로 정의된다.

① 형성(形成)하는　　② 결성(結成)하는
③ 생성(生成)하는　　④ 작성(作成)하는
⑤ 구성(構成)하는

▶ 문제에 쓰인 단어 중 이해하기 어려운 단어의 뜻을 찾아 적어 보자.

● 다음 글을 읽고, 물음에 답하시오.

2024학년도 9월 모평

저울은 흔히 지렛대의 원리를 이용하거나 전기 저항 변화를 측정하여 질량을 잰다. 그렇다면 초정밀 저울은 기체 분자나 DNA와 같은 미세 물질의 질량을 어떻게 잴까? 이에 답하기 위해서는 압전 효과에 대한 이해가 필요하다.

압전 효과에는 재료에 기계적 변형이 생기면 재료에 전압이 발생하는 1차 압전 효과와, 재료에 전압을 걸면 재료에 기계적 변형이 생기는 2차 압전 효과가 있다. 두 압전 효과가 모두 생기는 재료를 압전체라 하며, 수정이 주로 쓰인다.

압전체로 사용하는 수정은 특정 방향으로 절단 및 가공하여 납작한 원판 모양으로 만든다. 이후 원판의 양면에 전극을 만든 후 (+)와 (−) 극이 교대로 바뀌는 전압을 가하면 수정이 진동한다. 이때 전압의 주파수*를 수정의 고유 주파수와 일치시켜 수정이 큰 폭으로 진동하도록 하여 진동을 측정하기 쉽게 만든 것이 ㉠수정 진동자이다. 고유 주파수란 어떤 물체가 갖는 고유한 진동 주파수인데, 같은 재료의 압전체라도 압전체의 모양과 크기에 따라 달라진다. 수정 진동자에 어떤 물질이 달라붙어 질량이 증가하면 고유 주파수에서 진동하던 수정 진동자의 주파수가 감소한다. 수정 진동자의 주파수는 매우 작은 질량 변화에 민감하게 변하므로 기체 분자나 DNA와 같은 미세한 물질의 질량을 측정할 수 있다. 진동자에서 질량 민감도는 주파수의 변화 정도를 측정된 질량으로 나눈 값인데, 수정 진동자의 질량 민감도는 매우 크다.

수정 진동자로 질량을 측정하는 원리를 응용하면 특정 기체의 농도를 감지할 수 있다. 수정 진동자를 특정 기체가 붙도록 처리하면, 여기에 특정 기체가 달라붙으며 질량 변화가 생겨 수정 진동자의 주파수는 감소한다. 일정 시점이 되면 수정 진동자의 주파수가 더 감소하지 않고 일정한 값을 유지한다. 이렇게 일정한 값을 유지하는 이유는 특정 기체가 일정량 이상 달라붙지 않기 때문이다. 혼합 기체에서 특정 기체의 농도가 클수록 더 작은 주파수에서 주파수가 일정하게 유지된다. 특정 기체가 얼마나 빨리 수정 진동자에 붙어서 주파수가 일정한 값이 되는가의 척도를 반응 시간이라 하는데, 반응 시간이 짧을수록 특정 기체의 농도를 더 빨리 잴 수 있다.

그런데 측정 대상이 아닌 기체가 함께 붙으면 측정하려는 대상 기체의 정확한 농도 측정이 어렵다. 또한 대상 기체만 붙더라도 그 기체의 농도를 알 수는 없다. 이 때문에 대상 기체의 농도에 따라 수정 진동자의 주파수 변화를 미리 측정해 놓아야 한다. 그 후 대상 기체의 농도를 모르는 혼합 기체에서 주파수 변화를 측정하면 대상 기체의 농도를 알 수 있다. 수정 진동자의 주파수 변화 정도를 농도로 나누면 농도에 대한 민감도를 구할 수 있다.

＊주파수: 진동이 1초 동안 반복하는 횟수 또는 전압의 (+)와 (−) 극이 1초 동안, 서로 바뀌고 다시 원래대로 되는 횟수.

✦ **낯선 어휘의 뜻**을 사전에서 찾아 적어 보자.

• 질량: 물체의 고유한 역학적 기본량. 관성 질량과 중력 질량이 있다. 국제단위는 킬로그램(kg).

•

•

•

• 초정밀 저울의 원리: [　]❶ 효과

| 1차 압전 효과 | 재료에 기계적 변형 → 재료에 전압 발생 |
| 2차 압전 효과 | 재료에 전압 → 재료에 기계적 변형 |

• 수정 진동자의 특징과 질량을 측정하는 원리

| 특징 | • 전압의 주파수를 수정의 고유 주파수와 일치시켜 수정의 진동 폭을 크게 한 것
• 수정 진동자의 [　]❷은/는 매우 큼.
$\quad\quad = \dfrac{\text{주파수 변화 정도}}{\text{질량}}$ |
| 질량 측정 원리 | • 수정 진동자로 질량을 측정하는 원리 → 특정 [　]❸의 농도를 감지
• 수정 진동자 + 특정 기체 → 질량 변화, 수정 진동자 주파수 ↓
• 혼합 기체에서 특정 기체의 농도가 클수록 더 작은 주파수에서 주파수가 일정하게 유지됨.
• 농도에 대한 민감도 = $\dfrac{\text{수정 진동자의 주파수 변화 정도}}{\text{대상 기체의 [　]❹}}$ |

⦿ 24600-0174　　　　　　　　　2024학년도 9월 모평 9번

1 **윗글을 통해 알 수 있는 내용으로 적절하지 <u>않은</u> 것은?**

① 수정 이외에도 압전 효과를 보이는 재료가 존재한다.
② 수정을 절단하고 가공하여 미세 질량 측정에 사용한다.
③ 전기 저항 변화를 이용하여 물체의 질량을 측정하는 경우가 있다.
④ 같은 방향으로 절단한 수정은 크기가 달라도 고유 주파수가 서로 같다.
⑤ 진동자의 주파수 변화 정도를 측정된 질량으로 나누면 질량에 대한 민감도를 구할 수 있다.

⟩ 문제에 쓰인 단어 중 이해하기 어려운 단어의 뜻을 사전에서 찾아 써 보자.

⦿ 24600-0175　　　　　　　　　2024학년도 9월 모평 10번

2 **㉠에 대한 이해로 적절하지 <u>않은</u> 것은?**

① ㉠에는 1차 압전 효과를 보일 수 있는 재료가 있다.
② ㉠에서는 전압에 의해 압전체의 기계적 변형이 일어난다.
③ ㉠에는 전극이 양면에 있는 원판 모양의 수정이 사용된다.
④ ㉠에서는 전극에 가하는 전압의 주파수를 수정의 고유 주파수에 맞춘다.
⑤ ㉠의 전극에 가해지는 특정 주파수의 전압은 압전체의 고유 주파수 값을 더 크게 만든다.

* 어휘 공부를 완료한 뒤 체크!

□□ **항상성**
항상 **恒**, 일정할 **常**, 성질 **性**

생체가 여러 가지 환경 변화에 대응하여 생명 현상이 제대로 일어날 수 있도록 일정한 상태를 유지하는 성질. 또는 그런 현상.

(예) 이것이 마치 유기체가 환경의 압박으로 인해 흐트러진 **항상성**의 기능을 생리 작용을 통해 회복하는 과정과 유사하다고 본다. _2018학년도 9월 모평

친절한 항쌤 사계절의 온도 변화에 관계없이 체온이 변하지 않는 이유는 무엇일까요? 우리 몸은 외부 환경이나 내부 환경의 변화에 대응하면서 체온, 산소 및 이산화 탄소의 농도, 혈당량 등의 항상성이 유지되므로 생명과 건강을 유지할 수 있어요.

□□ **산화**
초 **酸**, 될 **化**

❶ 어떤 원자, 분자, 이온 따위가 전자를 잃는 일.
❷ 물질 중에 있는 어떤 원자의 산화수가 증가하는 일.
❸ 어떤 물질이 산소와 결합하거나 수소를 잃는 일.

(예) 하이포염소산 소듐은 병원체 내에서 불특정한 단백질들을 **산화**시켜 단백질로 이루어진 효소들의 기능을 비활성화하고 병원체를 사멸에 이르게 한다. _2021학년도 9월 모평

친절한 항쌤 '호흡(呼吸)'은 에너지원인 포도당에 산소가 결합하여 에너지를 방출하기 때문에 '산화'에 해당합니다. 그리고 금속이 산화에 의해 금속 화합물로 변하는 것을 '부식(腐蝕)'이라고 합니다. 반대로 산화된 물질에서 산소를 잃어버리는 것은 '환원(還元)'이라고 합니다.

□□ **항원**
막을 **抗**, 근원 **原**

생체 속에 침입하여 항체를 형성하게 하는 단백성 물질. 세균이나 독소 따위가 있다.

(예) 사람이 가진 자연 항체는 다른 종의 세포에서 발현되는 **항원**에 반응하는데, 이로 인해 이종 이식편에 대해서 초급성 거부 반응 및 급성 혈관성 거부 반응이 일어난다. _2020학년도 수능

친절한 항쌤 우리 몸속에서 항원을 제거하기 위해 만들어지는 것이 '항체(抗體)'입니다. 항체는 항원의 독소에 결합하여 항원을 무력화하거나 항원이 숙주 세포와 결합하는 데 필요한 분자와 결합하여 기능을 방해합니다. '숙주 세포(宿主細胞)'는 '기생 생물이 감염할 수 있는 세포.'입니다. 항체의 기능으로 인해 그 병에 걸리지 않게 된 상태나 작용을 '면역(免疫)'이라고 합니다.

□□ **교란하다**
어지럽힐 **攪**, 어지럽힐 **亂**

마음이나 상황 따위를 뒤흔들어서 어지럽고 혼란하게 하다.

(예) 글루타르 알데하이드와 같은 알킬화제가 알킬 작용기를 … 핵산의 염기에 결합시키면 핵산을 비정상 구조로 변화시켜 유전자 복제와 발현을 **교란한다**. _2021학년도 9월 모평

친절한 항쌤 '교란'은 주로 어떤 일의 결과로 발생한 문제 상황을 나타낼 때 많이 쓰는 단어예요. 지구 온난화로 인한 생태계 교란, 문어발식 경영으로 인한 경제 질서의 교란 등과 같이 혼란을 일으키는 상황을 떠올리면 단어의 뜻을 이해하기가 쉽답니다.

□□ **침착되다**
잠길 **沈**, 붙을 **着**

밑으로 가라앉아 들러붙게 되다.

(예) 이 혈관 경화를 방지하려면 이물질이 **침착되지** 않게 해야 한다. _2023학년도 6월 모평

친절한 항쌤 어떤 물질이 배출되지 않고 가라앉는 것이 '침착'입니다. '행동이 들뜨지 아니하고 차분함.'이라는 의미의 '침착(沈着)'은 한자가 같은 동음이의어입니다.

응고

엉길 凝, 굳을 固

액체 따위가 엉겨서 뭉쳐 딱딱하게 굳어짐.

(예) 혈액의 **응고** 및 원활한 순환에 비타민 K가 중요한 역할을 한다. _2023학년도 6월 모평

(친절한 쌤) 액체나 기체 속에 분산되어 있는 작은 알갱이가 모여 큰 입자를 이루어 가라앉는 현상을 '응고'라고 합니다. 고깃국이 식으면 기름이 하얗게 굳는 것, 마그마가 식어 암석이 되는 것 등이 응고에 해당하지요. 반의어로는 고체에 열을 가했을 때 액체가 되는 현상인 '**융해(融解)**'가 있어요.

▲ 응고

▲ 융해

이온

ion

전하를 띠는 원자 또는 원자단. 전기적으로 중성인 원자가 전자를 잃으면 양전하를, 전자를 얻게 되면 음전하를 가진 이온이 된다.

(예) 활성화는 칼슘 **이온**과의 결합을 통해 이루어지는데, 이들 혈액 단백질이 칼슘 **이온**과 결합하려면 카르복실화되어 있어야 한다. _2023학년도 6월 모평

(친절한 쌤) '물체가 띠고 있는 정전기의 양.'을 '**전하(電荷)**'라고 합니다. 원자는 양전하를 띠는 양성자와 음전하를 띠는 전자를 갖고 있는데, 양성자와 전자의 총 전하량이 같으면 전기적으로 중성입니다. 따라서 전자를 잃거나 얻으면 이온이 되며 전하를 띠게 됩니다.

발산되다

일어날 發, 흩어질 散

❶ 감정 따위가 밖으로 드러나 해소되다. 또는 분위기 따위가 한껏 드러나다.
❷ 냄새, 빛, 열 따위가 사방으로 퍼져 나가다.

(예) 19세기의 초기 연구는 체외로 **발산되는** 열량이 체표 면적에 비례한다고 보았다. _2023학년도 수능

(친절한 쌤) ❶과 같이 감정이 발산되는 것은 '**표출**', '**해소**'된다는 의미를 지닙니다. ❷와 같이 냄새, 빛, 열 따위가 발산되는 것은 하나의 현상으로 이해하면 쉽겠죠?

시료

시험 試, 헤아릴 料

시험, 검사, 분석 따위에 쓰는 물질이나 생물.

(예) PCR는 **시료**로부터 얻은 DNA를 가지고 유전자 복제, 유전병 진단, 친자 감별, 암 및 감염성 질병 진단 등에 광범위하게 활용된다. _2022학년도 6월 모평

(친절한 쌤) 수질 오염 측정의 경우, 오수, 도시 하수, 산업 폐수 등이 시료로 활용됩니다. 시료는 기준에 맞추어 잘 채취해야 하며, 채취한 시료가 실험실에 도착할 때까지 변질되지 않도록 주의해야 하죠.

＋어휘 더하기　'따르다'의 의미

정답과 해설 30쪽

따르다 ▶동사

❶ 다른 사람이나 동물의 뒤에서, 그가 가는 대로 같이 가다.
　(예) 어머니를 **따라** 시장 구경을 갔다.
❷ 앞선 것을 좇아 같은 수준에 이르다.
　(예) 아무도 어머니의 음식 솜씨를 **따를** 수 없다.
❸ 좋아하거나 존경하여 가까이 좇다.
　(예) 우리 집 개는 아버지를 유난히 **따른다.**
❹ 관례, 유행이나 명령, 의견 따위를 그대로 실행하다.
　(예) 명령을 **따르다.**

❺ 어떤 일이 다른 일과 더불어 일어나다.
　(예) 개발에 **따른** 공해 문제.
❻ 어떤 경우, 사실이나 기준 따위에 의거하다.
　(예) 계절에 **따라** 다양한 꽃이 핀다.

● **다음 빈칸에 공통으로 들어갈 단어의 기본형을 쓰시오.**

　• 새 실험을 하는 데 많은 어려움이 [　　　]게 될 것이다.
　• 건강이 회복됨에 [　　　] 입맛도 서서히 회복되어 간다.

문제로 확인하기

◑ 24600-0176

1 빈칸에 공통으로 들어갈 단어를 쓰시오.

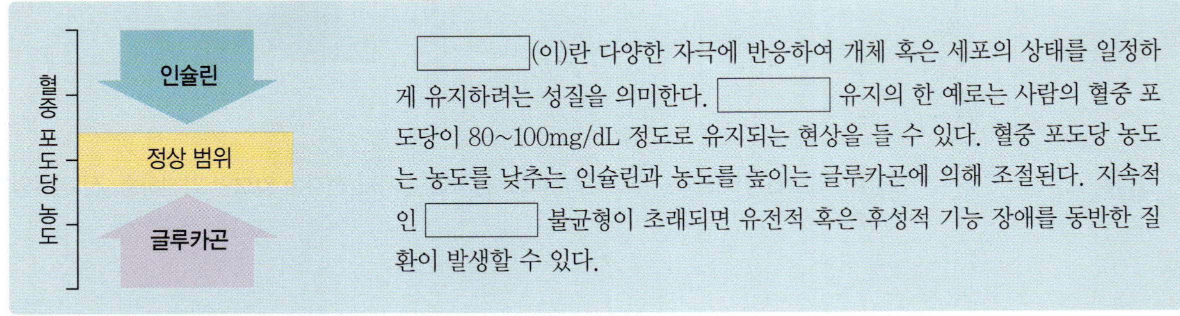

[   ](이)란 다양한 자극에 반응하여 개체 혹은 세포의 상태를 일정하게 유지하려는 성질을 의미한다. [   ] 유지의 한 예로는 사람의 혈중 포도당이 80~100mg/dL 정도로 유지되는 현상을 들 수 있다. 혈중 포도당 농도는 농도를 낮추는 인슐린과 농도를 높이는 글루카곤에 의해 조절된다. 지속적인 [   ] 불균형이 초래되면 유전적 혹은 후성적 기능 장애를 동반한 질환이 발생할 수 있다.

◑ 24600-0177

2 ㉠과 ㉡에 들어갈 말을 바르게 짝지은 것은?

건강 상태를 진단하거나 범죄의 현장에서 혈흔을 조사하기 위해 검사용 키트가 널리 이용된다. 키트 제작에는 다양한 과학적 원리가 적용되는데, 그 예로 항원 – [㉠] 반응을 응용하여 [㉡]에 존재하는 성분을 분석하는 키트가 있다.

	㉠	㉡		㉠	㉡
①	항체	시료	②	효소	시료
③	항체	효소	④	효소	거시 세계
⑤	항체	거시 세계			

◑ 24600-0178

3 다음 선생님의 설명에서 빈칸에 공통으로 들어갈 단어를 쓰시오.

선생님: 몸속의 혈액은 인체 곳곳에 산소와 영양소를 비롯한 여러 가지 물질을 운반합니다. 따라서 혈관 속에서 혈액이 [   ]되면 혈액은 제 역할을 하지 못해 생명이 위험해져요. 그러나 혈액이 몸 밖으로 나오게 되면 상처 부위를 빠르게 닫아야 하는데, 이를 위해 밖으로 나온 혈액은 [   ]되어 자신이 나온 구멍을 막아 생명을 유지하게 하죠. 혈액의 [   ]은/는 혈소판이라는 세포가 담당해요. 혈소판은 혈관에 상처가 생긴 후 15초 이내에 혈관 내피 표면과 상처로 인해 노출된 아교 섬유에 달라붙고, 혈소판이 점점 더 많이 모여들어 '혈소판 마개'라는 덩어리를 형성하여 손상이 생긴 혈관 부위를 막아 주게 됩니다.

◑ 24600-0179

4 초성을 참고하여 괄호 안에 들어갈 말로 알맞은 것을 쓰시오.

약초에서 (ㅂㅅ)되는 향기로 정신이 맑아지는 느낌이다.
냄새, 빛, 열 따위가 사방으로 퍼져 나감.

5 ◐ 24600-0180

빈칸에 공통으로 들어갈 단어를 쓰시오.

- 원자가 전자를 잃으면 양전하를 띠는 입자가 되는데, 이를 '양⬚'(이)라고 한다.
- 땀을 흘리면 소듐과 칼륨 등 ⬚이/가 포함된 수분이 배출되면서 체내의 ⬚ 불균형을 불러일으킨다.

6 ◐ 24600-0181

초성과 낱말의 뜻을 보고 괄호 안에 들어갈 말을 쓰시오.

(1) 창의성의 (ㅂㅎ)에는 '우연의 지각'이 크게 작용하고 있다.
  속에 있거나 숨은 것이 밖으로 나타나거나 그렇게 나타나게 함.

(2) 지방의 (ㅊㅊ)을/를 피하기 위해서는 당질이나 지방이 적은 저지방의 음식을 섭취해야 한다.
  밑으로 가라앉아 들러붙음.

7 ◐ 24600-0182

㉠과 ㉡에 들어갈 말을 바르게 짝지은 것은?

학생: 사과가 왜 이렇게 색이 변하는 건가요?
선생님: 그건, 사과가 산소와 만나서 ⬚㉠⬚한 것이란다.
학생: 그럼 ⬚㉡⬚도 이와 유사한 현상인가요?
선생님: 맞아. 금속이 녹이 슨 것도 산소와 만났기 때문이야.

	㉠	㉡		㉠	㉡
①	용해	부식	②	용해	생식
③	산화	부식	④	산화	용해
⑤	산화	발생			

실전 어휘를 **알면** **답**이 보인다

8 ◐ 24600-0183 2024학년도 9월 모평 지문 변형

문맥상 의미가 ⓐ와 가장 가까운 것은?

➠ 문제에 쓰인 단어 중 이해하기 어려운 단어의 뜻을 찾아 적어 보자.

측정 대상이 아닌 기체가 함께 붙으면 측정하려는 대상 기체의 정확한 농도 측정이 어렵다. 또한 대상 기체만 붙더라도 그 기체의 농도를 알 수는 없다. 이 때문에 대상 기체의 농도에 ⓐ따라 수정 진동자의 주파수 변화를 미리 측정해 놓아야 한다.

① 해안을 <u>따라</u> 올라가다.
② 법에 <u>따라</u> 일을 처리하다.
③ 경찰이 범인의 뒤를 <u>따르다</u>.
④ 머리 좋기로는 그를 <u>따를</u> 자가 없다.
⑤ 우리는 선생님이 보여 주는 동작을 그대로 <u>따라</u> 했다.

● 다음 글을 읽고 물음에 답하시오.　　　　　　　　　　　　　　　　　　　　　　　　2023학년도 6월 모평

혈액은 세포에 필요한 물질을 공급하고 노폐물을 제거한다. 만약 혈관 벽이 손상되어 출혈이 생기면 손상 부위의 혈액이 응고되어 혈액 손실을 ⓐ막아야 한다. 혈액 응고는 섬유소 단백질인 피브린이 모여 형성된 섬유소 그물이 혈소판이 응집된 혈소판 마개와 뭉쳐 혈병이라는 덩어리를 만드는 현상이다. 혈액 응고는 혈관 속에서도 일어나는데, 이때의 혈병을 혈전이라 한다. 이물질이 쌓여 동맥 내벽이 두꺼워지는 동맥 경화가 일어나면 그 부위에 혈전 침착, 혈류 감소 등이 일어나 혈관 질환이 발생하기도 한다. 이러한 혈액의 응고 및 원활한 순환에 비타민 K가 중요한 역할을 한다.

비타민 K는 혈액이 응고되도록 ⓑ돕는다. 지방을 뺀 사료를 먹인 병아리의 경우, 지방에 녹는 어떤 물질이 결핍되어 혈액 응고가 지연된다는 사실을 발견하고 그 물질을 비타민 K로 명명했다. 혈액 응고는 단백질로 이루어진 다양한 인자들이 관여하는 연쇄 반응에 의해 일어난다. 우선 여러 혈액 응고 인자들이 활성화된 이후 프로트롬빈이 활성화되어 트롬빈으로 전환되고, 트롬빈은 혈액에 녹아 있는 피브리노겐을 불용성인 피브린으로 바꾼다. 비타민 K는 프로트롬빈을 비롯한 혈액 응고 인자들이 간세포에서 합성될 때 이들의 활성화에 관여한다. 활성화는 칼슘 이온과의 결합을 통해 이루어지는데, 이들 혈액 단백질이 칼슘 이온과 결합하려면 카르복실화되어 있어야 한다. 카르복실화는 단백질을 구성하는 아미노산 중 글루탐산이 감마-카르복시글루탐산으로 전환되는 것을 말한다. 이처럼 비타민 K에 의해 카르복실화되어야 활성화가 가능한 표적 단백질을 비타민 K-의존성 단백질이라 한다.

비타민 K는 식물에서 합성되는 ㉠비타민 K_1과 동물 세포에서 합성되거나 미생물 발효로 생성되는 ㉡비타민 K_2로 나뉜다. 녹색 채소 등은 비타민 K_1을 충분히 함유하므로 일반적인 권장 식단을 ⓒ따르면 혈액 응고에 차질이 생기지 않는다.

그런데 혈관 건강과 관련된 비타민 K의 또 다른 중요한 기능이 발견되었고, 이는 칼슘의 역설과도 관련이 있다. 나이가 들면 뼈 조직의 칼슘 밀도가 낮아져 골다공증이 ⓓ생기기 쉬운데, 이를 방지하고자 칼슘 보충제를 섭취한다. 하지만 칼슘 보충제를 섭취해서 혈액 내 칼슘 농도는 높아지나 골밀도는 높아지지 않고, 혈관 벽에 칼슘염이 ⓔ침착되는 혈관 석회화가 진행되어 동맥 경화 및 혈관 질환이 발생하는 경우가 생긴다. 혈관 석회화는 혈관 근육 세포 등에서 생성되는 MGP라는 단백질에 의해 억제되는데, 이 단백질이 비타민 K-의존성 단백질이다. 비타민 K가 부족하면 MGP단백질이 활성화되지 못해 혈관 석회화가 유발된다는 것이다.

비타민 K_1과 K_2는 모두 비타민 K-의존성 단백질의 활성화를 유도하지만 K_1은 간세포에서, K_2는 그 외의 세포에서 활성이 높다. 그러므로 혈액 응고 인자의 활성화는 주로 K_1이, 그 외의 세포에서 합성되는 단백질의 활성화는 주로 K_2가 담당한다. 이에 따라 일부 연구자들은 비타민 K의 권장량을 K_1과 K_2로 구분하여 설정해야 하며, K_2가 함유된 치즈, 버터 등의 동물성 식품과 발효 식품의 섭취를 늘려야 한다고 권고한다.

◆ **낯선 어휘의 뜻을** 사전에서 찾아 적어 보자.

• **섬유소**: 피가 굳을 때 피브리노젠에 트롬빈이 작용하여 생기는 섬유 같은 단백질.

•

•

중심 내용 한눈에 보기

비타민 K	• 혈액 [　] ❶ 인자의 활성화 → 프로트롬빈 활성화(트롬빈으로 전환) → 피브리노겐이 피브린(불용성)으로 바뀜.
	• [　] ❷: 단백질을 구성하는 아미노산 중 글루탐산이 감마-카르복시글루탐산으로 전환되는 것
	• 비타민 K 의존성 단백질: 비타민 K에 의해 카르복실화되어야 활성화가 가능한 표적 단백질

비타민 K₁	비타민 K₂
• 식물에서 합성 • 간세포에서 활성이 높음. - 혈액 응고 인자의 활성화 담당 • 녹색 채소 등에 함유됨.	• 동물 세포에서 합성되거나 미생물 발효로 생성 • 간세포 외의 세포에서 활성이 높음. - 간세포 외의 세포에서 합성되는 단백질 활성화 담당 • 치즈, 버터 등의 동물성 식품과 발효 식품에 함유됨.

＊ 칼슘의 [　] ❸: 칼슘 보충제를 섭취하면 혈액 내 칼슘 농도는 높아지지만, 혈관 벽에 칼슘염이 침착되는 혈관 석회화가 진행되어 혈관 질환이 발생하는 경우가 생김.

● 24600-0184　　　　　　　2023학년도 6월 모평 10번

1　윗글에서 알 수 있는 내용으로 적절하지 않은 것은?

① 혈전이 형성되면 섬유소 그물이 뭉쳐 혈액의 손실을 막는다.
② 혈액의 응고가 이루어지려면 혈소판 마개가 형성되어야 한다.
③ 혈관 손상 부위에 혈병이 생기려면 혈소판이 응집되어야 한다.
④ 혈관 경화를 방지하려면 이물질이 침착되지 않게 해야 한다.
⑤ 혈관 석회화가 계속되면 동맥 내벽과 혈류에 변화가 생긴다.

❯ 문제에 쓰인 단어 중 이해하기 어려운 단어의 뜻을 사전에서 찾아 써 보자.

● 24600-0185　　　　　　　2023학년도 6월 모평 12번

2　㉠과 ㉡에 대한 설명으로 가장 적절한 것은?

① ㉠은 ㉡과 달리 우리 몸의 간세포에서 합성된다.
② ㉡은 ㉠과 달리 지방과 함께 섭취해야 한다.
③ ㉡은 ㉠과 달리 표적 단백질의 아미노산을 변형하지 않는다.
④ ㉠과 ㉡은 모두 표적 단백질의 활성화 이전 단계에 작용한다.
⑤ ㉠과 ㉡은 모두 일반적으로는 결핍이 발생해 문제가 되는 경우는 없다.

● 24600-0186

3　ⓐ～ⓔ의 문맥적 의미를 활용하여 만든 문장으로 적절하지 않은 것은?

① ⓐ: 시민의 기지로 화재를 <u>막았다</u>.
② ⓑ: 이 약은 소화를 <u>돕는</u> 데 효과가 있다.
③ ⓒ: 선생님의 권유에 <u>따라</u> 야구를 시작하였다.
④ ⓓ: 예상치 못한 지출로 여행 계획에 지장이 <u>생겼다</u>.
⑤ ⓔ: 노화기에 접어들면 연골이 굳어지고 힘줄에 석회가 <u>침착된다</u>.

19강 기술 (1) | 정보 통신

□□ 프로토콜
protocol

컴퓨터와 컴퓨터 사이, 또는 한 장치와 다른 장치 사이에서 데이터를 원활히 주고받기 위하여 약속한 여러 가지 규약(規約).

[예] 인터넷에 연결된 컴퓨터들이 서로를 식별하고 통신하기 위해서 각 컴퓨터들은 IP(인터넷 **프로토콜**)에 따라 만들어지는 고유 IP 주소를 가져야 한다. _2018학년도 6월 모평

[친절한 쌤] '아이피(IP)'라는 말 많이 들어 봤죠? 'IP'가 바로 '**인터넷 프로토콜(Internet Protocol)**'의 약자로, '인터넷에서 해당 컴퓨터의 주소.'를 말합니다. 프로토콜은 우리말로 '**통신 규약(通信規約)**'이라고 하는데, 신호 송신의 순서, 데이터의 표현법, 오류 검출법 등을 포함하고 있습니다.

□□ 클라이언트
client

서버 시스템과 연결하여 주된 작업이나 정보를 서버에게 요청하고 그 결과를 돌려받는 컴퓨터 시스템.

[예] 네임 서버는 해당 IP 주소가 자신의 목록에 있으면 **클라이언트**에 이 IP 주소를 알려 주는 응답 패킷을 보낸다. _2018학년도 6월 모평

[친절한 쌤] 인터넷에서 '클라이언트(client)'는 우리가 사용하고 있는 각각의 컴퓨터를 의미해요. '클라이언트'는 '**서버(server)**'와 함께 알아 두는 것이 좋아요. 컴퓨터를 통해 검색을 하는 등 특정 서비스를 받고자 할 때, 이러한 작업을 수행하는 시스템을 '서버'라고 하죠. 즉 우리는 서버에 접속하여 작업을 수행하고, 해당 서버에서 제공하는 정보를 이용하는 거예요.

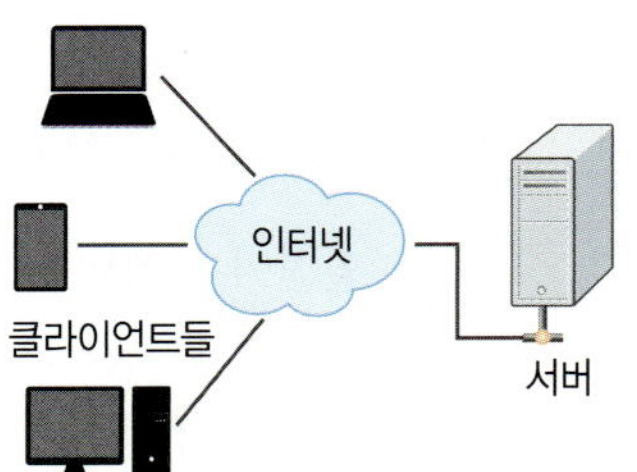

□□ 비트
bit

정보량의 최소 기본 단위. 1비트는 이진수 체계(0, 1)의 한 자리로, 8비트는 1바이트이다.

[예] 어떤 기호가 110과 같은 부호로 변환되었을 때 0 또는 1을 **비트**라고 하며 이 부호의 **비트** 수는 3이다. _2018학년도 수능

[친절한 쌤] 컴퓨터는 문자를 포함한 모든 정보를 이진수로 바꾸어 저장하는데, 이때 0이나 1이 들어가는 자리가 비트입니다. 비트는 'binary digital'의 줄임말로 '이진수의 디지털'이라는 의미예요. 데이터의 양을 나타내는 단위는 아래와 같은데, 오른쪽으로 갈수록 점점 커져요.

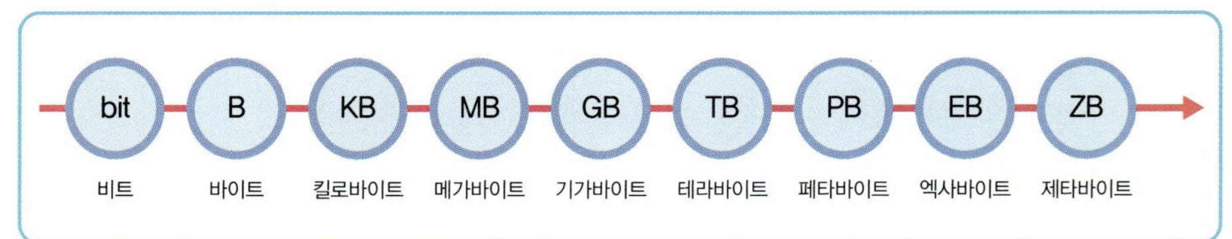

처음 비트에서 바이트로 단위가 올라갈 때는 8비트가 1바이트로 전환되고, 이후 각 단위당 1,024로 올라갑니다. 즉 1,024바이트가 1킬로바이트가 되고, 1,024킬로바이트가 1메가바이트가 되는 것이지요.

□□ 데이터
data

컴퓨터가 처리할 수 있는 문자, 숫자, 소리, 그림 따위의 형태로 된 정보.

[예] **데이터**에 결측치와 이상치가 포함되면 **데이터**의 특징을 제대로 나타내기 어렵다. _2024학년도 수능

[친절한 쌤] 관찰이나 실험, 조사로 얻은 사실이나 정보도 '데이터'라고 합니다. 하지만 기술 영역에서는 전산화되어 있는 정보를 뜻합니다. 그리고 '여러 가지 업무에 공동으로 필요한 데이터를 유기적으로 결합하여 저장한 집합체.'를 '**데이터베이스(database)**'라고 합니다.

□□ **메타버스**
metaverse

웹상에서 아바타를 이용하여 사회, 경제, 문화적 활동을 하는 따위처럼 가상 세계와 현실 세계의 경계가 허물어지는 것을 이르는 말.

예 공간 이동 장치는 현실 세계 사용자의 움직임을 **메타버스**의 아바타에게 전달한다. _2022학년도 9월 모평

친절한쌤 '메타버스(metaverse)'는 '초월'이라는 의미의 '**메타(meta)**'와 '세계'를 뜻하는 '**유니버스(universe)**'의 합성어로, 현실 세계와 가상 공간이 적극적으로 상호 작용하는 공간을 의미합니다. '**가상 현실(VR: Virtual Reality)**'보다 한 단계 더 진화한 개념으로 아바타를 활용하여 가상 공간을 즐기는 데서 나아가 현실 세계와 같이 사회·문화적 활동을 할 수 있다는 특징이 있습니다.

□□ **식별하다**
알 **識**, 다를 **別**

분별하여 알아보다.

예 인터넷에 직접 접속은 안 되고 내부 네트워크에서만 서로를 **식별**할 수 있는 사설 IP 주소도 있다. _2018학년도 6월 모평

친절한쌤 '서로 다른 일이나 사물을 구별하여 가름.'을 '**분별(分別)**'이라고 하고, '성질이나 종류에 따라 갈라놓음.'을 '**구별(區別)**'이라고 합니다. '사물을 분별하고 판단하여 앎.'이라는 의미를 갖는 '**인식(認識)**'이라는 단어도 있습니다.

□□ **출력**
나갈 **出**, 힘 **力**

컴퓨터 따위의 기기(機器)나 장치가 입력을 받아 일을 하고 외부로 결과를 내는 일. 또는 그 결과.

예 정점의 개수가 많을수록, 해상도가 높아 **출력** 화소의 수가 많을수록 연산 양이 많아져 연산 시간이 길어진다. _2021학년도 수능

친절한쌤 '**입력(入力)**'은 영어로 '**인풋(input)**'이라고 해요. 문자나 숫자를 컴퓨터가 기억하게 하는 것입니다. 입력된 정보를 바탕으로 결과를 내는 것을 '출력(出力)'이라고 말하고 영어로 '**아웃풋(output)**'이라고 하죠. 둘을 합쳐서 '입출력하다'라는 표현도 사용합니다.

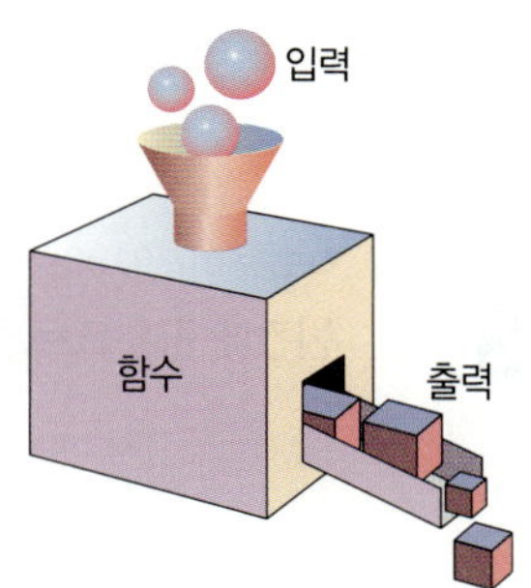

✚ 어휘 더하기   '넘다'의 의미

정답과 해설 31쪽

넘다 ▶동사

❶ 일정한 시간, 시기, 범위 따위에서 벗어나 지나다.
예 그 일은 일주일이 **넘게** 걸렸다.

❷ 높은 부분의 위를 지나가다.
예 파도를 **넘다**.

❸ 경계를 건너 지나다.
예 그는 삼팔선을 **넘어** 남으로 내려왔다.

❹ 일정한 기준이나 한계 따위를 벗어나 지나다.
예 옥수수의 키가 어른의 키를 **넘었다**.

❺ 어려움이나 고비 따위를 겪어 지나다.
예 어려운 고비를 **넘다**.

• **문맥상 ⓐ와 바꾸어 쓰기에 가장 적절한 것은?**

이번 고비만 무사히 ⓐ**넘으면** 재도약할 수 있을 것이다.

① 극복하면 ② 초과하면
③ 건너뛰면 ④ 도약하면
⑤ 반등하면

● 24600-0187

1 빈칸에 공통으로 들어갈 단어로 가장 적절한 것은?

> • 이 프린터는 해상도가 높아서 □□□□□의 질이 깨끗하다.
> • 컴퓨터의 □□□□□ 장치로는 모니터와 프린터가 기본으로, 멀티미디어 시스템에서는 여기에 스피커까지 포함된다.

① 입력　　　　② 출력　　　　③ 흡착　　　　④ 화면　　　　⑤ 성능

● 24600-0188

2 빈칸에 들어갈 말로 가장 적절한 것은?

> ○○ 자동차는 신형 △△의 실물을 처음으로 공개했다. 사진이 공개된 이후 이날 오후 1시 40분 현재 ○○ 자동차의 홈페이지는 다수의 동시 접속자가 폭주하면서 접속이 불가능한 상태이다. ○○ 자동차 관계자는 "신형 △△ 공개 이후 접속자 수가 갑자기 증가했다."며 "□□□□□ 다운의 원인을 파악하고 최대한 빨리 복구 작업을 진행하겠다."라고 말했다.

① 클라이언트　　　　② 서버　　　　③ 데이터　　　　④ 네트워크　　　　⑤ 프로토콜

● 24600-0189

3 빈칸에 공통으로 들어갈 말을 쓰시오.

> IP 주소는 2진수로 되어 있는데, 2진수로 표현된 한 자리의 숫자는 정보량의 최소 기본 단위인 1□□□□에 해당한다. 8개 □□□□은/는 1바이트에 해당하는데, IP 주소는 8□□□□짜리 필드 4개로 구성되어 있다. 이처럼 32개 □□□□(으)로 표현되는 주소 체계를 IPv4 주소 체계라고 한다.

● 24600-0190

4 다음 선생님이 설명하는 '이것'이 무엇인지 쓰시오.

> 선생님: '확장 가상 세계'라고도 불리는 이것은 크게 네 가지 범주, 즉 가상 세계, 증강 현실, 일상 기록, 거울 세계로 분류됩니다. '가상 세계'는 현실과 유사하거나 혹은 완전히 다른 대안적 세계를 디지털 데이터로 구축한 것을 말합니다. '증강 현실'은 현실 공간에 2차원 또는 3차원으로 표현한 가상의 겹쳐 보이는 물체를 통해 상호 작용하는 환경을 의미합니다. '일상 기록'은 사물과 사람에 대한 일상적인 경험과 정보를 인터넷 또는 스마트 기기에 기록하는 것이고, '거울 세계'는 실제 세계를 가능한 한 사실적으로 있는 그대로 반영하되 '정보적으로 확장된' 가상 세계를 말합니다.

5 ● 24600-0191

초성과 낱말의 뜻을 보고 괄호 안에 들어갈 말을 쓰시오.

(1) 나는 많은 양의 (____ㄷㅇㅌ____)을/를 저장할 수 있도록 용량이 큰 컴퓨터를 구입하였다.
　　　컴퓨터로 처리할 수 있도록 전산화되어 저장된 정보.

(2) 우리 팀은 도서와 관련된 정보를 통합하여 관리할 수 있도록 도서 정보 (____ㄷㅇㅌㅂㅇㅅ____)을/를 구축하였다.
　　　　　　　여러 사람이 공유하여 사용할 목적으로, 통합하여 관리되는 데이터의 집합.

6 ● 24600-0192

㉠~㉢에 들어갈 말을 바르게 짝지은 것은?

　　　공인 IP 주소에는 동일한 번호를 지속적으로 사용하는 고정 IP 주소와 번호가 변경되기도 하는 유동 IP 주소가 있다. 유동 IP 주소는 DHCP라는 　㉠　에 의해 부여된다. DHCP는 IP 주소가 필요한 컴퓨터의 요청을 받아 주소를 할당해 주고, 컴퓨터가 IP 주소를 사용하지 않으면 주소를 반환받아 다른 컴퓨터가 그 주소를 사용할 수 있도록 해 준다. 한편, 인터넷에 직접 접속은 안 되고 내부 　㉡　에서만 서로를 　㉢　할 수 있는 사설 IP 주소도 있다.

	㉠	㉡	㉢		㉠	㉡	㉢
①	도메인	서버	식별	②	도메인	네트워크	식별
③	도메인	네트워크	인식	④	프로토콜	서버	인식
⑤	프로토콜	네트워크	식별				

실전 어휘를 알면 답이 보인다

7 ● 24600-0193　　　2023학년도 9월 모평 17번

문맥상 ⓐ의 의미와 가장 가까운 것은?

　　　인터넷 검색 엔진은 검색어를 포함하는 웹 페이지를 찾아 화면에 보여 준다. 웹 페이지가 화면에 나타나는 순서를 정하기 위해 검색 엔진은 수백 개가 ⓐ넘는 항목을 고려한 다양한 방식을 사용한다. 대표적인 항목으로 중요도와 적합도가 있다.

① 공부를 하다 보니 시간은 자정이 넘었다.
② 그들은 큰 산을 넘어서 마을에 도착했다.
③ 철새들이 국경선을 넘어서 훨훨 날아갔다.
④ 선수들은 가까스로 어려운 고비를 넘었다.
⑤ 갑자기 냄비에서 물이 넘어서 좀 당황했다.

▶ 문제에 쓰인 단어 중 이해하기 어려운 단어의 뜻을 찾아 적어 보자.

● 다음 글을 읽고 물음에 답하시오.

2018학년도 수능

　　디지털 통신 시스템은 송신기, 채널, 수신기로 구성되며, ⓐ전송할 데이터를 빠르고 정확하게 전달하기 위해 부호화 과정을 거쳐 전송한다. 영상, 문자 등인 데이터는 ⓑ기호 집합에 있는 기호들의 조합이다. 예를 들어 기호 집합 {a, b, c, d, e, f}에서 기호들을 조합한 add, cab, beef 등이 데이터이다. 정보량은 어떤 기호가 발생했다는 것을 알았을 때 얻는 정보의 크기이다. 어떤 기호 집합에서 특정 기호의 발생 확률이 높으면 그 기호의 정보량은 적고, 발생 확률이 낮으면 그 기호의 정보량은 많다. 기호 집합의 평균 정보량*을 기호 집합의 엔트로피라고 하는데 모든 기호들이 동일한 발생 확률을 가질 때 그 기호 집합의 엔트로피는 최댓값을 갖는다.

　　송신기에서는 소스 부호화, 채널 부호화, 선 부호화를 거쳐 기호를 ⓒ부호로 변환한다. 소스 부호화는 데이터를 압축하기 위해 기호를 0과 1로 이루어진 부호로 변환하는 과정이다. 어떤 기호가 110과 같은 부호로 변환되었을 때 0 또는 1을 비트라고 하며 이 부호의 비트 수는 3이다. 이때 기호 집합의 엔트로피는 기호 집합에 있는 기호를 부호로 표현하는 데 필요한 평균 비트 수의 최솟값이다. 전송된 부호를 수신기에서 원래의 기호로 ⓓ복원하려면 부호들의 평균 비트 수가 기호 집합의 엔트로피보다 크거나 같아야 한다. 기호 집합을 엔트로피에 최대한 가까운 평균 비트 수를 갖는 부호들로 변환하는 것을 엔트로피 부호화라 한다. 그중 하나인 '허프만 부호화'에서는 발생 확률이 높은 기호에는 비트 수가 적은 부호를, 발생 확률이 낮은 기호에는 비트 수가 많은 부호를 할당한다.

　　채널 부호화는 오류를 검출하고 정정하기 위하여 부호에 잉여 정보를 추가하는 과정이다. 송신기에서 부호를 전송하면 채널의 잡음으로 인해 오류가 발생하는데 이 문제를 해결하기 위해 잉여 정보를 덧붙여 전송한다. 채널 부호화 중 하나인 '삼중 반복 부호화'는 0과 1을 각각 000과 111로 부호화한다. 이때 수신기에서는 수신한 부호에 0이 과반수인 경우에는 0으로 판단하고, 1이 과반수인 경우에는 1로 판단한다. 즉 수신기에서 수신된 부호가 000, 001, 010, 100 중 하나라면 0으로 판단하고, 그 이외에는 1로 판단한다. 이렇게 하면 000을 전송했을 때 하나의 비트에서 오류가 생겨 001을 수신해도 0으로 판단하므로 오류는 정정된다. 채널 부호화를 하기 전 부호의 비트 수를, 채널 부호화를 한 후 부호의 비트 수로 나눈 것을 부호율이라 한다. 삼중 반복 부호화의 부호율은 약 0.33이다.

　　채널 부호화를 거친 부호들을 채널을 통해 전송하려면 부호들을 전기 신호로 변환해야 한다. 0 또는 1에 해당하는 전기 신호의 전압을 결정하는 과정이 선 부호화이다. 전압의 ⓔ결정 방법은 선 부호화 방식에 따라 다르다. 선 부호화 중 하나인 '차동 부호화'는 부호의 비트가 0이면 전압을 유지하고 1이면 전압을 변화시킨다. 차동 부호화를 시작할 때는 기준 신호가 필요하다. 예를 들어 차동 부호화 직전의 기준 신호가 양(+)의 전압이라면 부호 0110은 '양, 음, 양, 양'의 전압을 갖는 전기 신호로 변환된다. 수신기에서는 송신기와 동일한 기준 신호를 사용하여, 전압의 변화가 있으면 1로 판단하고 변화가 없으면 0으로 판단한다.

* 평균 정보량: 각 기호의 발생 확률과 정보량을 서로 곱하여 모두 더한 것.

• 부호화: 주어진 정보를 어떤 표준적인 형태로 바꾸거나 표준 형태를 정보화함.

•

•

• 디지털 통신 시스템: 송신기, 채널, 수신기로 구성 → 송신기에서 부호화 과정을 거쳐 전송함.

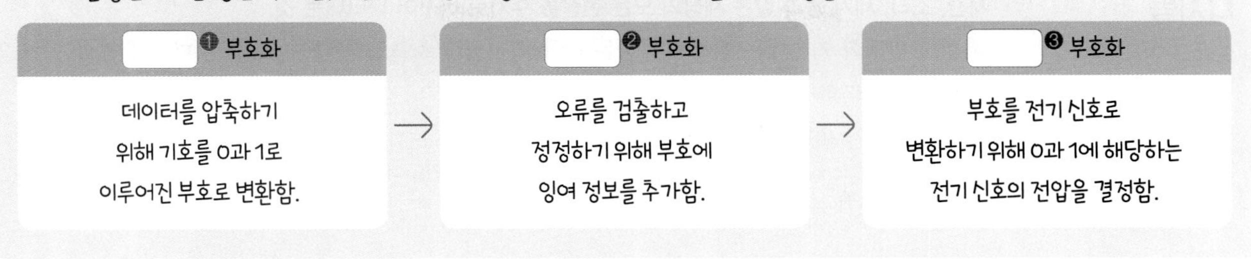

○ 24600-0194

2018학년도 수능 41번

1 윗글을 바탕으로 〈보기〉를 이해한 내용으로 적절한 것은?

> ❱ 문제에 쓰인 단어 중 이해하기 어려운 단어의 뜻을 사전에서 찾아 써 보자.

┤ 보기 ├

날씨 데이터를 전송하려고 한다. 날씨는 '맑음', '흐림', '비', '눈'으로만 분류하며, 각 날씨의 발생 확률은 모두 같다. 엔트로피 부호화를 통해 '맑음', '흐림', '비', '눈'을 각각 00, 01, 10, 11의 부호로 바꾼다.

① 기호 집합 {맑음, 흐림, 비, 눈}의 엔트로피는 2보다 크겠군.

② 엔트로피 부호화를 통해 4일 동안의 날씨 데이터 '흐림비맑음흐림'은 '01001001'로 바뀌겠군.

③ 삼중 반복 부호화를 이용하여 전송한 특정 날씨의 부호를 '110001'과 '101100'으로 각각 수신하였다면 서로 다른 날씨로 판단하겠군.

④ 날씨 '비'를 삼중 반복 부호화와 차동 부호화를 이용하여 부호화하는 경우, 기준 신호가 양(+)의 전압이면 '음, 양, 음, 음, 음, 음'의 전압을 갖는 전기 신호로 변환되겠군.

⑤ 삼중 반복 부호화와 차동 부호화를 이용하여 특정 날씨의 부호를 전송할 경우, 수신기에서 '음, 음, 음, 양, 양, 양'을 수신했다면 기준 신호가 양(+)의 전압일 때 '흐림'으로 판단하겠군.

○ 24600-0195

2018학년도 수능 42번

2 문맥을 고려할 때, 밑줄 친 말이 ⓐ~ⓔ의 동음이의어가 <u>아닌</u> 것은?

① ⓐ: 공항에서 해외로 떠나는 친구를 <u>전송(餞送)</u>할 계획이다.

② ⓑ: 대중의 <u>기호(嗜好)</u>에 맞추어 상품을 개발한다.

③ ⓒ: 나는 가난하지만 귀족이나 <u>부호(富豪)</u>가 부럽지 않다.

④ ⓓ: 한번 금이 간 인간관계를 <u>복원(復原)</u>하기는 어렵다.

⑤ ⓔ: 이 작품은 그 화가의 오랜 노력의 <u>결정(結晶)</u>이다.

*** 어휘 공부를 완료한 뒤 체크!**

디지털
digital

시간, 소리, 세기 등과 같은 세상의 모든 현상을 수치로 바꾸어 나타내는 것.

(예) 영상 안정화 기술에는 빛을 이용하는 광학적 기술과 소프트웨어를 이용하는 **디지털** 기술 등이 있다. _2021학년도 6월 모평

(친절한 샘) 모든 현상을 수치화시키는 디지털과 달리, '어떤 수치를 길이라든가 각도 또는 전류라고 하는 연속된 물리량으로 나타내는 일.'을 '**아날로그(analogue)**'라고 해요. 예를 들면, 글자판에 바늘로 시간을 나타내는 시계, 수은주의 길이로 온도를 나타내는 온도계 등이 이에 해당합니다.

화소
그림 畵, 바탕 素

텔레비전이나 사진 전송에서, 화면을 전기적으로 분해한 최소의 단위 면적. 영상 전체의 화소 총수는 화질을 비교하는 데 유용하다.

(예) 화면을 구성하는 모든 **화소**의 화솟값이 결정되면 하나의 프레임이 생성된다. _2021학년도 수능

(친절한 샘) '디지털 이미지를 이루는 가장 작은 단위의 사각형 점.'을 '화소' 또는 '**픽셀**'이라고 하며, 화소의 수가 많을수록 이미지를 선명하게 표현할 수 있어요. 이미지가 선명한 것을 해상도가 높다고 하는데, '**해상도(解像度)**'란 '텔레비전 화면이나 컴퓨터의 디스플레이 따위의 표시의 선명도.'를 말해요.

센서
sensor

소리·빛·온도·압력 따위를 검출하는 소자(素子). 또는 그 소자를 갖춘 기계 장치.

(예) 압력 **센서**는 지면과 발바닥 사이의 압력을 감지하여 사용자가 뛰는 힘을 파악할 수 있다. _2022학년도 9월 모평

(친절한 샘) '센서'는 '**감지기(感知器)**'라고도 해요. 불이 난 것을 감지해 경보음을 울려 주는 장치인 화재 감지기가 대표적이죠.

송신하다
보낼 送, 신호 信

주로 전기적 수단을 이용하여 전신이나 전화, 라디오, 텔레비전 방송 따위의 신호를 보내다.

(예) 비콘들이 서로 다른 세기의 신호를 **송신해야** 단말기의 위치를 측정할 수 있다. _2020학년도 9월 모평

(친절한 샘) 송신된 신호를 받는 것을 '**수신(受信)**'이라고 해요. '송신'과 '수신'은 신호를 주고받는 방향이 중요해요. 무선 방송에서 '**송신기**'를 이용해 신호를 고주파의 전류로 바꾸어 보내면 '**수신기**'가 이러한 신호를 받아 필요한 정보를 얻지요.

피사체
당할 被, 본뜰 寫, 형체 體

사진을 찍는 대상이 되는 물체.

(예) RGB 카메라는 **피사체**의 고해상도 컬러 이미지를 제공한다. _2022학년도 9월 모평

(친절한 샘) 피사체는 사진을 찍을 때 모델이 되는 대상이라고 생각하면 쉽게 이해할 수 있을 거예요. '**카메라 앵글(camera angle)**'은 '피사체, 즉 찍고자 하는 대상에 대한 카메라의 위치나 렌즈의 각도.'를 의미합니다.

□□ **원근**

멀 **遠**, 가까울 **近**

멀고 가까움.

㉠ 왜곡 보정이 끝나면 영상의 점들에 대응하는 3차원 실세계의 점들을 추정하여 이로부터 **원근** 효과가 제거된 영상을 얻는 시점 변환이 필요하다. _2022학년도 수능

(친절한쌤) 멀고 가까운 거리에 대한 느낌을 나타낼 때에는 '**원근감(遠近感)**'이라는 표현을 써요. 기술 지문뿐만 아니라 미술에서도 자주 사용되는 표현이에요. 같은 크기의 나무라도 가까이 있는 나무는 크게, 멀리 있는 나무는 작게 표현을 하여 물체의 원근감을 구현할 수 있어요.

□□ **고안되다**

헤아릴 **考**, 생각 **案**

연구하여 새로운 안이 나오다.

㉠ DNS가 **고안되기** 전에는 특정 컴퓨터의 사용자가 'hosts'라는 파일에 모든 도메인 네임과 그에 해당하는 IP 주소를 적어 놓았고, 클라이언트들은 이 파일을 복사하여 사용하였다. _2018학년도 6월 모평

(친절한쌤) 새로운 기술은 과학자들의 끊임없는 도전과 연구의 결과로 탄생하는 것이죠. '고안되다'와 유사한 단어로는 '**발명(發明)되다**'가 있어요.

□□ **진공**

참 **眞**, 빌 **空**

물질이 전혀 존재하지 아니하는 공간.

㉠ 민감한 STM도 **진공** 기술의 뒷받침이 있었기에 널리 사용될 수 있었다. _2019학년도 9월 모평

(친절한쌤) 지구상에 완벽한 진공은 없어요. 따라서 실제로는 극히 저압의 상태를 진공 상태라고 말해요. 우리가 잘 아는 진공청소기도 진공의 원리를 이용해 개발된 결과물이죠! 청소기 내의 모터를 매우 빠르게 회전시켜 공기압을 0에 가깝게 만들어 먼지를 빨아들여 흡착시킨답니다. 여기서 '**흡착(吸着)**'은 '어떤 물질이 달라붙음.'의 의미입니다.

＋ 어휘 더하기   '맞추다'의 의미

정답과 해설 33쪽

맞추다 ▶동사

❶ 서로 떨어져 있는 부분을 제자리에 맞게 대어 붙이다.
　㉠ 분해했던 부품들을 다시 **맞추다**.
❷ 둘 이상의 일정한 대상들을 나란히 놓고 비교하여 살피다.
　㉠ 나는 친구와 답을 **맞추어** 보았다.
❸ 서로 어긋남이 없이 조화를 이루다.
　㉠ 다른 부서와 보조를 **맞추다**.
❹ 어떤 기준이나 정도에 어긋나지 아니하게 하다.
　㉠ 원고를 심사 기준에 **맞추다**.

❺ 어떤 기준에 틀리거나 어긋남이 없이 조정하다.
　㉠ 시곗바늘을 5시에 **맞추다**.

● **다음 문장의 의미에 적절한 단어를 고르시오.**

수수께끼에 대한 답을 정확하게 (맞추면 / 맞히면) 상품을 드립니다.

24600-0196

1 〈보기〉의 '㉠ – ㉡'의 의미 관계와 유사하지 <u>않은</u> 것은?

| 보기 |

스타이컨은 로댕을 대리석상 「빅토르 위고」 앞에 두고 찍은 사진과, 청동상 「생각하는 사람」을 찍은 사진을 합성하여 하나의 사진 작품으로 만들었다. 이렇게 제작된 사진의 구도에서 어둡게 나타난 ㉠근경에는 로댕이 「생각하는 사람」과 서로 마주 보며 비슷한 자세로 앉아 있고, 반면 환하게 보이는 ㉡원경에는 「빅토르 위고」가 이들을 내려다보는 모습으로 배치되어 있다.

① 가중(加重) – 경감(輕減)　　② 상승(上昇) – 하강(下降)　　③ 가공(架空) – 허구(虛構)

④ 공급(供給) – 수요(需要)　　⑤ 구체적(具體的) – 추상적(抽象的)

24600-0197

2 초성과 낱말의 뜻을 보고 괄호 안에 들어갈 말을 쓰시오.

(1) 그는 우리 생활에 알맞은 의복을 (　ㄱㅇ　)해 왔다.
연구하여 새로운 안을 생각해 냄.

(2) 총격이 오가는 상황에서 나는 적군과 아군을 (　ㅅㅂ　)하기도 어려웠다.
분별하여 알아봄.

24600-0198

3 ㉠과 ㉡에 들어갈 알맞은 말을 쓰시오.

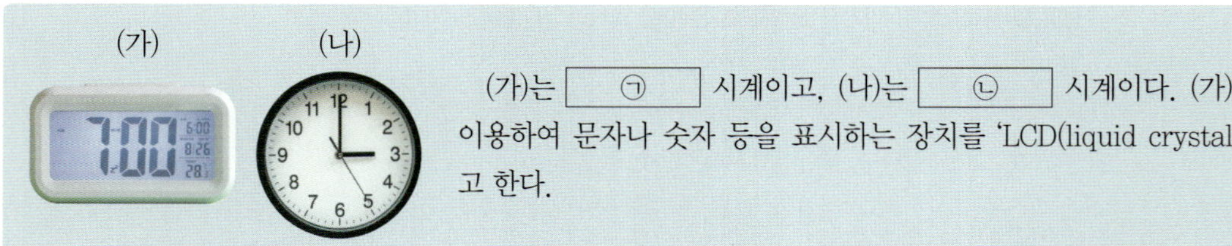

(가)는 [　㉠　] 시계이고, (나)는 [　㉡　] 시계이다. (가)에서 액정을 이용하여 문자나 숫자 등을 표시하는 장치를 'LCD(liquid crystal display)'라고 한다.

24600-0199

4 빈칸에 공통으로 들어갈 적절한 말을 쓰시오.

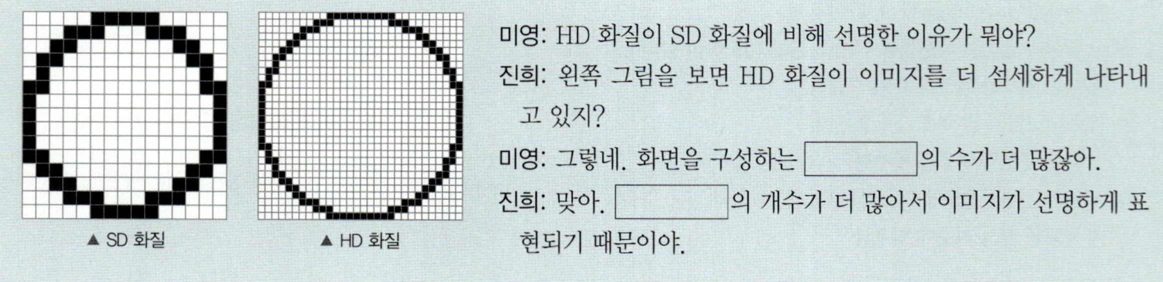

미영: HD 화질이 SD 화질에 비해 선명한 이유가 뭐야?

진희: 왼쪽 그림을 보면 HD 화질이 이미지를 더 섬세하게 나타내고 있지?

미영: 그렇네. 화면을 구성하는 [　　　]의 수가 더 많잖아.

진희: 맞아. [　　　]의 개수가 더 많아서 이미지가 선명하게 표현되기 때문이야.

5 ○ 24600-0200

다음은 영상 촬영 기법 용어를 정리한 필기의 일부이다. 빈칸에 공통으로 들어갈 말을 쓰시오.

> • 롱 숏(long shot): ☐☐☐☐☐ 와/과 어느 정도 거리를 두고 장면 전체를 촬영하는 것.
> • 니 숏(knee shot): ☐☐☐☐☐ 의 머리에서 무릎까지 보이도록 촬영하는 것.
> • 클로즈업(close-up): ☐☐☐☐☐ 의 중요한 부분을 크게 확대시켜 촬영하는 것.

6 ○ 24600-0201

빈칸에 들어갈 말로 가장 적절한 것은?

> 아들: 엄마, 저기 유리 벽에 붙어 있는 것은 뭐예요?
> 엄마: 응, 흡착기인데, 평평한 벽에 흡착기의 판을 흡착시키면 단단하게 붙어서 다른 물건을 걸어 둘 수 있어.
> 아들: 우아, 신기하다. 그럼 저건 어떻게 붙어 있는 거예요?
> 엄마: 밖에서 압력이 가해지면 흡착 면과 벽면 사이의 공기가 빠져나와 ☐☐☐☐☐ 상태가 되어서 붙어 있을 수 있는 거야.

① 진공　　　　② 접착　　　　③ 보존　　　　④ 안정　　　　⑤ 고정

7 ○ 24600-0202

빈칸에 공통으로 들어갈 말로 가장 적절한 것은?

> 바닥에 압력 ☐☐☐☐☐ 이/가 부착된 신발을 사용자가 신고 뛰면, 압력 ☐☐☐☐☐ 은/는 지면과 발바닥 사이의 압력을 감지하여 사용자가 뛰는 힘을 파악할 수 있다.

① 서버　　　　② 진공　　　　③ 센서　　　　④ 부품　　　　⑤ 흡착물

실전 어휘를 알면 답이 보인다

8 ○ 24600-0203　　　2020학년도 9월 모평 17번 변형

문맥상 의미가 ⓐ와 가장 가까운 것은?

▶ 문제에 쓰인 단어 중 이해하기 어려운 단어의 뜻을 찾아 적어 보자.

> 모션 트래킹 시스템이 사용자의 동작 정보를 컴퓨터에 전달하면, 컴퓨터는 사용자가 움직이는 방향과 속도에 ⓐ맞춰 트레드밀의 바닥을 제어한다.

① 그 연주자는 피아노를 언니의 노래에 정확히 맞추어 쳤다.
② 아내는 집 안에 있는 물건들의 색깔을 조화롭게 맞추었다.
③ 우리는 다음 주까지 손발을 맞추어 작업을 마치기로 했다.
④ 그 동아리는 신입 회원을 한 명 더 뽑아 인원을 맞추었다.
⑤ 동생은 중간고사를 보고 나서 친구와 답을 맞추어 보았다.

● 다음 글을 읽고 물음에 답하시오.　　　　　　　　　2021학년도 6월 모평

　　일반 사용자가 디지털 카메라를 들고 촬영하면 손의 미세한 떨림으로 인해 영상이 번져 흐려지고, 걷거나 뛰면서 촬영하면 식별하기 힘들 정도로 영상이 흔들리게 된다. 흔들림에 의한 영향을 최소화하는 기술이 영상 안정화 기술이다.

　　영상 안정화 기술에는 빛을 이용하는 광학적 기술과 소프트웨어를 이용하는 디지털 기술 등이 있다. 광학 영상 안정화(OIS) 기술을 사용하는 카메라 모듈은 렌즈 모듈, 이미지 센서, 자이로 센서, 제어 장치, 렌즈를 움직이는 장치로 구성되어 있다. 렌즈 모듈은 보정용 렌즈들을 포함한 여러 개의 렌즈들로 구성된다. 일반적으로 카메라는 렌즈를 통해 들어온 빛이 이미지 센서에 닿아 피사체의 상이 맺히고, 피사체의 한 점에 해당하는 위치인 화소마다 빛의 세기에 비례하여 발생한 전기 신호가 저장 매체에 영상으로 저장된다. 그런데 카메라가 흔들리면 이미지 센서 각각의 화소에 닿는 빛의 세기가 변한다. 이때 OIS 기술이 작동되면 자이로 센서가 카메라의 움직임을 감지하여 방향과 속도를 제어 장치에 전달한다. 제어 장치가 렌즈를 이동시키면 피사체의 상이 유지되면서 영상이 안정된다.

　　렌즈를 움직이는 방법 중에는 보이스코일 모터를 이용하는 방법이 많이 쓰인다. 보이스코일 모터를 포함한 카메라 모듈은 중앙에 위치한 렌즈 주위에 코일과 자석이 배치되어 있다. 카메라가 흔들리면 제어 장치에 의해 코일에 전류가 흘러서 자기장과 전류의 직각 방향으로 전류의 크기에 비례하는 힘이 발생한다. 이 힘이 렌즈를 이동시켜 흔들림에 의한 영향이 상쇄되고 피사체의 상이 유지된다. 이외에도 카메라가 흔들릴 때 이미지 센서를 움직여 흔들림을 감쇄하는 방식도 이용된다.

　　OIS 기술이 손 떨림을 훌륭하게 보정해 줄 수는 있지만 렌즈의 이동 범위에 한계가 있어 보정할 수 있는 움직임의 폭이 좁다. 디지털 영상 안정화(DIS) 기술은 촬영 후에 소프트웨어를 사용해 흔들림을 보정하는 기술로 역동적인 상황에서 촬영한 동영상에 적용할 때 좋은 결과를 얻을 수 있다. 이 기술은 촬영된 동영상을 프레임 단위로 나눈 후 연속된 프레임 간 피사체의 움직임을 추정한다. 움직임을 추정하는 한 방법은 특징점을 이용하는 것이다. 특징점으로는 피사체의 모서리처럼 주위와 밝기가 뚜렷이 구별되며 영상이 이동하거나 회전해도 그 밝기 차이가 유지되는 부분이 선택된다.

　　먼저 k번째 프레임에서 특징점들을 찾고, 다음 k+1번째 프레임에서 같은 특징점들을 찾는다. 이 두 프레임 사이에서 같은 특징점이 얼마나 이동하였는지 계산하여 영상의 움직임을 추정한다. 그리고 흔들림이 발생한 곳으로 추정되는 프레임에서 위치 차이 만큼 보정하여 흔들림의 영향을 줄이면 보정된 동영상은 움직임이 부드러워진다. 그러나 특징점의 수가 늘어날수록 연산이 더 오래 걸린다. 한편 영상을 보정하는 과정에서 영상을 회전하면 프레임에서 비어 있는 공간이 나타난다. 비어 있는 부분이 없도록 잘라 내면 프레임들의 크기가 작아지는데, 원래의 프레임 크기를 유지하려면 화질은 떨어진다.

낯선 어휘의 뜻을 사전에서 찾아 적어 보자.

· 광학적: 빛의 현상이나 성질과 관련된 (것).

• 영상 안정화 기술: 흔들림에 의한 영향을 최소화하는 기술

광학 영상 안정화(OIS)	• 렌즈 모듈 → 이미지 센서 → 카메라 흔들림 → ☐ ❶ : 카메라의 움직임을 감지하여 방향과 속도를 전달 → 제어 장치: 렌즈를 이동시켜 영상이 안정됨. • 한계: 보정할 수 있는 움직임의 폭이 좁음.
디지털 영상 안정화(DIS)	• 촬영 후에 ☐ ❷ 을/를 사용해 흔들림을 보정하는 기술 • 촬영된 동영상을 프레임 단위로 나눔. → 연속된 프레임 간 피사체의 움직임 추정(특징점 이용) → 보정함. • 한계 ┌ 특징점의 수가 늘어날수록 연산이 더 오래 걸림. └ 프레임의 빈 공간이 없도록 잘라내면 ☐ ❸ 이/가 떨어짐.

● 24600-0204 　　　　　　　　　　　　　　　　　　　2021학년도 6월 모평 26번

1 윗글의 'OIS 기술'에 대한 설명으로 적절하지 <u>않은</u> 것은?

① 보이스코일 모터는 카메라 모듈에 포함되는 장치이다.

② 자이로 센서는 이미지 센서에 맺히는 영상을 제어 장치로 전달한다.

③ 보이스코일 모터에 흐르는 전류에 의해 발생한 힘으로 렌즈의 위치를 조정한다.

④ 자이로 센서가 카메라 움직임을 정확히 알려도 렌즈 이동의 범위에는 한계가 있다.

⑤ 흔들림에 의해 피사체의 상이 이동하면 원래의 위치로 돌아오도록 렌즈나 이미지 센서를 이동시킨다.

＞ 문제에 쓰인 단어 중 이해하기 어려운 단어의 뜻을 사전에서 찾아 써 보자.

● 24600-0205 　　　　　　　　　　　　　　　　　　　2021학년도 6월 모평 27번

2 윗글을 참고할 때, 〈보기〉의 A~C에 들어갈 말을 바르게 짝지은 것은?

┨ 보기 ┠

　특징점으로 선택되는 점들과 주위 점들의 밝기 차이가 (A), 영상이 흔들리기 전의 밝기 차이와 후의 밝기 차이 변화가 (B) 특징점의 위치 추정이 유리하다. 그리고 특징점들이 많을수록 보정에 필요한 (C)이/가 늘어난다.

	A	B	C
①	클수록	클수록	프레임의 수
②	클수록	작을수록	시간
③	클수록	작을수록	프레임의 수
④	작을수록	클수록	시간
⑤	작을수록	작을수록	프레임의 수

실력 다지기

◐ 24600-0206

1 빈칸에 들어갈 단어로 알맞은 것을 〈보기〉에서 골라 쓰시오.

┤ 보기 ├

항상성　　주파수　　고안　　진공　　흡착

(1) 모든 과학적 발명과 ▢▢▢▢▢ 이/가 인류의 삶에 긍정적인 것만은 아니다.

(2) 노약자는 생리학적 ▢▢▢▢▢ 을/를 유지하는 예비 능력이 떨어져 냉방병에 걸리기 쉽고 2차 감염 위험도 높다.

(3) 녹차 팩은 입자가 고운 가루를 사용해야 피부에 ▢▢▢▢▢ 이/가 잘되며 잎이 어린 녹차일수록 효과가 좋다.

(4) 우주 과학 실험실 내부는 우주 공간과 같이 ▢▢▢▢▢ (으)로 만들어야 한다.

(5) 이동 통신 회사들끼리는 서로 다른 대역의 ▢▢▢▢▢ 을/를 사용하여 혼신을 방지한다.

◐ 24600-0207

2 문맥상 ㉠의 의미와 가장 가까운 것은?

> 대한민국의 가정용 전압은 220V로 미국이나 일본에 비해 ㉠높다.

① 청명한 가을 하늘이 높다.
② 법 개정 이후 국민들의 원성이 높다.
③ 자기력선이 촘촘할수록 자기력이 높다.
④ 건물이 얼마나 높은지 어느 도시에서나 보인다.
⑤ 그녀는 작품을 보는 안목이 높았다.

◐ 24600-0208

3 다음은 단어들을 반의 관계에 따라 나열한 것이다. 〈보기〉의 어휘 풀이를 참고하여 ㉠~㉢에 들어갈 말을 쓰시오.

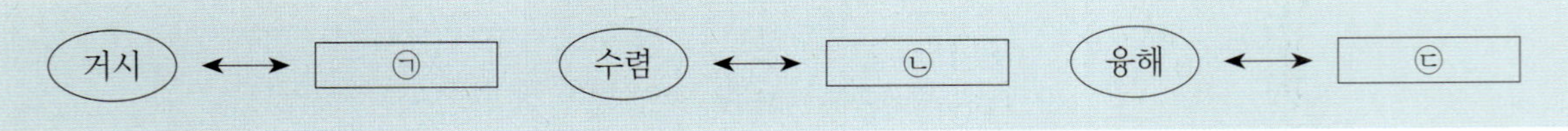

┤ 보기 ├

• 거시: 어떤 대상을 전체적으로 크게 봄.
• 수렴: 광선, 유체, 전류 따위가 한 점에 모이는 일.
• 융해: 녹아 풀어짐. 또는 녹여서 풂.

● 24600-0209

4 밑줄 친 낱말의 쓰임이 바르지 <u>않은</u> 것은?

① 전쟁 상황에서 적국은 먼저 우리의 통신망을 <u>교란</u>하였다.
② 그 언론사는 권력에 <u>흡착</u>하여 본연의 임무를 방기하였다.
③ 경기 활성화를 위해 정부는 국민의 소비를 <u>진작</u>하기 위해 노력한다.
④ 오늘은 평소와 달리 안개가 너무 짙어서 차량을 <u>식별</u>하기 어려웠다.
⑤ 장차 우리 사회를 위해 큰일을 하려거든 먼저 너의 능력을 <u>계발</u>해야 한다.

● 24600-0210

5 밑줄 친 단어와 바꾸어 쓸 수 있는 말로 적절한 것은?

	예문	바꾸어 쓸 수 있는 말
①	노화기에 접어들면 뼈를 연결하는 연골이 굳어지고 힘줄에 석회가 <u>침착하게</u> 된다.	차분하게
②	예술가란 자신의 감정을 작품으로 <u>발현하는</u> 사람이다.	나타내는
③	양당의 의견 대립이 이토록 <u>첨예할</u> 줄은 몰랐다.	무던할
④	그 학생이 자신의 재능을 마음껏 <u>발산하고</u> 살았으면 한다.	지니고
⑤	외적인 요소가 소비자들의 소비 욕구를 <u>감쇄하기도</u> 한다.	유지하기도

● 24600-0211

6 다음 열쇠 말을 참고하여 오른쪽에 있는 표의 빈칸을 완성하시오.

| 가로 열쇠 |

2. 서버 시스템과 연결하여 주된 작업이나 정보를 서버에게 요청하고 그 결과를 돌려받는 컴퓨터 시스템.
5. 연구하여 새로운 안을 생각해 내다.
6. 생체 속에 침입하여 항체를 형성하게 하는 단백성 물질.
7. 중심 별의 강한 인력의 영향으로 타원 궤도를 그리며 중심 별의 주위를 도는 천체.

| 세로 열쇠 |

1. 정보량의 최소 기본 단위. 1비트는 이진수 체계(0, 1)의 한 자리로, 8비트는 1바이트이다.
3. 전하를 띠는 원자 또는 원자단. 전기적으로 중성인 원자가 전자를 잃으면 양전하를, 전자를 얻게 되면 음전하를 가진 이온이 된다.
4. 아름다움을 살펴 찾는 안목.
6. 생체가 여러 가지 환경 변화에 대응하여 생명 현상이 제대로 일어날 수 있도록 일정한 상태를 유지하는 성질.

다양한 형태로 바뀌는 에너지

에너지는 물체가 일을 할 수 있는 능력을 말해요. 에너지에는 역학적 에너지, 화학 에너지, 전기 에너지, 핵에너지, 소리 에너지, 빛에너지 등이 있어요. 에너지는 한 가지 형태로만 머물러 있지 않고 다양한 형태로 바뀝니다. 이를 에너지 전환이라고 해요. 예를 들어 휘발유에 있는 화학 에너지가 바퀴를 굴리는 운동 에너지로 전환이 되어 자동차가 달릴 수 있고 휴대 전화를 사용할 때 배터리에 있는 전기 에너지가 운동 에너지, 열에너지, 소리 에너지, 빛에너지로 바뀌어 여러 가지 기능을 수행하게 됩니다.

어휘 돋보기

역학적 에너지

물체가 가진 운동 에너지와 위치 에너지의 합을 역학적 에너지라고 한다.

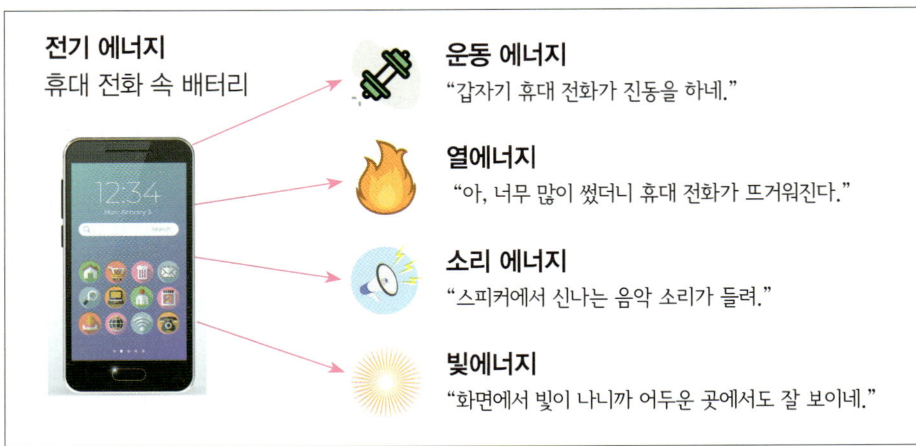

에너지가 전환될 때 전환되기 전과 후의 에너지 총량은 어떻게 될까요? 전환된 에너지를 모두 합치면 전환되기 전의 에너지의 크기와 같아요. 이를 에너지 보존 법칙이라고 합니다.

우리가 사용하지 않는 열에너지로 전환되는 비율이 높을수록 에너지를 낭비하게 됩니다. 에너지 사용에 따른 환경 오염, 기후 변화 등의 부정적인 영향을 줄이고 지속적인 발전을 하기 위해서는 에너지 사용량 자체를 줄이면서, 에너지 이용 효율을 높이기 위한 노력을 해야 해요.

이러한 노력의 하나로, 에너지 제로 하우스라는 것이 있어요. 화석 연료를 사용하지 않는 건물인데, 우리나라는 2050년부터는 모든 건물이 1등급(에너지 자립률 100% 이상)을 받도록 하는 것을 목표로 하고 있어요. 에너지 제로 하우스는 태양광, 풍력 등의 재생 에너지를 통해 필요한 에너지를 얻고, 단열을 통해 열효율을 높이는 미래형 주택입니다.

미래형 주택(에너지 제로 하우스)에 적용되는 기술

- 이중창 등 고단열 창호 시스템 사용
- 건물 벽에 효율이 높은 단열재 사용
- 태양광, 풍력 발전 등 재생 에너지 생산
- 남향, 차양의 위치나 크기 등을 통한 자연 채광
- 집 안에서 외부로 빠져나가 소실되는 열 회수

VI

화법 · 작문

화법 (1)

□□ 구술
입 口, 말할 述

입으로 말함.

㉞ 수라상에 대해 제가 참고한 기록은 대한 제국 시기 상궁들의 **구술**을 토대로 한 것입니다.

_2018학년도 수능

〔친절한 샘〕 '구술'과 달리 글로 기록하여 서술하는 것을 '**기술(記述)**'이라고 합니다. '구술'과 비슷하게 입으로 사연을 말하는 것을 뜻하는 말로 '**구연(口演)**'이 있는데, 이 말은 주로 '동화, 야담, 만담 따위를 여러 사람 앞에서 말로써 재미있게 이야기함.'이라는 뜻으로 쓰입니다.

□□ 발화
펼 發, 말할 話

소리를 내어 말을 함. 또는 그 말.

㉞ [A]에서 '부원 2'는 직전 **발화**를 긍정하며 그 이유를 언급하고 있다. _2025학년도 6월 모평

〔친절한 샘〕 '생각이나 감정을 말과 글로 표현할 때 완결된 내용을 나타내는 최소의 단위.'를 '**문장(文章)**'이라고 합니다. 발화는 구체적인 맥락 속에서 주고받는 말을 가리킵니다. 그리고 발화나 문장들이 유기적인 관계를 맺으며 '**담화(談話)**'를 구성합니다.

□□ 준언어
준할 準, 말 言, 말 語

의사소통에서, 언어적 요소와 분리할 수 없으나 발화된 음성 메시지와는 다른 의미를 지닐 수 있는 요소.

㉞ 준언어적 표현을 조절하여 발표의 전달력을 높이고 있다.

_2023학년도 6월 모평

〔친절한 샘〕 '**준(準)하다**'라는 말이 있어요. '어떤 본보기에 비추어 그대로 좇다.'를 뜻하는 말입니다. '준언어'는 언어에 준한다는 의미로, 언어를 구사할 때 동반되는 소리의 크기나 높낮이, 말의 빠르기, 억양 등이 '준언어'에 해당합니다.

〔참고 어휘〕

비언어적(非言語的) 표현	표정이나 몸짓, 손짓, 상대방과의 거리, 자세 등을 통해 의미를 전달하는 방식

□□ 담화 표지
말씀 談, 말할 話, 표 標, 기록할 識

문장의 내용에 직접적인 영향을 미치지는 않지만 전체적인 분위기나 대화의 최종적인 목적을 달성하고자 문장 간의 응집성을 높이기 위하여 사용하는 표지.

㉞ 글의 맥락에 부적합한 **담화 표지**가 있으니 이를 삭제 _2020학년도 수능

〔친절한 샘〕 어떤 사실을 알리기 위해 일정한 표시를 해 놓은 판을 '표지판'이라고 하죠? '**표지**'는 '표시나 특징으로 어떤 사물을 다른 것과 구별하게 함. 또는 그 표시나 특징.'을 뜻합니다. 말이나 글에서도 표지판과 같은 역할을 하는 단어들이 있어요. '첫째, 둘째, …', '마지막으로', '요약하면', '예를 들어'와 같은 말들을 표지라고 합니다.

□□ 저하되다
낮을 低, 아래 下

정도, 수준, 능률 따위가 떨어져 낮아지다.

㉞ 한옥 내부를 개방하면 주민들의 사생활이 침해받아 삶의 질이 **저하될** 것입니다. _2020학년도 6월 모평

〔친절한 샘〕 '저하되다'와 반대로 '실력, 수준, 기술 따위가 나아지다.'를 뜻하는 말은 '**향상(向上)되다**'입니다. '저하되다'와 발음이 비슷해서 종종 혼동하는 말로 '**저해(沮害)되다**'가 있는데, 이 말은 '방해가 되거나 못 하게 해를 받다.'를 뜻합니다.

□□ **여부**

더불 **與**, 아닐 **否**

그러함과 그러하지 아니함.

예 많은 관광객이 한곳에 몰리면 현재의 마을 여건상 개방 **여부**와 상관없이 주민들의 삶이 침해될 것입니다. _2019학년도 수능

친절한 샘 '여부'와 종종 혼동하여 쓰는 말로 '**유무(有無)**'가 있습니다. '유무'는 '있음과 없음.'을 뜻합니다. '여부'가 어떤 행위 자체를 대상으로 한다면, '유무'는 어떤 사건이나 사물의 존재를 대상으로 한다는 점에서 구별해서 써야 합니다.

□□ **재진술**

다시 **再**, 늘어놓을 **陳**, 말할 **述**

앞서 한 말에 대하여 표현을 달리 바꾸어 말함.

예 [C]: '전문가 2'가 언급한 내용의 일부를 **재진술**하며 예상되는 문제를 밝히고 있다. _2024학년도 9월 모평

친절한 샘 '재진술'을 문자 그대로 풀이한다면 '다시 진술함.'을 뜻하는데, 일반적으로는 위의 뜻을 지닌 '**환언(換言)**'과 같은 말로 쓰이고 있습니다. 표현을 바꿀 뿐만 아니라 거기에 이해하기 쉽도록 설명을 자세하게 덧붙여 말하는 것은 '**부연(敷衍)**'이라고 합니다.

□□ **현안**

매달 **懸**, 안건 **案**

이전부터 의논하여 오면서도 아직 해결되지 않은 채 남아 있는 문제나 의안.

예 [활동 1]에서 언급되지 않았던 전문가의 견해를 인용하여 **현안**에 대한 사회적 인식의 변화에 대해 설명해야겠군. _2021학년도 수능

친절한 샘 '현안'과 자주 어울려 쓰이는 관용적 표현으로 '**뜨거운 감자**'가 있습니다. 이 말은 중요한 문제이지만 쉽게 다루기 어려운 문제를 비유적으로 이르는 말입니다.

□□ **반대 신문**

반대 **反**, 대할 **對**, 물을 **訊**, 물을 **問**

증인 신문에서, 주신문이 끝난 뒤에 반대 측 당사자가 증인을 상대로 행하는 신문.

예 찬성 측이 먼저 입론해 주신 후 반대 측에서 **반대 신문**해 주십시오. _2020학년도 수능

친절한 샘 '반대 신문'은 원래 법률 용어입니다. 여기에서 '**신문(訊問)**'은 '이미 알고 있는 일이 사실인지 거짓인지 확인하기 위하여 캐물음.'을 뜻합니다. 토론의 종류 중에 '**반대 신문식 토론**'이 있어요. 반대 신문식 토론은 토론 참여자가 정해진 시간과 순서에 질문의 형식으로 상대측 발언의 내용을 검증하며 상대측 주장을 반박하는 방식의 토론을 뜻합니다.

＋ 어휘 더하기 반대 신문식 토론에 쓰이는 어휘

정답과 해설 35쪽

논제 (論題)	토론의 주제로, 반대 신문식 토론에서는 문제에 대한 해결 방안이나 구체적인 실행 방안을 다루는 정책 논제를 주로 다룸.
쟁점 (爭點)	서로 다투는 중심이 되는 지점, 즉 의견을 달리하는 지점.
입론 (立論)	논제에 대한 자신의 주장과 근거를 제시하며 그 주장을 정당화하는 것.
반론 (反論)	상대의 입론을 듣고 논증 구조의 허점을 공격하는 것.

반대 신문식 토론 내용을 읽을 때, 이런 기초 개념들을 모른다면 토론 내용에 집중하기 힘들 수 있습니다. 자주 등장하는 개념들인 만큼 이 정도는 꼭 알아 둘 필요가 있습니다.

● ㉠과 ㉡에 들어갈 적절한 단어를 각각 써 보자.

사회자: 오늘 토론의 ㉠ 은/는 '로봇세를 도입해야 한다.'입니다. 먼저 찬성 측 ㉡ 해 주십시오.

○ 24600-0212

1 밑줄 친 단어의 쓰임이 적절하지 <u>않은</u> 것은?

① 시어의 의미는 일상 언어로 완전히 <u>환언</u>될 수 없다.

② 누나가 동생들에게 재미있는 이야기를 <u>구연</u>으로 들려주었다.

③ 여러분의 이해를 돕기 위해 새 정책에 대하여 <u>부연</u>하겠습니다.

④ 지난해 원만하게 해결된 <u>현안</u>을 토대로 새로운 논의를 시작합시다.

⑤ 그는 자서전을 내기 위해 작가에게 <u>구술</u>한 내용을 받아 적게 하였다.

○ 24600-0213

2 빈칸에 들어갈 적절한 말을 〈보기〉에서 골라 각각 쓰시오.

┤ 보기 ├

여부   유무

(1) 형태소는 자립성의 [   ]에 따라 자립 형태소와 의존 형태소로 구분된다.

(2) 발표 내용에 대한 청중의 이해 [   ]를 확인하는 질문을 하며 발표를 마무리하고 있다.

(3) 지질 피막의 [   ]와 관계없이 다양한 바이러스의 감염 예방을 위해서는 하이포염소산 소듐 등의 산화제가 널리 사용된다.

(4) 디지털 기술을 활용하더라도 문화유산의 종류에 따라 디지털 복원의 가능 [   ]가 다를 것 같은데, 이에 대해서는 구체적으로 밝히지 않은 것 같아.

○ 24600-0214

3 ㉠과 ㉡에 들어가기에 적합한 말끼리 적절하게 짝지은 것은?

청소년기에 부정적인 감정을 유발하는 환경에 자주 노출되면 뇌 성장이 [㉠]된다. 뇌가 제대로 성장하지 않으면 감정을 과잉 표출하거나 위험한 행동을 하게 된다. 우울, 불안, 짜증 등이 지속되면 뇌의 해마가 손상되어 학습에 어려움이 생기고 학업 능력의 [㉡]도 발생할 수 있다.

	㉠	㉡		㉠	㉡
①	침해	저하	②	저하	향상
③	저해	저하	④	저해	향상
⑤	감퇴	폐해			

○ 24600-0215

4 준언어적 표현에 해당하는 것은 '준', 비언어적 표현에 해당하는 것은 '비'라고 쓰시오.

(1) 억양 ·· (　　　　)   (2) 표정 ·· (　　　　)
(3) 손짓 ·· (　　　　)   (4) 말의 빠르기 ···································· (　　　　)
(5) 소리의 높낮이 ···································· (　　　　)

○ 24600-0216

5 다음 상황을 고려할 때 빈칸에 들어갈 관용어로 가장 적절한 것은?

① 양날의 칼   ② 악어의 눈물   ③ 뜨거운 감자
④ 판도라의 상자   ⑤ 새 발의 피

개념어를 알면 **답**이 보인다

○ 24600-0217　　　　　　　　　　　　　　　2018학년도 6월 모평 4번 변형

6 ㉠의 말하기 방식으로 적절한 것은?

> **학생:** 안녕하세요? 학생 발명가이신 선배님께 궁금한 게 많습니다. 먼저 발명이 무엇인지부터 말씀해 주세요.
> **발명가:** 네. 발명은 전에 없던 기술이나 물건을 새롭게 생각하여 만들어 내는 것이라고 할 수 있지요.
> **학생:** ㉠새롭게 생각하여 전에 없던 기술이나 물건을 만든다는 게 쉽지 않은데요, 선배님의 발명품이 궁금해요.

① 구체적 사례를 제시하여 앞의 발화를 보충하고 있다.
② 상대방의 말을 재진술하며 자신의 생각을 드러내고 있다.
③ 상대방이 언급한 정보를 이용하여 다음 내용을 예측하고 있다.
④ 물음의 형식을 활용하여 자신의 요구를 상대방에게 전하고 있다.
⑤ 설명 대상에 대한 과학적 상식을 제시하여 상대방의 흥미를 유발하고 있다.

◈ 문제에 쓰인 단어 중 이해하기 어려운 단어의 뜻을 사전에서 찾아 적어 보자.

● 다음은 반대 신문식 토론의 일부이다. 물음에 답하시오.

2024학년도 6월 모평

사회자: 오늘 토론의 논제는 '규격화된 초보 운전 표지 부착을 의무화해야 한다.'입니다. 먼저 찬성 측 입론해 주십시오.

찬성 1: 얼마 전 초보 운전자의 운전 미숙으로 인해 교통사고가 연이어 발생하면서 초보 운전 표지 의무화에 대한 논의가 본격화되고 있습니다. 현행법에서 초보 운전자는 면허 취득일을 기준으로 정의하는데 이것으로는 면허 취득자의 실제 운전 여부를 파악하기 어렵습니다. 따라서 이번 토론에서는 관련 연구들을 참고하여 초보 운전자를 '자동차 보험 가입 경력 기준 1년 미만자'로 정의하여 입론하겠습니다.

　　초보 운전자는 운전이 서툴기 때문에 사고 위험이 높을 수밖에 없습니다. 초보 운전자의 사고율이 전체 운전자의 평균에 비해 18%p 높다는 통계도 있습니다. 교통사고는 안전과 직결되는 문제이며 생명을 위협할 수 있으므로 일본에서는 1970년대부터 초보 운전 표지 의무 부착 제도를 시행하고 있습니다. 표지를 의무화하여 초보임을 알리는 것은 초보 운전자를 보호할 뿐 아니라 모두의 안전을 위해 반드시 필요합니다.

　　한편 표지의 내용과 형식을 자율에 맡겨 발생하는 문제도 있습니다. 저는 최근에 '초보인데 보태 준 거 있어?'라는 표지를 커다랗게 붙인 차를 봤습니다. 이는 다른 운전자의 불쾌감을 유발하고 또 운전자의 후방 시야를 가려 안전 운전에 방해가 되기 때문에 표현의 자유라는 이유로 정당화될 수 없습니다. 따라서 국가 차원에서 예산을 들여 규격화된 표지를 제작하고 배부해 초보 운전자가 이를 의무적으로 부착하게 해야 합니다.

사회자: 이어서 반대 측에서 반대 신문해 주십시오.

반대 2: 질문에 앞서 방금 찬성 측이 한 발언은 표지 규격화가 표현의 자유를 침해한다는 점을 인정한 것으로 보입니다. 그럼 질문을 드리겠습니다. ㉠초보 운전자 사고율에 대한 통계의 정확한 출처를 알 수 있을까요?

찬성 1: 2022년 국회 입법 조사처에서 발표한 자료입니다.

반대 2: ㉡그 자료에서처럼 초보 운전자의 운전 미숙이 사고의 주요 원인이라면 표지 부착 의무화로 사고가 감소할까요?

찬성 1: 경력 운전자들이 도로 위에서 초보 운전자를 확인하게 되면 이들을 배려하는 태도로 운전할 수 있습니다. 이를 통해 초보 운전자의 사고 위험을 감소시킬 수 있으리라 생각합니다.

반대 2: 배려하는 태도, 중요하죠. 그런데 ㉢일부 경력 운전자들이 표지를 부착한 초보 운전자에 대해 위협 운전을 할 수도 있지 않습니까?

찬성 1: 표지를 보고 위협 운전을 하는 것은 제도로 인한 문제가 아니라 잘못된 운전 문화로 인해 발생한 문제입니다. 그러나 잘못된 운전 문화 역시 표지 부착 의무화를 통해서 바로 잡을 수 있다고 생각합니다.

◆ **낯선 어휘의 뜻**을 사전에서 찾아 적어 보자.

- **부착**: 떨어지지 아니하게 붙음. 또는 그렇게 붙이거나 닮.

◆ **중심 내용** 한눈에 보기

- 논제: 규격화된 초보 운전 표지 부착을 [ ]**❶**해야 한다.

- '찬성 1' 입론

  - 최근 발생한 교통사고 → 논의 본격화

  - [ ]**❷**에 대한 정의

  - 초보 운전자의 운전 미숙 → 사고 위험 높음.

  - 일본의 사례: 1970년대부터 초보 운전 표지 의무 부착 제도 시행

  - 규격화된 표지 제작과 의무 부착의 필요성

◐ 24600-0218

2024학년도 6월 모평 38번

1 **'찬성 1'의 입론에 대한 설명으로 가장 적절한 것은?**

① 핵심 용어를 정의한 후 상대의 동의를 구하고 있다.

② 외국의 사례를 분류하여 논의의 범위를 확장하고 있다.

③ 특정 경험을 활용하여 기존 정책의 목적을 설명하고 있다.

④ 최근 발생한 사건을 언급하여 논의의 필요성을 드러내고 있다.

⑤ 정책이 변화한 과정을 중심으로 논의의 배경을 제시하고 있다.

❥ 문제에 쓰인 단어 중 이해하기 어려운 단어의 뜻을 사전에서 찾아 적어 보자.

◐ 24600-0219

2024학년도 6월 모평 39번 변형

2 **반대 신문의 목적을 고려했을 때, ㉠~㉢에 대한 이해로 적절한 것만을 〈보기〉에서 있는 대로 고른 것은?**

┤ 보기 ├

a. ㉠은 상대가 근거로 인용한 자료가 신뢰할 만한 것인지 출처를 확인하고 있다.

b. ㉡은 초보 운전 표지를 의무적으로 부착하면 사고가 감소한다는 상대의 주장이 타당하지 않음을 지적하고 있다.

c. ㉢은 상대의 주장이 경력 운전자의 입장만 반영하여 공정하지 않음을 지적하고 있다.

① a   ② a, b   ③ a, c

④ b, c   ⑤ a, b, c

* 어휘 공부를 완료한 뒤 체크!

□□ **거론하다**
들 擧, 논의할 論

어떤 사항을 논제로 삼아 제기하거나 논의하다.

예 '반대 1'은 반론에서, 상대방의 주장이 받아들여질 경우 예상되는 문제점을 **거론하며** 상대방의 주장에 대해 반박하고 있다. _2019학년도 9월 모평

친절한 샘 '거론하다'와 유사하게 쓰이는 말 중에 '**언급(言及)하다**'가 있는데, 이는 '어떤 문제에 대하여 말하다.'를 뜻합니다.

□□ **과도하다**
지나칠 過, 정도 度

정도에 지나치다.

예 이는 우리나라 국민이 나트륨을 **과도하게** 섭취하고 있어 1일 나트륨 섭취량의 관리가 시급하기 때문입니다. _2018학년도 9월 모평

친절한 샘 '**과유불급(過猶不及)**'이라는 말 들어 본 적 있나요? 정도를 지나침은 미치지 못함과 같다는 뜻의 한자 성어입니다. 무엇이든 '과(過)'하면 탈이 생길 수 있습니다.

참고 어휘 '지나치다'라는 뜻의 '과(過)'가 들어간 단어

과언(過言)	지나치게 말을 함. 또는 그 말.
과신(過信)	지나치게 믿음.
과열(過熱)	지나치게 뜨거워짐. 또는 그런 열.
과로(過勞)	몸이 고달플 정도로 지나치게 일함.
과민(過敏)	감각이나 감정이 지나치게 예민함.

□□ **미흡하다**
아닐 未, 화할 洽

아직 흡족하지 못하거나 만족스럽지 아니하다.

예 나는 찬성 측 반론을 **미흡하게** 반박한 것 같아 조금 아쉬웠다. _2024학년도 6월 모평

친절한 샘 '미흡하다'와 반대로 '조금도 모자람이 없을 정도로 넉넉하여 만족스러운 상태에 있다.'를 뜻하는 말은 '**흡족(洽足)하다**'입니다.

□□ **관철되다**
꿸 貫, 통할 徹

어려움에도 꺾이지 않고 목적이 기어이 이루어지다.

예 자신의 주장이 **관철되었을** 때의 기대 효과를 제시하여 주장의 정당성을 입증한다. _2019학년도 9월 모평

친절한 샘 '관(貫)'이 들어간 단어 몇 개 더 알아볼까요? '**관통(貫通)**'은 '꿰뚫어서 통함.'을 뜻합니다. '**일관성(一貫性)**'은 '방법이나 태도 따위가 한결같은 성질.'을 뜻하며, '일 따위를 처음부터 끝까지 한결같이 함.'을 '**시종일관(始終一貫)**'이라고 하죠.

□□ **독려하다**
살필 督, 힘쓸 勵

감독하며 격려하다.

예 국가유산 관련 캠페인으로 청소년의 참여를 **독려하는** 방안도 고려할 수 있다. _2025학년도 6월 모평

친절한 샘 헷갈릴 수 있는 말로 '**독촉(督促)하다**'가 있는데, 이 말은 '일이나 행동을 빨리하도록 재촉하다.'를 뜻합니다.

□□ **순차적**
순서 順, 버금 次, 어조사 的

순서를 따라 차례대로 하는 (것).

예 건물 내부와 외부에 조성될 공간의 구체적 모습을 방문객의 동선에 따라 **순차적**으로 제시 _2022학년도 6월 모평

친절한 샘 '순차적'과 달리 '일정한 기준이나 원칙 없이 하고 싶은 대로 하는 (것).'을 뜻하는 말로 '**임의적(任意的)**', '**자의적(恣意的)**'이 있습니다.

□□ **생소하다**
날 生, 멀 疏

어떤 대상이 친숙하지 못하고 낯이 설다.

예 청중이 **생소하게** 느낄 만한 우리말의 의미를 풀이해서 제시해야겠다. _2024학년도 6월 모평

친절한 쌤 '생소하다'와 반대로 '어떤 대상을 자주 보거나 겪어서 처음 대하지 않는 느낌이 드는 상태에 있다.'를 뜻하는 말은 '**익숙하다**'입니다.

□□ **유보하다**
머무를 留, 보전할 保

어떤 일을 당장 처리하지 아니하고 나중으로 미루어 두다.

예 ㉡은 ㉠ 직전의 '학생 3'이 말한 내용에 담긴 의견의 핵심을 재진술하면서 그 의견에 대해 동의를 **유보한다**. _2022학년도 수능

친절한 쌤 한자를 앞뒤로 바꾼 '**보류(保留)하다**'도 같은 뜻으로 쓰이는 말입니다. 헷갈릴 수 있는 말로 '**유예(猶豫)하다**'가 있는데, 이 말은 '일을 결행하는 데 날짜나 시간을 미루다.'를 뜻합니다. 여기에서 오상원의 소설 「유예」가 떠올랐다면 실력 인정!

□□ **환기하다**
부를 喚, 일어날 起

주의나 여론, 생각 따위를 불러일으킴.

예 청중의 관심을 끌기 위해 화제와 관련한 청중의 경험을 **환기하고** 있다. _2025학년도 6월 모평

친절한 쌤 이 말과 종종 혼동하여 쓰이는 단어 중에 '**상기(想起)하다**'가 있는데, 이는 '지난 일을 돌이켜 생각하여 내다.'를 뜻합니다. 실내 공기가 탁할 때 창문을 열어 '**환기(換氣)**'하죠? 한자가 달라요. 이 말은 문자 그대로 '탁한 공기를 맑은 공기로 바꿈.'을 뜻합니다.

□□ **전환하다**
구를 轉, 바꿀 換

다른 방향이나 상태로 바꾸다.

예 준언어적 표현을 조절하여 화제를 **전환하고** 있다. _2024학년도 6월 모평

친절한 쌤 '다른 방향이나 상태로 바뀌는 시기.'를 '**전환기(轉換期)**'라고 합니다. '전환하다'와 유사하게 '달라져서 바뀌다. 또는 다르게 하여 바꾸다.'를 뜻하는 말로 '**변환(變換)하다**'가 있습니다.

＋ 어휘 더하기　'돌'이 비유어로 쓰이면?

정답과 해설 36쪽

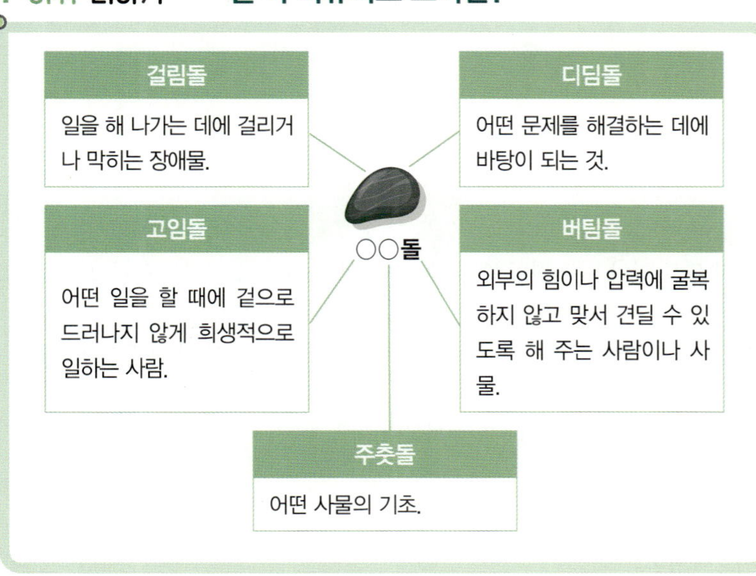

돌은 우리 주변에서 흔히 볼 수 있는 사물입니다. 그 속성이나 쓰임에 맞는 다양한 이름을 갖고 있기도 하죠. 그리고 자주 접하는 대상인 만큼 비유의 대상으로도 많이 쓰이고 있습니다.

● ㉠과 ㉡에 들어갈 적절한 말을 적어 보자.

다문화 사회는 사회 발전을 가로막는 [㉠] 돌이 아니라 더 나은 미래로 나아가는 [㉡] 돌입니다.

◐ 24600-0220

1 빈칸에 들어가기에 적절한 말의 기본형을 〈보기〉에서 각각 찾아 쓰시오.

┤ 보기 ├

관철되다   독려하다   생소하다   유보하다   전환하다

(1) 우리는 상황이 혼란스러워 판단을 [　　　　] 채 고민에 빠졌다.

(2) 아버지는 오랜 고민 끝에 세탁소에서 식당으로 업종을 [　　　　].

(3) 노조는 자신들의 주장이 [　　　　] 때까지 파업을 계속하기로 결정했다.

(4) 할아버지는 최신 스마트폰의 다양한 기능들이 [　　　　] 오히려 불편하다고 하셨다.

◐ 24600-0221

2 밑줄 친 '과(過)'의 의미가 나머지와 <u>다른</u> 것은?

① 사춘기인 동생은 작은 일에도 <u>과</u>민(過敏)하게 굴면서 화를 내곤 한다.

② 그는 늦게나마 지난날의 <u>과</u>오(過誤)를 뉘우치며 뜨거운 눈물을 흘렸다.

③ 결승전에서 선수들은 <u>과</u>도(過度)한 몸싸움을 벌여 여러 차례 경고를 받았다.

④ 그는 <u>과</u>소비(過消費)를 줄이기 위해 신용 카드의 사용 한도를 최저로 설정하였다.

⑤ 저 음악가는 세계 제일이라고 해도 <u>과</u>언(過言)이 아닐 정도로 실력이 매우 뛰어나다.

◐ 24600-0222

3 다음 대화에서 밑줄 친 말과 의미가 같은 말은?

> 학생 1: 의류 수거함 관리 문제가 심각한 것 같아.
>
> 학생 2: 맞아. 의류 수거함 주변이 쓰레기장이 되고 있어. 수거함에 수거 대상이 아닌 물품과 쓰레기들도 많고. 너는 수거함이 그렇게 된 원인이 뭐라고 생각해?
>
> 학생 1: 얼마 전 신문 기사를 봤는데 ○○시에서도 비슷한 문제가 있었지만 시청이 적극 노력해서 잘 해결했다는 걸 보면 우리 시청의 대처가 <u>만족스럽지 않다고</u> 볼 수 있어.
>
> 학생 2: 그러니까 네 말은 우리 시청이 적극적으로 나서지 않은 게 원인이라는 거지?

① 미진하다고　　　　② 미비하다고　　　　③ 미숙하다고

④ 미흡하다고　　　　⑤ 미정하다고

4 ○ 24600-0223

다음은 학생의 발표 내용 일부와 이에 대한 평가이다. 빈칸에 들어갈 말로 가장 적절한 것은?

> 발표자: 안녕하세요? 오늘 발표를 맡은 ○○○입니다. 개똥쑥에서 말라리아 치료 성분을 발견했다는 지난주 특강 내용 기억나시나요? (청중의 대답을 듣고) 네, 인류를 살리는 식물에 관한 얘기였죠. 이런 식물이 지구상에서 사라진 상황, 상상이 되시나요?
>
> [평가] 청중과 공유하고 있는 경험을 언급하여 청중의 주의를 [   ] 있다.

① 환기하고　　　　　　② 격려하고　　　　　　③ 유지하고
④ 거론하고　　　　　　⑤ 일관하고

5 ○ 24600-0224

밑줄 친 단어의 쓰임이 적절하지 <u>않은</u> 것은?

① ○○ 조선소는 우리 지역 경제의 <u>주춧돌</u>이라고 할 수 있다.
② 경제 협력의 <u>걸림돌</u>을 제거하기 위한 막바지 협상에 들어갔다.
③ 그는 어떤 일이나 <u>고임돌</u>의 역할을 할 정도로 앞에 나서기 좋아한다.
④ 그의 아버지는 자식들이 곤경에 처해 있을 때마다 언제나 <u>버팀돌</u>이 되어 주셨다.
⑤ 남북 정상의 첫 만남은 민족의 염원을 풀어 가는 귀중한 <u>디딤돌</u>이 되어 줄 것이다.

개념어를 알면 답이 보인다

6 ○ 24600-0225　　　2019학년도 9월 모평 4번 변형

'반대 1'의 말하기 방식에 대한 설명으로 적절한 것은?

▶ 문제에 쓰인 단어 중 이해하기 어려운 단어의 뜻을 사전에서 찾아 적어 보자.

> 찬성 1: 우리 학교는 단순 다수제로 학생회장을 선출하고 있습니다. 그런데 학생들의 투표율이 낮아, 선출된 학생회장의 대표성에 대해 논란이 제기되고 있습니다. 이를 해결하기 위해 학생회장 선거에 결선 투표제를 도입해야 한다고 생각합니다.
>
> (중략)
>
> 사회자: 반대 측 첫 번째 토론자 반론해 주십시오.
>
> 반대 1: 결선 투표제는 선거에 대한 관심을 유발할 수는 있지만, 후보자들 간의 담합이 발생할 수 있습니다. 따라서 이것은 진정한 민주적 합의라고 보기 어렵습니다.

① 상대방이 제기하는 문제점을 해결할 수 있는 대안으로 사례를 제시하고 있다.
② 상대방이 지적한 내용을 수용하여 자신의 생각이 잘못되었음을 인정하고 있다.
③ 상대방이 제기한 문제점의 원인을 다양하게 분석해 자신의 주장을 강조하고 있다.
④ 상대방이 한 말을 언급하며 질문함으로써 자신이 원하는 답변을 이끌어 내고 있다.
⑤ 상대방의 주장이 받아들여질 경우 예상되는 문제점을 거론하며 상대방의 주장에 대해 반박하고 있다.

● 다음은 학생의 발표이다. 물음에 답하시오.　　　　　　　2024학년도 수능

　　여러분, 물고기가 눈을 감는 모습을 상상해 봅시다. (청중의 반응을 살피며) 잘 떠오르지 않으시죠? 일반적으로 물고기는 눈꺼풀이 없어 눈을 감지 못합니다. 물에 사니 눈을 촉촉하게 하고 이물질을 제거해 주는 역할을 하는 눈꺼풀이 필요 없는 거죠. 그런데 사람의 눈꺼풀처럼 눈을 덮어 주는 피부가 있어, 눈을 개폐하는 물고기가 있다고 합니다. 오늘은 그 물고기에 대해 발표하겠습니다.

　　바다와 갯벌을 오가는 말뚝망둑어를 소개해 드리죠. 화면을 봅시다. (자료 제시) 동영상에 보이는 것처럼 말뚝망둑어가 눈을 닫을 때 위로 볼록 솟아 있는 눈이 아래의 구멍으로 들어가고, 이어서 눈 아래 피부가 올라와 눈을 덮어 줍니다. 함몰된 눈이 다시 올라오면 피부가 내려가서 눈이 열리죠. 말뚝망둑어의 눈 구조에 대해 말씀드릴게요. (자료 제시) 말뚝망둑어와 물속에서만 사는 둥근망둑어의 안구와 눈 근육을 각각 그린 그림입니다. 말뚝망둑어 눈 근육은 둥근망둑어에 비해 그 기울기가 훨씬 가파릅니다. 이로 인해 눈 근육이 수직 방향으로 수축하며 안구를 아래로 잡아당길 수 있죠. 그래서 말뚝망둑어는 둥근망둑어와 달리 눈을 닫을 수 있습니다. 한 연구에 따르면 말뚝망둑어 눈의 개폐는 사람의 눈 깜빡임과 같은 역할을 수행하며, 이를 통해 갯벌에서도 살아갈 수 있다고 합니다.

　　민물고기 꾸구리도 말뚝망둑어처럼 눈을 개폐합니다. 다만 차이는 눈이 좌우로 개폐된다는 거죠. (자료 제시) 나란히 놓인 두 사진이 보이시죠? 왼쪽 사진은 밝은 곳에서 꾸구리가 눈으로 들어오는 빛을 줄이기 위해 눈 양옆의 피부로 눈을 덮은 모습입니다. 오른쪽 사진에서는 어두운 곳에서 꾸구리의 눈이 활짝 열린 것을 확인할 수 있죠. 꾸구리의 눈 양옆 피부는 눈으로 들어오는 빛의 양을 조절하는 역할을 하는 겁니다. 그렇다면 꾸구리는 낮과 밤 중 언제 주로 활동할까요? (대답을 듣고) 맞습니다. 밤이죠. 야행성인 꾸구리는 어두운 밤에 먹이를 잘 찾을 수 있도록 눈을 여는 겁니다.

　　오늘 발표 내용 잘 이해되었나요? 말뚝망둑어와 꾸구리는 모두 눈을 개폐하지만, 그 양상과 역할은 각각 다르죠. 특별한 두 물고기에 대해 알게 된 유익한 시간이 되었길 바랍니다.

◆ **낯선 어휘의 뜻**을 사전에서 찾아 적어 보자.

• 이물질: 정상적이 아닌 다른 물질.

중심 내용 한눈에 보기

• 발표 제재 소개: 눈을 [　　]❶하는 물고기

말뚝망둑어	꾸구리
- 눈이 상하로 개폐 - 사람의 눈 깜빡임과 같은 역할 수행(눈을 촉촉하게 함. [　　]❷ 제거) - 갯벌에서 생존 가능	- 눈이 [　　]❸로 개폐 - 눈으로 들어오는 빛의 양 조절 역할 - 어두운 밤에 먹이 활동(야행성)

○ 24600-0226　　　　　　　　　　　　　　2024학년도 수능 35번

1　**위 발표자의 말하기 방식으로 가장 적절한 것은?**

① 청중의 이해를 돕기 위해 전문 용어의 개념을 정의한다.

② 청중의 요청에 따라 발표 내용에 대한 정보를 추가한다.

③ 청중이 내용을 예측하며 듣도록 발표 진행 순서를 안내한다.

④ 청중의 참여를 이끌어 내기 위해 질문을 하고 청중의 반응을 확인한다.

⑤ 청중과 공유하는 기억을 환기하여 발표 주제를 선정하게 된 계기를 밝힌다.

❯ 문제에 쓰인 단어 중 이해하기 어려운 단어의 뜻을 사전에서 찾아 적어 보자.

○ 24600-0227　　　　　　　　　　　　　　2024학년도 수능 36번

2　**다음은 발표를 준비하며 참고한 내용이다. ㉠~㉢을 구체화한 발표 계획 중 발표에 반영되지 <u>않은</u> 것은?**

> • 청중 분석
> 　– 청중의 요구, 배경지식, 청중과의 관련성 등
> • 발표의 구성
> 　– 도입부: 청중의 관심 유발 ·························· ㉠
> 　– 전개부: 효과적인 정보 전달을 위한 내용 조직 ·········· ㉡
> 　　　　　　전달할 내용에 알맞은 자료 활용 ·········· ㉢
> • 정리부: 내용 요약 및 강조

① ㉠: 청중의 관심을 끌기 위해 물고기에게서 흔히 보기 어려운 모습을 떠올리도록 청중에게 요청해야겠어.

② ㉡: 말뚝망둑어 눈의 개폐 과정을 드러내기 위해 눈과 눈 아래 피부의 움직임을 순서대로 설명해야겠어.

③ ㉡: 말뚝망둑어 눈의 개폐가 가능한 이유를 설명하기 위해 말뚝망둑어와 둥근망둑어의 눈 근육을 비교하여 말해야겠어.

④ ㉢: 두 물고기의 눈 개폐 양상을 보여 주기 위해 말뚝망둑어의 동영상과 꾸구리의 사진을 제시해야겠어.

⑤ ㉢: 꾸구리 눈이 개폐된 모습의 차이를 드러내기 위해 두 사진을 화면에 순차적으로 제시해야겠어.

* 어휘 공부를 완료한 뒤 체크!

☐☐ **기여하다**
부칠 寄, 줄 與

도움이 되도록 이바지하다.

예 불량 식품 적발 유형 중 이물 검출 사례가 가장 많았는데, 이 제도는 이물 검출 문제를 해결하는 데 **기여할** 것으로 보인다. _2024학년도 9월 모평

(친절한 쌤) '기여하다'와 비슷하게 '힘을 써 이바지하다.'라는 뜻을 지닌 단어로 '**공헌(貢獻)하다**'가 있습니다. 두 단어의 뜻에 공통으로 쓰인 '**이바지하다**'는 '도움이 되게 하다.'를 뜻하는 순우리말입니다.

☐☐ **부각하다**
뜰 浮, 새길 刻

어떤 사물을 특징지어 두드러지게 하다.

예 대조를 통해 두 인물 간의 차이를 **부각하고** 있다. _2024학년도 6월 모평

(친절한 쌤) '부각'은 미술 용어로, 조각에서 평평한 면에 글자나 그림 따위를 도드라지게 새기는 일을 뜻하는 말입니다. 이처럼 '부각하다'는 어떤 대상의 특징을 두드러지게 하는 것을 뜻해요.

☐☐ **부합하다**
부신 符, 합할 合

사물이나 현상이 서로 꼭 들어맞다.

예 교실 밖에서 이루어지는 관찰 활동의 긍정적 효과를 행사의 취지에 **부합하는** 내용으로 바꾸는 게 어때? _2023학년도 수능

(친절한 쌤) 나뭇조각이나 두꺼운 종이에 글자를 기록하고 도장을 찍은 뒤에, 두 조각으로 쪼개어 나누어 가진 후 나중에 서로 맞추어서 증거로 삼던 물건을 '**부신(符信)**'이라고 합니다. 일종의 '**신표(信標)**'였던 셈이죠. 부신을 서로 합치면 꼭 들어맞듯 사물이나 현상이 서로 꼭 들어맞는 것을 '부합'이라고 합니다. 이와 뜻이 같은 단어로 '**동부(同符)하다**'가 있어요. 어디선가 본 것 같죠? 「용비어천가」 1장에 '고성(古聖)이 동부(同符)ᄒ시니'라는 구절이 나오는데, 그 뜻은 '(중국의) 옛 성군들이 한 일과 꼭 들어맞으시니'입니다.

▲ 부신

☐☐ **맥락**
줄기 脈, 이을 絡

사물 따위가 서로 이어져 있는 관계나 연관.

예 (가)의 작문 **맥락**을 파악한 내용으로 가장 적절한 것은? _2022학년도 수능

(친절한 쌤) 어휘력이 부족한 학생이라 하더라도 글의 맥락만 잘 살피면 잘 모르는 단어의 의미를 짐작해 낼 수 있습니다. 그만큼 독해에서는 글의 흐름을 놓치지 않는 것이 중요합니다. 화법과 작문에서는 '맥락'을 담화나 글을 수용하거나 생산하는 활동에 작용하는 배경이라고 설명하고 있습니다.

(참고 어휘) **화법과 작문의 맥락**

상황 맥락	주제, 목적, 화자(필자), 청자(독자), 담화(글)의 유형, 활용 매체 등
사회·문화적 맥락	역사적·사회적 상황, 공동체의 가치관이나 신념 등

☐☐ **제안**
걸 提, 안건 案

안이나 의견으로 내놓음. 또는 그 안이나 의견.

예 '친구 1'의 **제안**을 고려해 직전 문단과 이어지도록, 지자체에 활동 프로그램의 개발을 촉구하는 문장을 추가하였다. _2025학년도 6월 모평

(친절한 쌤) '제안'과 유사한 뜻을 가진 말로 '**제언(提言)**'이 있는데, 이는 '의견이나 생각을 내놓음. 또는 그 의견이나 생각.'을 뜻합니다. 의견뿐만 아니라 문제를 내어놓을 때는 '**제기(提起)**'라고 합니다.

□□ **가독성**

옳을 **可**, 읽을 **讀**, 성질 **性**

인쇄물이 얼마나 쉽게 읽히는가 하는 능률의 정도.

예 글의 **가독성**을 고려하여 긴 문장을 두 문장으로 나누어 간결하게 표현하기 위해 _2020학년도 6월 모평

친절한샘 가독성은 글씨체와 글자 간격, 줄 사이 간격, 띄어쓰기 등에 따라 달라집니다. 얼마나 읽기 쉬운가의 정도를 가독성이라고 한다면, 그 이전에 특정 형태가 다른 형태와 얼마나 명확히 구별되는가의 정도를 '**판독성(判讀性)**'이라고 합니다.

□□ **시급성**

때 **時**, 급할 **急**, 성질 **性**

시각을 다툴 만큼 절박하고 급한 상태의 성질.

예 학교 공간의 중요성에 대한 질문을 반복하여 문제 해결의 **시급성**을 드러낸다. _2024학년도 6월 모평

친절한샘 뜻풀이에 쓰인 '**절박(切迫)하다**'는 '어떤 일이나 때가 가까이 닥쳐서 몹시 급하다.'를 뜻합니다. '시급성'은 일반적으로 빠른 문제 해결을 요구하는 상황에서 쓰입니다.

□□ **당위성**

마땅할 **當**, 할 **爲**, 성질 **性**

마땅히 그렇게 하거나 되어야 할 성질.

예 예상 독자 면에서, (다)는 문제 해결의 **당위성**을 강조하기 위해 지역 공동체의 모든 구성원을 독자로 상정하고 있다. _2022학년도 6월 모평

친절한샘 '당위성'이 힘을 얻기 위해서는 '**정당성(正當性)**'이 필요할 텐데요, '정당성'은 '사리에 맞아 옳고 정의로운 성질.'을 뜻합니다.

□□ **보완하다**

기울 **補**, 완전할 **完**

모자라거나 부족한 것을 보충하여 완전하게 하다.

예 〈보기〉는 초고를 **보완하기** 위해 추가로 수집한 자료이다. _2024학년도 수능

친절한샘 '**보충(補充)**'은 완전하지는 않더라도 '부족한 것을 보태어 채움.'을 뜻합니다. 참고로 '**보수(補修)**'는 '건물이나 시설 따위의 낡거나 부서진 것을 손보아 고침.'을 뜻합니다.

+ 어휘 더하기 '순(順)'과 '역(逆)'

정답과 해설 38쪽

순(順)	역(逆)
순기능(順機能)	**역기능(逆機能)**
본래 목적한 대로 작용하는 긍정적인 기능.	본래 의도한 것과 반대로 작용하는 기능.
순접(順接)	**역접(逆接)**
'그리고', '그래서', '그러니까', '그러므로' 등으로 이어지는 접속 방법.	'그러나', '하지만', '반면' 등으로 이어지는 접속 방법.
순풍(順風)	**역풍(逆風)**
배가 가는 쪽으로 부는 바람.	배가 가는 반대쪽으로 부는 바람.

'순(順)'은 '좇다, 따르다'를, '역(逆)'은 '거스르다'를 뜻합니다. 이것만 알아도 '순행(順行) – 역행(逆行)', '순리(順理) – 역리(逆理)' 등과 같이 '순'과 '역'이 포함된 단어의 뜻을 파악하고 관계를 파악하는 데 많은 도움을 받을 수 있습니다.

● **다음 글에서 ㉠과 ㉡에 들어갈 적절한 말을 써 보자.**

사회 관계망 서비스[SNS]는 다양한 정보를 공유하고 사람들의 친목을 도모하는 '　㉠　기능'이 있지만, 허위 정보가 유통되거나, 중독으로 학업에 부정적 영향을 끼치는 '　㉡　기능'도 있다.

● 24600-0228

1 다음 밑줄 친 말을 통칭하는 단어로 가장 적절한 것은?

> 글을 쓸 때에는 글의 주제와 예상 독자, 글의 유형, 활용하고자 하는 매체의 특성 등을 종합적으로 고려해야 한다.

① 동기 ② 맥락 ③ 제재
④ 구성 ⑤ 개요

● 24600-0229

2 빈칸에 들어가기에 가장 적절한 단어를 〈보기〉에서 각각 찾아 쓰시오.

┤ 보기 ├

가독성   시급성   시사성   당위성

(1) 당국은 빨리 해결해야만 하는 사안의 [   ]을 감안하여 감사를 서두르기로 하였다.

(2) 이 책은 글씨가 클 뿐만 아니라 줄 간격이 넓고 그림이 많아서 [   ]이 높다.

(3) 모두가 유행을 따라간다고 해서 나도 유행을 좇아가야 한다는 [   ]은 없다.

● 24600-0230

3 밑줄 친 말과 바꿔 쓰기에 가장 적절한 것은?

(1)
> 사극에서 상상력은 역사적 사실에 부합하는 범위에서 역사적 사실들 간의 유기성을 부여하는 데 활용해야 한다.

① 비슷한 ② 어긋난 ③ 들어맞는
④ 모아지는 ⑤ 뒤따르는

(2)
> 불량 식품 적발 유형 중 이물 검출 사례가 가장 많았는데, 이물 보고 의무화 제도는 이물 검출 문제를 해결하는 데 이바지할 것으로 보인다.

① 신중(愼重)할 ② 부각(浮刻)할 ③ 충분(充分)할
④ 피력(披瀝)할 ⑤ 기여(寄與)할

● 24600-0231

4 다음 국어사전의 빈칸에 공통으로 들어갈 단어로 가장 적절한 것은?

> **보완(補完)** [보ː완]
> 「명사」 모자라거나 부족한 것을 [   ]하여 완전하게 함.
>
> **보강(補講)** [보ː강]
> 「명사」 결강이나 휴강 따위로 빠진 강의를 [   ]함. 또는 그렇게 빠진 강의를 [   ]하는 강의.
>
> **보상(補償)** [보ː상]
> 「명사」「3」『심리』 신체적으로나 정신적으로 열등함을 의식할 때, 다른 측면의 일을 잘 해냄으로써 그것을 [   ]하려는 마음의 작용.

① 충전　　　　　　② 보충　　　　　　③ 결핍
④ 극복　　　　　　⑤ 대비

개념어를 알면 **답**이 보인다

● 24600-0232

2021학년도 9월 모평 7번 변형

5 다음을 모두 반영하여 작성한 내용으로 가장 적절한 것은?

❥ 문제에 쓰인 단어 중 이해하기 어려운 단어의 뜻을 사전에서 찾아 적어 보자.

> **[글쓰기 과정에서의 자기 점검]**
> 　산림 치유 프로그램에 참여하기 전과 후의 내 마음 상태를 모두 표현하여 체험의 의미가 부각되도록 해야겠어. 그리고 삶의 자세에 대한 다짐을 나타내야지.

① 주말에 집에만 틀어박혀 지내던 나는 이제 주말이 오면 종종 숲으로 향한다. 숲이 내가 믿고 기댈 수 있는 친구가 되었기 때문이다.

② 고민거리를 지니고 있던 나는 나무와 대화를 나눈 후 마음의 짐을 덜어 낼 수 있었다. 산림 치유의 효과를 실감한 뜻깊은 시간이었다.

③ 인터뷰에서 알게 된 산림 치유 프로그램을 직접 경험해 보니 정말 만족스러웠다. 앞으로 힘든 일이 생길 때마다 숲을 찾아가 숲의 응원을 받고 와야겠다.

④ 이제 나는 집에 돌아와 다시 일상을 보내고 있다. 나를 따뜻하게 맞아 주던 숲을 기억하면서 나도 다른 사람들에게 향기로운 사람이 되려고 노력할 것이다.

⑤ 성격 때문에 속상해하던 나는 나무와 대화를 나누고 나서, 속상했던 마음이 풀리고 내 성격을 인정하게 되었다. 이제 내 모습을 아끼며 살아갈 것이다.

● (가)는 기획 기사를 연재 중인 학교 신문의 일부이고, (나)는 학생이 작성한 〈2편〉의 초고이다. 물음에 답하시오. [2024학년도 6월 모평]

(가) 학교 신문의 일부

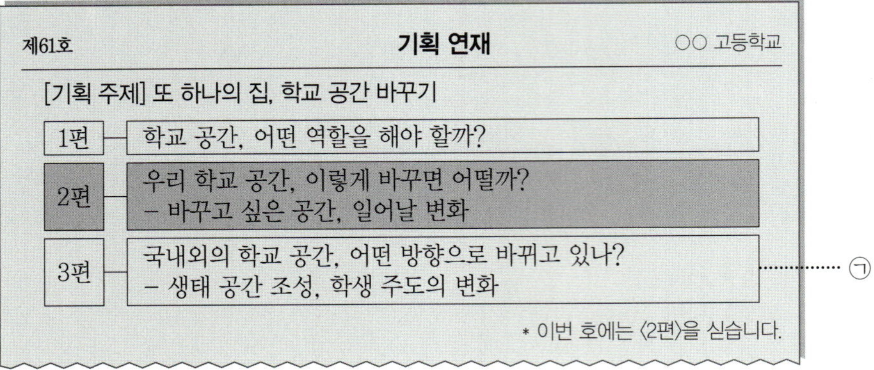

(나) 〈2편〉의 초고

　학교는 학생들이 집 다음으로 오랜 시간 생활하는 공간으로 제2의 집이라 할 수 있다. 그런데 학교를 생각하면 네모난 교실에서 칠판을 향해 앉아 있는 학생들이 떠오른다. 학교는 학습 기능을 수행하는 효율적 공간임에 틀림없지만, 지적 성장을 위한 공간뿐만 아니라 정서적 안정과 사회적 성장을 위한 공간도 필요하다. 하지만 우리 학교는 학습을 위한 공간에 집중되어 있어 아쉽다. 그래서 3층과 4층에서 현재 사용하지 않는 서편 끝 교실을 새롭게 바꿀 것을 제안한다.

　먼저 학교에서 가장 높은 곳에 있으며 바깥 풍경이 아름답고 조용한 4층 교실을 '사색의 방'으로 만들었으면 한다. 이곳은 통창을 설치해 산과 하늘을 볼 수 있도록 하고 창가 의자에 앉아 쉬며 사색할 수 있는 공간으로 바꾼다. 창을 통해 자연을 느끼며 안정을 찾고 성찰의 시간을 보낼 수도 있다. 이 공간은 집기로 채우지 않고 편안한 음악 소리로 채우되, 인공조명은 최소화한다. 마음을 다독일 수 있는 이 방은 정서적 안정을 위한 곳으로서 학생들이 머물고 싶은 공간이 될 것이다.

　3층 교실은 '어울림의 방'으로 만들었으면 한다. 이곳은 교실과 복도 사이의 벽을 없애 누구나 드나들기 쉽도록 한다. 또 바닥은 자유롭게 앉거나 누워 즐겁게 이야기할 수 있는 공간으로 바꾼다. 모퉁이 공간을 활용하여 친한 친구들끼리 소모임을 할 수 있도록 하면 서로의 고민을 터놓을 수도 있다. 친구들과 어울리며 관계를 형성하는 이 방은 사회적 성장을 위한 곳으로서 학생들이 또 오고 싶은 공간이 될 것이다.

　학생들이 바라는 이런 공간이 우리 학교에 생긴다면 학교생활이 얼마나 행복할까? 정서적 안정과 사회적 성장을 위한 학교 공간의 조성으로 나의 생각은 커가고 친구들과 어울리며 행복을 느낄 수 있을 것이다. 이런 변화는 학업에도 더욱 열중할 수 있는 동력이 되며 학교에 대한 자부심도 느끼게 할 것이다.

◆ **낯선 어휘의 뜻**을 사전에서 찾아 적어 보자.

• 지적 성장: 지식이나 지성이 점점 발전함.

◆ **중심 내용 한눈에 보기**

- 학교 공간 바꾸기의 필요성
  - 학교: 지적 성장을 위한 공간 + ☐ ❶ 안정과 사회적 성장을 위한 공간
- 구체적 안
  ┌ 4층 서편 끝 교실: 사색의 방 → 정서적 안정을 위한 공간
  └ 3층 서편 끝 교실: ☐ ❷의 방 → 사회적 성장을 위한 공간
- 기대 효과
  - 나의 생각은 커가고 친구들과 어울리며 행복을 느낄 수 있을 것 + 학업에 더욱 열중 + 학교에 대한 자부심을 느끼게 할 것

1

◑ 24600-0233　　　　2024학년도 6월 모평 43번

'초고'에 활용된 쓰기 전략으로 가장 적절한 것은?

① 우리 학교와 다른 학교 공간의 구조를 비교하여 실태를 부각한다.
② 공간이 조성되었을 때의 모습을 가정하여 기대되는 효과를 제시한다.
③ 학교의 기능이 변화해 온 과정을 분석하여 공간 개선의 필요성을 강조한다.
④ 학교 공간의 중요성에 대한 질문을 반복하여 문제 해결의 시급성을 드러낸다.
⑤ 공간의 이동에 따라 각 공간의 문제점을 나열하여 공간별 개선 방안을 제안한다.

➡ 문제에 쓰인 단어 중 이해하기 어려운 단어의 뜻을 사전에서 찾아 적어 보자.

2

◑ 24600-0234　　　　2024학년도 6월 모평 45번

〈보기〉를 반영하여 ㉠의 1문단을 다음과 같이 작성했다고 할 때, ⓐ~ⓔ 중 적절하지 않은 것은?

┤ 보기 ├

편집부장: 기획 연재의 〈3편〉을 작성하려고 해. 1문단은 도입 문단의 성격을 살려서 〈2편〉 초고의 핵심 내용과 〈3편〉 표제, 부제의 내용이 드러나도록 작성하자.

　　학교 공간에 변화의 바람이 불고 있다. 지난 호에서는 ⓐ학습 공간 외에 학생들이 이용할 수 있는 사색의 공간, 어울림의 공간을 구상해 보았다. ⓑ공간의 변화는 학생들이 학교를 자랑스럽게 느끼도록 하며, 학업에도 긍정적인 영향을 미칠 것이다. 이에 ⓒ학교 공간 조성에 관심이 있는 학부모, 지역 사회의 참여가 요구된다. 나아가 최근 ⓓ국내외의 많은 학교들은 학생들이 자연을 가까이에서 느낄 수 있도록 생태 공간을 조성하고 있다. 이 과정에 ⓔ학생들이 학교 공간의 문제점을 찾거나 공간을 바꾸는 데 중심 역할을 하고 있다. 이번 호에서는 이러한 변화의 흐름을 국내외의 사례를 통해 살펴보고자 한다.

① ⓐ　　　② ⓑ　　　③ ⓒ　　　④ ⓓ　　　⑤ ⓔ

작문 (2)

응집성

엉길 **凝**, 모일 **集**, 성질 **性**

❶ 한군데에 엉겨서 뭉치는 성질.
❷ 글을 이루는 문장들이 형식상 특정한 장치에 의해 연결되는 원리.

예 글의 **응집성**을 고려하여 맥락에 적합하지 않은 담화 표지를 수정하기 위해 _2020학년도 6월 모평

친절한 샘 응집성은 글의 형식적 구성 요건에 해당합니다. 응집성을 판단할 때에는 글에서 지시어, 연결어가 적절히 사용되었는지, 중심 내용과 뒷받침 내용의 연결이 분명히 드러나 있는지 등을 따져 봐야 합니다.

통일성

거느릴 **統**, 하나 **一**, 성질 **性**

❶ 다양한 요소들이 있으면서도 전체가 하나로서 파악되는 성질.
❷ 글의 내용이 하나의 주제로 긴밀하게 연결되는 원리.

예 글의 **통일성**을 해치는 문장이 있으니 이를 삭제 _2020학년도 수능

친절한 샘 응집성이 글의 형식적 구성 요건이라면 통일성은 내용적 구성 요건에 해당합니다. 통일성을 판단할 때는 글의 주제에서 벗어난 내용은 없는지, 각 부분이 위계적으로 주제를 잘 뒷받침하는지를 따져 봐야 합니다.

절충안

꺾을 **折**, 속마음 **衷**, 안건 **案**

두 가지 이상의 안을 서로 보충하여 알맞게 조절한 안.

예 [B]에서 '부원 1'은 직전 발화를 재진술하며 새로운 **절충안**을 제시하고 있다. _2025학년도 6월 모평

친절한 샘 '**절충하다**'는 '서로 다른 사물이나 의견, 관점 따위를 알맞게 조절하여 서로 잘 어울리게 하다.'를 뜻합니다. '안(案)'은 우리말에서 계획이나 생각, 안건 등을 뜻할 때 자주 쓰입니다.

참고 어휘 '안(案)'이 쓰인 말

대안(代案)	어떤 안(案)을 대신하는 안.
방안(方案)	일을 처리하거나 해결하여 나갈 방법이나 계획.
복안(復案)	겉으로 드러내지 아니하고 마음속으로만 생각함. 또는 그런 생각.
제안(提案)	안이나 의견으로 내놓음. 또는 그 안이나 의견.

비약적

날 **飛**, 뛸 **躍**, 어조사 **的**

지위나 수준 따위가 갑자기 빠른 속도로 높아지거나 향상되는 (것).

예 로봇 기술의 발전에 따라 로봇의 생산 능력이 **비약적**으로 향상되고 있다. _2019학년도 수능

친절한 샘 나는 듯이 높이 뛰어오르는 것을 뜻하는 '비약(飛躍)'은 지위나 수준과 관련해 쓰일 때는 긍정적 의미로 쓰이지만, 논리나 사고방식과 관련해 쓰일 때는 부정적 의미로 쓰입니다. 예를 들어, '논리의 비약이 심하다.'에서 '비약'은 '논리나 사고방식 따위가 그 차례나 단계를 따르지 아니하고 뛰어넘음.'을 뜻합니다. 참고로, 더 높은 단계로 발전하는 것을 비유적으로 이르는 말은 '**도약(跳躍)**'입니다.

대체하다

대신할 **代**, 바꿀 **替**

다른 것으로 대신하다.

예 인공 지능은 인간을 **대체할** 수 없다. 인간의 삶을 결정하는 주체는 인간이고 인공 지능은 인간이 이용하는 객체일 뿐임을 명심해야 한다. _2020학년도 수능

친절한 샘 '대체하다'와 같은 뜻을 지닌 순우리말에 '**갈음하다**'가 있습니다. '어떤 정세나 사건에 대하여 알맞은 조치를 취하다.'를 뜻하는 '**대처(對處)하다**'와는 잘 구분해서 써야 합니다.

□□ **염두**
생각할 念, 머리 頭

❶ 생각의 시초.　　❷ 마음의 속.

예 전문가들도 독도 바다사자의 복원 가능성을 **염두**에 두고 구체적인 복원 방안 모색에 나섰습니다.

_2025학년도 6월 모평

친절한 샘 가끔 '염두하다'라는 표현을 보게 되는데, 이는 잘못된 표현입니다. '마음속하다'라는 말은 영 어색하죠? '염두에 두다'가 옳은 표현입니다.

□□ **야기하다**
이끌 惹, 일어날 起

일이나 사건 따위를 끌어 일으키다.

예 청유의 문장을 사용하여 주장이 **야기한** 논란을 해소한다. _2021학년도 6월 모평

친절한 샘 '야기하다'는 '혼란을 야기하다', '문제를 야기하다', '논란을 야기하다' 등과 같이 부정적인 일이나 사건을 일으킬 때 주로 사용됩니다. 이와 비슷한 말인 **초래(招來)하다**는 '일의 결과로서 어떤 현상을 생겨나게 하다.'를 뜻하고, **유발(誘發)하다**는 '어떤 것이 다른 일을 일어나게 하다.'를 뜻합니다.

□□ **편협하다**
치우칠 偏, 좁을 狹

한쪽으로 치우쳐 도량이 좁고 너그럽지 못하다.

예 서로 다른 관점을 비교·대조하면서 검토함으로써 **편협한** 시각에서 벗어나 문제를 폭넓게 보아야겠군. _2022학년도 수능

친절한 샘 비슷한 말로 **옹졸(壅拙)하다**가 있는데, 이는 '성품이 너그럽지 못하고 생각이 좁다.'를 뜻합니다. 이와 달리 '마음이 너그럽고 크다.'를 뜻하는 말로 **관대(寬大)하다**가 있습니다.

□□ **소원하다**
멀 疏, 멀 遠

지내는 사이가 두텁지 아니하고 거리가 있어서 서먹서먹하다.

예 남편인 허생과 **소원해지면서** 가족 구성원으로서의 유대감 또한 느낄 수 없었던 것이다. _2018학년도 9월 모평

친절한 샘 이와 반대로 지내는 사이가 매우 친하고 가까울 때는 **친밀(親密)하다**나 **친근(親近)하다**라고 합니다. '친밀'과 '소원'의 앞글자를 딴 **친소(親疏)**는 '친함과 친하지 아니함.'을 뜻합니다.

＋ 어휘 더하기　　닮은 듯 다른 말

정답과 해설 39쪽

지양(止揚)	지향(志向)
더 높은 단계로 오르기 위하여 어떠한 것을 하지 아니함.	어떤 목표로 뜻이 쏠리어 향함. 또는 그 방향이나 그쪽으로 쏠리는 의지.

미미(微微)하다	미비(未備)하다
보잘것없이 아주 작다.	아직 다 갖추지 못한 상태에 있다.

가감(加減)하다	과감(果敢)하다
더하거나 빼다. 또는 더하거나 빼서 알맞게 맞추다.	과단성이 있고 용감하다.

'아 해 다르고 어 해 다르다.'라는 속담도 있듯이 자음이나 모음 하나만 달라져도 뜻이 달라지는 단어가 많습니다. 이러한 단어를 접할 때마다 어떤 단어가 사용되었는지 그 뜻을 정확히 알아 둘 필요가 있습니다.

● 괄호 안에서 적절한 단어를 골라 보자.

(1) 획일적 사고를 (지양 / 지향)하고 개인의 개성을 존중해 줘야 한다.

(2) 남에게 뒤처지지 않으려면 새로운 변화를 받아들이는 데 (가감 / 과감)해야 한다.

1 ○ 24600-0235

다음 설명과 관련 있는 개념어를 찾아 바르게 연결하시오.

(1) 글의 여러 내용이 하나의 주제로 긴밀하게 연결되는 성질을 뜻한다. •

(2) 문단을 이루는 여러 문장이나 한 편의 글을 이루는 여러 문단이 긴밀한 결합력을 가지는 성질을 뜻한다. •

• ㉠ 응집성

(3) 글의 형식적 구성 요건에 해당하며, 접속어나 지시어 사용 등을 통해 실현된다. •

• ㉡ 통일성

(4) 글의 내용적 구성 요건에 해당하며, 고쳐쓰기 과정에서 주제에서 벗어난 내용은 삭제해야 한다. •

2 ○ 24600-0236

〈보기〉를 참고할 때, 밑줄 친 단어의 쓰임이 적절하지 않은 것은?

┤ 보기 ├

접미사 '–하다'는 일부 명사 뒤에 붙어 동사를 만들기도 하고, 형용사를 만들기도 한다. 하지만 모든 명사 뒤에 '–하다'가 붙을 수 있는 것은 아니다. 행위나 상태와 관련 있는 명사 뒤에는 자연스럽게 어울리지만 그렇지 않은 명사 뒤에는 어울리지 못한다.

① 그는 사고가 편협하고 독단적이어서 지도자감은 아닌 것 같아.
② 논리가 갑자기 비약하는 바람에 그의 주장은 타당성을 잃었다.
③ 내일 무대에 설 때는 복장을 위아래 모두 검은색으로 통일하자.
④ 그는 이 작품을 쓸 때부터 큰 논란이 있을 것을 염두하고 있었다.
⑤ 우리는 서로의 생각을 절충하여 좋은 안을 마련하기로 마음을 굳혔다.

3 ○ 24600-0237

밑줄 친 단어와 바꿔 쓰기에 가장 적절한 것은?

정부는 대기 오염을 줄이기 위한 방안으로 시내버스들을 모두 천연가스 버스나 전기 버스로 바꾸기로 하였다.

① 도입(導入)하기로 ② 대체(代替)하기로 ③ 도모(圖謀)하기로
④ 개선(改善)하기로 ⑤ 대변(代辯)하기로

○ 24600-0238

4 단어의 의미가 반대되는 것끼리 묶인 것만을 〈보기〉에서 모두 고른 것은?

━━┥ 보기 ┝━━

ㄱ. 비약(飛躍) – 도약(跳躍)
ㄴ. 대체(代替)하다 – 대처(對處)하다
ㄷ. 편협(偏狹)하다 – 관대(寬大)하다
ㄹ. 야기(惹起)하다 – 초래(招來)하다
ㅁ. 소원(疏遠)하다 – 친밀(親密)하다

① ㄱ, ㄷ　　　　② ㄴ, ㄹ　　　　③ ㄷ, ㅁ
④ ㄱ, ㄴ, ㅁ　　　⑤ ㄴ, ㄷ, ㅁ

○ 24600-0239

5 밑줄 친 '안(案)'의 의미가 나머지와 다른 것은?

① 많은 시민들의 제안(提案)으로 시청 도서관이 일반에게 공개되었다.
② 창밖에서 시선을 거둔 그는 서안(書案) 위에 펼쳐 놓은 책장을 넘겼다.
③ 우리 동호회의 모든 사안(事案)은 회원의 만장일치로 결정하도록 되어 있다.
④ 협상을 원만하게 진행하기 위해서는 적절한 대안(代案)을 내놓을 수 있어야 한다.
⑤ 방송법 개정안(改正案)이 국회를 통과하면서 국내 방송 시장에 큰 변화가 일어났다.

개념어를 알면 답이 보인다

○ 24600-0240　　　2020학년도 6월 모평 5번 변형

6 ㉮를 ㉯와 같이 수정한 이유로 가장 적절한 것은?

> ➤ 문제에 쓰인 단어 중 이해하기 어려운 단어의 뜻을 사전에서 찾아 적어 보자.

㉮ 그러나 관광객 수가 마을의 관광 수용력을 초과했다. 이로 인해 주민들은 각종 문제에 봉착했고, 그에 따라 올해 4월 기준 ○○ 마을 토착 거주 인구는 8년 전 대비 12% 감소했다.

→

㉯ 그러나 관광객 수가 마을이 감당할 수 있는 방문 인원의 최대치인 관광 수용력을 초과했다. 이로 인해 주민들은 각종 문제에 봉착했고, 그에 따라 올해 4월 기준 ○○ 마을의 토착 거주 인구는 8년 전 대비 12% 감소했다.

① 독자의 관심도를 고려하여 인과 관계에 따라 정보를 배열하기 위해
② 독자의 이해도를 고려하여 특정 개념에 대한 정보를 추가하기 위해
③ 글의 통일성을 고려하여 주제와 관련이 없는 정보를 삭제하기 위해
④ 글의 응집성을 고려하여 맥락에 적합하지 않은 담화 표지를 수정하기 위해
⑤ 글의 가독성을 고려하여 긴 문장을 두 문장으로 나누어 간결하게 표현하기 위해

● 다음은 학생이 작성한 초고이다. 물음에 답하시오.　　2024학년도 수능

우리 고유의 방식으로 제작된 전통 한지는 세계적으로 주목받는 문화유산이다. 이에 문화재청*에서는 전통 한지와 그 제작 기술을 유네스코 인류 무형 문화유산 등재 신청 대상으로 선정하였다.

전통 한지의 장점은 보존성이 우수하다는 것이다. 우리나라는 유네스코 세계 기록 유산을 아시아에서 가장 많이 보유한 나라인데, 그중 대부분이 전통 한지에 기록된 문화유산이라는 것이 이를 증명한다. 전통 한지처럼 닥나무를 원료로 하는 주변국들의 종이와 비교해도, 전통 한지는 섬유 조직이 교차로 배열되어 더 질기고 보존성이 좋다.

그러나 국내에서 전통 한지는 사용 부진으로 인한 위기를 겪고 있다. 유럽에서는 우리 전통 한지를 손상된 국가유산 복구에 사용하는 등 관심이 높은데 정작 국내에서는 사용하는 사람이 많지 않으니, 제작 업체도 전수자도 줄어들어 향후 전통 한지의 명맥이 끊어질까 염려하는 사람도 많다. 그래서 전통 한지를 계승하고 발전시키기 위한 노력이 필요하다.

우선 전통 한지의 원형을 지켜 나가기 위해 품질을 유지하는 것이 중요하다. 이를 위해 재료 측면에서는 국내산 닥나무만을 사용해야 한다. 또 제작 기술 측면에서는 전통 방식으로 생산하고 기술 전수 교육도 실시해야 한다. 다음으로 전통 한지 사용을 확대하기 위한 노력도 필요하다. 정부 차원에서 공공 부문에 전통 한지 사용을 장려하고 문화재 수리에도 전통 한지를 사용해야 한다. 민간 차원에서는 전통 한지의 활용 분야를 넓힐 필요가 있다. 일례로 전통 한지는 친환경 소재로 주목받아 의류와 침구류 제작에 사용되고 있어, 그 응용 범위가 점차 확대되어 갈 것으로 기대된다.

전통 한지와 그 제작 기술은 우리의 자랑스러운 문화유산으로 세계가 주목하고 있다. 따라서 전통 한지가 더욱 사랑받을 수 있도록 전통 한지와 그 제작 기술의 가치를 이어 나가기 위한 우리 모두의 노력이 필요하다.

*문화재청: '국가유산청'의 전 명칭.

낯선 어휘의 뜻을 사전에서 찾아 적어 보자.

· 등재: ① 일정한 사항을 장부나 대장에 올림. ② 서적이나 잡지 따위에 실음.

◆ 중심 내용 한눈에 보기

- 제재 소개: 전통 한지와 그 제작 기술
- 전통 한지의 장점: [　　] ❶ 우수
- 문제 상황: 전통 한지 사용 부진으로 인한 위기 → 전통 한지를 계승하고 발전시키기 위한 노력 필요
- 노력 방안
  1) 품질 유지: <재료 측면> 국내산 [　　] ❷만 사용, <제작 기술 측면> 전통 방식 생산, 기술 전수 교육 실시
  2) 사용 확대: <정부 차원> 공공 부문에서 사용 장려, <민간 차원> 활용 분야 확대
- 전통 한지와 그 제작 기술의 가치를 이어 나가기 위한 노력 당부

○ 24600-0241　　　　　　　　　　　　　　　　　　　2024학년도 수능 41번

1　**윗글의 글쓰기 방식에 대한 설명으로 가장 적절한 것은?**

① 자신의 특별한 경험을 활용하여 문제의 심각성을 드러내었다.
② 독자에게 익숙한 상황을 들어 예상되는 반론에 대해 반박하였다.
③ 주장을 뒷받침하는 사례를 들어 주장의 실현 가능성을 제시하였다.
④ 제재의 물리적 특성을 분석하여 문제 상황의 원인으로 제시하였다.
⑤ 보도 자료의 내용을 인용하여 제재와 관련한 정책의 변화를 드러내었다.

❥ 문제에 쓰인 단어 중 이해하기 어려운 단어의 뜻을 사전에서 찾아 적어 보자.

○ 24600-0242　　　　　　　　　　　　　　　　　　　2024학년도 수능 42번

2　**다음은 윗글의 마지막 문단을 고쳐 쓴 것이다. 그 과정에서 반영된 수정 계획으로 가장 적절한 것은?**

> 　전통 한지와 그 제작 기술은 우리가 자부심을 가질 만한 세계적인 문화유산이다. 따라서 전통 한지를 계승하고 발전시키려면 전통 한지와 그 제작 기술의 원형을 보존하여 품질을 유지하는 한편, 전통 한지의 사용을 확대하여 전통 한지가 다양한 방식으로 활용될 수 있도록 해야 한다.

① 전통 한지를 계승하고 발전시켜 예상되는 기대 효과를 제시해야겠군.
② 전통 한지를 계승해야 할 필요성이 드러나지 않으니, 관련된 내용을 추가해야겠군.
③ 전통 한지의 계승 및 발전을 위한 방안을, 앞서 제시한 두 가지 방향이 드러나도록 써야겠군.
④ 전통 한지의 계승 및 발전에 대해 언급하며 사용한 접속 표현이 적절하지 않으니 수정해야겠군.
⑤ 전통 한지의 특성에 관해 앞부분에서 이미 다룬 내용은 삭제하고 다른 내용으로 대체해야겠군.

24600-0243

1 밑줄 친 말과 바꿔 쓰기에 가장 적절한 것은?

(1)

> 로봇 기술의 발전에 따른 로봇의 생산 능력은 이미 앞부분에서 자세하게 다룬 내용이므로 삭제하고, 이 부분을 다른 내용으로 <u>대체하는</u> 게 좋겠어.

① 따르는 　　② 불러오는 　　③ 덧붙이는
④ 갈음하는 　　⑤ 되풀이하는

(2)

> 서로 다른 관점의 책을 찾아 읽을 때는 자신의 관점과 비판적 판단을 <u>미루어 두기</u>보다는 서로 다른 관점을 비판적으로 통합하여 문제에 대한 생각을 새롭게 구성할 수 있어야 한다.

① 거론(擧論)하기 　　② 유보(留保)하기 　　③ 연장(延長)하기
④ 지연(遲延)하기 　　⑤ 유지(維持)하기

24600-0244

2 빈칸에 공통으로 들어갈 단어로 가장 적절한 것은?

> • 글의 응집성을 고려하여 맥락에 적합하지 않은 담화 ☐☐☐을/를 수정해야 한다.
> • 이 시에서는 시간과 관련된 ☐☐☐을/를 제시하여 시적 분위기를 조성하고 있다.

① 제재(題材) 　　② 상징(象徵) 　　③ 비유(比喩)
④ 개성(個性) 　　⑤ 표지(標識)

24600-0245

3 'ⓐ – ⓑ'의 의미 관계와 유사하게 짝지어진 것은?

> 토론 후 상호 평가를 해 보니, 친구는 준비한 자료를 활용해 논리적으로 답변하여 ⓐ<u>흡족할</u> 만한 평가를 받은 반면 나는 찬성 측 반대 신문에 제대로 답변하지 못한 것 때문에 다소 ⓑ<u>미흡한</u> 평가를 받아 아쉬웠다. 이번 토론을 준비하며 토론 준비에 생각보다 많은 시간과 노력이 든다는 것을 알게 되었다.

① 기여(寄與)하다 – 공헌(貢獻)하다
② 편협(偏狹)하다 – 옹졸(壅拙)하다
③ 야기(惹起)하다 – 초래(招來)하다
④ 생소(生疏)하다 – 친숙(親熟)하다
⑤ 재진술(再陳述)하다 – 환언(換言)하다

4

○ 24600-0246

다음 설명에 해당하는 개념어를 찾아 바르게 연결하시오.

(1) 자신의 주장과 근거를 제시하며 그 주장을 정당화하는 것. ・　・ ㉠ 논제

(2) 토론의 주제. 찬성과 반대의 대립축이 분명해야 함. ・　・ ㉡ 쟁점

(3) 서로 다투는 중심이 되는 지점, 즉 의견을 달리하는 지점. ・　・ ㉢ 입론

(4) 상대의 주장을 듣고 검증 질문을 하며 논증 구조의 허점을 공격하는 것. ・　・ ㉣ 반론

5

○ 24600-0247

다음은 고쳐쓰기 과정에서 떠올린 생각이다. 이와 밀접한 관련이 있는 것은?

> • 한 문단 안에서 사극의 순기능과 역기능을 함께 제시하면 중심 생각을 파악하기 어려울 수 있어.
> • 주제에서 벗어난 내용이니 이 문장은 삭제하는 게 좋겠군.

① 응집성　　　② 가독성　　　③ 통일성
④ 당위성　　　⑤ 개연성

6

○ 24600-0248

다음 열쇠 말을 참고하여 오른쪽에 있는 표의 빈칸을 완성하시오.

| 가로 열쇠 |

1. 언어가 아닌, 의사나 감정을 표현하거나 전달하는 데 쓰이는 몸짓, 손짓, 표정 따위의 신체 동작을 통틀어 이르는 말. ○○○적 표현.
3. 정도를 지나침은 미치지 못함과 같다는 뜻의 한자 성어.
4. 사람이나 물건을 목적한 장소나 방향으로 이끎.
5. 어떤 것이 다른 일을 일어나게 하다.
8. 이전부터 의논하여 오면서도 아직 해결되지 않은 채 남아 있는 문제나 의안.

| 세로 열쇠 |

1. 논리나 사고방식 따위가 그 차례나 단계를 따르지 아니하고 뛰어넘는 (것).
2. 시각을 다툴 만큼 절박하고 급한 상태의 성질.
3. 정도에 지나치다.
6. 소리를 내어 말을 함. 또는 그 말.
7. 두 가지 이상의 안을 서로 보충하여 알맞게 조절한 안.

로봇세, 로봇도 세금을 낼 수 있나요?

사람이 아닌 로봇에게 세금을 부과할 수 있을까요? 로봇세는 로봇을 소유한 사람이나 기업에 세금을 부과하는 제도입니다. 로봇 때문에 일자리를 잃은 실업자를 위한 재원 마련을 목적으로 하고 있어요.

2017년에 마이크로소프트의 창업자 빌 게이츠가 "인간을 대체하는 로봇을 사용하면 로봇 사용자에게 소득세 수준의 세금을 부과해야 한다."라고 주장하며 로봇세의 개념이 널리 알려지게 되었어요. 2022년 국제로봇연맹이 발표한 보고서에 따르면 한국의 산업 로봇 밀도는 1천 대로, 세계에서 가장 높다고 합니다. 이러한 상황 속에서 로봇세를 도입해야 한다는 의견과 반대하는 의견이 서로 대립하고 있습니다. 여러분의 생각은 어떤가요?

토론에서 '쟁점(爭點)'은 찬성 측과 반대 측이 서로 대립하는 지점이죠. 찬성 측과 반대 측이 어떤 이유로 주장을 펼치는지 살펴볼까요?

● '로봇세 도입' 관련 토론의 찬성 입장과 반대 입장

찬성	반대
• 로봇으로 인해 인간이 일자리를 잃는 문제가 심각하다. • 로봇세를 통해 마련한 재원을 일자리를 잃은 노동자의 교육에 활용하면 장기적으로는 국가에 이익이 될 것이다.	• 로봇으로 인한 사회적 문제가 심각하지 않다. • 로봇 산업이 발전하고 있는 중에 섣불리 세금을 부과하면 장기적으로는 로봇 산업의 발전이 위축될 것이다.

● 로봇에도 윤리가 있나요?

4차 산업 혁명은 지능 정보 혁명이라고도 해요. 지능 정보 기술이 발달함에 따라 다양한 형태의 로봇이 등장하고 있어요. 이와 같은 변화로 '로봇 윤리학'이라는 개념도 생기기 시작했어요. 사람의 계획과 조정에서 벗어나 예측 불가능하게 자신의 감정을 표현하는 로봇이라면 행동에 대한 권리와 책임의 문제도 함께 고려해야 하기 때문이에요. 이에 따라 '로봇 윤리학자'라는 직업도 생겼어요. 이미 변화는 시작됐어요. 사회 구성원의 합리적인 토론을 통해 바람직한 방안을 모색해 변화를 제대로 마주해야 할 때랍니다.

어휘 돋보기

로봇 밀도
노동자 1만 명당 작동 중인 로봇 수. 이 수치가 높을수록 로봇이 사람의 일자리를 대신하는 경향이 크다는 뜻이다.

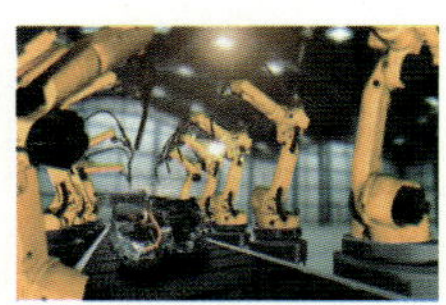

4차 산업 혁명
인공 지능을 비롯하여 사물 인터넷, 빅 데이터 등 첨단 정보 통신 기술과 같이 '지능' 정보 기술이 여러 분야의 신기술과 연결되어 사회 경제의 전 영역에 획기적인 변화가 나타나는 산업 혁명.

VII

언어 · 매체

25강 언어 (1)

* 어휘 공부를 완료한 뒤 체크!

□□ 반모음
절반 **半**, 어미 **母**, 소리 **音**

단독으로 음절을 이루지 못하고 단모음의 앞이나 뒤에 놓여 이중 모음을 형성하는 음소.

예 ㉠은 부사격 조사 '예'와 결합하는 선행 체언의 끝음절에서 **반모음** 'ǐ'가 확인된다. _2024학년도 6월 모평

친절한 샘 반모음에는 'ǐ'와 'ㅗ̆/ㅜ̆'가 있는데, 이들은 단모음과 만나 이중 모음을 만들죠. 예를 들어, 'ㅑ'는 반모음 'ǐ'와 단모음 'ㅏ'가, 'ㅘ'는 반모음 'ㅗ̆'와 단모음 'ㅏ'가 결합한 이중 모음입니다.

□□ 음절
소리 **音**, 마디 **節**

홀로 발음할 수 있는 최소의 단위.

예 영어의 'spring'이 국어에서 3음절 '스프링'으로 인식되는 것은 국어 **음절** 구조 인식의 틀이 제대로 작동한 결과이겠군. _2023학년도 6월 모평

친절한 샘 사전적 풀이를 적어 놓으니 더 어려운 느낌이 들죠? '음절'은 쉽게 말해 각각의 소리 덩어리(마디)를 뜻합니다. '숲길'을 발음하면 [숩낄]이 되죠? 이때 각각의 소리 덩어리인 [숩]과 [낄]을 음절이라고 합니다. 한 음절에는 반드시 하나의 모음이 포함되어야 하기 때문에 음절의 개수와 모음의 개수는 같아요. 첫소리와 끝소리에는 자음이 필수적으로 와야 하는 것은 아닙니다.

참고 어휘 **음절의 끝소리 규칙**

음절의 끝소리에는 일곱 개의 자음(ㄱ, ㄴ, ㄷ, ㄹ, ㅁ, ㅂ, ㅇ)만 올 수 있어요. 그러니까 여기에 해당하지 않는 자음은 대표음으로 바꾸어 발음해야 합니다. '숲[숩]'처럼.

□□ 연음
이을 **連**, 소리 **音**

앞 음절의 끝 자음이 모음으로 시작되는 뒤 음절의 초성으로 이어져 나는 소리.

예 '안팎을'은 음절의 끝소리 규칙을 적용하지 않고 **연음**해야 하는데, [안파글]은 음절의 끝소리 규칙을 적용하고 **연음**을 했습니다. _2020학년도 9월 모평

친절한 샘 음운 변동이 일어나는 환경이 아닌 경우, 받침 뒤에 모음으로 시작하는 형식 형태소(조사, 어미, 접사)가 오면 연음해야 합니다. 예를 들어 '꽃을'을 [꼬슬]이라고 발음하면 안 됩니다. 연음하여 [꼬츨]이라고 해야 하죠. '닭이'는 어떻게 발음해야 할까요? …… [달기]가 정답입니다.

□□ 자음군
아들 **子**, 소리 **音**, 무리 **群**

초성이나 종성에 자음이 두 개 이상 무리 지어 나타나는 것.

예 영어는 'spring[spriŋ]'처럼 한 음절 내에서 **자음군**이 형성될 수 있다. _2023학년도 6월 모평

친절한 샘 중세 국어에서는 자음군이 단어의 첫머리에 오기도 했는데요, 이를 '**어두 자음군**'이라고 합니다. 'ᄣᅢ'의 'ᄣ'가 여기에 해당합니다. 현대 국어에서는 표기상 받침에 서로 다른 두 개의 자음이 쓰일 때가 있는데, 이를 '겹받침'이라고 하죠. 겹받침은 발음할 때, 홑자음으로 바꾸어 발음해야 하는데, 이를 '**자음군 단순화**'라고 합니다. 예를 들어 '몫'이 '[목]'으로, '닭'이 '[닥]'으로 발음되는 것을 이릅니다.

☐☐ 동화
같을 同, 될 化

말소리가 서로 이어질 때, 어느 한쪽 또는 양쪽이 영향을 받아 비슷하거나 같은 소리로 바뀌는 소리의 변화를 이르는 말.

예 ㉠은 'ㄹ'로 인해, ㉡은 모음 'ㅣ'로 인해 **동화**되는 음운 변동이 일어났군. _2020학년도 6월 모평

친절한 샘 동화가 일어나는 대표적인 음운 변동은 아래와 같습니다.

참고 어휘 **동화가 일어나는 대표적인 음운 변동**

유음화	'ㄴ'이 유음 'ㄹ'의 앞이나 뒤에서 'ㄹ'로 바뀌는 현상. 예 진리[질리], 설날[설랄]
비음화	'ㄱ, ㄷ, ㅂ'이 뒤에 오는 비음 'ㄴ, ㅁ'에 동화되어 'ㅇ, ㄴ, ㅁ'으로 바뀌는 현상. 예 국민[궁민], 돕는[돔:는], 닫네[단네]
구개음화	'ㄷ, ㅌ'이 'ㅣ' 혹은 반모음 'ㅣ'로 시작되는 형식 형태소와 만나 구개음인 'ㅈ, ㅊ'으로 바뀌는 현상. 예 해돋이[해도지], 같이[가치]

☐☐ 모음 조화
어미 母, 소리 音, 고를 調, 화할 和

두 음절 이상의 단어에서, 뒤의 모음이 앞 모음의 영향으로 그와 가깝거나 같은 소리로 되는 언어 현상.

예 '거룸'과 '노픠'의 **모음 조화** 양상을 보니, 중세 국어 '높–'에는 '–움'이 아니고 '–옴'이 결합하겠군.

_2019학년도 6월 모평

친절한 샘 '모음 조화'는 양성 모음은 양성 모음끼리, 음성 모음은 음성 모음끼리 어울리는 현상을 말합니다. '먹아'가 아니라 '먹어'가 되는 것은 음성 모음 뒤에서는 같은 계열의 'ㅓ'가 선택되기 때문입니다. 현대 국어에서는 중세 국어에 비해 모음 조화가 엄격하게 지켜지진 않아요.

참고 어휘 **양성 모음과 음성 모음**

양성 모음	어감(語感)이 밝고 산뜻한 모음. 'ㅏ', 'ㅗ' 등
음성 모음	어감(語感)이 어둡고 큰 모음. 'ㅓ', 'ㅜ' 등

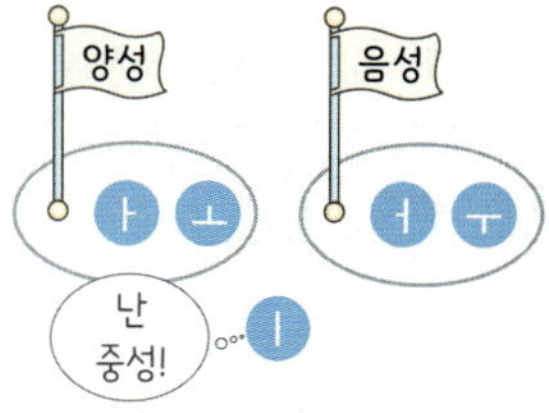

➕ 어휘 더하기 음운 변동의 유형

정답과 해설 41쪽

교체	탈락
한 음운이 다른 음운으로 바뀌는 것. 예 학교[학꾜]	원래 있던 한 음운이 없어지는 것. 예 좋아[조:아]
첨가	**축약**
없던 음운이 새로 덧붙는 것. 예 맨입[맨닙]	두 음운이 합쳐져 제3의 음운으로 되는 것. 예 박하[바카]

어떤 단어에서 음운 변동이 일어날 때, 한 단어에서 서로 다른 유형의 음운 변동이 일어나기도 하고 같은 유형의 음운 변동이 두 번 이상 일어나기도 합니다.

● **다음 단어에 나타난 음운 변동 유형의 횟수를 각각 써 보자.**

단어	교체	탈락	첨가	축약
예 나뭇잎[나문닙]	2		1	
(1) 닭고기[닥꼬기]				
(2) 붙잡힌[붇짜핀]				

○ 24600-0249

1 다음 설명이 적절하면 ○표, 적절하지 않으면 ×표 하시오.

(1) 모음은 단독으로 음절을 이룰 수 있지만, 반모음은 단독으로 음절을 이룰 수 없다. ·························· (　　　　)

(2) 국어에서 이중 모음은 단모음과 단모음이 결합하여 만들어진다. ·························· (　　　　)

(3) 음절의 끝에서 발음될 수 있는 자음은 'ㄱ, ㄴ, ㄷ, ㄹ, ㅁ, ㅂ, ㅅ, ㅇ' 여덟 개뿐이다. ·························· (　　　　)

(4) 두 개 이상의 자음이 무리 지어 나타나는 것을 자음군이라고 한다. ·························· (　　　　)

○ 24600-0250

2 ㉠과 ㉡에 해당하는 사례가 적절하게 짝지어진 것은?

> 단모음으로 끝나는 어간과 단모음으로 시작하는 어미가 결합하면 모음의 변동이 자주 일어난다. 모음 변동의 결과 두 개의 단모음 중 하나가 없어지기도 하고, ㉠어간의 단모음이 반모음으로 변하여 어미의 단모음과 합쳐져 이중 모음이 되기도 하며, ㉡단모음 사이에 반모음이 첨가되어 어미의 단모음이 이중 모음으로 발음되기도 한다.

	㉠	㉡
①	피 + 어 → [피여]	되 + 어 → [되여]
②	보 + 아 → [봐:]	기 + 어 → [기여]
③	피 + 어 → [피여]	살피 + 어 → [살펴]
④	나가 + 아 → [나가]	올리 + 어 → [올려]
⑤	배우 + 어 → [배워]	그리 + 어 → [그려]

○ 24600-0251

3 〈보기〉를 참고할 때, '동화'에 해당하지 <u>않는</u> 것은?

┤ 보기 ├

> 선생님: 음운의 변동에는 인접한 두 음운 중 어느 한쪽이 다른 쪽 음운의 영향을 받아 이와 비슷하거나 같은 소리로 바뀌기도 합니다. 이렇게 한 음운이 다른 음운의 속성을 닮아 가는 음운 현상을 '동화(同化)'라고 합니다. 예를 들어, '설날'은 '날'의 'ㄴ'이 앞에 있는 유음 'ㄹ'의 영향을 받아 같은 소리로 바뀌어 [설랄]로 발음됩니다.

① 실내[실래]　　　　② 백마[뱅마]　　　　③ 신라[실라]

④ 국화[구콰]　　　　⑤ 같이[가치]

4 ● 24600-0252

빈칸에 들어갈 적절한 말을 〈보기〉에서 찾아 각각 쓰시오.

┤ 보기 ├
음운   음절   동화   연음   비음화   모음 조화

(1) '떡볶이'는 받침 'ㄱ' 뒤에서 'ㅂ'이 된소리인 [ㅃ]으로 발음되고, '볶'의 받침 'ㄲ'은 [   ]의 끝소리 규칙을 적용하지 않고 [   ]되어 [떡뽀끼]로 발음된다.

(2) '막아'에는 어미 '-아'가, '먹어'에는 어미 '-어'가 쓰이는 것은, 성질이 비슷한 모음끼리 어울리는 현상인 [   ] 때문이다.

5 ● 24600-0253

㉠~㉣의 예가 모두 바르게 짝지어진 것은?

> 음운의 변동은 발음 결과에 따라 한 음운이 다른 음운으로 바뀌는 ㉠교체, 원래 있던 음운이 없어지는 ㉡탈락, 없던 음운이 추가되는 ㉢첨가, 두 음운이 합쳐져서 하나의 음운으로 바뀌는 ㉣축약으로 나눌 수 있습니다.

	㉠	㉡	㉢	㉣
①	여덟[여덜]	밖[박]	논일[논닐]	법학[버팍]
②	논일[논닐]	여덟[여덜]	밖[박]	법학[버팍]
③	밖[박]	여덟[여덜]	논일[논닐]	법학[버팍]
④	법학[버팍]	논일[논닐]	여덟[여덜]	밖[박]
⑤	밖[박]	법학[버팍]	여덟[여덜]	논일[논닐]

개념어를 알면 **답**이 보인다

6 ● 24600-0254

〔2022학년도 9월 모평 35번 변형〕

㉠~㉢을 이해한 내용으로 적절하지 **않은** 것은?

> 발음을 기준으로 할 때 우리말의 음절은 네 가지 유형으로 나뉜다. 어떤 음절이든 자음과 모음의 결합 방식에 따라 ㉠'모음', '자음+모음', '모음+자음', '자음+모음+자음' 중 한 가지 유형에 해당한다. 각 음절 유형은 ㉡표기 형태에 그대로 나타나는 경우도 있지만, '축하[추카]'와 같이 ㉢표기 형태가 음절 유형을 그대로 나타내지 않는 경우도 있다.

① ㉠의 구분에 따르면 '왕'과 '역'은 같은 음절 유형에 해당한다.
② ㉠의 구분에 따르면 '목'과 '몫'은 서로 다른 음절 유형에 해당한다.
③ ㉡에 해당하는 예로 '강변'과 '하늘'을 들 수 있다.
④ ㉡에 해당하는 예로 '국밥', '진리'를 들 수 있다.
⑤ ㉢에 해당하는 예로 '북어'와 '쌓다'를 들 수 있다.

➡ 문제에 쓰인 단어 중 이해하기 어려운 단어의 뜻을 사전에서 찾아 적어 보자.

● 다음 글을 읽고, 물음에 답하시오.

2023학년도 6월 모평

음운은 단어의 뜻을 변별하는 데 사용되는 소리로 언어마다 차이가 있다. 예컨대 국어에서는 음운으로서 'ㅅ'과 'ㅆ'을 구분하지만 영어에서는 구분하지 않는다. 음운이 실제로 발음되기 위해서는 발음의 최소 단위인 음절을 이뤄야 하는데 음절의 구조도 언어마다 다르다. 국어는 한 음절 내에서 모음 앞이나 뒤에 각각 최대 하나의 자음을 둘 수 있지만 영어는 'spring[spriŋ]'처럼 한 음절 내에서 자음군이 형성될 수 있다.

음운은 그 자체로는 뜻이 없다. 음운이 하나 이상 모여 뜻을 가지면 의미의 최소 단위인 형태소가 된다. 그리고 우리는 이러한 형태소를 결합하여 단어를 만들고 말을 한다. 이때 ㉠형태소와 형태소가 만나는 경계에서 음운이 다양하게 배열되고 발음이 결정되는데, 여기에 음운 규칙이 관여한다. 예컨대 국어에서는 '국물[궁물]'처럼 '파열음 − 비음' 순의 음운 배열이 만들어지면, 파열음은 동일 조음 위치의 비음으로 교체된다. 그런데 이런 음운 규칙도 모든 언어에 적용되는 것은 아니어서 영어에서는 'nickname[nikneim]'처럼 '파열음(k)−비음(n)'이 배열되어도 비음화가 일어나지 않는다.

이러한 음운, 음절 구조, 음운 규칙은 말을 할 때뿐만 아니라 말을 들을 때도 작동한다. 이들은 말을 할 때는 발음을 할 수 있게 만드는 재료, 구조, 방법이 되고, 말을 들을 때는 말소리를 분류하고 인식하는 틀이 된다. 예컨대 '국'과 '밥'이 결합한 '국밥'은 된소리되기가 적용되어 늘 [국빱]으로 발음되지만, 우리는 이것을 '빱'이 아니라 '밥'과 관련된 것으로 인식한다. 그 이유는 [국빱]을 들을 때 된소리되기가 인식의 틀로 작동하여 된소리되기 이전의 음운 배열인 '국밥'으로 복원되기 때문이다. 더불어 외국어를 듣는 상황을 생각해 보자. 국어의 음절 구조와 맞지 않는 소리를 듣는다면 국어의 음절 구조에 맞게 바꾸고, 국어에 없는 소리를 듣는다면 국어에서 가장 가까운 음운으로 바꾸어 인식하게 된다. 영어 단어 'bus'를 우리말 음절 구조에 맞게 2음절로 바꾸고, 'b'를 'ㅂ' 또는 'ㅃ'으로 바꾸어 [버쓰]나 [뻐쓰]로 인식하는 것이 그 예이다.

◆ **낯선 어휘의 뜻**을 사전에서 찾아 적어 보자.

• **변별하다**: 사물의 옳고 그름이나 좋고 나쁨을 가리다.

중심 내용 한눈에 보기

• 국어와 영어의 차이

국어	영어
• 'ㅅ'과 'ㅆ'을 구분함.	• 'ㅅ'과 'ㅆ'을 구분하지 않음.
• 한 음절 내에서 모음 앞이나 뒤에 각각 최대 [　]❶	• 한 음절 내에서 [　]❷ 형성 가능
• '파열음-비음' → 비음화가 일어남.	• '파열음-비음' → 비음화가 일어나지 않음.

• 음운, 음절 구조, 음운 규칙: 말을 할 때와 들을 때 모두 작동
  – 외국어를 들을 때 국어의 음절 구조에 맞게 바꾸고, 국어에서 가장 가까운 음운으로 바꾸어 인식함.

◐ 24600-0255　　　　　　　　　　　　　　　　　2023학년도 6월 모평 35번

1　**윗글을 통해 추론한 내용으로 적절하지 <u>않은</u> 것은?**

① 국어 음절 구조의 특징을 고려하면 '몫[목]'의 발음에서 음운이 탈락하는 것을 이해할 수 있겠군.

② 국어 음운 'ㄹ'은 그 자체에는 뜻이 없지만, '갈 곳'의 'ㄹ'은 어미로 쓰이고 있으므로 뜻을 가진 최소 단위가 되겠군.

③ 국어에서 '밥만 있어'의 '밥만[밤만]'을 듣고 '밤만'으로 알았다면 그 과정에서 비음화 규칙이 인식의 틀로 작동했겠군.

④ 영어의 'spring'이 국어에서 3음절 '스프링'으로 인식되는 것은 국어 음절 구조 인식의 틀이 제대로 작동한 결과이겠군.

⑤ 영어의 'vocal'이 국어에서 '보컬'로 인식되는 것은 영어 'v'와 가장 비슷한 국어 음운이 'ㅂ'이기 때문이겠군.

> ◆ 문제에 쓰인 단어 중 이해하기 어려운 단어의 뜻을 사전에서 찾아 적어 보자.

◐ 24600-0256　　　　　　　　　　　　　　　　　2023학년도 6월 모평 36번

2　**㉠의 위치에서 음운 변동이 일어난 예만을 〈보기〉에서 고른 것은?**

┤ 보기 ├
ⓐ 앞일[암닐]　　　ⓑ 장미꽃[장미꼳]　　　ⓒ 넣고[너코] ⓓ 걱정[걱쩡]　　　ⓔ 굳이[구지]

① ⓐ, ⓑ, ⓒ　　　　　② ⓐ, ⓒ, ⓔ　　　　　③ ⓐ, ⓓ, ⓔ
④ ⓑ, ⓒ, ⓓ　　　　　⑤ ⓑ, ⓓ, ⓔ

* 어휘 공부를 완료한 뒤 체크!

미지칭
아닐 **未**, 알 **知**, 일컬을 **稱**

모르는 사물이나 사람을 가리키는 대명사.

例 대상을 알지 못하는 **미지칭**과 대상이 정해지지 않아 불분명한 부정칭으로 나뉜다. _2025학년도 6월 모평

친절한 샘 '미지칭'에서 '미지(未知)'는 '모른다'는 뜻입니다. '미지칭'과 자주 어울려 쓰이는 **부정칭(不定稱)**은 정해지지 않은 대상을 가리키는 대명사입니다. **부정(不定)**은 '정해지 않았다.'를 뜻하는데, **불특정(不特定)**과 유사한 말입니다. 둘을 구분하는 쉬운 방법은 그 자리에 '아무'를 대신 넣어 보는 것입니다. 자연스러우면 '부정칭', 자연스럽지 않으면 '미지칭'으로 보면 됩니다. '아무' 자체가 부정칭 대명사거든요. 참고로 **재귀칭(再歸稱)**은 앞에 나온 대상을 도로 가리키는 대명사를 뜻합니다.

무정물
없을 **無**, 감정 **情**, 만물 **物**

나무나 돌 따위와 같이 감각이 없는 것.

例 동사가 서술어로 쓰이는 경우에도 주어가 의지를 가지지 못하는 **무정물**이면 '안'이나 '－지 않다'가 단순 부정을 나타낸다. _2023학년도 9월 모평

친절한 샘 '무정물'이 있다면, **유정물(有情物)**도 있겠죠? 유정물은 '사람이나 동물과 같이 감각이 있는 것.'을 가리킵니다.

상보적
서로 **相**, 도울 **補**, 성질 **的**

서로 모자란 부분을 보충하는 관계에 있는 (것).

例 '장끼'가 아닌 것은 곧 '까투리'이고 그 역도 성립한다는 점에서 **상보적** 반의 관계에 있다.
_2018학년도 6월 모평

친절한 샘 문법에서 **상보 반의어**라는 것을 접하게 되는데요, 두 단어가 서로 모자란 부분을 보충해서(상보적) 전체가 되는 것을 가리킵니다.

참고 어휘 | 반의 관계의 종류

상보 반의어	모순의 관계를 이루는 반의어 例 죽다 － 살다, 있다 － 없다 등
등급 반의어	정도나 등급의 대립 관계를 나타내는 반의어 例 길다 － 짧다, 대 － 소 등
방향 반의어	방향상의 대립 관계를 나타내는 반의어 例 가다 － 오다, 출발 － 도착 등

객체
손님 **客**, 몸 **體**

문장 내에서 동사의 행위가 미치는 대상.

例 ⓑ: 특수 어휘 '모시다'를 사용하여, **객체**인 여행가를 높이고 있다. _2024학년도 6월 모평

친절한 샘 어떤 문장에서 목적어나 부사어에 해당하는 대상을 객체라고 합니다. 그리고 주어에 해당하는 대상을 **주체(主體)**라고 합니다. 예를 들어, '나는 할머니를 모시고 공원에 갔다.'에서 주어에 해당하는 대상인 '나'가 주체, 목적어에 해당하는 대상인 '할머니'가 객체에 해당합니다.

함의하다
머금을 **含**, 뜻 **意**

말이나 글 속에 어떠한 뜻을 포함하고 있다.

例 상하 관계에서는 하의어들이 상의어의 의미를 이어받아 상의어를 의미적으로 **함의한다.**
_2018학년도 6월 모평

친절한 샘 단어의 의미 관계를 공부할 때 주로 접하게 되는 단어입니다. 의미상 한 단어가 다른 단어를 포함하거나 다른 단어에 포함되는 관계를 상하 관계라고 합니다. 이때 다른 단어의 의미를 포함하는 단어를 **상의어(上義語)** 혹은 **상위어(上位語)**라고 하고 다른 단어의 의미에 포함되는 단어를 **하의어(下義語)** 혹은 **하위어(下位語)**라고 합니다.

호응하다
부를 **呼**, 응할 **應**

❶ 부름이나 호소 따위에 대답하거나 응하다.
❷ 『언어』 앞에 어떤 말이 오면 거기에 응하는 말이 따라오다.

예 부사격 조사는 서술어와 **호응하여** 장소나 시간을 나타내는 부사어에서 쓰였다. _2022학년도 수능

친절한 샘 일상생활에서는 ❶의 뜻으로 많이 쓰이지만, 문법에서는 ❷의 뜻으로 많이 쓰입니다. '결코'가 오면 서술어에 부정, '제발'이 오면 서술어에 청원, '아마'가 오면 서술어에 추측의 뜻을 가지는 말이 오는 것이 '호응'에 해당합니다.

활용
살 **活**, 쓸 **用**

❶ 도구나 물건 따위를 충분히 잘 이용함.
❷ 『언어』 용언의 어간이나 서술격 조사에 변하는 말이 붙어 문장의 성격을 바꿈. 또는 그런 일.

예 '넣-, 쌓-'은 **활용**형인 '넣어, 쌓아'가 '*너, *싸'로 줄어들 수 없으므로 ㉢-2와 **활용**의 유형이 같지 않겠군. _2024학년도 수능

친절한 샘 이것 역시 일상생활에서는 ❶, 문법에서는 ❷의 뜻으로 많이 쓰입니다. '먹다'를 예로 들면 '먹고, 먹으니, 먹어서, 먹던, …'과 같이 어간 '먹-' 뒤에 다양한 어미가 붙어서 쓰이는데, 이걸 '활용'이라고 해요.

파생
갈라질 **派**, 날 **生**

❶ 사물이 어떤 근원으로부터 갈려 나와 생김.
❷ 『언어』 실질 형태소에 접사가 결합하여 하나의 단어를 만듦. 또는 그런 일.

예 ㉣에서 '글지시'의 '-이'는 모음 조화와 무관하게 결합한 명사 **파생** 접사이군. _2022학년도 수능

친절한 샘 문법 관련 어휘를 살펴보고 있으니 ❷의 뜻에 더 주목해야겠죠? '**실질 형태소**'는 '구체적인 대상이나 동작, 상태를 표시하는 형태소.'를 뜻합니다. 여기에 접사가 결합하여 만들어진 단어를 '**파생어**'라고 합니다.

➕ 어휘 더하기 어근, 어간, 어미, 접사

정답과 해설 43쪽

● 용언이 활용할 때

어간	용언이 활용할 때에 변하지 않는 부분.
어미	용언이 활용할 때에 변하는 부분.

용언의 기본형에서 어미 '-다'를 제외한 부분이 어간이라고 생각하면 쉽습니다. '던졌다'의 기본형은 '던지다'이므로 '던지-'가 어간, 나머지 '-었-'과 '-다'는 어미에 해당합니다.

● 단어를 형성할 때

어근	실질적 의미를 나타내는 중심이 되는 부분.
접사	주로 어근에 붙어 새로운 단어를 구성하는 부분.

명사의 경우 '어근'과 '접사'뿐이니 헷갈리지 않는데, 용언의 경우 '어간'과 '어미', '어근', '접사'가 모두 쓰이는 경우가 있어 헷갈릴 때가 있습니다. '잡히다'라는 단어로 연습해 볼까요?

● 빈칸에 들어갈 적절한 형태소를 써 보자.

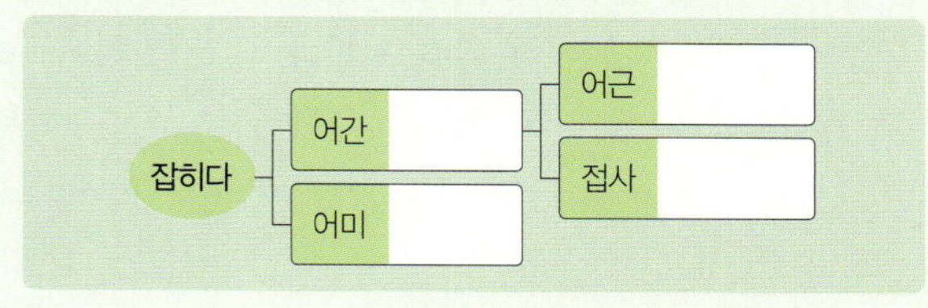

○ 24600-0257

1 ㉠~㉢에 들어갈 말이 모두 바르게 짝지어진 것은?

> 선생님: 대명사 중에서 가리키는 대상이 누구인지, 무엇인지, 어디인지를 모르면 [㉠], 가리키는 대상이 분명하지 않아 확실하게 정하여지지 않으면 [㉡]이라고 합니다. 예를 들어, "언제 올래?"의 '언제'는 [㉠], "언제든 좋아."의 '언제'는 [㉡]입니다.
> 한편, 앞에 나온 말을 도로 나타내는 것은 [㉢]이라고 합니다. "동생은 자기가 가겠다고 했다."에서 '자기'는 [㉢]입니다.

	㉠	㉡	㉢
①	미지칭	부정칭	재귀칭
②	미지칭	재귀칭	부정칭
③	부정칭	미지칭	재귀칭
④	부정칭	재귀칭	미지칭
⑤	재귀칭	미지칭	부정칭

○ 24600-0258

2 빈칸에 공통으로 들어갈 말로 적절한 것은?

> • 주식과 채권 등 전통적인 금융 상품을 기초 자산으로 하여 기초 자산의 가치 변동에 따라 가격이 결정되는 금융 상품을 [ ] 상품이라고 한다.
> • 주어가 다른 대상에게 동작을 당하게 되는 것을 나타내는 피동 표현 중, 어간에 접미사가 결합한 피동을 [ ]적 피동이라고 한다.
> • 어근과 접사를 결합하는 [ ] 과정을 통해 새로운 단어가 만들어진다.

① 합성　　　　　② 파생　　　　　③ 함의
④ 활용　　　　　⑤ 호응

○ 24600-0259

3 〈보기〉에서 상보 반의어만을 모두 고른 것은?

> ──── 보기 ────
> ㄱ. 주다 – 받다　　　ㄴ. 검다 – 희다　　　ㄷ. 합격 – 불합격
> ㄹ. 있다 – 없다　　　ㅁ. 출발 – 도착　　　ㅂ. 얇다 – 두껍다

① ㄱ, ㄴ　　　　　② ㄷ, ㄹ　　　　　③ ㄱ, ㄷ, ㅁ
④ ㄴ, ㄷ, ㅂ　　　⑤ ㄴ, ㄹ, ㅁ, ㅂ

4 ● 24600-0260

다음 문장에서 '주체'와 '객체'에 해당하는 사람은 각각 누구인지 찾아 쓰시오.

> 조회 시간마다 선생님께서는 우리에게 재미있는 이야기를 들려주신다.

(1) 주체: ______________________   (2) 객체: ______________________

5 ● 24600-0261

다음 선생님의 설명에서 ㉠~◎에 들어가기에 적절한 단어를 〈보기〉에서 찾아 쓰시오.

┤ 보기 ├

어근   접사   어간   어미   활용   파생어   합성어

선생님: 어근과 어간의 구분을 어려워하는 학생들이 있어요. 어간은 용언에만 존재합니다. 용언이 ㉠ 할 때에 변하지 않는 부분을 ㉡ , 변하는 부분을 ㉢ (이)라고 합니다. 어근은 기본적으로 거의 모든 단어에 하나 이상 포함되어 있습니다. 어근이 ㉣ 와/과 만나면 ㉤ 이/가 되죠. 예를 들어, '짓누르다'에서 '짓누르-'는 ㉥ 에 해당하는데, 이는 다시 ㉦ 인 '짓-'과 ◎ 인 '누르-'로 나눌 수 있습니다.

개념어를 알면 답이 보인다

6 ● 24600-0262
2018학년도 6월 모평 11번 변형

다음 자료를 탐구한 것으로 적절하지 **않은** 것은?

❯ 문제에 쓰인 단어 중 이해하기 어려운 단어의 뜻을 사전에서 찾아 적어 보자.

┤ 보기 ├

악기(樂器)[-끼] 명
[음악] 음악을 연주하는 데 쓰는 기구를 통틀어 이르는 말. 연주법에 따라 일반적으로 현악기, 관악기, 타악기로 나눈다.

타-악기(打樂器)[타:-끼] 명
[음악] 두드려서 소리를 내는 악기를 통틀어 이르는 말. 팀파니, 실로폰, 북이나 심벌즈 따위이다.

① '타악기'는 '실로폰'의 상의어로서 '실로폰'보다 포괄적인 의미를 갖겠군.
② '현악기'는 '악기'의 하의어이므로 [연주]를 의미 자질 중 하나로 갖겠군.
③ '북'은 '타악기'의 하의어이므로 [두드림]을 의미 자질 중 하나로 갖겠군.
④ '기구'는 '악기'를 의미적으로 함의하고 '악기'는 '북'을 의미적으로 함의하겠군.
⑤ '타악기'는 '악기'에 대해서는 하의어지만, '팀파니'에 대해서는 상의어가 되겠군.

● 다음 글을 읽고, 물음에 답하시오.　　　　　　　　　　　　　　　2024학년도 9월 모평

[A]　복합어는 합성과 파생을 통해 형성된 합성어와 파생어로 나뉜다. 의미를 고려하여 어떤 말을 둘로 나누었을 때 그 둘 각각을 직접 구성 요소라 하는데, 합성어는 직접 구성 요소가 모두 어근인 단어이고, 파생어는 직접 구성 요소가 어근과 접사인 단어이다. 그리고 한 개의 형태소가 직접 구성 요소가 되기도 하고 두 개 이상의 형태소가 모여 직접 구성 요소가 되기도 한다. 예를 들어 '꿀벌'은 그 직접 구성 요소 '꿀'과 '벌'이 모두 어근이므로 합성어이다. 그리고 '꿀'과 '벌'은 각각 한 개의 형태소이다.

　일반적으로 합성과 파생을 통해 단어가 형성될 때에는 그 구성 요소의 형태가 유지된다. 그런데 단어가 형성될 때 형태가 줄어 드는 경우도 있다. 먼저 ㉠한 단어에서 형태가 줄어드는 경우가 있다. '대낚'은 '낚싯대를 써서 하는 낚시질'을 뜻하는 '대낚시'의 일부가 줄어들어 형성된 단어이다. 다음으로 ㉡단어 형성에 사용된 말들의 첫음절끼리 결합한 경우가 있다. '고법(高法)'은, '고등(高等)'과 '법원(法院)'이 결합하여 형성된 '고등 법원'이라는 말의 '고(高)'와 '법(法)'이 결합하여 형성되었다. 또한 ㉢단어 형성에 사용된 말들에서 어떤 말의 앞부분과 다른 말의 뒷부분이 결합한 경우가 있다. '교과 과정을 이수하기 위하여 일선 학교에 나가 교육 실습을 하는 학생'을 뜻하는 '교생(敎生)'은 '교육 (敎育)'의 앞부분과 '실습생(實習生)'의 뒷부분이 결합하여 형성되었다.

　이처럼 단어 형성에 사용된 말이 줄어들어 형성된 단어는, 그 단어의 형성에 사용된 말과 여러 의미 관계를 맺을 수 있다. 예를 들어, '대낚'과 '대낚시'는 서로 바꾸어 써도 그 의미에 차이가 거의 없으므로 서로 유의 관계를 맺고, '고법'은 '법원'의 일종이므로, '고법'과 '법원'은 상하 관계를 맺는다. 그러나 '고법'이 형성될 때 사용된 '고등'은 '고법'과 의미 관계를 맺지 않는다.

✦ **낯선 어휘의 뜻**을 사전에서 찾아 적어 보자.

• 복합어: 하나의 실질 형태소에 접사가 붙거나 두 개 이상의 실질 형태소가 결합된 말.

•

•

•

✦ **중심 내용** 한눈에 보기

- 복합어 ┌ 합성어: 직접 구성 요소가 모두 어근인 단어
  └ [   ]❶: 직접 구성 요소가 어근과 접사인 단어

- 단어가 형성될 때 형태가 줄어드는 경우
  ┌ 한 단어에서 형태가 줄어드는 경우 ⟮예⟯ 대낚시 → 대낚
  ├ 단어 형성에 사용된 말들의 첫음절끼리 결합한 경우 ⟮예⟯ 고등 법원 → 고법
  └ 어떤 말의 앞부분과 다른 말의 뒷부분이 결합한 경우 ⟮예⟯ 교육 실습생 → 교생
    └ 단어의 형성에 사용된 말과 여러 [   ]❷ 관계를 맺을 수 있음.

○ 24600-0263 〔2024학년도 9월 모평 35번〕

1 **[A]를 바탕으로 추론한 내용으로 적절한 것은?**

① '용꿈'의 직접 구성 요소는 모두, 한 개의 자립 형태소로 이루어진 어근이군.

② '봄날'과 '망치질'은 모두, 직접 구성 요소 중 하나가 접사이므로 파생어이군.

③ '필자'를 뜻하는 '지은이'의 직접 구성 요소는 모두, 자립 형태소를 포함하고 있군.

④ '놀이방'과 '단맛'의 직접 구성 요소 중에는 의존 형태소만으로 이루어진 것이 있군.

⑤ '꽃으로 장식한 고무신'을 뜻하는 '꽃고무신'을 직접 구성 요소로 분석하면 '꽃고무'와 '신'으로 분석할 수 있군.

❯ 문제에 쓰인 단어 중 이해하기 어려운 단어의 뜻을 사전에서 찾아 적어 보자.

○ 24600-0264 〔2023학년도 6월 모평 36번〕

2 **윗글을 바탕으로 〈보기〉의 ⓐ∼ⓔ를 이해한 내용으로 적절한 것은?**

┨ 보기 ┠

형성된 단어	뜻	단어 형성에 사용된 말
ⓐ 흰자	알 속의 노른자위를 둘러싼 흰 부분.	흰자위
ⓑ 공수	공격과 수비를 아울러 이르는 말.	공격, 수비
ⓒ 직선	선거인이 직접 피선거인을 뽑는 선거.	직접, 선거
ⓓ 민자	민간이나 사기업이 하는 투자.	민간, 투자
ⓔ 외화	다른 나라에서 만든 영화.	외국, 영화

① ⓐ는 ㉠에 해당하고, 단어 형성에 사용된 말과 유의 관계를 맺지 않는다.

② ⓑ는 ㉠에 해당하고, 단어 형성에 사용된 두 말 중 어느 하나와 유의 관계를 맺는다.

③ ⓒ는 ㉡에 해당하고, 단어 형성에 사용된 두 말 중 어느 하나와 상하 관계를 맺는다.

④ ⓓ는 ㉡에 해당하고, 단어 형성에 사용된 두 말 중 어느 말과도 유의 관계를 맺지 않는다.

⑤ ⓔ는 ㉢에 해당하고, 단어 형성에 사용된 두 말 중 어느 말과도 상하 관계를 맺지 않는다.

* 어휘 공부를 완료한 뒤 체크!

☐☐ **수사 의문문**

꾸밀 **修**, 말 **辭**, 의심할 **疑**, 물을 **問**, 글월 **文**

문장의 형식은 물음을 나타내나 답변을 요구하지 아니하고 강한 긍정 진술과 강한 부정 진술을 내포하고 있는 의문문.

예 이때도 **수사 의문문**에는 '-더-'와 함께 1인칭 주어가 나타날 수 있다. _2019학년도 6월 모평

친절한쌤 의문문은 기본적으로 상대에게 대답을 요구하는 문장입니다. 하지만 수사 의문문은 형태만 의문문일 뿐, 대답을 요구하지 않고 어떤 특별한 뜻을 강조하여 나타내는 의문문입니다. '와, 정말 멋지지 않니?', '가난하다고 사랑을 모르겠는가.' 등이 여기에 해당해요.

참고 어휘 **의문문의 종류**

판정 의문문	단순히 긍정이나 부정의 대답을 요구하는 의문문 예 숙제했어?
설명 의문문	'언제, 누구, 무엇' 등의 의문 대명사가 포함되어 있어서, 일정한 설명을 요구하는 의문문 예 숙제가 뭐지?
수사 의문문	굳이 대답을 요구하지 않는 의문문 예 숙제가 없으면 얼마나 좋을까?

☐☐ **담화**

말씀 **談**, 말할 **話**

❶ 서로 이야기를 주고받음.
❷ 한 단체나 공적인 자리에 있는 사람이 어떤 문제에 대한 견해나 태도를 밝히는 말.
❸ 둘 이상의 문장이 연속되어 이루어지는 말의 단위.

예 **담화**는 하나 이상의 발화나 문장으로 이루어진다. _2021학년도 6월 모평

친절한쌤 ❶은 '대화(對話)'와 유사한 뜻이죠? ❷는 '특별 담화', '대통령의 담화' 등과 같이 뉴스나 신문에서 자주 접할 수 있어요. 문법에서는 ❸의 의미로 쓰이죠. 담화는 하나 이상의 '발화'로 이뤄지는데, '**발화(發話)**'는 구체적인 맥락에서 말로 실현된 문장이라고 할 수 있습니다.

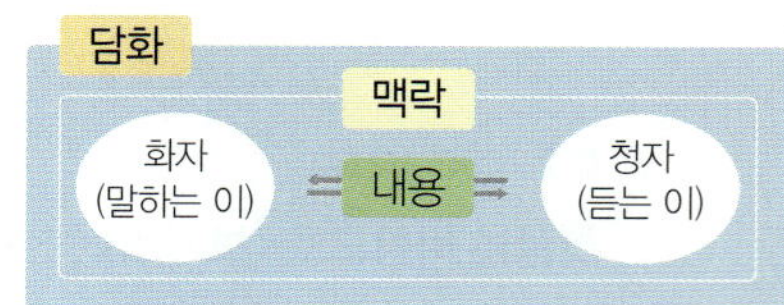

☐☐ **전제하다**

앞 **前**, 끌 **提**

어떠한 사물이나 현상을 이루기 위하여 먼저 내세우다.

예 이들은 본래 '이시다'를 포함하므로, 그 의미상 어떤 공간 속에 있음을 **전제한다**. _2020학년도 9월 모평

친절한쌤 '전제하다'를 '전재하다'로 잘못 쓰는 경우가 간혹 있는데, '**전재(轉載)하다**'는 '어떤 곳에 이미 발표되었던 글을 다른 곳에 그대로 옮겨 싣다.'를 뜻하는 전혀 다른 단어입니다.

☐☐ **대용 표현**

대신할 **代**, 쓸 **用**, 겉 **表**, 나타날 **現**

담화에서 언급된 말, 혹은 뒤에서 언급될 말을 대신하는 표현.

예 ⓑ는 '영선'이 발화한 '놀이동산'을 대신하는 **대용 표현**이다. _2021학년도 6월 모평

친절한쌤 대용 표현은 담화에서 언급된 말, 혹은 뒤에서 언급될 말을 대신하는 표현입니다. 예를 들어, "내일 식물원에 갈 거야." / "나도 거기 같이 가자."라는 대화에서 '거기'는 '식물원'을 대신하는 대용 표현이 됩니다. 참고로, 담화 장면을 구성하는 화자, 청자, 사물, 시간, 장소 등의 요소를 직접 가리키는 표현은 '**지시 표현**'이라고 합니다. 문장과 문장, 발화와 발화를 연결해 주는 표현은 '**접속 표현**'이라고 합니다.

□□ **토대**
흙 土, 돈대 臺

❶ 목조 건축에서, 기초 위에 가로 대어 기둥을 고정하는 목조 부재.
❷ 어떤 사물이나 사업의 밑바탕이 되는 기초와 밑천을 비유적으로 이르는 말.

예 중성자는 하늘, 땅, 사람의 모습을 본떠서 만든 기본자 3자가 있고
이를 **토대**로 한 초출자, 재출자가 각 4자가 있다. _2024학년도 수능

친절한샘 겉으로 드러나는 ❶의 의미보다는 비유적인 표현인 ❷의 의미로 더 많이 사용
되고 있습니다. '사상적 토대', '성장의 토대' 등에서 많이 활용되고 있는데요. 유의어로는
'**밑바탕**', '**기초(基礎)**', '**기반(基盤)**' 등이 있습니다.

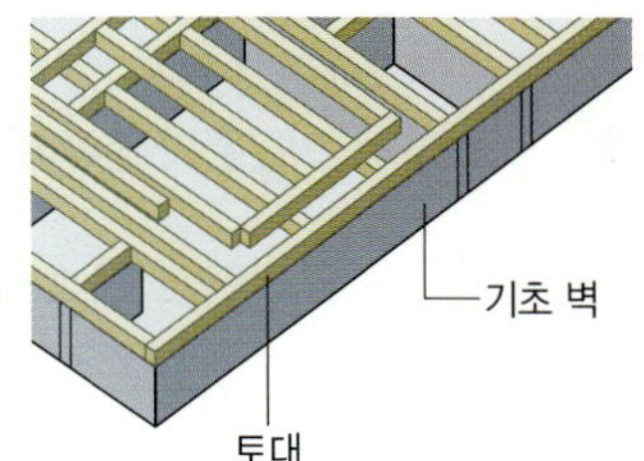

□□ **방점**
곁 傍, 점찍을 點

❶ 글 가운데에서 보는 사람의 주의를 끌기 위하여 글자 옆이나 위에 찍는 점.
❷ 중세 국어 각 음절의 성조를 표시하기 위한 『훈민정음』의 표기법.

예 '·이·롤'과 '·새·로'에는 동일한 강약을 표시하는 **방점**이 쓰였군. _2021학년도 9월 모평

친절한샘 현대 국어의 표기에는 방점이 쓰이지 않지만, 이 말이 들어간 '방점을 찍다'라는 말은 자주 사용되고 있어요. '**방점을 찍다**'는 '관심을 집중하다.', '두드러진 흔적을 남길 만큼 새롭거나 뛰어나다.' 정도의 뜻을 지닌 관용 표현입니다. 국어에서는 주로 중세 국어의 특징과 관련한 ❷의 뜻으로 쓰입니다. 낮은 소리인 평성은 점이 없고, 높은 소리인 거성은 한 점, 처음이 낮고 나중이 높은 소리인 상성은 두 점을 글자의 왼편에 찍어서 나타냈습니다. 방점의 뜻을 이해했다면, 위 예문의 진술이 적절하지 않다는 것을 알 수 있습니다.

□□ **언중**
말씀 言, 무리 衆

같은 언어를 사용하면서 공동생활을 하는 언어 사회 안의 대중(大衆).

예 우리는 단어의 의미와 유래를 통해 단어에 담긴 **언중**의 인식과 더불어 시대상을 짐작할 수 있다.
_2021학년도 수능

친절한샘 '중(衆)'은 많은 사람을 뜻하는 말로 자주 쓰입니다. '수많은 사람의 무리.'는 '**대중(大衆)**', '한곳에 모인 많은 사람.'은 '**군중(群衆)**', '국가나 사회를 구성하는 일반 국민.'은 '**민중(民衆)**'이라고 합니다.

＋ 어휘 더하기   중세 국어와 관련한 어휘

정답과 해설 44쪽

가획	원글자에 획을 더함. 예 기본자 'ㄱ'에 가획하여 'ㅋ'을 만듦.
성조	음절 안에서 나타나는 소리의 높낮이.
연철	한 음절의 종성을 다음 자의 초성으로 내려서 씀. 예 ᄇᆞᄅᆞᆷ + 애 → ᄇᆞᄅᆞ매
영형태 (∅)	의미는 있는데 형태가 없는 것. 예 '새(새+∅)'는 주격 조사가 '∅'으로 실현됨.
이체	체제나 형상이 다른 것. 예 'ㄹ, △, ㆁ'은 획을 더한 뜻이 없이 그 모양을 달리하는 문자라는 뜻에서 이체자라고 함.
ㅎ 종성 체언	'ㅎ'을 말음으로 가지는 체언. 예 갏(칼), 겨슬ㅎ(겨울), 긿(길), 돓(돌) 등

중세 국어를 공부하기 위해 옆에 제시된 어휘만 알면 된다는 뜻은 아닙니다. 본격적으로 공부하기 위해서는 더 많은 어휘를 알아야 하지만, 이 정도만 알아 두면 중세 국어 관련 문제를 만났을 때 겁을 먹지 않아도 됩니다.

● 빈칸에 들어갈 적절한 말을 써 보자.

(1) '말ᄊᆞᆷ이'는 분철, '말ᄊᆞ미'는 [   ]에 의한 표기이다.

(2) '돌과(돌ㅎ+과)'가 중세 국어에서 '돌콰'라고 표기된 것은 '돌'이 [   ]이기 때문이다.

● 24600-0265

1 다음 의문문의 종류에 해당하는 것을 찾아 바르게 연결하시오.

(1) 우리 학교 개교기념일은 언제지? •

(2) 학교 끝나고 나랑 집에 같이 갈래? •

(3) 흔들리지 않고 피는 꽃이 어디 있겠는가? •

(4) 공부할 때 가장 힘든 점이 무엇입니까? •

    • ㉠ 판정 의문문

    • ㉡ 설명 의문문

    • ㉢ 수사 의문문

● 24600-0266

2 빈칸에 공통으로 들어갈 말로 적절한 것은?

- 수업이 끝나고 나서도 그들의 [　　　]은/는 계속되었다.
- 새로운 제도 시행과 관련하여 대통령은 대국민 [　　　]을/를 하기로 결정하였다.
- 어떤 문법은 문장 단위에서는 그 의미가 확실히 드러나지 않고, 그보다 큰 [　　　] 단위에서 이해해야 한다.

① 발화(發話)　　　　② 대화(對話)　　　　③ 담화(談話)
④ 대담(對談)　　　　⑤ 면담(面談)

● 24600-0267

3 〈보기〉의 ㉠～㉢에 들어갈 말이 모두 바르게 짝지어진 것은?

┤ 보기 ├

  친구가 든 꽃을 보면서 화자가 "이 꽃 예쁘네."라고 말했다면, '꽃'을 직접 가리키는 '이'는 [㉠] 표현이다. 같은 화자가 "그런데 지난번 꽃도 예쁘던데, 그때 그거는 어디서 샀어?"라고 발화를 곧장 이어 간다면, 이때의 '그런데'는 앞의 발화를 뒤의 발화와 이어 주는 [㉡] 표현에 속한다. 그리고 '그거'는 앞선 발화의 '지난번 꽃'이라는 말을 대신하는 [㉢] 표현이다.

	㉠	㉡	㉢
①	대용	접속	지시
②	대용	지시	접속
③	지시	대용	접속
④	지시	접속	대용
⑤	접속	대용	지시

4 ● 24600-0268

밑줄 친 말과 바꿔 쓰기에 가장 적절한 것은?

> 　박물관의 핵심은 유물 보존과 연구입니다. 특히 저는 먼저 유물 연구를 강화해야 한다고 생각합니다. 충분한 연구가 선행되지 않으면 내실 있는 유물의 보존이 어렵기 때문입니다.

① 전재(轉載)되지　　　　② 개시(開始)되지　　　　③ 실행(實行)되지
④ 전제(前提)되지　　　　⑤ 계획(計劃)되지

5 ● 24600-0269

다음 대화에서 빈칸에 들어갈 말로 가장 적절한 것은?

> 수민: 지난 주말에 부모님과 함께 영화관에서 「잃어버린 편지」를 봤어.
> 준호: 어? 나도 그 영화 봤는데……. 감동적인 부분이 정말 많지 않았어?
> 수민: 맞아. 영화 보는 내내 눈물이 많이 나더라고. 그런데 감독이 그 영화에서 강조하고자 한 게 뭘까?
> 준호: 내가 볼 때는 가족애에 　　　　　이/가 찍혀 있는 영화 같아.

① 정점　　　　　　　　　② 쉼표　　　　　　　　　③ 방점
④ 마침표　　　　　　　　⑤ 종지부

개념어를 알면 답이 보인다

6 ● 24600-0270　　　　　　　　　　　　　　　　2021학년도 6월 모평 11번 변형

〈보기〉의 ⓐ~ⓕ에 대해 설명한 내용으로 적절하지 <u>않은</u> 것은?

▶ 문제에 쓰인 단어 중 이해하기 어려운 단어의 뜻을 사전에서 찾아 적어 보자.

─┤ 보기 ├─

> 　(두 친구가 만나서 주말 나들이 장소를 정하는 상황)
> 선희: 우리, 이번 주말 나들이 장소로 어디가 좋을까?
> 영선: (딴생각을 하다가) ⓐ지금 저녁 먹으러 가자.
> 선희: 그게 뭔 소리야? 주말 나들이로 어디 갈 거냐고.
> 영선: (머쓱해하며) 아, 그럼 놀이동산 갈까?
> 선희: 음, ⓑ거기 말고, (사진을 보여 주며) ⓒ여기는 어때?
> 영선: ⓓ거기? 해수욕장은 아직 좀 춥잖아. ⓔ그리고 너무 멀잖아. (선희를 바라보며)
> 　아, 작년에 같이 갔던 수목원은 어때?
> 선희: 그래, ⓕ거기가 좋겠다. 그럼, 토요일에 보자. 안녕.

① ⓐ는 담화 맥락에 부합하지 않아서 담화의 완결성을 떨어뜨리고 있다.
② ⓑ는 '영선'이 발화한 '놀이동산'을 대신하는 대용 표현이다.
③ ⓒ, ⓓ는 발화 간의 관련성을 높이는 형식적 장치이며, 동일한 장소를 나타내고 있다.
④ ⓔ는 앞 문장과 뒤 문장을 대등하게 이어 주는 접속 표현이다.
⑤ ⓕ는 '작년에 같이 갔던 수목원'을 직접 가리키는 지시 표현이다.

● 다음 글을 읽고 물음에 답하시오.   2024학년도 수능

훈민정음 초성자는 발음 기관을 본떠서 만든 기본자 5자가 있고 이를 바탕으로 가획의 원리(예: ㄱ → ㅋ)에 따라 만든 가획자 9자와 그렇지 않은 이체자 3자가 있다. 중성자는 하늘, 땅, 사람의 모습을 본떠서 만든 기본자 3자가 있고 이를 토대로 한 초출자, 재출자가 각 4자가 있다. 종성자는 초성자를 다시 쓰되 종성에서 실제 발음되는 소리에 대응되는 8자만으로 충분하다 보았는데, 이는 『훈민정음』(해례본) 용자례에서 확인된다.

용자례에서는 이들 글자를 위주로 하여 실제 단어를 예로 들고 있다. 예컨대, 용자례에 쓰인 '콩'은 초성자 아음 가획자인 'ㅋ'의 예시 단어이다. 이 방식을 응용하면 '콩'은 중성자 초출자 'ㅗ'와 종성자 아음 이체자 'ㆁ'의 예시로도 쓸 수 있다. 용자례의 예시 단어 일부를 정리하여 제시하면 다음과 같다.

〈초성자 용자례〉

	아음	설음	순음	치음	후음	반설음	반치음
기본자	굴	노로	뫼(산)	셤	부얌(뱀)		
가획자	콩	뒤(띠)	별	죠히(종이)			
		고티	파	채	부헝		
이체자	러울(너구리)					어름	아ㅿ(아우)

〈중성자 용자례〉

기본자	톡/ᄃ리	믈/그력(기러기)	깃
초출자	논/벼로	밥	누에	브섭
재출자	쇼	남샹(거북의 일종)	슈룹(우산)	뎔

〈종성자 용자례〉

8종성자	독	굼벙(굼벵이)	반되(반딧불이)	갇(갓)
	범	섭(섶)	잣	별

이 중 일부 단어들은 오랜 시간이 지나면서 다양한 변화를 겪었다. 여기에는 표기법상의 변화라고 할 수 있는 예와 실제 소리가 변한 예, 그리고 다른 말이 덧붙어 같은 의미의 새 단어가 만들어진 예들이 포함된다. 예를 들어, '어름'을 '얼음'으로 적게 된 것은 표기법상의 변화로 볼 수 있다. 소리의 변화 중 자음이 변화한 경우로는 ⓐ'고티'(>고치)나 '뎔'(>절)처럼 구개음화를 겪은 유형이 있다. 모음이 변화한 경우에는, ⓑ'셤'(>섬)이나 '쇼'(>소)처럼 단모음화한 유형, 'ᄃ리'(>다리)나 '톡'(>턱)처럼 'ㆍ'가 변한 유형, ⓒ'믈'(>물)이나 '브섭'(>부엌)처럼 원순모음화를 겪은 유형, '노로'(>노루)나 '벼로'(>벼루)처럼 끝음절에서 'ㅗ > ㅜ' 변화를 겪은 유형 등이 있다. 다른 말이 덧붙어 같은 의미의 새 단어가 만들어진 경우로는 ⓓ'부헝'(>부엉이)처럼 접사가 결합한 유형과 ⓔ'굴'(>갈대)처럼 단어가 결합한 유형이 있다.

※ 본문 예시에서 후음 기본자는 'ㅇ', 아음 이체자는 'ㆁ'으로 표기함.

◆ 낯선 어휘의 뜻을 사전에서 찾아 적어 보자.

• 대응되다: 어떤 두 대상이 주어진 어떤 관계에 의하여 서로 짝이 이루어지다.

• 아음: 훈민정음에서 'ㄱ', 'ㄲ', 'ㆁ', 'ㅋ'을 이르는 말. ≒ 아성, 어금닛소리.

•

•

- 훈민정음
  - 초성자: 기본자 5자 + 가획자 [ ] ❶자 + 이체자 3자
  - 중성자: 기본자 3자 + 초출자 4자 + 재출자 4자
  - 종성자: 초성자 다시 쓰되, 실제 발음되는 소리에 대응되는 [ ] ❷자만으로 충분하다 봄.
    └ 『훈민정음』(해례본) 용자례에서 실제 단어를 예로 듦.

- 단어의 변화 양상
  - 표기법상의 변화라고 할 수 있는 예: 어름 → 얼음
  - 실제 [ ] ❸이/가 변한 예: 고티(>고치), 셤(>섬), 드리(>다리), 믈(>물), 노로(>노루)
  - 다른 말이 덧붙어 같은 의미의 새 단어가 만들어진 예: 부헝(>부엉이), 굴(>갈대)

◐ 24600-0271　　　　　　　　　　　　　　　　　　　　　　　2024학년도 수능 35번

1　윗글에 대한 이해로 적절한 것은?

① 훈민정음의 모든 기본자는 발음 기관을 본떠 만든 것이다.

② 초성자 기본자는 모두 용자례 예시 단어의 종성에 쓰인다.

③ 〈초성자 용자례〉의 가획자 중 단어가 예시되지 않은 자음자 하나는 아음에 속한다.

④ 〈초성자 용자례〉 중 아음 이체자의 예시 단어는, 초성자의 반설음자와 종성자의 반설음자의 예시 단어로 쓸 수 있다.

⑤ 〈중성자 용자례〉 중 초출자 'ㅓ'의 예시 단어는, 반치음 이체자와 종성자 순음 기본자의 예시 단어로 쓸 수 있다.

> ❯ 문제에 쓰인 단어 중 이해하기 어려운 단어의 뜻을 사전에서 찾아 적어 보자.

◐ 24600-0272　　　　　　　　　　　　　　　　　　　　　　　2024학년도 수능 36번

2　윗글을 바탕으로 중세 국어 단어의 변화 양상을 이해한 내용으로 적절하지 <u>않은</u> 것은?

① '벼리 딘'(>별이 진)의 '딘'은 ⓐ에 해당한다.

② '셔울 겨샤'(>서울 계셔)의 '셔울'은 ⓑ에 해당한다.

③ '플 우희'(>풀 위에)의 '플'은 ⓒ에 해당한다.

④ '산 거믜'(>산 거미)의 '거믜'는 ⓓ에 해당한다.

⑤ '닥 닙'(>닥나무 잎)의 '닥'은 ⓔ에 해당한다.

28강 매체

* 어휘 공부를 완료한 뒤 체크!

□□ **공유**
함께 共, 있을 有

❶ 두 사람 이상이 한 물건을 공동으로 소유하거나 이용함.
❷ 정보나 의견, 감정 따위를 나눔.

예 '해윤'은 화면 **공유** 기능을 활용하여 참여자들의 의견을 반영하며 그래픽 자료의 오류를 수정하였다. _2023학년도 수능

친절한 샘 꼭 어떤 물건이 아니어도 생각이나 느낌, 경험 등도 공유의 대상이 될 수 있습니다. 요즘 많이 듣게 되는 '**공유 경제**'는 플랫폼 등을 활용해 자산·서비스를 다른 사람과 공유해 사용함으로써 자원 활용을 극대화하는 경제 활동 방식을 뜻합니다.

□□ **대비**
대할 對, 견줄 比

두 가지의 차이를 밝히기 위하여 서로 맞대어 비교함. 또는 그런 비교.

예 시설 조성으로 달라질 전후 상황을 시각·청각적으로 **대비**시켜 표현 _2022학년도 6월 모평

친절한 샘 뜻풀이에도 나온 것처럼 '대비'는 두 가지 이상의 차이를 밝히기 위하여 쓰이는 방법입니다. 매체를 포함한 전 영역에서 표현과 그 효과에 대하여 묻는 문제에서 자주 등장하는 단어이니 꼭 알아 두어야 합니다. '대비'와 한자가 다른 '**대비(對備)**'는 '앞으로 일어날지도 모르는 어떠한 일에 대응하기 위하여 미리 준비함. 또는 그런 준비.'를 뜻합니다.

□□ **동조하다**
같을 同, 고를 調

남의 주장에 자기의 의견을 일치시키거나 보조를 맞추다.

예 방송 내용에 대하여 가지고 있던 '새달'과 '알콩'의 공통된 생각에 '사슴'이 **동조하고** 있다. _2024학년도 6월 모평

친절한 샘 남의 주장이 타당할 경우 자기의 의견을 거기에 맞추는 것은 좋지만, 아무 생각 없이 무조건 남의 주장을 따르는 것은 문제가 있어 보이죠? 줏대 없이 남의 의견에 따라 움직이는 모습을 가리키는 한자 성어로 '**부화뇌동(附和雷同)**'이 있습니다.

□□ **명시하다**
밝을 明, 보일 示

분명하게 드러내 보이다.

예 (가)에 제시된 수용자보다 수용자 범위를 한정하고 생산자를 **명시하여** 메시지 전달의 주체와 대상을 표현하였군. _2023학년도 6월 모평

친절한 샘 내용이나 뜻을 분명하게 드러내지 않고 넌지시 알리는 것은 '**암시(暗示)**'라고 합니다. 그리고 자기의 의사를 밖으로 드러내지 않는 것은 '**암묵(暗默)**'이라고 합니다. '밝음'을 뜻하는 '명(明)'과 반대로, '암(暗)'은 '어두움'을 뜻합니다.

□□ **열람하다**
조사할 閱, 볼 覽

책이나 문서 따위를 죽 훑어보거나 조사하면서 보다.

예 기사의 최초 작성 시간과 수정 시간이 명시되어 있으니, 다른 수용자들이 기사를 **열람한** 시간을 확인할 수 있겠군. _2022학년도 6월 모평

친절한 샘 오늘날은 많은 정보가 디지털화되어 있어 정보를 열람하는 게 훨씬 쉬워졌죠? '도서관 등에서 책 따위를 열람하는 방.'을 '**열람실**'이라고 합니다. '열(閱)'이 들어간 단어 몇 개 더 알아볼까요? '**검열(檢閱)**'은 '어떤 행위나 사업 따위를 살펴 조사하는 일.'을, '**교열(校閱)**'은 '문서나 원고의 내용 가운데 잘못된 것을 바로잡아 고치며 검열함.'을 뜻합니다.

□□ **추이**
옮길 推, 옮길 移

일이나 형편이 시간의 경과에 따라 변하여 나감. 또는 그런 경향.

예 (나)의 시내버스 이용률 변화 **추이**를 활용하여 학생들의 시내버스 기피 현상이 심화되고 있음을 보여 주어야겠군. _2018학년도 9월 모평

친절한 쌤 '추이'와 자주 혼동하는 말로 **추세(趨勢)**가 있는데, 이는 '어떤 현상이 일정한 방향으로 나아가는 경향.'을 뜻합니다. '추세'에서는 '일정한 방향으로'라는 뜻에 초점이 맞춰지는 반면에, '추이'에서는 '시간의 경과에 따른 변화'에 초점이 맞춰진다는 차이가 있습니다.

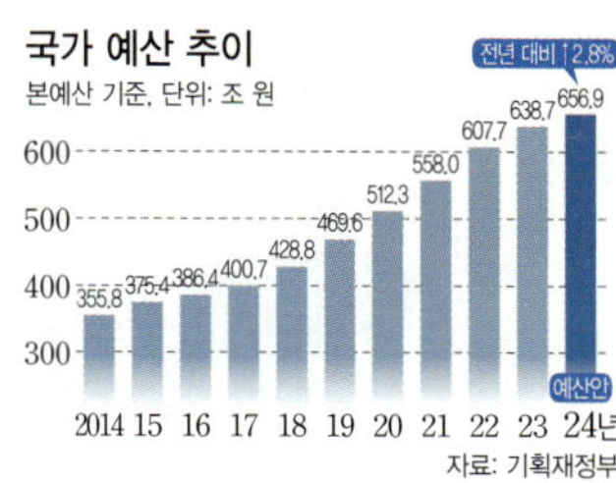

□□ **시의성**
때 時, 알맞을 宜, 성질 性

그 당시의 사정이나 사회적 요구에 들어맞는 성질.

예 학생 3은 제도의 시행이 현재의 문제 해결에 필요하다는 점에 주목해 보도의 **시의성** 측면을 긍정적으로 판단하였다. _2023학년도 6월 모평

친절한 쌤 '시○성(時○性)'이 들어간 말이 꽤 있죠? 자주 쓰이는 단어들을 여기에서 확실히 정리해 볼까요? **시급성(時急性)**은 시각을 다툴 만큼 절박하고 급한 상태의 성질을, **시사성(時事性)**은 그 당시에 일어난 여러 가지 사회적 사건이 내포하고 있는 시대적 성격 및 사회적 성격을 뜻합니다.

□□ **타당성**
온당할 妥, 마땅할 當, 성질 性

사물의 이치에 맞는 옳은 성질.

예 (가)와 (나)는 예상되는 반론에 반박하고 있으므로 논리적 **타당성**을 갖추었는지 확인해야 한다. _2022학년도 9월 모평

친절한 쌤 어떤 주장의 논거가 이치에 맞고, 주장이 논리적으로 뒷받침될 때, 그 주장은 '타당성이 있다.'라고 합니다. 이와 같은 뜻의 말로 **합리성(合理性)**이 있습니다.

□□ **비선형적**
아닐 非, 선 線, 형상 形, 어조사 的

선처럼 길게 일렬로 나아가지 않는 (것).

예 ⓐ에서, 화면에서 필요한 정보를 찾아 사용할 수 있는 것으로 보아 수용자가 대량의 정보를 요약하여 **비선형적**으로 표현할 수 있음을 알 수 있다. _2022학년도 수능

친절한 쌤 기존의 책이나 신문 등의 정보들은 순서대로 내용을 읽어야 하는 선형적인 텍스트였지만, 디지털에 기반을 둔 오늘날의 정보들은 하이퍼링크를 통해서 각 텍스트가 비선형적으로 연결되는 특징을 띠고 있습니다.

✚ 어휘 더하기 '불가(不可)'가 결합한 단어들

정답과 해설 45쪽

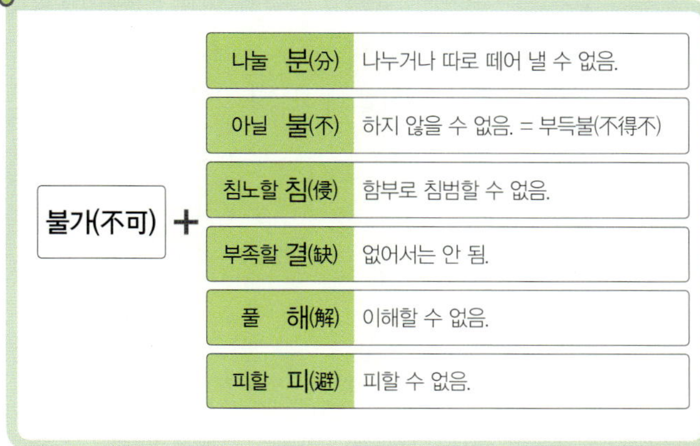

불가(不可) +

나눌 분(分)	나누거나 따로 떼어 낼 수 없음.
아닐 불(不)	하지 않을 수 없음. = 부득불(不得不)
침노할 침(侵)	함부로 침범할 수 없음.
부족할 결(缺)	없어서는 안 됨.
풀 해(解)	이해할 수 없음.
피할 피(避)	피할 수 없음.

'불가(不可)'는 그 자체로 '옳지 않음.', '가능하지 않음.'을 뜻하는 단어입니다. 어떤 단어가 이 말로 시작하면 '할 수 없다'나 '안 된다'로 해석하면 됩니다.

● 빈칸에 공통으로 들어갈 적절한 단어를 써 보자.

• 그는 집안에 일이 생겨서 [   ]하게 회의에 참석하지 못하였다.

• 어느 집단에서나 [   ]한 갈등은 있게 마련이다.

1 ◐ 24600-0273

빈칸에 공통으로 들어갈 말로 가장 적절한 것은?

> • 데이터가 집중된 기존 기업이 집적·처리된 데이터를 [   ]하려 하지 않으면, 신규 기업의 시장 진입이 어려워져 독점화가 강화될 수 있다.
> • 단체 대화방에서 소통을 할 때는 대화 참여자들이 대화 상황과 관련한 맥락을 [   ]하는 일이 무척 중요하다.
> • 재화를 여럿이 소유하거나 이용하는 소비를 기본으로 하여 자원 활용을 극대화하는 경제 활동 방식을 '[   ] 경제'라고 한다.

① 구독　　　　　　② 소유　　　　　　③ 동조
④ 공유　　　　　　⑤ 열람

2 ◐ 24600-0274

매체 자료를 수용하는 과정에서 떠올린 다음 질문과 가장 관련이 깊은 것은?

> • 근거들로부터 결론을 합리적으로 이끌어 내고 있는가?
> • 말하고자 하는 바를 뒷받침하는 근거 자료가 현실이나 이치에 부합하는가?

① 시의성　　　　　② 공정성　　　　　③ 타당성
④ 신뢰성　　　　　⑤ 중립성

3 ◐ 24600-0275

㉠과 ㉡에 들어갈 말이 바르게 짝지어진 것은?

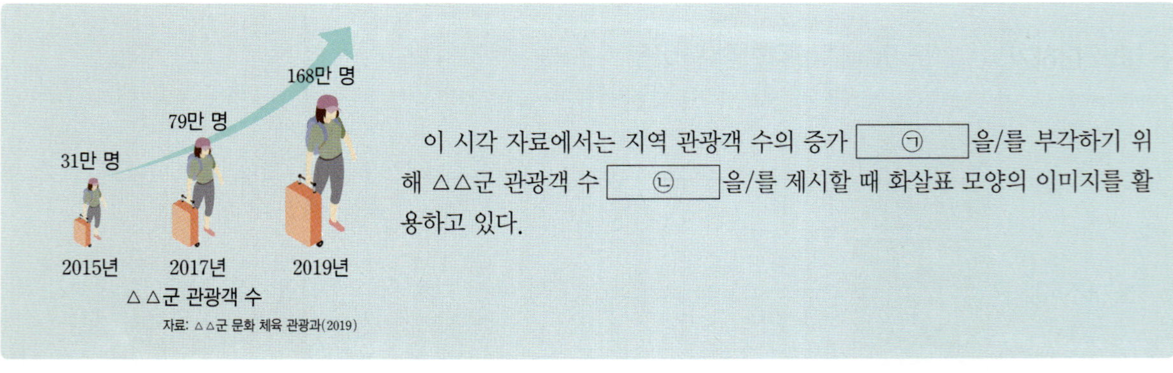

이 시각 자료에서는 지역 관광객 수의 증가 [㉠]을/를 부각하기 위해 △△군 관광객 수 [㉡]을/를 제시할 때 화살표 모양의 이미지를 활용하고 있다.

	㉠	㉡		㉠	㉡		㉠	㉡
①	국면	판세	②	누계	추산	③	형세	형국
④	추세	추이	⑤	추이	증가			

4 ● 24600-0276

제시된 초성을 참고하여, 괄호 안에 들어갈 적절한 말을 각각 쓰시오.

(1) 인터넷 신문 기사에는 기사의 최초 작성 시간과 수정 시간이 분 단위까지 (　ㅁ ㅅ　)되어 있다.

(2) 이 시에서 '갈매기'와 '해오라기'는 크고 작음의 (　ㄷ ㅂ　)을/를 이루어 소재가 가진 특징을 부각하고 있다.

5 ● 24600-0277

㉠과 ㉡에 들어가기에 적절한 말을 〈보기〉에서 각각 찾아 쓰시오.

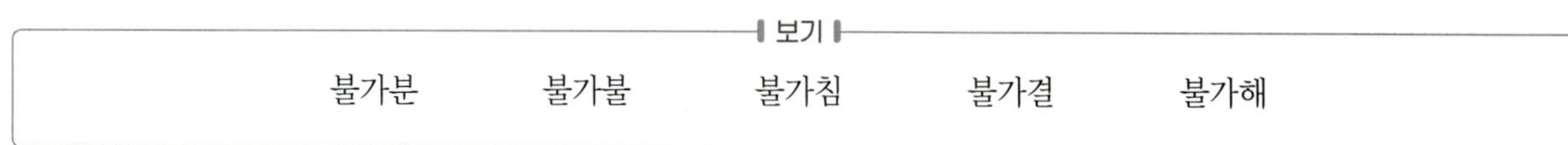

| 보기 |

불가분　　　불가불　　　불가침　　　불가결　　　불가해

- 사랑의 본질은 영원히 [㉠]하더라도 작가는 언제나 그 본질에 다가가기 위한 시도를 거듭해야 한다.
- 몸이 건강하려면 마음이 건강해야 하고, 마음이 건강하려면 몸이 건강해야 한다. 이런 점에서 몸과 마음은 [㉡]의 관계라고 할 수 있다.

개념어를 **알면** **답**이 보인다

6 ● 24600-0278　　　2024학년도 6월 모평 41번 변형

다음은 라디오 방송이 끝난 후의 청취자 게시판이다. 방송 내용에 대한 참여자들의 소통 양상으로 가장 적절한 것은?

▶ 문제에 쓰인 단어 중 이해하기 어려운 단어의 뜻을 사전에서 찾아 적어 보자.

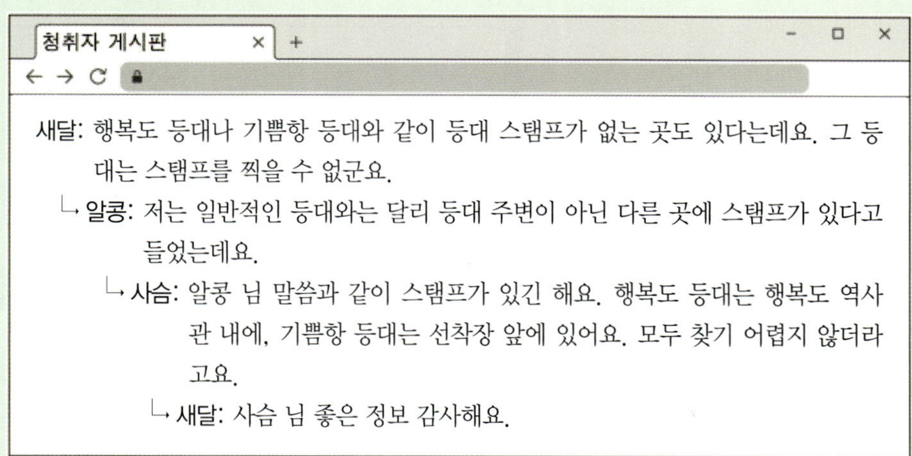

새달: 행복도 등대나 기쁨항 등대와 같이 등대 스탬프가 없는 곳도 있다는데요. 그 등대는 스탬프를 찍을 수 없군요.
　└ 알콩: 저는 일반적인 등대와는 달리 등대 주변이 아닌 다른 곳에 스탬프가 있다고 들었는데요.
　　└ 사슴: 알콩 님 말씀과 같이 스탬프가 있긴 해요. 행복도 등대는 행복도 역사관 내에, 기쁨항 등대는 선착장 앞에 있어요. 모두 찾기 어렵지 않더라고요.
　　　└ 새달: 사슴 님 좋은 정보 감사해요.

① '새달'과 '알콩'의 공통된 생각에 '사슴'이 동조하고 있다.
② '새달'과 '알콩'의 서로 다른 생각이 '사슴'에 의해 절충되고 있다.
③ '새달'의 잘못된 이해가 '알콩'과 '사슴'의 댓글에 의해 수정되고 있다.
④ '새달'의 긍정적 감정이 '사슴'의 댓글로 인해 부정적 감정으로 전환되고 있다.
⑤ '새달'이 느낀 감정을 '알콩' 및 '사슴'과 공유하여 정서적인 공감을 형성하고 있다.

● (가)는 텔레비전 방송 뉴스이고, (나)는 잡지에 실린 인쇄 광고이다. 물음에 답하시오.   2022학년도 6월 모평

(가)

[장면 1]

진행자: 더워지는 요즘, 판매량이 급증하고 있는 제품이 있습니다. 휴대용 선풍기인데요. ㉠어떤 제품을 선택하는 것이 좋을까요? 박○○ 기자가 전해 드립니다.

[장면 2]

박 기자: ㉡휴대하기 간편하면서도 힘들지 않게 시원한 바람을 선사해 인기가 높은 휴대용 선풍기. 시중에 판매되는 휴대용 선풍기 종류만도 수백 개가 넘습니다. 그러면 소비자들은 어떤 기준으로 휴대용 선풍기를 선택하고 있을까요?

[장면 3]

이△△: 좋아하는 연예인이 광고하는 제품을 살까 하다가, 이왕이면 성능도 좋고 디자인도 맘에 드는 제품을 선택했어요.

[장면 4]

박 기자: 대형 인터넷 쇼핑몰에서 소비자를 대상으로 휴대용 선풍기 구매 기준을 설문한 결과, 풍력, 배터리 용량과 같은 제품 성능이 1순위였습니다. 이어 디자인, 가격 등 다양한 응답이 뒤를 이었습니다. ㉢그런데 휴대용 선풍기는 안전사고의 위험도 있는 만큼 안전성을 고려하여 제품을 선택해야 합니다.

[장면 5]

박 기자: ㉣그러면 안전성은 어떻게 확인할 수 있을까요? 먼저, KC 마크가 부착되어 있는지 살펴보아야 합니다. KC 마크는 안전성을 인증받은 제품에만 부착됩니다. 간혹 광고로는 안전 인증 여부를 확인하기 힘든 경우도 있으므로 실물을 보지 않고 구매하는 경우 소비자들의 주의가 필요합니다. 다음으로, 보호망의 간격이 촘촘하고 날이 부드러운 재질로 된 제품을 선택해야 손이 끼어 다치는 사고를 막을 수 있습니다.

[장면 6]

박 기자: 휴대용 선풍기 사고가 빈번한 여름철, ㉤안전한 제품을 구매하기 위한 소비자들의 현명한 선택이 필요합니다.

(나)

◆ **낯선 어휘의 뜻**을 사전에서 찾아 적어 보자.

• 급증하다: 갑작스럽게 늘어나다.

◆ **중심 내용** 한눈에 보기

진행자	뉴스에서 다룰 대상 소개
박 기자	• 휴대용 선풍기 선택 기준 질문 – (인터뷰) → 이△△: [ ]❶, 디자인 • 휴대용 선풍기 구매 기준 설문 결과 – 제품 성능, 디자인, 가격 순. • 안전성을 고려한 제품 선택의 중요성 – 안전성 확인 방법 = [ ]❷ 마크 부착 유무 • 소비자들의 현명한 선택 당부

▶ 24600-0279 2022학년도 6월 모평 43번

1 (가), (나)에 대한 설명으로 가장 적절한 것은?

▶ 문제에 쓰인 단어 중 이해하기 어려운 단어의 뜻을 사전에서 찾아 적어 보자.

정보 구성의 주체	• (가)는 수용자의 설문 조사 결과를 다루고 있다는 점에서, 수용자들이 뉴스의 정보를 주체적으로 구성하고 있음을 알 수 있다. ·············· ①
정보의 성격	• (가)는 제품의 판매량이 늘고 있는 시기에 소비자에게 필요한 정보를 제공한다는 점에서, 시의성 있는 정보로 구성되어 있음을 알 수 있다. ········· ② • (나)는 제품의 주된 소비자층을 명시하고 있다는 점에서, 수용자의 특성을 고려한 정보로 구성되어 있음을 알 수 있다. ·············· ③
정보의 양과 질	• (가)는 제품 구매 기준이 다양함을 여러 소비자와의 인터뷰 영상으로 보여 준다는 점에서, (나)에 비해 정보를 현장감 있게 전달하고 있음을 알 수 있다. ················· ④ • (나)는 제품에 대해 소비자가 알고자 하는 점을 상세하게 밝히고 있다는 점에서, (가)에 비해 많은 양의 정보를 담고 있음을 알 수 있다. ·············· ⑤

▶ 24600-0280 2022학년도 6월 모평 44번

2 (가)의 언어적 특성을 고려할 때, ㉠~㉤에 대한 설명으로 적절하지 <u>않은</u> 것은?

① ㉠: 의문형 어미를 사용하여 시청자에게 진행자 자신의 궁금한 점을 묻고 있다.

② ㉡: 명사로 문장을 종결함으로써 뉴스에서 다루고자 하는 대상에 주의를 집중하게 하고 있다.

③ ㉢: 접속 표현을 사용하여 뉴스의 중심 내용으로 화제를 전환하고 있다.

④ ㉣: 묻고 답하는 방식을 통해 뉴스의 핵심 정보를 제시하고 있다.

⑤ ㉤: 뉴스 내용에 따른 제품 선택을 '현명한 선택'이라고 표현함으로써 시청자들에게 기대하는 바를 전달하고 있다.

○ 24600-0281

1 ㉠~㉣에 들어갈 내용이 적절하게 짝지어진 것은?

> 말소리가 서로 이어질 때, 어느 한쪽 또는 양쪽이 영향을 받아 비슷하거나 같은 소리로 바뀌는 소리의 변화를 [㉠](이)라고 한다. 예를 들어, '국민'에서 '국'의 'ㄱ'은 뒤에 오는 [㉡] 'ㅁ'의 영향을 받아 [㉢] 으로 발음된다. 한 음운이 다른 음운으로 바뀌는 것이기 때문에 [㉣]에 해당한다.

	㉠	㉡	㉢	㉣
①	연음	비음	ㅁ	교체
②	연음	유음	ㅇ	탈락
③	동화	유음	ㅁ	축약
④	동화	비음	ㅇ	교체
⑤	동화	구개음	ㄴ	축약

○ 24600-0282

2 밑줄 친 대명사가 미지칭, 부정칭, 재귀칭 중 무엇에 해당하는지 쓰시오.

(1) 우리 동아리는 <u>누구</u>든지 환영합니다. ·· (   )

(2) 자전거 열쇠를 <u>어디</u>에 두었는지 기억이 안 나. ·································· (   )

(3) 너와 함께라면 <u>어디</u>나 갈 수 있어. ·· (   )

(4) 할머니께서는 <u>당신</u>께서 손수 만드신 옷을 나에게 주셨다. ······· (   )

○ 24600-0283

3 〈보기〉와 같이 '휘날리다'를 분석할 때, ㉠~㉣에 들어갈 개념어를 바르게 짝지은 것은?

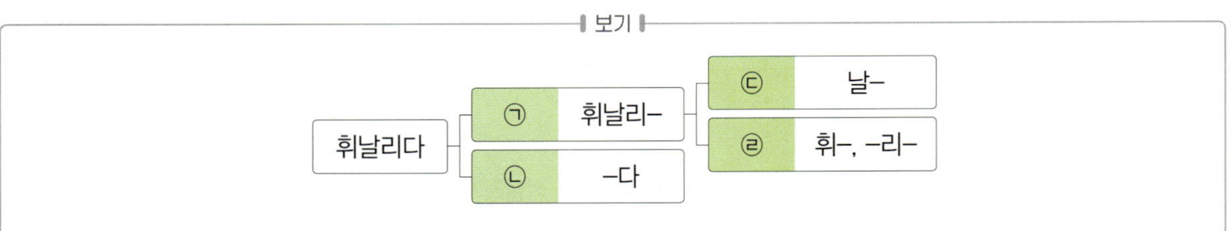

	㉠	㉡	㉢	㉣
①	어간	어미	접사	어근
②	어간	어미	어근	접사
③	어근	어미	어간	접사
④	어근	접사	어간	어미
⑤	접사	어미	어근	어간

● 24600-0284

4 문맥을 고려할 때, 밑줄 친 단어의 쓰임이 적절하지 <u>않은</u> 것은?

① 그는 작품 속에 담긴 <u>함의</u>를 좀처럼 찾아낼 수 없었다.
② 그의 타당성 있는 의견에 청중들이 고개를 끄덕이며 <u>동조</u>했다.
③ 경쟁 업체에 대한 <u>상보적</u> 태도를 지양하고 서로 협조할 필요가 있다.
④ '나는 결코 가겠다.'라는 문장은 부사어와 서술어의 <u>호응</u>이 부적절하다.
⑤ 정부는 일단 세계 경제 상황의 <u>추이</u>를 관찰한 뒤 정책을 마련하기로 했다.

● 24600-0285

5 밑줄 친 두 단어가 동음이의어에 해당하는 것은?

① ┌ 그는 회의 시작 전에 가벼운 <u>담화</u>로 딱딱한 분위기를 깨려 했다.
　 └ 책이나 신문 등의 문어 <u>담화</u>에는 전문적인 어휘가 많이 등장한다.
② ┌ 청중의 주의를 환기하기 위해 청중과 <u>공유</u>하고 있는 경험을 언급한다.
　 └ 인터넷의 발달은 시간과 공간을 초월한 정보의 <u>공유</u>를 가능하게 했다.
③ ┌ 실험 집단과 통제 집단을 <u>대비</u>하면 연구 결과를 증명할 수 있다.
　 └ 이들 종자는 식물의 멸종이나 자생지 파괴 등을 <u>대비</u>해 보관하고 있다.
④ ┌ 생산자를 <u>명시</u>하여 메시지 전달의 주체와 대상을 표현하였다.
　 └ 인물의 속마음을 분명하게 드러내기 위해 글로도 적어 감정을 <u>명시</u>하고 있다.
⑤ ┌ 그는 당장 <u>열람</u>할 수 있는 도서들만 급하게 빌려 왔다.
　 └ 다음은 학생이 과제 수행을 위해 인터넷에서 <u>열람</u>한 신문사의 웹 페이지 화면이다.

● 24600-0286

6 다음의 뜻풀이에 해당하는 단어를 오른쪽 표에서 찾아 해당하는 글자를 지운 후, 남은 네 글자로 이루어진 한자 성어를 쓰시오.

(1) 단독으로 음절을 이루지 못하고 단모음의 앞이나 뒤에 놓여 이중 모음을 형성하는 음소.
(2) 그 당시의 사정이나 사회적 요구에 들어맞는 성질.
(3) 선처럼 길게 일렬로 나아가지 않는 것. 인터넷의 주요 정보는 하이퍼링크를 통해 ○○○○(으)로 연결됨.
(4) 같은 언어를 사용하면서 공동생활을 하는 언어 사회 안의 대중.
(5) 중세 국어 각 음절의 성조를 표시하기 위해 글자의 왼쪽에 찍었던 점.
(6) 동사, 형용사, 서술격 조사의 어간에 여러 가지 어미가 붙는 일.

한글은 과학이고, 예술이다.

한글은 세계적으로 유일하게 창제 목적과 창제 원리를 가진 글자입니다. 세종 대왕이 훈민정음 28자를 세상에 반포할 때 찍어 낸 『훈민정음(訓民正音)』은 1997년 유네스코 지정 세계 기록 유산으로 등록되었지요.

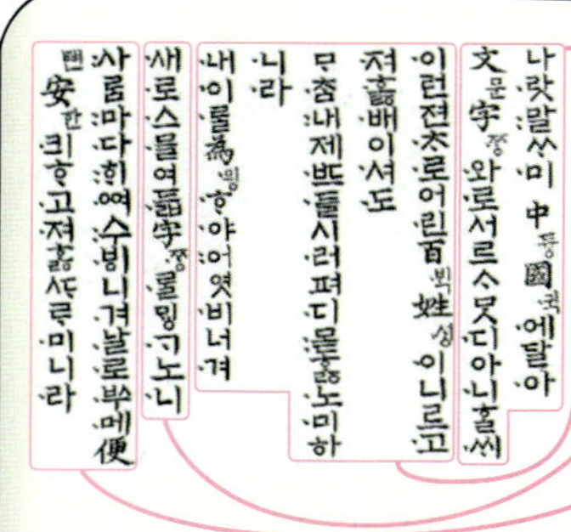

▲ 『세종어제훈민정음』 '어지(御旨)'

『훈민정음(訓民正音)』 해례본 '정음 취지문'(어제 서문, 御製序文)을 보면 훈민정음의 창제 목적을 알 수 있어요. 백성을 향한 임금의 사랑이 느껴지시나요? 훈민정음은 굉장히 과학적인 글자예요. 표음 문자이자 음소 문자이기 때문에 말소리를 그대로 표기하고, 표기된 문자를 그대로 읽을 수 있지요. 그 덕분에 우리나라는 세계에서 문맹률이 가장 낮은 나라가 될 수 있었어요.

● 자음의 제자 원리: 상형과 가획의 원리

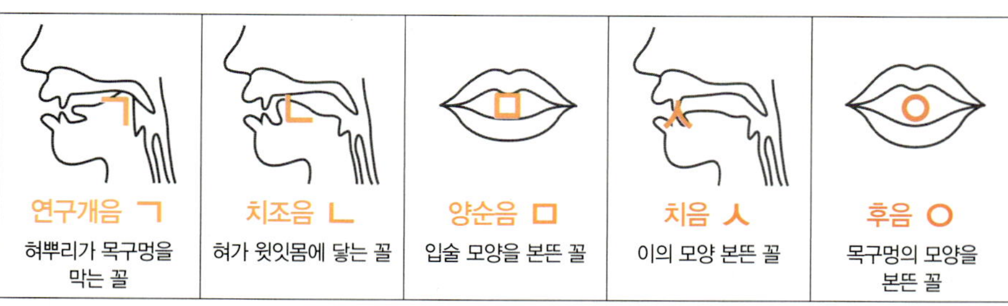

　자음의 기본자 5개(ㄱ, ㄴ, ㅁ, ㅅ, ㅇ)는 '상형의 원리'에 의해 발음할 때의 발음 기관의 모양을 본떠 만들었어요. 이 기본자를 바탕으로 나머지 자음들은 소리의 세기에 따라 획을 추가하는 '가획의 원리'로 만들었어요. 단, 'ㆁ, ㄹ, ㅿ'은 소리의 세기에 따라 획을 더한 것이 아닌 '이체자(異體字)'랍니다.

● 모음의 제자 원리: 상형과 합성의 원리

　모음의 기본자 3개(·, ㅡ, ㅣ)에는 우주의 원리가 담겨 있어요. '상형의 원리'에 의해 '하늘, 땅, 사람'의 모양을 각각 본떠 만들었지요. 그리고 이 기본자를 서로 합성해서 나머지 모음을 만들었답니다. 게다가 자음과 모음을 'ㅂㅕㄹ'과 같이 풀어 쓰지 않고 '별'과 같이 조합해서 표기함으로써 효율성과 경제성을 높이게 되었어요.

찾아보기

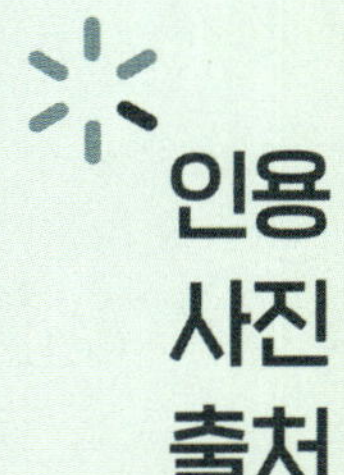

인용 사진 출처

- '공자'의 초상화 | 위키미디어 공용(Wikimedia Commons) … 14쪽
- '맹자'의 초상화 | 위키미디어 공용(Wikimedia Commons) … 14쪽
- 「회혼례도(혼인 60주년 기념 잔치)」| 국립중앙박물관 … 36쪽
- '토기 융기문 발' 사진 | 국가유산청 국가유산포털 … 71쪽
- '금동미륵보살반가사유상' 사진 | 국가유산청 국가유산포털 … 84쪽
- '국고 채권(1972년)' 사진 | 한국민족문화대백과사전 … 112쪽
- '부신' 사진 | 국립민속박물관 … 160쪽

내 신 과
학력평가 를
모 ─ 두
책 임 지 는

하루 6개
1등급
영어독해

매일매일 밥 먹듯이,
EBS랑 영어 1등급 완성하자!

✓ 규칙적인 일일 학습으로
영어 1등급 수준 미리 성취

✓ 최신 기출문제 + 실전 같은
문제 풀이 연습으로
내신과 학력평가 등급 UP!

✓ 대학별 최저 등급 기준 충족을 위한
변별력 높은 문항 집중 학습

어휘 기본기를 다져서
수능 국어 만점으로 가자!

어휘가 독해다!

정답과 해설

EBSi 고교강의

강의 듣고 모르는 문제는
학습 Q&A로 해결
Google Play | App Store

EBS i 사이트
무료 강의 제공

수능·모평 국어 빈출 어휘 총정리

수능 국어 어휘

I 고전 시가 · 현대시

01강
9쪽 › 어휘 더하기 ∘ 물아일체의 대상
10~11쪽 › 문제로 확인하기 1 (1) 조물주 (2) 삼공 (3) 삭풍 2 ③ 3 ⑤ 4 ② 5 ①
6 ④ 7 ④
12~13쪽 › 기출로 강해지기 ❶ 초야우생 ❷ 허물 ❸ 가을 │ 1 ⑤ 2 ②

02강
15쪽 › 어휘 더하기 ∘ 호미
16~17쪽 › 문제로 확인하기 1 ① 2 ② 3 ① 4 ③ 5 ⑤ 6 ② 7 ②
18~19쪽 › 기출로 강해지기 ❶ 눈 ❷ 술 ❸ 속세 ❹ 자연 │ 1 ② 2 ①

03강
21쪽 › 어휘 더하기 ∘ 예찬하다
22~23쪽 › 문제로 확인하기 1 신명 2 ④ 3 ① 4 (1) 희로애락 (2) 폐허 (3) 격정
5 ③ 6 ⑤ 7 ⑤
24~25쪽 › 기출로 강해지기 ❶ 자유 ❷ 성찰 (또는 자조) ❸ 활자 ❹ 사령
│ 1 ⑤ 2 ④

04강
27쪽 › 어휘 더하기 ∘ 산에서 가장 높은 곳
28~29쪽 › 문제로 확인하기 1 ② 2 ① 3 ③ 4 투영 5 객지 6 ② 7 ②
30~31쪽 › 기출로 강해지기 ❶ 가로수 ❷ 도시 ❸ 꽃 ❹ 이주민 │ 1 ② 2 ⑤

32~33쪽 › 실력 다지기 1 ④ 2 ④ 3 ② 4 ⑤ 5 ③ 6 ② 7 해설 참조

II 고전 산문 · 현대 소설

05강
37쪽 › 어휘 더하기 ∘ 명일
38~39쪽 › 문제로 확인하기 1 (1) 주렴(珠簾) (2) 청려장(靑藜杖) (3) 단표자(單瓢子)
2 ⑤ 3 규방 4 (1) 조정 (2) 행장 5 ① 6 ④ 7 ①
40~41쪽 › 기출로 강해지기 ❶ 귀양 ❷ 호왕 ❸ 모함 ❹ 태부인 │ 1 ④ 2 ④

06강
43쪽 › 어휘 더하기 ∘ 음력 1월 1일
44~45쪽 › 문제로 확인하기 1 ② 2 ① 3 (1) × (2) × (3) ○ 4 ⑤ 5 ② 6 ③ 7 ②
46~47쪽 › 기출로 강해지기 ❶ 아귀 ❷ 소견 ❸ 자식 ❹ 검술 │ 1 ① 2 ⑤

07강
49쪽 › 어휘 더하기 ∘ 비싼 이자를 받으며 돈을 빌려주는 일
50~51쪽 › 문제로 확인하기 1 ② 2 ① 3 (1) 구호소 (2) 연명 4 ⑤ 5 ④ 6 ⑤ 7 ①
52~53쪽 › 기출로 강해지기 ❶ 통역 ❷ 순사 ❸ 고리대금 ❹ 일본 │ 1 ① 2 ⑤

08강
55쪽 › 어휘 더하기 ∘ 노동자
56~57쪽 › 문제로 확인하기 1 (1) ㉡ (2) ㉢ (3) ㉠ 2 도회 3 ⑤ 4 ③ 5 ① 6 ④
7 ⑤
58~59쪽 › 기출로 강해지기 ❶ 신원 ❷ 빈대 ❸ 한담 │ 1 ① 2 ④

60~61쪽 › 실력 다지기 1 (1) ㉢ (2) ㉡ (3) ㉠ 2 ⑤ 3 ① 4 ② 5 ⑤ 6 ⑤
7 해설 참조

III 독서 (인문 · 예술)

09강
65쪽 › 어휘 더하기 ∘ 확정
66~67쪽 › 문제로 확인하기 1 (1) 필연 (2) 가변 (3) 상충 2 ③ 3 ④ 4 ① 5 ⑤ 6 ②
7 ③
68~69쪽 › 기출로 강해지기 ❶ 인위적 ❷ 현실화 ❸ 이치 │ 1 ③ 2 ④

10강
71쪽 › 어휘 더하기 ∘ 유적
72~73쪽 › 문제로 확인하기 1 (1) ② (2) ④ 2 ③ 3 ① 4 ⑤ 5 ⑤ 6 ③ 7 ⑤
74~75쪽 › 기출로 강해지기 ❶ 인재 ❷ 재능 ❸ 공동체 ❹ 역설적 │ 1 ② 2 ④

11강
77쪽 › 어휘 더하기 ∘ (1) 실제, 실재 (2) 유례
78~79쪽 › 문제로 확인하기 1 (1) 국한 (2) 대면 (3) 외연 (4) 대변 2 ⑤ 3 ① 4 ④
5 ⑤ 6 ③
80~81쪽 › 기출로 강해지기 ❶ 상품 ❷ 비동일성 ❸ 전위 │ 1 ① 2 ①

12강
83쪽 › 어휘 더하기 ∘ ②
84~85쪽 › 문제로 확인하기 1 ㉠ 통시적 ㉡ 공시적 2 ③ 3 ② 4 ⑤ 5 기념탑 6 ②
86~87쪽 › 기출로 강해지기 ❶ 우회적 ❷ 허구 ❸ 사료 │ 1 ⑤ 2 ③

88~89쪽 › 실력 다지기 1 ② 2 (1) ④ (2) ③ 3 ⑤ 4 ④ 5 (1) 추정 (2) 단정, 확정
6 해설 참조

IV 독서 (사회 · 문화)

13강
93쪽 › 어휘 더하기 ∘ ①
94~95쪽 › 문제로 확인하기 1 ③ 2 (1) 공급, 수요 (2) 증가했다 3 (1) 바람, 공기, 햇
볕 (2) 볼펜, 신발, 책 4 ② 5 해설 참조 6 ⑤
96~97쪽 › 기출로 강해지기 ❶ 활성화 ❷ 위축 ❸ 준칙주의 ❹ 재량주의
│ 1 ② 2 ⑤

14강
99쪽 › 어휘 더하기 ∘ 용이하게
100~101쪽 › 문제로 확인하기 1 ① 2 ㉠ 백안시 ㉡ 도외시 3 ④
4 (1) 일의적 (2) 위임 (3) 증여 5 ⑤ 6 ⑤
102~103쪽 › 기출로 강해지기 ❶ 소유권 ❷ 이동권 ❸ 절감 ❹ 독점화 │ 1 ③ 2 ①

15강
105쪽 › 어휘 더하기 ∘ ①
106~107쪽 › 문제로 확인하기 1 시사 2 학생 3 ③ 4 (1) 규정 (2) 구별 5 ① 6 ②
7 ①
108~109쪽 › 기출로 강해지기 ❶ 도덕 공동체 ❷ 이해관계 ❸ 가치 │ 1 ④ 2 ⑤

16강
111쪽 › 어휘 더하기 ∘ ②
112~113쪽 › 문제로 확인하기 1 ⑤ 2 자의적 3 편향 4 (1) 채권 (2) 토지, 건물
5 ④ 6 탄력적, 비탄력적 7 ①
114~115쪽 › 기출로 강해지기 ❶ 점유 ❷ 직접 ❸ 간접 ❹ 반환청구권 │ 1 ⑤ 2 ①

116~117쪽 › 실력 다지기 1 ④ 2 (1) 금리 (2) 의례 (3) 공시 (4) 환율 (5) 통찰 (6) 내
수 3 ② 4 ② 5 ⑤ 6 해설 참조

V 독서 (과학 · 기술)

17강
121쪽 › 어휘 더하기 ∘ ①
122~123쪽 › 문제로 확인하기 1 유기적, 인과성 2 거시 세계, 미시 세계 3 ①
4 ⑤ 5 (1) 항성 (2) 자전 (3) 공전 6 자기장 7 ③
124~125쪽 › 기출로 강해지기 ❶ 압전 ❷ 질량 민감도 ❸ 기체 ❹ 농도
│ 1 ④ 2 ⑤

18강
127쪽 › 어휘 더하기 ∘ 따르다
128~129쪽 › 문제로 확인하기 1 항상성 2 ① 3 응고 4 발산 5 이온
6 (1) 발현 (2) 침착 7 ③ 8 ②
130~131쪽 › 기출로 강해지기 ❶ 응고 ❷ 카르복실화 ❸ 역설 │ 1 ① 2 ④ 3 ④

19강
133쪽 › 어휘 더하기 ∘ ①
134~135쪽 › 문제로 확인하기 1 ② 2 ② 3 비트 4 메타버스
5 (1) 데이터 (2) 데이터베이스 6 ⑤ 7 ①
136~137쪽 › 기출로 강해지기 ❶ 소스 ❷ 채널 ❸ 선 │ 1 ④ 2 ④

20강
139쪽 › 어휘 더하기 ∘ 맞히면
140~141쪽 › 문제로 확인하기 1 ③ 2 (1) 고안 (2) 식별 3 ㉠ 디지털 ㉡ 아날로그
4 화소 5 피사체 6 ① 7 ③ 8 ①
142~143쪽 › 기출로 강해지기 ❶ 자이로 센서 ❷ 소프트웨어 ❸ 화질 │ 1 ② 2 ②

144~145쪽 › 실력 다지기 1 (1) 고안 (2) 항상성 (3) 흡착 (4) 진공 (5) 주파수
2 ③ 3 ㉠ 미시 ㉡ 발산 ㉢ 응고 4 ② 5 ② 6 해설 참조

VI 화법 · 작문

21강
149쪽 › 어휘 더하기 ∘ ㉠ 논제 ㉡ 입론
150~151쪽 › 문제로 확인하기 1 ④ 2 (1) 유무 (2) 여부 (3) 유무 (4) 여부 3 ③
4 (1) 준 (2) 비 (3) 비 (4) 준 (5) 준 5 ③ 6 ②
152~153쪽 › 기출로 강해지기 ❶ 의무화 ❷ 초보 운전 │ 1 ④ 2 ②

22강
155쪽 › 어휘 더하기 ∘ ㉠ 걸림 ㉡ 디딤
156~157쪽 › 문제로 확인하기 1 (1) 유보하다 (2) 전환하다 (3) 관철되다 (4) 생소하다
2 ② 3 ④ 4 ① 5 ③ 6 ⑤
158~159쪽 › 기출로 강해지기 ❶ 개폐 ❷ 이물질 ❸ 좌우 │ 1 ④ 2 ⑤

23강
161쪽 › 어휘 더하기 ∘ ㉠ 순 ㉡ 역
162~163쪽 › 문제로 확인하기 1 ② 2 (1) 시급성 (2) 가독성 (3) 당위성 3 (1) ③ (2) ⑤
4 ② 5 ⑤
164~165쪽 › 기출로 강해지기 ❶ 정서적 ❷ 어울림 │ 1 ② 2 ③

24강
167쪽 › 어휘 더하기 ∘ (1) 지양 (2) 과감
168~169쪽 › 문제로 확인하기 1 (1) ㉡ (2) ㉢ (3) ㉠ (4) ㉣ 2 ④ 3 ② 4 ③ 5 ②
6 ②
170~171쪽 › 기출로 강해지기 ❶ 보존성 ❷ 닥나무 │ 1 ③ 2 ③

172~173쪽 › 실력 다지기 1 (1) ④ (2) ② 2 ⑤ 3 ④ 4 (1) ㉠ (2) ㉢ (3) ㉡ (4) ㉣ 5 ③
6 해설 참조

VII 언어 · 매체

25강
177쪽 › 어휘 더하기 ∘ (1) 교체 1, 탈락 1 (2) 교체 2, 축약 1
178~179쪽 › 문제로 확인하기 1 (1) ○ (2) × (3) × (4) ○ 2 ② 3 ④
4 (1) 음절, 연음 (2) 모음 조화 5 ③ 6 ②
180~181쪽 › 기출로 강해지기 ❶ 하나 ❷ 자음군 │ 1 ③ 2 ②

26강
183쪽 › 어휘 더하기 ∘ 어간: 잡히-, 어미: -다, 어근: 잡-, 접사: -히-
184~185쪽 › 문제로 확인하기 1 ① 2 ② 3 ④ 4 (1) 선생님 (2) 우리 5 ㉠ 활용 ㉡ 어
간 ㉢ 어미 ㉣ 접사 ㉤ 파생어 ㉥ 어간 ㉦ 접사 ㉧ 어근 6 ②
186~187쪽 › 기출로 강해지기 ❶ 파생어 ❷ 의미 │ 1 ④ 2 ③

27강
189쪽 › 어휘 더하기 ∘ (1) 연철(이어 적기) (2) ㅎ 종성 체언
190~191쪽 › 문제로 확인하기 1 (1) ⓒ (2) ㉠ (3) ⓓ (4) ⓑ 2 ③ 3 ④ 4 ④ 5 ③
6 ⑤
192~193쪽 › 기출로 강해지기 ❶ 9 ❷ 8 ❸ 소리 │ 1 ④ 2 ④

28강
195쪽 › 어휘 더하기 ∘ 불가피
196~197쪽 › 문제로 확인하기 1 ④ 2 ③ 3 ④ 4 (1) 명시 (2) 대비
5 ㉠ 불가해 ㉡ 불가분 6 ③
198~199쪽 › 기출로 강해지기 ❶ 성능 ❷ KC │ 1 ② 2 ①

200~201쪽 › 실력 다지기 1 ④ 2 (1) 부정칭 (2) 미지칭 (3) 부정칭 (4) 재귀칭 3 ②
4 ③ 5 ③ 6 꼴목상대

01강 고전 시가 (1) | 자연 친화

➕ 어휘 더하기

본문 9쪽

● 물아일체의 대상

화자는 자신이 백구를 좇는 것인지 아니면 백구가 자신을 좇는 것인지 묻고 있는데, 이는 화자가 자신과 백구를 하나 된 대상으로 여기고 있는 것이다. 따라서 이 시가에서 '백구'는 물아일체의 대상으로 나타나고 있다.

문제로 확인하기

본문 10~11쪽

1 (1) 조물주 (2) 삼공 (3) 삭풍 **2** ③ **3** ⑤
4 ② **5** ① **6** ④ **7** ④

1 (1) '우주의 만물을 만들고 다스리는 신.'을 의미하는 말은 '조물주(造物主)'이다.
(2) '국가 주요 정책을 결정하는 일을 맡아보던 세 벼슬.'을 의미하는 말은 '삼공(三公)'이다.
(3) '겨울철에 북쪽에서 불어오는 찬 바람.'을 의미하는 말은 '삭풍(朔風)'이다.

2 •㉠은 화자가 '강호(江湖)'와의 사이에서 갈등하는 장소이므로, 세속적인 사회를 의미하는 '속세(俗世)'가 적절하다.
•㉡은 '사군자(四君子)' 중의 하나로 봄을 알리는 꽃이므로 '매화(梅花)'가 적절하다.
•㉢은 자연을 의미하는 말로, 시를 짓고 흥취를 자아내며 즐기는 모습을 나타내기도 한다고 했으므로 '풍월(風月)'이 적절하다.

3 '자규(子規)'는 한국, 일본, 말레이시아 등지에 분포하는 두견과의 새로, 다른 말로 '두견', '귀촉도'라고도 한다. 따라서 '자규(子規)'와 의미가 동일한 단어는 '두견(杜鵑)'이다.

▶ 오답 풀이
① '원앙(鴛鴦)'은 오릿과의 물새를 말한다.
② '대붕(大鵬)'은 하루에 구만 리를 날아간다는, 매우 큰 상상(想像)의 새를 뜻한다.
③ '실솔(蟋蟀)'은 귀뚜라미를 뜻한다.
④ '백구(白鷗)'는 갈매기를 뜻한다.

4 '연하고질(煙霞痼疾)'의 뜻은 '자연의 아름다운 경치를 몹시 사랑하고 즐기는 성벽.'이며, 이때 '연하(煙霞)'의 뜻이 '안개와 노을.'이다. 즉 '연하고질(煙霞痼疾)'은 '안개와 노을(자연)'을 좋아하는 마음이 고질병이 된 것이다. 따라서 '안개와 노을을 좋아하는 마음이 고질병이 되었습니다.'와 관련 있는 말로 적절한 것은 '연하고질(煙霞痼疾)'이다.

▶ 오답 풀이
① '소요음영(逍遙吟詠)'의 뜻은 '자유롭게 이리저리 슬슬 거닐며 나지막이 시를 읊조림.'이다.
③ '물아일체(物我一體)'의 뜻은 '외물(外物)과 자아, 객관과 주관, 또는 물질계와 정신계가 어울려 하나가 됨.'이다.
④ '안빈낙도(安貧樂道)'의 뜻은 '가난한 생활을 하면서도 편안한 마음으로 도를 즐겨 지킴.'이다.
⑤ '옥해은산(玉海銀山)'의 뜻은 '옥 같은 바다와 은 같은 산.'이다.

5 '춘하추동(春夏秋冬)'은 봄, 여름, 가을, 겨울의 사계절을 의미한다. 즉 춘하추동에 아름다운 대상은 어느 한 계절에만 존재하는 것이 아니라 사계절 모두 존재하는 것이어야 한다. 따라서 빈칸에 들어갈 말로 적절한 것은 '경물(景物)'이다. '경물(景物)'의 뜻은 '계절에 따라 달라지는 경치.'이기 때문이다.

▶ 오답 풀이
② '낙엽(落葉)'의 뜻은 '말라서 떨어진 나뭇잎.'이며, 이는 주로 가을을 나타내는 대상이다.
③ '빙설(氷雪)'의 뜻은 '얼음과 눈.'이며, 이는 주로 겨울을 나타내는 대상이다.
④ '녹음(綠陰)'의 뜻은 '푸른 잎이 우거진 나무나 수풀. 또는 그 나무의 그늘.'이며, 이는 주로 여름을 나타내는 대상이다.
⑤ '삼춘(三春)'의 뜻은 '봄의 석 달.'이며, 이는 봄을 나타내는 대상이다.

6 '무릉'은 '무릉도원(武陵桃源)'을 가리키는 말로, '이상향'을 비유적으로 이르는 말이다. 이때 '이상향'이란 '인간이 생각할 수 있는 최선의 상태를 갖춘 완전한 사회.'를 의미하므로, 이러한 대상에 대한 화자의 태도로 적절한 것은 '동경(憧憬)'이다. '동경(憧憬)'의 뜻은 '어떤 것을 간절히 그리워하여 그것만을 생각함.'이다.

▶ 오답 풀이
① '멸시(蔑視)'의 뜻은 '업신여기거나 하찮게 여겨 깔봄.'이다. 화자가 이상향을 업신여기거나 깔본다는 것은 적절하지 않다.
② '배척(排斥)'의 뜻은 '따돌리거나 거부하여 밀어 내침.'이다. 화자가 이상향을 거부하여 밀어 내친다는 것은 적절하지 않다.
③ '냉담(冷淡)'의 뜻은 '태도나 마음씨가 동정심 없이 차가움.'이다. 화자가 이상향에 대해 차갑게 대한다는 것은 적절하지 않다.
⑤ '순응(順應)'의 뜻은 '환경이나 변화에 적응하여 익숙하여지거나 체계, 명령 따위에 적응하여 따름.'이다. 〈보기〉에서 화자는 '도화(桃花)'를 보고 '무릉'을 떠올리고 있을 뿐이므로, 이 장소에 대해 순응의 태

도를 보인다는 것은 적절하지 않다.

7 화자는 '홍진에 뭇친 분'을 청자로 하여 말을 하고 있는데, '홍진(紅塵)'의 뜻은 '번거롭고 속된 세상을 비유적으로 이르는 말'이다. 즉 화자가 말하는 대상인 청자는 속세에 살고 있는 사람이다. 이와 달리 화자는 '산림에 뭇쳐 이셔 지락을 모를 것'이라고 말하고 있으므로, 자연에 묻혀 즐거움을 누리고 살고 있다. 화자는 ㉠에서 청자에게 '이내 생애 엇더ᄒᆞ고(나의 삶이 어떠한가)'라고 묻고 있는데, 이는 대답을 요구하는 질문이 아니라 자신의 삶에 대한 만족감과 자부심을 나타낸 것이다. 따라서 화자는 속세에 살고 있는 청자에게 자연에 살고 있는 자신의 삶에 대한 자긍심을 나타내고 있다고 할 수 있다.

1 〈제2수〉 종장의 '허물이나 없고자'는, 화자가 앞으로 늙어 가면서 실수나 비웃음을 살 만한 거리 없이 원만하게 살고 싶다는 바람을 나타낸 것이다. 따라서 과거의 모습에 대한 성찰이 아니라, 미래에 대한 화자의 바람을 표현한 것이다.

오답 풀이

① 〈제1수〉 초장은 '이런들 어떠하며'와 '저런들 어떠하료'에서 유사한 어휘를 반복함으로써 리듬감을 형성하고 있다.

② 〈제1수〉 종장에서 화자는 자연을 사랑하는 마음을 '천석고황'이라는 병으로 표현함으로써 자연 친화적인 모습을 드러내고 있다.

③ 〈제2수〉 초장에서 화자는 '연하'를 집을 삼고 '풍월'을 벗을 삼는다고 말하고 있는데, 이는 대상과 친한 사이임을 드러낸 것이다.

④ 〈제2수〉 중장에서 화자는 태평성대에 병으로 늙어 간다고 말하고 있는데, 이는 자연 속에서 편안하게 살아가는 자신의 모습을 나타낸 것이다.

2 〈제1수〉의 '천석고황'은 화자가 자연을 몹시 좋아하는 마음을 고칠 수 없는 병으로 나타낸 것이다. 따라서 이상적 공간에 다다르지 못한 것에 대한 화자의 아쉬움이 아니라, 이상적 공간에 다다른 것에 대한 화자의 만족감을 나타낸 것이다.

오답 풀이

① 〈제1수〉의 '초야우생'은 화자가 자연에 묻혀 사는 자신의 삶을 일컫는 말이다. 〈보기〉를 참고할 때, 이는 강호에서 살아가는 화자 자신을 이르는 말이라 할 수 있다.

③ 〈제2수〉의 '연하'로 지은 '집'은 화자가 강호 속에 지은 삶의 공간을

말한다. 〈보기〉를 참고할 때, 이는 인간이 지향하는 이치와 자연의 이치가 일치된 이상적 공간을 의미한다고 할 수 있다.

④ 〈제2수〉의 '풍월로 벗을 삼아'는 화자가 자연이라는 대상을 '벗'으로 여기며 함께 살아간다는 것이다. 〈보기〉를 참고할 때, 이는 화자가 조화로운 자연과 합일하는 모습이라고 할 수 있다.

⑤ 〈제6수〉의 '춘풍에 화만산하고 추야에 월만대라'라는 구절의 뜻은 '봄바람에 꽃이 산에 가득하고, 가을밤에 달이 대(臺)에 가득하다.'이다. 〈보기〉를 참고할 때, 이는 봄과 가을이라는 계절의 양상을 통해 조화로운 자연의 모습을 드러낸 것이라 할 수 있다.

02강 고전 시가 (2) | 선조들의 일상

✚ 어휘 더하기
본문 15쪽

● 호미

'호미'는 김을 매거나 감자나 고구마 따위를 캘 때 쓰는 농기구이다. 따라서 '기음 매고', 즉 김을 맬 때 필요한 도구는 '호미'가 적절하다.

1 '초경(初更)'은 '일경(一更)'과 같은 말로 '오후 7시 ~ 오후 9시'를 가리킨다.

오답 풀이

② 오후 9시 ~ 오후 11시는 '이경(二更)'을 뜻한다.

③ 오후 11시 ~ 오전 1시는 '삼경(三更)'을 뜻한다.

④ 오전 1시 ~ 오전 3시는 '사경(四更)'을 뜻한다.

⑤ 오전 3시 ~ 오전 5시는 '오경(五更)'을 뜻한다.

2 ㉡에서 '부용(芙蓉)'은 연꽃을 수놓은 휘장인 '부용장(芙蓉帳)'의 의미로 사용되고 있다. 따라서 방문이나 창문에 치거나 두르는 용도로 사용되는 것으로는 ㉡의 '부용(芙蓉)'이 가장 적절하다.

오답 풀이

① ㉠의 '녹음(綠陰)'의 뜻은 '푸른 잎이 우거진 나무나 수풀. 또는 그 나무의 그늘.'이다.

③ ㉢의 '공작(孔雀)'은 '공작을 수놓은 병풍.'이라는 의미로 사용되고 있다.

④ ㉣의 '원앙금(鴛鴦衾)'의 뜻은 '원앙을 수놓은 이불.'이다.

⑤ ㉤의 '오싴션(五色線)'은 현대 국어에서 '오색선'으로 사용되며, 그 뜻은 '파랑, 노랑, 빨강, 하양, 검정의 다섯 가지 빛깔의 선.'이다.

3 '간장이 끊어지다'의 뜻은 '슬픔이나 분노 따위가 너무 커서 참기 어렵다.'이고, '간장을 태우다'의 뜻은 '마음을 몹시 초조하고 불안하게 만들다.'이다. 또한 '간장이 썩다'의 뜻은 '마음이 몹시 상하다.'이다. 따라서 빈칸에 공통으로 들어갈 말로 적절한 것은 '간장(肝腸)'이다.

② '수족(手足)'의 뜻은 '손과 발을 아울러 이르는 말.'이다.
③ '홍안(紅顔)'의 뜻은 '붉은 얼굴이라는 뜻으로, 젊어서 혈색이 좋은 얼굴을 이르는 말.'이다.
④ '백미(白眉)'의 뜻은 '흰 눈썹이라는 뜻으로, 여럿 가운데에서 가장 뛰어난 사람이나 훌륭한 물건을 비유적으로 이르는 말.'이다.
⑤ '옥순(玉脣)'의 뜻은 '옥같이 아름다운 입술이라는 뜻으로, 아름다운 여성의 입술을 이르는 말.'이다.

4 종장에서 화자는 '이 몸이 소일하옴도 역군은이샷다'라고 말하고 있다. 이때 '군은(君恩)'의 뜻은 '임금의 은혜.'이다. 즉 화자는 자신이 소일하며 지내는 것도 임금의 은혜라고 여기고 있다. 따라서 화자가 임금에 대해 갖는 마음은 '감사하는 마음'이라고 할 수 있다.

5 이 시조에서 화자는 십 년을 경영하여 초려 삼간을 지었는데, 자신 한 칸, 달 한 칸, 바람 한 칸을 주고 난 후 강산을 들일 곳이 없으니 주변에 둘러 두고 보겠다고 말하고 있다. 이처럼 화자는 가난한 삶인데도 불구하고 이에 만족하며 살아가는 삶의 태도를 보이고 있다. 따라서 이와 어울리는 한자 성어는 '가난한 생활을 하면서도 편안한 마음으로 도를 즐겨 지킴.'의 뜻을 가진 '안빈낙도(安貧樂道)'이다.

① '절치부심(切齒腐心)'의 뜻은 '몹시 분하여 이를 갈며 속을 썩임.'이다.
② '곡학아세(曲學阿世)'의 뜻은 '바른길에서 벗어난 학문으로 세상 사람에게 아첨함.'이다.
③ '마부위침(磨斧爲針)'의 뜻은 '도끼를 갈아서 바늘을 만든다는 뜻으로, 아무리 어려운 일이라도 끊임없이 노력하면 반드시 이룰 수 있음을 이르는 말.'이다.
④ '권토중래(捲土重來)'의 뜻은 '땅을 말아 일으킬 것 같은 기세로 다시 온다는 뜻으로, 한 번 실패하였으나 힘을 회복하여 다시 쳐들어옴을 이르는 말.'이다.

6 '학문(學問)'의 뜻은 '어떤 분야를 체계적으로 배워서 익힘. 또는 그런 지식.'이다. '성현(聖賢)'은 '성인(聖人)'과 '현인(賢人)'을 아울러 이르는 말인데, '성인(聖人)'의 뜻은 '지혜와 덕이 매우 뛰어나 길이 우러러 본받을 만한 사람.'이고, '현인(賢人)'의 뜻은 '어질고 총명하여 성인에 다음가는 사람.'이다. 따라서 학문 수양이란 성현의 말씀을 추구하고 따르는 것을 말한다고 할 수 있다.

① '부모(父母)'의 뜻은 '아버지와 어머니를 아울러 이르는 말.'이다.
③ '군주(君主)'의 뜻은 '세습적으로 나라를 다스리는 최고 지위에 있는 사람.'이다.
④ '교우(交友)'의 뜻은 '벗을 사귐. 또는 그 벗.'이다.
⑤ '조물주(造物主)'의 뜻은 '우주의 만물을 만들고 다스리는 신.'이다.

7 화자는 초장에서 평생에 원하는 것이 다만 '충효'뿐이라고 말하고 있다. 따라서 '충효'는 화자가 이루고자 했던 삶의 덕목으로 볼 수 있다.

① 화자는 종장에서 '충효'를 하고자 하는 마음에 '십재황황' 한다고 했는데, 이는 급한 마음에 십 년을 허둥지둥했다는 것이다. 따라서 화자가 '충효'를 이루기 위해 차분하게 준비하고 실행했다고 볼 수 없다.
③ 화자는 초장에서 평생에 원하는 것은 다만 '충효'뿐이라고 말하고 있다. 따라서 화자가 '충효'에 대해 회의적이었다는 것은 적절하지 않다.
④ 화자는 중장에서 '충효'를 말면 금수와 다르지 않다고 말하고 있는데, 이는 금수는 '충효'를 하지 않는다는 뜻이다. 따라서 '충효'는 살아 있는 모든 생물이 추구해야 할 가치라고 볼 수 없다.
⑤ 화자는 중장에서 '충효'를 말면 금수와 다르지 않다고 말하고 있을 뿐, 짐승이 되더라도 '충효'의 가치를 지키겠다고 말하고 있지는 않다.

기출로 강해지기
본문 18~19쪽

◆ 중심 내용 한눈에 보기
❶ 눈 ❷ 술 ❸ 속세 ❹ 자연

1 ②   2 ①

1 이 글의 '성현도 많거니와 호걸도 하도 할샤'에서 대구법이 사용되었으며, 이를 통해 '성현'과 '호걸'이라는 대상의 유사함을 드러내고 있다.

① 이 글에 음성 상징어는 나타나지 않는다.
③ 이 글에 계절의 변화에 따른 시간의 흐름은 나타나지만, 이로 인한 인물의 심리 변화는 드러나지 않는다.
④ 이 글의 '성현도 많거니와 호걸도 하도 할샤'에 영탄적 표현이 나타나지만, 이를 통해 인물에 대한 그리움을 드러내고 있지는 않다.
⑤ 이 글에 추상적인 개념을 구체적인 대상으로 형상화하는 모습은 나타나지 않는다.

2 이 글에서 '용'은 피리 소리로 조성된 탈속적 분위기를 환상적으로 표현하는 데 동원된 소재이다. 따라서 세속적 분위기를 표현했다는 것은 적절하지 않다.

② 이 글에서 '학'은 고고한 모습을 통해 속세와 구별되는 이상 세계의 아름다움을 구현하고 있다.

③ 이 글의 '적선'은 이태백을 신선에 빗댄 말이므로, 청정한 강호의 세계인 성산에서 떠올린 인물의 이미지라고 할 수 있다.

④ 이 글에서 '산옹'은 서하당과 식영정의 주인인 김성원을 의미하는데, 계절에 따른 성산의 모습을 즐기며 탈속적인 가치를 추구하고 있다. 따라서 이상 세계의 삶을 지향하는 인물이라고 할 수 있다.

⑤ 이 글에서 화자는 세상사는 구름처럼 험하다고 탄식하며 술을 마시고 있으므로, '술'은 강호에서 세상에 대한 시름을 달래 주는 소재라고 할 수 있다.

03강 현대시 (1) 감정과 태도

+ 어휘 더하기

본문 21쪽

○ 예찬하다

이 시의 화자는 끝끝내 자기 몸으로 꽃을 피운 나무를 찬양하고 있다. 따라서 밑줄 친 대상에 대한 화자의 태도를 드러내는 말로 적절한 것은 '예찬하다'이다.

문제로 확인하기

본문 22~23쪽

1 신명　　**2** ④　　**3** ①

4 (1) 희로애락　(2) 폐허　(3) 격정　**5** ③　　**6** ⑤

7 ⑤

1 이 시에서 '도수장 앞에 와 돌 때 / 우리는 점점 신명이 난다'라고 말하고 있는데, '신명'의 뜻은 '흥겨운 신이나 멋.'이다. 따라서 빈칸에 들어갈 말로 적절한 것은 '신명'이다.

2 '포플라 나무의 근골', '흰 이빨을 드러내인' '공장의 지붕', '한 가닥 꾸부러진 철책' 등은 황폐하고 쓸쓸한 모습을 나타낸다. 따라서 이 시의 주된 분위기로 적절한 것은 '황량함'이다. '황량(荒涼)하다'의 뜻은 '황폐하여 거칠고 쓸쓸하다.'이다.

① '급박하다'의 뜻은 '사태가 조금도 여유가 없이 매우 급하다.'이다.

② '산만하다'의 뜻은 '어수선하여 질서나 통일성이 없다.'이다.

③ '경쾌하다'의 뜻은 '움직임이나 모습, 기분 따위가 가볍고 상쾌하다.'이다.

⑤ '분주하다'의 뜻은 '이리저리 바쁘고 수선스럽다.'이다.

3 [대화 상황 1]의 ㉠에는 도움이 필요한 사람을 적절한 개입을 통해 도와주지 않는 모습을 뜻하는 말이 들어가야 한다. 따라서 ㉠에 들어갈 말은 '어떤 일에 직접 나서서 관여하지 않고 곁에서 보기만 함.'을 뜻하는 '방관'이 적절하다. [대화 상황 2]의 ㉡에는 감탄하면서도 두려운 마음을 뜻하는 말이 들어가야 한다. 따라서 ㉡에 들어갈 말은 '공경하면서 두려워하는 감정.'인 '경외감'이 적절하다.

• '절망감'의 뜻은 '바라볼 것이 없게 되어 모든 희망을 끊어 버리게 된 느낌.'이다.

• '희열감'의 뜻은 '기쁘고 즐거운 감정.'이다.

• '선망'의 뜻은 '부러워하여 바람.'이다.

4 (1) '기쁨과 노여움과 슬픔과 즐거움을 아울러 이르는 말.'을 뜻하는 말은 '희로애락(喜怒哀樂)'이다.

(2) '건물이나 성 따위가 파괴되어 황폐하게 된 터.'를 뜻하는 말은 '폐허(廢墟)'이다.

(3) '강렬하고 갑작스러워 누르기 어려운 감정.'을 뜻하는 말은 '격정(激情)'이다.

5 이 시에서 화자는 모란이 지고 난 후, 삼백예순 날 섭섭해서 운다고 말하고 있다. 즉 밑줄 친 부분에 나타난 화자의 정서는 '슬픔'이라고 할 수 있다. 따라서 이와 관련 있는 말로 가장 적절한 것은 '슬퍼하고 서러워함. 또는 그런 것.'이라는 뜻을 가진 '비애(悲哀)'이다.

① '염려(念慮)'의 뜻은 '앞일에 대하여 여러 가지로 마음을 써서 걱정함. 또는 그런 걱정.'이다.

② '오기(傲氣)'의 뜻은 '능력은 부족하면서도 남에게 지기 싫어하는 마음.'이다.

④ '연민(憐憫)'의 뜻은 '불쌍하고 가련하게 여김.'이다.

⑤ '환희(歡喜)'의 뜻은 '매우 기뻐함. 또는 큰 기쁨.'이다.

6 〈보기〉에서 화자는 자신을 매우 작은 존재로 인식하며 자기 자신을 비웃는 듯한 모습을 보이고 있다. 따라서 〈보기〉에 나타난 화자의 태도를 가리키는 말로 적절한 것은 '자기를 비웃는 듯한 (것).'을 뜻하는 '자조적(自嘲的)'이다.

① '우호적(友好的)'의 뜻은 '개인끼리나 나라끼리 서로 사이가 좋은 (것).'이다.

② '긍정적(肯定的)'의 뜻은 '그러하거나 옳다고 인정하는 (것).'이다.

③ '관조적(觀照的)'의 뜻은 '고요한 마음으로 사물이나 현상을 관찰하거나 비추어 보는 (것).'이다.

④ '예찬적(禮讚的)'의 뜻은 '무엇이 훌륭하거나 좋거나 아름답다고 찬양하는 (것).'이다.

7 〈보기〉에서 화자는 '무엇을 간구하며 울어 왔다'고 말하고 있다. 이때 '간구(懇求)하다'의 뜻이 '간절히 바라다.'이므로, '간구'는 화자의 간절한 기원을 나타낸다고 할 수 있다.

① '낡은 고목'은 화자가 과거에 겪은 고통을 비유적으로 나타내기 위해 사용된 소재일 뿐, 화자를 비유적으로 나타내는 소재가 아니다.
② 화자는 '못 박힌 듯' 기대어 지내 왔다고 했는데, 못 박힌 듯 기댄 자세는 화자가 겪은 과거의 고통을 비유적으로 나타낸 것이다. 따라서 화자가 겪을 미래의 고통을 드러낸다는 것은 적절하지 않다.
③ 화자는 나 홀로 '긴 밤'을 울어 왔다고 했으므로, 나 홀로 보낸 '긴 밤'은 긍정적 상황이 아니라 부정적 상황을 의미한다.
④ '무엇'은 화자가 간구하는 대상이므로, 화자의 절망이 아니라 바람이 담긴 대상이다.

기출로 강해지기
본문 24~25쪽

◆ 중심 내용 한눈에 보기
❶ 자유 ❷ 성찰 (또는 자조) ❸ 활자 ❹ 사령

1 ⑤　　　　**2** ④

1 '나의 영은 죽어 있는 것이 아니냐', '마음에 들지 않아라' 등의 동일한 구절을 반복하고 있으며, 이를 통해 자유를 말하지 못하는 시적 상황에 대한 화자의 부정적 정서가 심화되는 과정을 드러내고 있다.

① '어제도 오늘도 내일도'에서 시간적 표현을 열거하고 있다. 하지만 이는 부정적 시대 상황이 과거부터 이어져 오고 있음을 드러낸 것일 뿐, 시대에 대한 화자의 인식 변화를 드러낸 것은 아니다.
② 대상에 대한 호칭을 '벗'에서 '그대'로 전환한 것은 맞지만, 이 과정에서 시적 대상에 대한 경외감을 표현하고 있지는 않다.
③ '이 황혼', '저 돌벽 아래 잡초' 등에서 원근을 나타내는 지시어를 사용하고 있지만, 화자의 시선에 포착된 대상의 움직임을 표현한 것은 아니다.
④ '우스워라 나의 영은 죽어 있는 것이 아니냐'에서 물음의 형식으로 종결하고 있지만, 시적 대상에 대한 화자의 깨달음이 부정되고 있음을 나타낸 것은 아니다.

2 〈보기〉에서 이 글은 언어가 의사소통의 수단으로서의 기능을 제대로 하지 못하는 상황에 주목한다고 했다. 이를 바탕으로 볼 때 이 글의 '하늘 아래' '고요함'이 있는 공간은 의사소통이 자

유롭지 못한 사회를 나타낸 것이라 할 수 있다.

① 〈보기〉에서 이 글은 언어가 의사소통의 수단으로서의 기능을 제대로 하지 못하는 상황에 주목한다고 했다. 이를 바탕으로 볼 때 '활자'가 '간간이 자유를 말하'는 것은 언어가 소통의 수단으로서의 기능을 충실히 한 것으로 볼 수 없다.
② 이 글에서 화자가 '마음에 들지 않'아 하는 것은 '그대'가 아니라 자유를 말하지 못하는 억압적인 상황이다.
③ '황혼', '돌벽 아래 잡초', '담장의 푸른 페인트빛'은 자유를 말하지 못하는 억압적인 상황을 나타내는 소재일 뿐, 앞으로 상황이 나아질 것이라는 희망을 상징하고 있지 않다.
⑤ 〈보기〉에서 화자는 경직된 사회에 대응하지 못하는 자신을 성찰한다고 했으며, 이를 바탕으로 볼 때 이 글의 화자는 자유를 말하지 못하는 자신의 모습을 자조하며 성찰하고 있다. 하지만 이 글에서 화자가 자신의 참여만으로는 의사소통의 장을 활성화할 수 없다고 성찰한 것은 아니다.

04강 현대시 (2) | 자아와 세상

+ 어휘 더하기
본문 27쪽

○ 산에서 가장 높은 곳
'산마루'의 뜻은 '산등성이의 가장 높은 곳.'으로, 산에서 가장 높은 곳을 가리킨다.

문제로 확인하기
본문 28~29쪽

1 ②　　**2** ①　　**3** ③　　**4** 투영　　**5** 객지
6 ②　　**7** ②

1 어딘가를 바라보는 사람의 모습을 담은 쇼트와, 강아지의 모습을 담은 쇼트를 연이어 배치한다고 했다. 따라서 빈칸에 들어갈 말로 가장 적절한 것은 두 가지 이상의 것을 나란히 둔다는 의미를 가진 '병치(竝置)'이다.

① '부재(不在)'의 뜻은 '그곳에 있지 아니함.'으로, 연이어 배치한다는 의미를 갖고 있지 않다.
③ '모색(摸索)'의 뜻은 '일이나 사건 따위를 해결할 수 있는 방법이나 실마리를 더듬어 찾음.'으로, 연이어 배치한다는 의미를 갖고 있지 않다.
④ '표상(表象)'의 뜻은 '추상적이거나 드러나지 아니한 것을 구체적인 형상으로 드러내어 나타냄.'으로, 연이어 배치한다는 의미를 갖고 있지

않다.
⑤ '투영(投影)'의 뜻은 '물체의 그림자를 어떤 물체 위에 비추는 일. 또는 그 비친 그림자.'로, 연이어 배치한다는 의미를 갖고 있지 않다.

2 첫 번째 빈칸에 들어갈 말은 기억이 담겨 있는 어두운 공간이고, 두 번째 빈칸에 들어갈 말은 그가 떨어지는 절망의 공간이다. 따라서 빈칸에 공통으로 들어갈 말은 '좀처럼 빠져나오기 힘든 구렁을 비유적으로 이르는 말.'인 '심연(深淵)'이다.

▶ 오답 풀이
② '희망(希望)'의 뜻은 '앞으로 잘될 수 있는 가능성.'이므로, 절망의 공간으로 적절하지 않다.
③ '낙원(樂園)'의 뜻은 '아무런 괴로움이나 고통이 없이 안락하게 살 수 있는 즐거운 곳.'이므로, 절망의 공간으로 적절하지 않다.
④ '자존(自尊)'의 뜻은 '자기의 품위를 스스로 지킴.'이므로, 절망의 공간으로 적절하지 않다.
⑤ '선망(羨望)'의 뜻은 '부러워하여 바람.'이므로, 절망의 공간으로 적절하지 않다.

3 밑줄 친 부분에는 화자가 시가 쉽게 씌어지는 것에 대해 부끄러워하는 모습이 나타난다. 즉 화자가 자신의 모습을 스스로 반성하고 살피는 것이다. 따라서 밑줄 친 부분과 관련 있는 단어로 적절한 것은, '자기의 마음을 반성하고 살핌.'을 뜻하는 '성찰(省察)'이다.

▶ 오답 풀이
① '회상(回想)'의 뜻은 '지난 일을 돌이켜 생각함. 또는 그런 생각.'인데, 밑줄 친 부분에서 화자가 과거의 지난 일을 돌이켜 생각하는 모습은 나타나지 않는다.
② '회고(回顧)'의 뜻은 '지나간 일을 돌이켜 생각함.'인데, 밑줄 친 부분에서 화자가 지나간 일을 돌이켜 생각하는 모습은 나타나지 않는다.
④ '낙관(樂觀)'의 뜻은 '앞으로의 일 따위가 잘되어 갈 것으로 여김.'인데, 밑줄 친 부분에서 화자는 자신의 모습을 부끄러워하고 있을 뿐 앞으로의 일이 잘되어 갈 것이라고 생각하고 있지 않다.
⑤ '동경(憧憬)'의 뜻은 '어떤 것을 간절히 그리워하여 그것만을 생각함.'인데, 밑줄 친 부분에서 화자가 어떤 것을 간절히 그리워하는 모습은 나타나지 않는다.

4 빈칸에 들어갈 말은 모두 어떤 일을 다른 대상에 반영하는 모습을 나타내고 있다. 따라서 빈칸에 공통으로 들어갈 말로 적절한 것은 '어떤 일을 다른 일에 반영하여 나타냄을 비유적으로 이르는 말.'을 뜻하는 '투영(投影)'이다.

5 '학생 1'은 시의 제목이 '고향을 그리워하는 마음이나 시름.'을 의미하는 '향수(鄕愁)'인 것으로 보아, '그곳'이 의미하는 곳은 고향일 것이라고 말하고 있다. 이에 대해 '학생 2'는 이 시가 고향을 떠난 공간에서 살아가는 사람들에게 고향에 대한 그리움을

불러일으킬 것이라고 보고 있다. 따라서 빈칸에 들어갈 말로 적절한 것은 '자기 집을 멀리 떠나 임시로 있는 곳.'을 의미하는 '객지(客地)'이다.

6 '현 정부는 이 사태의 평화적 해결책을 찾는 중이다.'는 현 정부가 해결 방안을 찾고 있다는 의미이다. 따라서 이 문장에서의 '찾다'는 '일이나 사건 따위를 해결할 수 있는 방법이나 실마리를 더듬어 찾다.'라는 뜻의 '모색하다'와 바꾸어 쓸 수 있다.

▶ 오답 풀이
① '가족을 찾고'에 쓰인 '찾다'의 뜻은 '현재 주변에 없는 것을 얻거나 사람을 만나려고 여기저기를 뒤지거나 살피다.'이므로, '모색하다'와 바꾸어 쓰기에 적절하지 않다.
③ '병원을 찾는'에 쓰인 '찾다'의 뜻은 '어떤 사람이나 기관 따위에 도움을 요청하다.'이므로, '모색하다'와 바꾸어 쓰기에 적절하지 않다.
④ '사이트를 찾으면'에 쓰인 '찾다'의 뜻은 '모르는 것을 알아내기 위하여 책 따위를 뒤지거나 컴퓨터를 검색하다.'이므로, '모색하다'와 바꾸어 쓰기에 적절하지 않다.
⑤ '생기를 찾고'에 쓰인 '찾다'는 '원상태를 회복하다.'이므로, '모색하다'와 바꾸어 쓰기에 적절하지 않다.

7 〈보기〉에서는 '플라타너스'라는 대상의 이름을 반복적으로 부름으로써 시상을 집중시키고 있다.

▶ 오답 풀이
① 〈보기〉에 반어적 표현은 나타나지 않는다.
③ 〈보기〉의 '늘인다'에 현재형 진술은 나타나지만, 이를 통해 대상의 역동적 성격을 부각하고 있지는 않다.
④ 〈보기〉에서 '파아란'이라는 색채어를 활용하고 있지만, 대상의 고풍스러운 모습을 드러내고 있지는 않다.
⑤ 〈보기〉에 상승적 이미지나 사물의 변화 과정은 나타나지 않는다.

기출로 강해지기 본문 30~31쪽

◆ **중심 내용 한눈에 보기**

❶ 가로수 ❷ 도시 ❸ 꽃 ❹ 이주민

1 ②   **2** ⑤

1 이 글의 '나무는, 알고 보면 / 치욕으로 푸르다'에 단정적 진술이 나타나고 있으며, 이를 통해 '도시의 삶에 적응하지 못하고 힘겹게 살아가는 현대인'이라는 주제 의식을 드러내고 있다.

▶ 오답 풀이
① 이 글에 '도로변'이라는 공간은 나타나지만, 공간의 이동은 나타나지 않는다.
③ 이 글에서는 '붕붕거린다는 것', '아삭아삭'을 통해 청각적 이미지를

사용하고 있다. 하지만 이는 나무가 처한 상황을 나타낸 것일 뿐 자연에 대한 두려움을 표현한 것은 아니다.

④ 이 글의 '나무는 나의 스승'이라는 표현에서 나무를 의인화하여 나타내고 있다. 하지만 나무를 청자로 하여 화자의 소망을 전달하고 있지는 않다.

⑤ 이 글의 '참을 수 없다 나무는'에 도치된 표현은 나타난다. 하지만 이를 통해 화자가 처한 부정적 현실에 대한 극복 의지를 강조한 것은 아니다.

2 〈보기〉에서 '도시의 가로수는 나무의 푸름이나 아름다운 꽃조차도 도구적 가치에 의해서 평가된다.'라고 했다. 이를 바탕으로 볼 때, '치욕으로 푸르다'는 도구적 가치로 평가받아 그 환경에 적응하지 못하는 나무를 비판한 것이 아니라, 대상을 도구적 가치로 평가하는 도시 상황을 비판한 것이다.

① 〈보기〉에서 도시의 이주민인 화자는 나무에 대해 동질감을 느낀다고 했다. 이를 바탕으로 볼 때, '들뜬 뿌리'라도 내리려는 화자의 모습은 도시에 제대로 뿌리박지 못한 나무의 상황에 대한 화자의 동질감이 반영된 것이라 할 수 있다.

② 〈보기〉에서 나무는 도시 환경에 적응하여 꽃을 피운다고 했다. 이를 바탕으로 볼 때, '내성이 생긴 이파리'는 나무가 도시에 적응하면서 지니게 된 성질을 보여 준다고 할 수 있다.

③ 〈보기〉에서 나무는 삭막한 도시 환경에도 불구하고 꽃을 피운다고 했다. 이를 바탕으로 볼 때, '시끄러운 가로등 곁'은 꽃을 피우며 참아내야 할 삭막한 도시 환경을 드러낸다고 할 수 있다.

④ 〈보기〉에서 나무는 삭막한 도시 환경에도 불구하고 고통을 참아 내며 꽃을 피운다고 했다. 이를 바탕으로 볼 때, '신경증과 불면증'은 나무가 도시에 적응하기 위해 견뎌 내야 할 고통을 보여 준다고 할 수 있다.

✔ 실력 다지기

본문 32~33쪽

| 1 ④ | 2 ④ | 3 ② | 4 ⑤ | 5 ③ |
| 6 ② | 7 해설 참조 | | | |

1 '실솔(蟋蟀)'은 귀뚜라미를 가리킨다. 그런데 이 시에서 화자는 임을 그리워하는 마음에 실솔의 넋이 되어 임의 방에 들어간 뒤, 자신을 잊고 깊이 잠든 임의 잠을 깨워 보겠노라고 말하고 있다. 즉 실솔의 울음소리를 통해 임에게 자신의 존재를 알리겠다는 것이다. 따라서 '실솔(귀뚜라미)'로 인해 환기되는 정서는 '그리움'이라고 할 수 있다.

2 이 시에서 '시비'의 뜻은 '사립짝을 달아서 만든 문.'이다. 따라서 이와 유사한 뜻을 가진 단어로 적절한 것은 '사립문'이다.

① '경물(景物)'은 '계절에 따라 달라지는 경치.'를 의미하는 말이다.

② '화류(花柳)'는 '꽃과 버들을 아울러 이르는 말.'을 뜻한다.

③ '홍안(紅顏)'은 '붉은 얼굴이라는 뜻으로, 젊어서 혈색이 좋은 얼굴.'을 의미하는 말이다.

⑤ '미투리'는 '삼이나 노 따위로 짚신처럼 삼은 신.'을 의미하는 말이다.

3 '단사표음(簞食瓢飮)'의 뜻은 '대나무로 만든 밥그릇에 담은 밥과 표주박에 든 물.'로, 청빈하고 소박한 생활을 이르는 말이다. 이 시조의 화자는 이러한 삶을 만족스럽게 여기고 있다. 따라서 화자의 삶의 태도를 나타낸 것으로 적절한 한자 성어는 '편안한 마음으로 제 분수를 지키며 만족할 줄을 앎.'을 의미하는 '안분지족(安分知足)'이다.

① '맥수지탄(麥秀之嘆)'의 뜻은 '고국의 멸망을 한탄함을 이르는 말.'이다.

③ '각주구검(刻舟求劍)'의 뜻은 '융통성 없이 현실에 맞지 않는 낡은 생각을 고집하는 어리석음을 이르는 말.'이다.

④ '간담상조(肝膽相照)'의 뜻은 '서로 속마음을 털어놓고 친하게 사귐.'이다.

⑤ '생사고락(生死苦樂)'의 뜻은 '삶과 죽음, 괴로움과 즐거움을 통틀어 이르는 말.'이다.

4 '성은(聖恩)'과 '군은(君恩)'은 모두 '임금의 은혜.'를 의미하는 말이다. 하지만 '삼공(三公)'은 의정부에서 국가 주요 정책을 결정하는 일을 맡아보던 세 벼슬인 영의정, 좌의정, 우의정을 가리키는 말이므로, ㉢과 유사한 말이 아니다.

① '강호(江湖)'는 '예전에, 은자(隱者)나 시인(詩人), 묵객(墨客) 등이 현실을 도피하여 생활하던 시골이나 자연.'을 의미한다. 따라서 ㉠은 옛사람들이 현실을 떠나 지냈던 자연이라고 할 수 있다.

② '강호가도(江湖歌道)'는 '조선 시대에, 은자(隱者)나 시인(詩人), 묵객(墨客)들이 현실을 도피하여 자연을 벗 삼아 지내면서 일으킨 시가 창작의 한 경향.'을 의미하므로, ㉠에서 자연을 벗 삼아 지은 시가라고 할 수 있다.

③ '홍진(紅塵)'은 '번거롭고 속된 세상을 비유적으로 이르는 말.'이므로, ㉠과 대조적인 공간이라고 할 수 있다.

④ '연하고질(煙霞痼疾)'은 '자연의 아름다운 경치를 몹시 사랑하고 즐기는 성벽.'을 의미하는 말로, 자연을 몹시 사랑하여 생긴 병을 나타낸다. 따라서 ㉡의 원인이 자연에 대한 애정이라면 '연하고질(煙霞痼疾)'과 같은 의미를 갖는다.

5 이 시의 화자는 산에 피는 꽃을 특별한 개입 없이 바라보며 관찰하고 있다. 따라서 이 시의 화자가 대상에 대해 갖는 태도로 가장 적절한 것은 '관조적(觀照的)' 태도이다. '관조적(觀照的)'은

'고요한 마음으로 사물이나 현상을 관찰하거나 비추어 보는 (것).'을 의미하는 말이다.

① '냉소적(冷笑的)'은 '쌀쌀한 태도로 업신여기어 비웃는 (것).'을 의미하는 말이다.
② '자조적(自嘲的)'은 '자기를 비웃는 듯한 (것).'을 의미하는 말이다.
④ '비판적(批判的)'은 '현상이나 사물의 옳고 그름을 판단하여 밝히거나 잘못된 점을 지적하는 (것).'을 의미하는 말이다.
⑤ '회의적(懷疑的)'은 '어떤 일에 의심을 품는 (것).'을 의미하는 말이다.

6 '비애(悲哀)'의 뜻은 '슬퍼하고 서러워함. 또는 그런 것.'이다. 따라서 빈칸에 들어갈 말로 적절한 것은 '슬픔'이다.

7

1동	2경		3관		5삭	6풍
	외		4조	소		월
	감		적			
				7부	용	장
8호	명			재		
걸		9오	10경		11간	구
			물		장	

Ⅱ 고전 산문 · 현대 소설

05강 고전 소설 (1) 백성의 삶과 문화

+ 어휘 더하기
본문 37쪽

● 명일
기념식에 참석해 줄 것을 요구하고 있으므로 기념식은 과거의 일이 아니라 미래의 일이어야 한다. 따라서 괄호 안에 들어갈 말로 적절한 것은 '오늘의 바로 다음 날.'을 뜻하는 '명일'이다.

문제로 확인하기
본문 38~39쪽

1 (1) 주렴(珠簾) (2) 청려장(靑藜杖) (3) 단표자(單瓢子)
2 ⑤   **3** 규방   **4** (1) 조정 (2) 행장   **5** ①
6 ④   **7** ①

1 (1) '구슬 따위를 꿰어 만든 발.'을 의미하는 단어는 '주렴(珠簾)'이다.
(2) '명아줏대로 만든 지팡이.'를 의미하는 단어는 '청려장(靑藜杖)'이다.
(3) '한 개의 표주박.'을 의미하는 단어는 '단표자(單瓢子)'이다.

2 '귀양'의 뜻은 '고려·조선 시대에, 죄인을 먼 시골이나 섬으로 보내어 일정한 기간 동안 제한된 곳에서만 살게 하던 형벌.'이다. 따라서 이와 가장 유사한 뜻을 가진 단어는 '오형(五刑) 가운데 죄인을 귀양 보내던 일.'을 뜻하는 '유배(流配)'이다.

① '경계(警戒)'의 뜻은 '옳지 않은 일이나 잘못된 일들을 하지 않도록 타일러서 주의하게 함.'이다.
② '유람(遊覽)'의 뜻은 '돌아다니며 구경함.'이다.
③ '축원(祝願)'의 뜻은 '희망하는 대로 이루어지기를 마음속으로 원함.'이다.
④ '업보(業報)'의 뜻은 '선악의 행업으로 말미암은 과보.'이다.

3 '부녀자가 거처하는 방.'을 의미하는 단어는 '규방(閨房)'이다. 이 글에서 화자는 '제가 낭군을 좇는 것을 원망했다면 어찌 깊은 규방에서 홀로 늙는 것을 감심하였사오리까?'라고 말하고 있는데, 이는 화자가 규방에서 홀로 늙는 괴로움을 기꺼이 받아들이고 있다는 것이다. '감심하다'의 뜻은 '괴로움이나 책망 따위를 기꺼이 받아들이다.'이다.

4 (1) 임금을 모시는 신하들이 있는 곳은 '규중'이 아니라 '조정'이다. '규중(閨中)'은 '부녀자가 거처하는 곳.'을 말하며, '조정(朝廷)'은 '임금이 나라의 정치를 신하들과 의논하거나 집행하는 곳. 또는 그런 기구.'를 뜻한다.
(2) 인물이 준비할 수 있는 것으로 적절한 것은 '행장'이다. '행장(行裝)'의 뜻은 '여행할 때 쓰는 물건과 차림.'이며, '차설(且說)'의 뜻은 '주로 글 따위에서, 화제를 돌려 다른 이야기를 꺼낼 때, 앞서 이야기하던 내용을 그만둔다는 뜻으로 다음 이야기의 첫머리에 쓰는 말.'이다.

5 ㉠에 해당하는 '각설(却說)'의 뜻은 '말이나 글 따위에서, 이제까지 다루던 내용을 그만두고 화제를 다른 쪽으로 돌림.'이므로, ㉠의 역할로 적절한 것은 화제를 전환한다는 것이다.

6 '대연(大宴)'의 뜻은 '큰 규모로 벌인 잔치.'이며, '배설(排設)하다'의 뜻은 '연회나 의식(儀式)에 쓰는 물건을 차려 놓다.'이다. 따라서 '대연을 배설할 제'와 바꿔 쓸 수 있는 구절로 적절한 것은 '큰 잔치를 열어 음식을 차려 놓을 때'이다.

7 〈보기〉에서 「상사동기」에는 신분적 한계를 지닌 여성과의 결연 과정에서 애정 성취를 가로막는 사회적 관습으로 인한 갈등이 드러난다고 했다. 제시된 작품에서 '이 애'는 회산군 댁 시비로 자색이 곱고 음률과 문장을 알아 나리께서 소실로 맞으려 했지만, 부인의 시샘이 심하여 그렇게 못 하고 있다고 말하고 있다. 따라서 〈보기〉에서 말하는 신분적 한계를 지닌 여성이 바로 '이 애'임을 알 수 있는데, '이 애'가 '시비(侍婢)', 즉 '종'의 신분이기 때문이다. 따라서 ㉡와 가장 관련이 깊은 것은 ㉠의 '시비'이다.

▶ 오답 풀이

② ㉡의 '자색(姿色)'은 '여자의 고운 얼굴이나 모습.'을 뜻하는 말로, 신분적 한계와 관련이 없다.

③ ㉢의 '규수(閨秀)'는 '남의 집 처녀를 정중하게 이르는 말.'을 뜻하는 말로, 신분적 한계와 관련이 없다.

④ ㉣의 '음률(音律)'은 '소리와 음악의 가락.'을 뜻하는 말로, 신분적 한계와 관련이 없다.

⑤ ㉤의 '사자후(獅子吼)'는 '사자의 우렁찬 울부짖음이란 뜻으로, 크게 부르짖어 열변을 토하는 연설을 이르는 말.'이다. 따라서 신분적 한계와 관련이 없다.

기출로 강해지기
본문 40~41쪽

◆ **중심 내용 한눈에 보기**
❶ 귀양 ❷ 호왕 ❸ 모함 ❹ 태부인

----

1 ④　　**2** ④

---

1 '장연'은 기주에 가서 모친 '태부인'을 만나 전쟁에서 징계를 받았던 사연을 고하고 있다. 이로 인해 '태부인'이 통분할 뿐 '장연'이 공을 세우거나 벼슬이 높아지는 일은 발생하지 않는다.

▶ 오답 풀이

① '진량'은 '정 상서'가 병으로 '황제'의 탄생일 조회에 불참한 것을 이용하여 '정 상서'를 모함하고 있다. 따라서 ㉠으로 '진량'에게는 '정 상서'를 모함할 기회가 생겼다고 할 수 있다.

② '황명'의 내용은 '황제'가 '정 상서'를 절강으로 귀양 보낸다는 것이다. 따라서 ㉡으로 '정 상서'가 집을 떠나 귀양지로 가야 하는 처지가 되었다고 할 수 있다.

③ '대원수'가 '호왕'과의 싸움에서 승리한 후 '황제'께 이 사실을 알리자, '황제'는 '정수정'의 공을 인정하여 '좌각로 평북후'로 봉하였다. 따라서 ㉢으로 '정수정'은 '황제'로부터 노고에 대한 보답을 받게 되었다고 할 수 있다.

⑤ 전쟁에서 '장연'을 징계한 일로 답답함을 느끼던 '정수정'은 '태부인'의 서찰을 본 후 기뻐하며 다음 날에 바로 행장을 차려 가고 있다. 따라서 ㉤으로 '정수정'은 전쟁에서 '장연'을 징계한 일로 인한 걱정을 덜며 떠날 채비를 하게 되었다고 할 수 있다.

2 〈보기〉에서 '정수정'은 영웅, 효녀, 부녀자의 역할 사이에서 갈등한다고 했다. 이를 참고할 때 '장연'을 징계한 일로 답답함을 느끼는 '정수정'의 모습은 영웅과 부녀자 사이에서 갈등하는 모습일 뿐, 국가적 영웅으로 돌아가고 싶어 함을 나타낸 것은 아니다.

▶ 오답 풀이

① 〈보기〉에서 '정수정'은 부친의 원수를 갚는 효녀라고 했다. 이를 참고할 때 '정수정'이 '진량'의 귀양지를 물은 후 '한복'에게 '진량'을 결박하여 오라고 명한 것은 부친의 한을 풀어 주려는 효녀로서의 면모를 드러낸 것이다.

② 〈보기〉에서 '정수정'은 부친의 원수를 갚는 효녀라고 했다. 이를 참고할 때 '정수정'이 제상을 차려 부친께 제사를 지내는 것은 부친의 원수를 갚는 효녀로서 소임을 다한 후 죽은 부친의 넋을 위로하는 것이라 할 수 있다.

③ 〈보기〉에서 '정수정'은 국가적 위기를 해결하는 영웅이면서 동시에 부녀자로서의 덕목을 지녀야 하는 여성이라고 했다. 이를 참고할 때 '장연'이 전쟁터에서 '정수정'에게 욕을 본 것에 대해 '태부인'이 통분하는 것은, '정수정'이 부녀자의 역할보다 영웅의 역할을 중시한 것에 대해 못마땅함을 드러낸 것이라 할 수 있다.

⑤ 〈보기〉에서 '정수정'은 국가적 위기를 해결하는 영웅이면서 동시에 부녀자로서의 덕목을 지녀야 하는 여성이라고 했다. 이를 참고할 때 '정수정'이 '한복'의 호위를 받으며 기주로 가는 것은 영웅으로서의 면모를 유지하는 것이고, 시어머니인 '태부인'께 예하는 것은 며느리로서의 역할을 수행하는 것이라고 할 수 있다.

06강　고전 소설 (2) | 영웅 이야기

＋ 어휘 더하기
본문 43쪽

● **음력 1월 1일**

'정월'은 음력 1월을 의미하며, '초하루'는 매달 첫째 날을 의미한다. 따라서 '정월 초하루'는 음력 1월 1일을 의미한다.

문제로 확인하기
본문 44~45쪽

1 ②　　**2** ①　　**3** (1) ×　(2) ×　(3) ○　**4** ④
5 ②　　**6** ③　　**7** ②

---

1 해가 설핏 기울어 걸릴 수 있는 공간은 하늘이나 공중에 해당된다. 따라서 ㉠에 들어갈 말로 적절한 것은 '땅으로부터 그리

높지 아니한 허공.'을 의미하는 '반공(半空)'이 적절하다. 또한 고전 소설에서 일부 주인공은 선계(仙界)에서 득죄하여 인간 세계로 내려와 사람으로 태어난다. 따라서 ⓛ에 들어갈 말로 적절한 것은 '신선이 인간 세상에 내려오거나 사람으로 태어남.'을 의미하는 '적강(謫降)'이다.

오답 풀이

- '도술(道術)'의 뜻은 '도를 닦아 여러 가지 조화를 부리는 요술이나 술법.'이므로, ㉠에 들어갈 말로 적절하지 않다.
- '규방(閨房)'의 뜻은 '부녀자가 거처하는 방.'이므로, ㉠에 들어갈 말로 적절하지 않다.
- '득도(得道)'의 뜻은 '오묘한 이치나 도를 깨달음.'이므로, ⓛ에 들어갈 말로 적절하지 않다.

2 '심복(心腹)'의 뜻은 '마음 놓고 부리거나 일을 맡길 수 있는 사람.'이다.

오답 풀이

② '잔심부름을 시키기 위해 고용한 사람.'을 뜻하는 말은 '소사(小使)'이다.
③ '양반과 평민의 중간에 있던 신분 계급.'을 뜻하는 말은 '중인(中人)'이다.
④ '남의 소유물로 되어 부림을 당하는 사람.'을 뜻하는 말은 '노예(奴隸)'이다.
⑤ '사람을 몰래 죽이는 일을 전문으로 하는 사람.'을 뜻하는 말은 '자객(刺客)'이다.

3 (1) '만조백관(滿朝百官)'의 뜻은 '조정에서 모시는 옛 선조.'가 아니라 '조정의 모든 벼슬아치.'이다.
(2) '모함(謀陷)'의 뜻은 '요리조리 헤아려 보고 생각해 낸 꾀.'가 아니라 '나쁜 꾀로 남을 어려운 처지에 빠지게 함.'이다.
(3) '원수(元帥)'의 뜻은 '군대에서 가장 높은 계급. 또는 그 계급의 사람.'이다.

4 제시된 장면에는 흥부가 형의 집에 들어가서 뜰 아래서 놀부에게 문안하는 내용이 나타나 있다. 이때 '하릴없다'의 뜻은 '달리 어떻게 할 도리가 없다.'이다. 따라서 밑줄 친 '하릴없어'가 의미하는 것은 '달리 어떻게 할 도리가 없어'이다.

5 '백년가약(百年佳約)'의 뜻은 '젊은 남녀가 부부가 되어 평생을 같이 지낼 것을 굳게 다짐하는 아름다운 언약.'이므로, 백년가약을 맺었다는 것은 부부가 되었다는 것을 의미한다. 따라서 ㉠의 뜻을 나타내는 단어로 가장 적절한 것은 '남자와 여자가 부부가 되는 일.'을 뜻하는 '혼인(婚姻)'이다.

오답 풀이

① '연회(宴會)'의 뜻은 '축하, 위로, 환영, 석별 따위를 위하여 여러 사람이 모여 베푸는 잔치.'이다.
③ '부역(賦役)'의 뜻은 '국가나 공공 단체가 특정한 공익사업을 위하여 보수 없이 국민에게 의무적으로 책임을 지우는 노역.'이다.
④ '노복(奴僕)'의 뜻은 '종살이를 하는 남자.'이다.
⑤ '출세(出世)'의 뜻은 '사회적으로 높은 지위에 오르거나 유명하게 됨.'이다.

6 제시된 작품에서 화담은 전우치가 요술로 임금을 속이고 세상을 대상으로 특정 행위를 했으므로 어찌 죽이지 않겠느냐고 말하고 있다. 즉 빈칸에 들어갈 말은 전우치가 세상을 대상으로 한 부정적 행위이다. 따라서 빈칸에 들어갈 말로 가장 적절한 것은 '손아귀에 넣고 제멋대로 가지고 놀다.'라는 뜻의 '희롱(戲弄)하니'이다.

오답 풀이

① '구원(救援)하다'의 뜻은 '어려움이나 위험에 빠진 사람을 구하여 주다.'이므로, 전우치가 세상을 대상으로 한 부정적 행위로 볼 수 없다.
② '방자(放恣)하다'의 뜻은 '어려워하거나 조심스러워하는 태도가 없이 무례하고 건방지다.'이므로, 전우치가 세상을 대상으로 한 부정적 행위로 볼 수 없다.
④ '기이(奇異)하다'의 뜻은 '기묘하고 이상하다.'이므로, 전우치가 세상을 대상으로 한 부정적 행위로 볼 수 없다.
⑤ '염려(念慮)하다'의 뜻은 '앞일에 대하여 여러 가지로 마음을 써서 걱정하다.'이므로, 전우치가 세상을 대상으로 한 부정적 행위로 볼 수 없다.

7 ⓛ에서는 제원들이 태보가 사경이 된 것에 대해 자신들에게도 탓이 있다고 말하고 있다. 따라서 제원들이 태보의 위기에 대해 책임을 통감하고 있다고 할 수 있다.

오답 풀이

① ㉠에서 태보는 자신의 몸이 '명재경각'이라고 했는데, '명재경각(命在頃刻)'의 뜻은 '거의 죽게 되어 곧 숨이 끊어질 지경에 이름.'이다. 따라서 자신의 직무에 대한 자신감을 나타내고 있다는 것은 적절하지 않다.
③ ©에서 제원들은 일은 여럿이 참여했는데 죄는 태보 혼자만 당한 것에 죄스럽다고 말하고 있다. 즉 태보를 모함한 사람들을 비난하는 것이 아니라 스스로 부끄러워하고 있는 것이다.
④ ②에서 상은 태보를 금부에 가두라고 말하고 있다. 따라서 상이 직계를 보고 태보가 충신임을 알아챘다는 것은 적절하지 않다.
⑤ ⑩에서 금부에는 만조백관과 장안 백성이 가득 모여 있다고 했다. 따라서 태보가 아무도 없이 휑한 금부에 도착하고 있다는 것은 적절하지 않다.

◆ **중심 내용 한눈에 보기**

❶ 아귀　❷ 소견　❸ 자식　❹ 검술

1 ②　　**2** ⑤

1 [A]에서는 황상과 신하들의 대화를 통해 인물 간의 상하 관계를 보여 주고 있으며, 한세충과 아귀의 대화를 통해 인물 간의 적대적 관계를 보여 주고 있다.

▶ 오답 풀이

① [A]에 서술자가 개입하여 인물을 평가하는 내용은 나타나지 않는다.

③ [A]에서는 황상의 장수들이 아귀와 싸우는 장면, 아귀가 세 공주를 납치하는 장면을 시간순으로 제시하고 있다. 따라서 현재와 과거를 교차하여 장면의 전환을 보여 주고 있지 않다.

④ [A]에 인물이 회상하는 장면은 나타나지 않는다.

⑤ [A]에는 서경태가 아귀 입으로 들어간 것, 세 공주가 납치된 것 등의 상황에 대해 충격을 받는 황상의 모습이 나타나 있다. 하지만 황상의 반응을 과장되게 서술하고 있지 않으며, 사건의 비극성을 완화하고 있지도 않다.

2 황상이 조서를 내려 김규를 부르라고 했고, 승상은 사관이 가져온 조서를 통해 공주가 사라져 종적을 모른다는 사실을 알게 된다. 따라서 김규는 '조정'에서 상이 보낸 사관을 통해 ㉠을 알게 된다고 할 수 있다. 하지만 승상은 ㉠을 알게 된 후 못내 슬퍼하며 상경하여 황상을 만나고 있다. 따라서 ㉠의 심각성에 동의하지 않으며 상의 요청을 거절한다는 것은 적절하지 않다.

▶ 오답 풀이

① 황상은 서경태가 아귀 입으로 들어간 것에 대해 본인이 여러 번 전장을 지내었지만 이런 일은 보고 들은 적이 없다고 말하며 신하들에게 누가 아귀를 잡아 한을 씻을 수 있을지 묻고 있다. 따라서 황상은 ㉠의 심각성을 이전의 '전장'과 비교하고 있으며, ㉠에 대한 대처 방안을 신하들에게 묻고 있다고 할 수 있다.

② '조정'에 모인 신하 중 한 명인 이우영은 ㉠을 해결하기 위해서는 지모가 넉넉한 전 좌승상 김규를 불러 문의해야 한다고 황상에게 아뢰고 있다. 따라서 이우영은 ㉠의 해결을 위해 '조정'에서 황상의 질문에 답하며 ㉠에 대처할 방안을 찾아 줄 지모 있는 인물을 거명했다고 할 수 있다.

③ 황상은 조서를 내려 김규를 부르라고 했고, '고향'에서 편안히 지내던 승상은 조서를 통해 공주가 사라져 종적을 모른다는 사실을 알게 된다. 따라서 황상은 ㉠의 여파가 미치지 않은 '고향'에서 편안히 지내던 승상에게 ㉠으로 인한 위기 상황을 알렸다고 할 수 있다.

④ 승상은 '철마산'에서 무예를 익히던 자기 자식이 아귀를 만나 겨루고 그 뒤를 좇아 바위 구멍으로 들어간 사실을 아뢰며 자기 자식을 황

상에게 천거하고 있다. 따라서 승상이 ㉠의 원흉인 아귀를 원이 '철마산'에서 본 것을 황상에게 아뢰고, ㉠을 해결할 단서를 제공할 인물을 천거했다고 할 수 있다.

+ 어휘 더하기　　　　　본문 49쪽

○ **비싼 이자를 받으며 돈을 빌려주는 일**

'고리(高利)'의 뜻은 '법정 이자나 보통의 이자를 초과하는 비싼 이자.'이고, '대금(貸金)'의 뜻은 '돈을 꾸어 줌. 또는 꾸어 준 돈.'이다. 따라서 '고리대금(高利貸金)'은 비싼 이자를 받으며 돈을 빌려주는 일이라고 할 수 있다.

1 ①　　**2** ②　　**3** (1) 구호소 (2) 연명　　**4** ③

5 ④　　**6** ⑤　　**7** ①

1 '순사(巡査)'의 뜻은 '일제 강점기에 둔, 경찰관의 가장 낮은 계급. 또는 그 계급의 사람.'으로, 이와 유사한 뜻의 단어는 '경찰(警察)'이다.

▶ 오답 풀이

② '작인(作人)'의 뜻은 '다른 사람의 농지를 빌려 농사를 짓고 그 대가로 사용료를 지급하는 사람.'으로, '순사'와 유사한 뜻의 단어가 아니다.

③ '지주(地主)'의 뜻은 '토지의 소유자.'로, '순사'와 유사한 뜻의 단어가 아니다.

④ '급사(給仕)'의 뜻은 '관청이나 회사, 가게 따위에서 잔심부름을 시키기 위하여 부리는 사람.'으로, '순사'와 유사한 뜻의 단어가 아니다.

⑤ '사환(使喚)'은 '급사(給仕)'와 비슷한 뜻의 말이므로, '순사'와 유사한 뜻의 단어가 아니다.

2 제시된 그림은 '장롱', '탁자', '놋그릇'인데, 이는 집안 살림에 쓰는 물건들이다. 이렇게 '집안 살림에 쓰는 온갖 물건.'을 가리켜 '세간'이라고 한다.

▶ 오답 풀이

① '마름'의 뜻은 '지주를 대리하여 소작권을 관리하는 사람.'이다.

③ '저자'의 뜻은 '"시장"을 예스럽게 이르는 말.'이다.

④ '주검'의 뜻은 '죽은 사람의 몸을 이르는 말.'이다.

⑤ '가문'의 뜻은 '가족 또는 가까운 일가로 이루어진 공동체. 또는 그 사회적 지위.'이다.

3 (1) 이재민들이 식량을 배급받기 위해 줄을 서는 곳은 '구호소'이다. '구호소(救護所)'의 뜻은 '재해나 재난 따위로 어려움에 처한 사람을 돕는 일을 맡아보는 곳.'이다. 이와 달리 '교도소(矯導所)'의 뜻은 '행형(行刑) 사무를 맡아보는 기관.'으로, 주로 징역형을 받은 사람을 수용하는 시설이다.

(2) 대를 이어 땅을 일구며 살아가는 것은 '단명'이 아니라 '연명'을 하기 위해서이다. '연명(延命)'의 뜻은 '목숨을 겨우 이어 살아감.'이다. 이와 달리 '단명(短命)'의 뜻은 '목숨이 짧음.'이다.

4 극장은 예술가와 대중을 연결해 주는 역할을 하며, 사진도 추억과 그것을 보는 사람을 연결해 주는 역할을 한다. 또한 우리가 상대와 의사소통을 할 때에도 언어는 서로를 연결해 주는 역할을 한다. 따라서 빈칸에 공통으로 들어갈 말로 적절한 것은, '둘 사이에서 어떤 일을 맺어 주는 것.'을 의미하는 '매개체(媒介體)'이다.

▶ 오답 풀이

① '과도기(過渡期)'의 뜻은 '한 상태에서 다른 새로운 상태로 옮아가거나 바뀌어 가는 도중의 시기.'이다.

② '공공재(公共財)'의 뜻은 '공중(公衆)이 공동으로 사용하는 물건이나 시설.'이다.

④ '피사체(被寫體)'의 뜻은 '사진을 찍는 대상이 되는 물체.'이다.

⑤ '격동기(激動期)'의 뜻은 '사회의 발전이나 역사가 급격하게 움직이는 시기.'이다.

5 '전장(戰場)'의 뜻은 '싸움을 치르는 장소.'인데, 흔히 '전쟁터'라고 부르는 곳을 말한다. 따라서 밑줄 친 단어인 '전쟁터'와 의미가 동일하다.

▶ 오답 풀이

① '탈환(奪還)'의 뜻은 '빼앗겼던 것을 도로 빼앗아 찾음.'이다.

② '수복(收復)'의 뜻은 '잃었던 땅이나 권리 따위를 되찾음.'이다.

③ '포화(砲火)'의 뜻은 '총포를 쏠 때에 일어나는 불.'이다.

⑤ '전화(戰禍)'의 뜻은 '전쟁으로 말미암은 재화(災禍). 또는 그런 피해.'이다.

6 '환절기(換節期)'의 뜻은 '철이 바뀌는 시기.'로, 주로 계절이 바뀌는 시기를 의미한다. 따라서 모든 제도와 법령이 안정된 시기를 의미하는 말로 적절하지 않다.

▶ 오답 풀이

① '생계(生計)'의 뜻은 '살림을 살아 나갈 방도. 또는 현재 살림을 살아가고 있는 형편.'이므로, 아버지가 다치셔서 집의 생계가 어려워졌다는 것은 적절한 예문이다.

② '급사(給仕)'의 뜻은 '관청이나 회사, 가게 따위에서 잔심부름을 시키기 위하여 부리는 사람.'이므로, 그 아이가 회사에서 급사 노릇을 했다는 것은 적절한 예문이다.

③ '피난민(避難民)'의 뜻은 '재난을 피하여 가는 백성.'이므로, 홍수가 나자 임시 수용소가 피난민으로 인산인해를 이루었다는 것은 적절한 예문이다.

④ '주재소(駐在所)'의 뜻은 '일제 강점기에, 순사가 머무르면서 사무를 맡아보던 경찰의 말단 기관.'이므로, 사람들이 주재소로 끌려갔다는 것은 적절한 예문이다.

7 〈보기〉에는 한 병장과 차 일병의 대화가 나타나 있으며, 이를 통해 사건을 진행하고 있다.

▶ 오답 풀이

② 〈보기〉에 복선은 나타나 있지 않다.

③ 〈보기〉에 동시에 벌어지는 두 사건은 나타나 있지 않다.

④ 〈보기〉에서 한 병장은 엔진이 고장 나서 몇 시간 지체한 일을 떠올리고 있는데, 이는 지난 일을 회상한 것이다. 하지만 이로 인한 인물 간의 외적 갈등은 나타나지 않는다.

⑤ 〈보기〉는 한 병장과 차 일병의 대화만 제시하고 있을 뿐, 공간 이동에 따라 일어나는 사건을 시간순으로 드러내고 있지 않다.

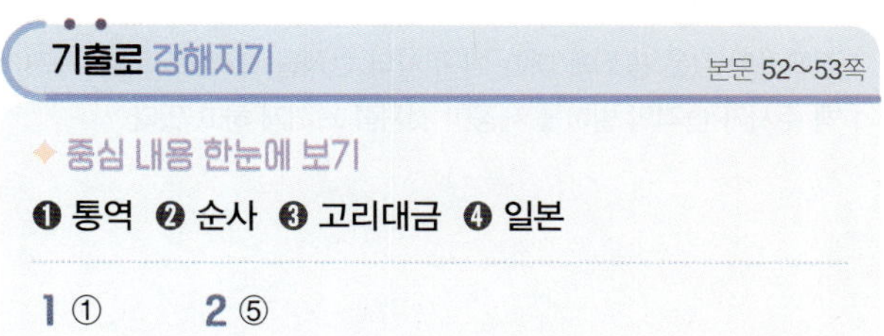

1 ㉠에서 방삼복은 엠피에게 말하면 자신이 원하는 바를 이룰 수 있다고 여기고 있으며, ㉡에서 백선봉은 순사 임명장을 받은 후 수많은 재물을 축적하고 있다. 따라서 ㉠과 ㉡에는 각각 미국과 일본이라는 외세에 기대어 사익을 추구하는 인물의 부정적 모습이 드러난다고 할 수 있다.

▶ 오답 풀이

② ㉠에서 미군과 방삼복의 권력 관계가 역전된 모습은 나타나지 않으며, ㉡에도 일본과 백선봉의 권력 관계가 역전된 모습은 나타나지 않는다.

③ ㉠과 ㉡ 모두 사회적 지위를 이용하여 타인의 권익을 침해한 인물인 방삼복과 백선봉이 몰락하는 모습은 드러나지 않는다.

④ ㉠에 권력을 향한 방삼복의 조바심은 드러나지 않으며, ㉡에도 권력에 의한 백선봉의 좌절감이 드러나지 않는다.

⑤ ㉠에는 방삼복이 엠피에게 말하면 자신이 원하는 바를 이룰 수 있다고 여기는 모습에서, 자신의 권위에 대한 인물의 확신이 드러난다. 하지만 ㉡에 백선봉의 권위가 추락하는 모습은 나타나지 않으며 이를 회복할 수 있다는 백선봉의 자신감도 드러나지 않는다.

2 〈보기〉에서 서술자는 '이야기'를 여러 인물들의 시선으로 초

점화한다고 했다. 하지만 [E]는 백 주사의 시선으로 초점화된 부분으로 볼 수 없으므로, 백 주사 '가족'의 몰락을 보여 주는 사건들을 백 주사의 시선으로 일관되게 초점화했다는 것은 적절하지 않다.

① 〈보기〉에서 독자는 백 주사와 그의 가족을 비판적으로 보게 된다고 했다. 이를 참고할 때 서술자는 [A]에서 백선봉의 풍요로운 생활과 '남들'의 굶주린 생활을 비교하여 서술함으로써, 독자가 일제의 권력에 빌붙어 풍요롭게 생활하던 백선봉을 비판적으로 보게 하고 있다.

② 〈보기〉에서 서술자는 세부 항목을 하나씩 나열하여 독자에게 현장감을 전해 준다고 했다. 이를 참고할 때 서술자는 [B]에서 백선봉이 부정하게 모은 물건들을 나열함으로써, 백선봉의 부정한 재산에 대한 '군중'의 놀람과 분노를 독자에게 생생하게 전하려 하고 있다.

③ 〈보기〉에서 서술자는 '이야기'를 여러 인물들의 시선으로 초점화한다고 했다. 이를 참고할 때 서술자는 [C]에서 '군중'의 시선으로 초점화하여 백선봉의 재물들을 제시함으로써, 독자가 '군중'의 입장에 서도록 유도하고 있다.

④ 〈보기〉에서 서술자는 '이야기'를 여러 인물들의 시선으로 초점화한다고 했다. 이를 참고할 때 서술자는 [D]에서 '동네 사람'의 시선으로 초점화하여 같은 동포에 대한 백 주사의 만행을 드러냄으로써, 독자가 백 주사가 습격의 빌미를 제공한 것처럼 느끼게 하고 있다.

08강 현대 소설 (2) 근대화와 산업화

+ 어휘 더하기

본문 55쪽

○ **노동자**

공장에서 일을 하는 사람은 '노동자'이다. '노동자'는 '노동력을 제공하고 얻은 임금으로 생활을 유지하는 사람.'을 뜻한다. '자본가'는 노동력이 아닌 자본금을 제공한다.

문제로 확인하기

본문 56~57쪽

1 (1) ⓛ (2) ⓒ (3) ㉠   **2** 도회   **3** ⑤
4 ③   **5** ①   **6** ④   **7** ⑤

1 (1) 상대를 비방할 경우 얻을 수 있는 것은 반항하는 감정이다. 따라서 빈칸에 들어갈 말로 적절한 것은 '반대하거나 반항하는 감정.'을 뜻하는 '반감(反感)'이다.

(2) 별 희한한 일도 다 생기는 어지러운 대상은 세상이다. 따라서 빈칸에 들어갈 말로 적절한 것은 '사람들의 일상생활, 풍습 따위에서 보이는 세상의 상태나 형편.'을 뜻하는 '세태(世態)'이다.

(3) 우리가 잘 보존해야 할 대상으로 특정 민족이 가진 것은 풍속이나 습관이다. 따라서 빈칸에 들어갈 말로 적절한 것은 '풍속과 습관을 아울러 이르는 말.'을 뜻하는 '풍습(風習)'이다.

2 '사람이 많이 살고 상공업이 발달한 번잡한 지역.'을 뜻하는 말은 '도회(都會)'이다. 또한 '이촌향도(離村向都)'의 뜻은 '도시 경제의 성장 및 도시화로 인하여 농촌 인구가 농촌을 떠나 도시로 이동함.'이다. 따라서 〈보기〉에서 말하는 '나'는 '도회(都會)'가 적절하다.

3 •㉠: 인물 간의 갈등을 다각적으로 바라보면 사건 전개의 양상을 다면화할 수 있다. 따라서 ㉠에 들어갈 적절한 말은 '어떤 대상을 일정한 관점으로 바라보다.'를 뜻하는 '조명(照明)하다'의 '조명'이다.

•ⓒ: 대상과 관련된 가치를 추구하는 자세를 나타내려면 대상을 주의 깊게 살펴야 한다. 따라서 ⓒ에 들어갈 적절한 말은 '관심을 가지고 주의 깊게 살피다.'를 뜻하는 '주목(注目)하다'의 '주목'이다.

•ⓒ: '나'가 가끔 주위 사람들로부터 받는 떨어져 있는 느낌은 소외감이다. 따라서 ⓒ에 들어갈 적절한 말은 '어떤 무리에서 기피되어 따돌림을 당하거나 배척되다.'를 뜻하는 '소외(疏外)되다'의 '소외'이다.

4 ㉠에서 사람들은 생전 처음 기차와 정거장과 전봇대를 보며 크게 놀라고 있다. 따라서 이때 사람들이 느끼는 감정은 '익숙하지 않아 어색하다.'라는 뜻의 '생경(生硬)하다'가 적절하다.

① '친근하다'의 뜻은 '사귀어 지내는 사이가 아주 가깝다.'이다.

② '익숙하다'의 뜻은 '어떤 일을 여러 번 하여 서투르지 않은 상태에 있다.'이다.

④ '편안하다'의 뜻은 '편하고 걱정 없이 좋다.'이다.

⑤ '고독하다'의 뜻은 '세상에 홀로 떨어져 있는 듯이 매우 외롭고 쓸쓸하다.'이다.

5 '배회(徘徊)하다'의 뜻은 '아무 목적도 없이 어떤 곳을 중심으로 어슬렁거리며 이리저리 돌아다니다.'이다. 따라서 '배회하면서'와 바꿔 쓸 수 있는 말로 적절한 것은 '이리저리 돌아다니면서'이다.

6 빈칸에 들어갈 말은 소달구지가 지나다녔을 오솔길이 변한 공간이고, 좁은 길과 달리 넓어서 위험하지 않은 길이다. 따라서 빈

칸에 들어갈 말로 적절한 것은 '1. 새로 만든 길이라는 뜻으로, 자동차가 다닐 수 있을 정도로 넓게 새로 낸 길을 이르는 말. 2. 크고 넓은 길.'을 의미하는 '신작로'이다.

① '하천'의 뜻은 '강과 시내를 아울러 이르는 말.'이다.
② '공장'의 뜻은 '원료나 재료를 가공하여 물건을 만들어 내는 설비를 갖춘 곳.'이다.
③ '놀이터'의 뜻은 '주로 아이들이 놀이를 하는 곳.'이다.
⑤ '지름길'의 뜻은 '멀리 돌지 않고 가깝게 질러 통하는 길.'이다.

7 '속물적(俗物的)'의 뜻은 '교양이 없거나 식견이 좁고 세속적인 일에만 신경을 쓰는 (것).'이고, '욕망(欲望)'의 뜻은 '부족을 느껴 무엇을 가지거나 누리고자 탐함. 또는 그런 마음.'이다. 따라서 '속물적 욕망'이란 세속적인 것을 갖고자 하는 마음이라고 할 수 있다. 제시된 글에서 정일은 용팔에게 재산 상속에 관한 이야기를 들으면서 용팔이 따지는 산판알이 올라가는 것을 주목하고 있는데, 그 이유는 올라가는 산판알이 재산의 크기를 의미하기 때문이다. 따라서 산판알이 올라가는 것을 주목하는 정일의 모습에서 속물적 욕망이 나타난다고 할 수 있다.

① 정일이 흠칫 놀란 것은 용팔의 눈과 마주쳤기 때문일 뿐, 정일의 속물적 욕망을 나타내는 것은 아니다.
② 정일의 얼굴이 붉어진 것은 자기에 대한 부끄러움이 나타난 것일 뿐, 정일의 속물적 욕망을 나타내는 것은 아니다.
③ 정일이 용팔의 눈과 마주친 것은 용팔이 산판알을 따지는 모습을 유심히 바라보다가 생긴 일일 뿐, 정일의 속물적 욕망을 나타내는 것은 아니다.
④ 거침없이 산판알을 올리는 것은 용팔이므로, 이는 정일의 속물적 욕망과는 관련이 없다.

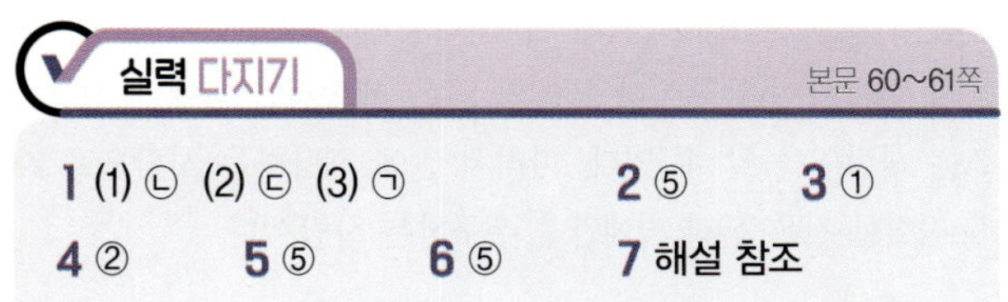

본문 58~59쪽

◆ **중심 내용 한눈에 보기**
❶ 신원 ❷ 빈대 ❸ 한담

1 ① 　　**2** ④

1 하숙방에서 '병일'을 기다리는 것은 모기 소리, 빈대 냄새, 벼룩뿐이며 '병일'은 그런 하숙방에서 책을 읽으면서 자신만의 세계에 침잠한다. 따라서 하숙방은 '병일'이 자신을 대면하는 고독한 곳이라 할 수 있다. 또한 '병일'은 책을 마주할 용기가 없어 사진관을 찾아가 사진사와 술을 마시며 한담을 한다. 따라서 사진관

은 삶에 지친 '병일'이 일시적으로 도피하는 곳이라 할 수 있다.

② '병일'이 '니체'에 대해 상상을 한 곳은 하숙방이 아니라 사무실이며, 사진관에서 '병일'은 '사진사'와 술을 마시며 한담을 하고 있을 뿐 그를 동정하고 있지 않다.
③ '병일'은 하숙방에서 책을 읽으며 자신만의 세계에 침잠하고 있을 뿐, 사회적 관계를 회복하려 노력하지 않는다. 다만 '병일'은 사진관에서 '사진사'와 술을 마시며 한담을 하는 것에 만족감을 느끼고 있으므로, 사진관은 '병일'에게 위안을 주는 곳이라고 할 수 있다.
④ '병일'이 사진관에서 술을 마시며 한담을 하는 것은 평소 '나의 시간'만을 보내던 '병일'이 이전에 해 보지 못했던 경험을 하는 것이다. 하지만 '주인'이 '병일'을 하숙방에서 감시하는 모습은 나타나지 않는다.
⑤ '병일'이 고역을 지속하는 곳은 하숙방이 아니라 사무실이다. 또한 '병일'은 사진관에서 '사진사'와 술을 마시며 한담을 하다가 자신이 어젯밤 펴 놓은 책을 떠올리고 있을 뿐 자신의 과거를 긍정하고 있지 않다.

2 ㉣의 '주는'은 '남에게 어떤 일이나 감정을 겪게 하거나 느끼게 하다.'의 의미로 사용되었다. 이에 반해 ④의 밑줄 친 '주려고'는 '시간이나 공간 따위를 남에게 허용하다.'의 의미로 사용되었다.

① ㉠의 '훔치고'와 밑줄 친 '훔쳐'는 둘 다 '물기나 때 따위가 묻은 것을 닦아 말끔하게 하다.'의 의미로 사용되었다.
② ㉡의 '돋친'과 밑줄 친 '돋쳐'는 둘 다 '돋아서 내밀다.'의 의미로 사용되었다.
③ ㉢의 '제하고'와 밑줄 친 '제하고'는 둘 다 '덜어 내거나 빼다.'의 의미로 사용되었다.
⑤ ㉤의 '향락해'와 밑줄 친 '향락한'은 둘 다 '쾌락을 누리다.'의 의미로 사용되었다.

본문 60~61쪽

1 (1) ㉡ (2) ㉢ (3) ㉠ 　　**2** ⑤ 　　**3** ①
4 ② 　　**5** ⑤ 　　**6** ⑤ 　　**7** 해설 참조

1 (1) 소인의 참언을 입어 가는 것은 '귀양'이 적절하다. '참언(讒言)'은 '거짓으로 꾸며서 남을 헐뜯어 윗사람에게 고하여 바침. 또는 그런 말.'을 의미하는 말이다. 따라서 빈칸에 들어갈 말로 적절한 것은 '죄인을 먼 시골이나 섬으로 보내어 일정 기간 동안 제한된 곳에서만 살게 하던 형벌.'을 의미하는 '귀양'이다.
(2) 황상과 여러 신하가 모인 공간은 '조정(朝廷)'이 적절하다. 따라서 빈칸에 들어갈 말로 적절한 것은 '임금이 나라의 정치를 신

하들과 의논하거나 집행하는 곳.'을 의미하는 '조정(朝廷)'이다.

(3) 어딘가로 떠날 사람이 꾸리는 것은 '행장(行裝)'이 적절하다. 따라서 빈칸에 들어갈 말로 적절한 것은 '여행할 때 쓰는 물건과 차림.'을 의미하는 '행장(行裝)'이다.

2 '원수(元帥)'는 '군대에서 가장 높은 계급. 또는 그 계급의 사람.'을 의미하는 말이다. 따라서 부친의 원수를 갚는다는 말은 해당 단어가 쓰인 예문으로 적절하지 않다. 해당 예문에 사용된 '원수(怨讐)'는 '원한이 맺힐 정도로 자기에게 해를 끼친 사람이나 집단.'을 의미하는 말로, '원수(元帥)'의 동음이의어이다.

3 '신원이 미심쩍다'의 '신원'은 '개인의 성장 과정과 관련된 자료.'라는 뜻으로, 신분이나 평소 행실, 주소, 직업 따위를 이른다. 따라서 '신원'의 뜻으로 '말을 꺼내어 의견을 나타내는 말.'을 제시한 것은 적절하지 않다. '말을 꺼내어 의견을 나타내는 말.'을 의미하는 단어는 '발언(發言)'이다.

4 '생경(生梗)하다'의 뜻은 '익숙하지 않아 어색하다.'이며, '이질감(異質感)'의 뜻은 '성질이 서로 달라 낯설거나 잘 맞지 않는 느낌.'이다. 따라서 '생경한 이질감이 느껴지는 음성'이란 '낯설게 느껴지는 음성'이라고 할 수 있다.

5 빈칸에 들어갈 말은 꼭두각시가 영감인 표 생원에게 나눠 달라고 요구하는 것인데, 표 생원은 꼭두각시의 말을 듣고 불같은 욕심이 있다고 말하고 있다. 따라서 빈칸에 들어갈 말은 '집안 살림에 쓰는 온갖 물건.'을 의미하는 '세간'이 적절하다.

6 '속물'의 뜻은 '교양이 없거나 식견이 좁고 세속적인 일에만 신경을 쓰는 사람을 속되게 이르는 말.'이다. 이를 참고할 때 '속물적 인물형'이란 돈이나 명예와 같은 세속적인 일에만 신경을 쓰는 사람임을 알 수 있다. 따라서 ㉠에 해당하는 사람으로 가장 적절한 것은 '돈과 명예만을 추구하는 사람'이다.

7

[1]구	호	[2]소		[3]소	시	민
		외		저		
[4]도	술		[5]급			
회		[6]순	사		[7]재	
					[8]배	설
[9]신	이	하	다		하	
원					다	

09강 인문 (1) | 철학

＋ 어휘 더하기
본문 65쪽

◉ 확정
올해의 대학 입시 요강이 확실하게 정해진 것이므로, 빈칸에 들어갈 단어로 적절한 것은 '확정(確定)'이다.

문제로 확인하기
본문 66∼67쪽

1 (1) 필연 (2) 가변 (3) 상충   **2** ③   **3** ④
4 ①   **5** ⑤   **6** ②   **7** ③

1 (1) 한비자는 인간이 욕망을 가질 수밖에 없음을 지적하며 욕망을 제어하기 위한 법의 필요성을 강조했다. 따라서 인간이 욕망을 가질 수밖에 없다는 것을 나타내야 하므로, 빈칸에 들어갈 말로 적절한 것은 '사물의 관련이나 일의 결과가 반드시 그렇게 될 수밖에 없는 (것).'을 뜻하는 '필연적(必然的)'의 '필연'이다.

(2) 플라톤은 현실 세계와 이상 세계를 구분했는데, 이상 세계의 특징은 비물질적이고 불변적이라는 것이다. 따라서 현실 세계는 이상 세계와 달리 물질적이면서 동시에 변할 수 있어야 하므로, 빈칸에 들어갈 말로 적절한 것은 '바꿀 수 있거나 바뀔 수 있는 (것).'을 뜻하는 '가변적(可變的)'의 '가변'이다.

(3) 조선 시대의 일부 관리들은 승진을 위해서 장기적인 전망을 갖고 정책을 추진하기보다는 가시적이고 단기적인 결과만을 중시했다고 했는데, 이는 승진이라는 개인적 동기가 공공성과 충돌하고 있는 것이다. 따라서 빈칸에 들어갈 말로 적절한 것은 '맞지 아니하고 서로 어긋나게 되다.'를 뜻하는 '상충(相衝)되다'의 '상충'이다.

2 '어떤 문제에 대한 하나의 논리적 판단 내용과 주장을 언어 또는 기호로 표시한 것.'이 '명제(命題)'인데, 이는 참과 거짓을 판단할 수 있는 내용이라는 점이 특징이다. 첫 번째 문장에서 참과 거짓을 판단할 수 없기 때문에 받아들일 수 없다고 했으므로, 빈칸에 들어갈 말로 적절한 것은 '명제(命題)'이다. 또한 "만약 A이면 B이다."라는 형식은 전통 논리학에서 명제의 일반적인 형식이다. 따라서 두 번째 문장의 빈칸에 들어갈 말로 적절한 것도 '명

제(命題)'이다.

오답 풀이

① '진리(眞理)'의 뜻은 '참된 이치. 또는 참된 도리.'이다.
② '이치(理致)'의 뜻은 '사물의 정당한 조리(條理). 또는 도리에 맞는 취지.'이다.
④ '도리(道理)'의 뜻은 '사람이 어떤 입장에서 마땅히 행하여야 할 바른 길.'이다.
⑤ '기호(記號)'의 뜻은 '어떠한 뜻을 나타내기 위하여 쓰이는 부호, 문자, 표지 따위를 통틀어 이르는 말.'이다.

3 '성선설(性善說)'은 사람의 본성이 선천적으로 선하다고 보는 학설이고, '성악설(性惡說)'은 사람의 본성이 선천적으로 악하다고 보는 학설이다. 따라서 ㉠에 들어갈 단어로 적절한 것은 '본성(本性)'이다.

오답 풀이

① '인식(認識)'의 뜻은 '사물을 분별하고 판단하여 앎.'이다.
② '지각(知覺)'의 뜻은 '감각 기관을 통하여 대상을 인식함. 또는 그런 작용.'이다.
③ '욕심(欲心)'의 뜻은 '분수에 넘치게 무엇을 탐내거나 누리고자 하는 마음.'이다.
⑤ '욕망(欲望)'의 뜻은 '부족을 느껴 무엇을 가지거나 누리고자 탐함. 또는 그런 마음.'이다.

4 '척도(尺度)'의 뜻은 '평가하거나 측정할 때 의거할 기준.'이다. 따라서 '척도'와 바꾸어 쓰기에 적절한 말은 '기본이 되는 표준.'을 뜻하는 '기준(基準)'이다.

오답 풀이

② '사유(思惟)'의 뜻은 '개념, 구성, 판단, 추리 따위를 행하는 인간의 이성 작용.'이다.
③ '통념(通念)'의 뜻은 '일반적으로 널리 통하는 개념.'이다.
④ '이성(理性)'의 뜻은 '개념적으로 사유하는 능력을 감각적 능력에 상대하여 이르는 말.'이다.
⑤ '단서(端緒)'의 뜻은 '어떤 문제를 해결하는 방향으로 이끌어 가는 일의 첫 부분.'이다.

5 • 방 안이 너무 캄캄해서 대상의 모습을 명확히 파악할 수 없다는 뜻이므로, ㉠에 들어갈 적절한 말은 '감각 기관을 통하여 대상을 인식함. 또는 그런 작용.'을 뜻하는 '지각(知覺)'이다.
• '감각, 경험, 연상, 판단, 추리 따위의 사유 작용을 거치지 아니하고 대상을 직접적으로 파악하는 작용.'을 뜻하는 말이 '직관(直觀)'이므로, ㉡에 들어갈 말로 적절한 것은 '직관(直觀)'이다.

오답 풀이

'간주하다'의 뜻은 '상태, 모양, 성질 따위가 그와 같다고 보거나 그렇다고

여기다.'이다. 그런데 ㉠에 들어갈 말은 대상의 모습을 파악하는 것과 관련 있는 말이다. 따라서 ㉠에 들어갈 말로 '간주(看做)'는 적절하지 않다.

6 〈보기〉에서 사람들이 금기에 대해 취하는 어떤 행위의 근본적인 이유는 알려지지 않았지만, 금기와 그 대상에 대한 추측은 은밀하게 전파된다고 했다. 〈보기〉를 볼 때 사람들이 금기를 '배척'하거나 '동경'한다고 보기는 어려우며, '추정'한다는 것도 어울리지 않는다. 또한 사람들이 금기에 '순응'하는 것은 금기를 위반했을 경우 공동체 혹은 구성원이 처벌받는다는 인식을 공유하고 있으므로, 근본적인 이유가 알려지지 않았다는 것도 적절하지 않다. 즉 '순응'이라는 단어도 어울리지 않는다. 따라서 빈칸에 들어갈 말로 적절한 것은 '새로 만들어 정해 둠.'이라는 뜻의 '설정(設定)'이며, 이 단어를 넣어 만든 '금기를 정한다'라는 뜻의 문장이 문맥적으로 볼 때 자연스럽다.

7 '귀결(歸結)되다'는 '어떤 결말이나 결과에 이르게 되다.'라는 뜻이므로, '일이 다 이루어지다.'라는 뜻의 ⓒ와 바꾸어 쓰기에 적절하다.

오답 풀이

① '소지(所持)하다'는 '물건을 지니고 있다.'라는 뜻이므로, '바탕으로 갖추고 있다.'라는 뜻의 ⓐ와 바꾸어 쓰기에 적절하지 않다.
② '포착(捕捉)하다'는 '1. 꼭 붙잡다. 2. 요점이나 요령을 얻다. 3. 어떤 기회나 정세를 알아차리다.'라는 뜻이므로, '어떤 대상을 특별히 집어서 두드러지게 나타내다.'라는 뜻의 ⓑ와 바꾸어 쓰기에 적절하지 않다.
④ '간주(看做)하다'는 '상태, 모양, 성질 따위가 그와 같다고 보거나 그렇다고 여기다.'라는 뜻이므로, '대상의 내용이나 상태를 알기 위하여 살피다.'라는 뜻의 ⓓ와 바꾸어 쓰기에 적절하지 않다.
⑤ '결성(結成)되다'는 '조직이나 단체 따위가 짜여 만들어지다.'라는 뜻이므로, '어떤 대상에 의하여 일정한 상태나 결과가 생기거나 만들어지다.'라는 뜻의 ⓔ와 바꾸어 쓰기에 적절하지 않다.

기출로 강해지기 본문 68~69쪽

◆ **중심 내용 한눈에 보기**
❶ 인위적 ❷ 현실화 ❸ 이치

1 ③   **2** ④

---

1 이 글은 『노자』의 도에 대해 송나라 때의 왕안석, 원나라 때의 오징, 명나라 때의 설혜의 견해를 시간순으로 설명하고 있다. 따라서 『노자』에 대한 여러 학자의 견해를 시간의 흐름에 따라 제시하고 있다는 것은 적절한 설명이다.

오답 풀이

① 『노자』의 도에 대한 여러 학자의 견해를 제시하고 있을 뿐, 『노자』가 유학의 발전에 미친 영향력을 분석하고 있지는 않다.
② 『노자』에 나타난 당시의 시대상이나 그 사례를 제시하고 있지 않다.
④ 『노자』에 대한 왕안석, 오징, 설혜 등의 학자들 간 해석의 차이는 나타나 있으나, 이를 절충한 종합적인 의견을 제시하고 있지는 않다.
⑤ 『노자』에 대해 왕안석이 비판하는 내용은 제시되고 있지만, 이러한 비판이 심화되는 과정은 설명하고 있지 않다.

2 오징은 노자의 가르침이 공자의 학문과 크게 다르지 않음을 밝히고 도와 유학 이념을 관련지었으며, 사회 규범과 사회 질서 체계도 도가 현실화된 결과로 파악했다. 따라서 ㉠이 오징이 유학을 노자 사상과 연관 지어 유교적 사회 질서의 정당성을 확인하는 것으로 표출되었다는 것은 적절하다. 또한 설혜는 노자 사상에 대한 오해를 불식해야 한다고 보았으며 노자 사상과 유학이 다르지 않다고 보았다. 따라서 ㉡이 유학에서 이단으로 치부하는 노자 사상의 진의를 밝혀 오해를 바로잡으려는 것으로 표출되었다는 것도 적절하다.

오답 풀이

① 오징은 인의예지가 도의 쇠퇴 때문에 나타난 것이라는 『노자』와 달리 인의예지는 도가 현실화하여 드러난 것이라고 보았다. 따라서 ㉠이 유학 덕목의 등장을 긍정적으로 평가한 『노자』의 견해를 수용하는 것으로 표출되었다는 것은 적절하지 않다. 한편 설혜는 『노자』에서 인의 등의 유학 덕목을 비판한 것을 도덕을 근본으로 삼게 하기 위한 충고라고 파악했다. 따라서 ㉡이 유학 덕목에 대한 『노자』의 비판에 담긴 긍정적 의도를 밝히려는 것으로 표출되었다는 것은 적절하다.
② 오징은 도교를 주술적인 종교로 간주하고 사람들이 도교에 빠지는 것을 경계하고 『노자』의 일부 내용을 바꾸었다. 따라서 ㉠이 유학에 유입되고 있는 주술성을 제거하는 것으로 표출되었다는 것은 적절하지 않다. 한편 설혜는 다양한 경전을 인용하여 『노자』를 해석하면서 노자 사상과 유학이 다르지 않다고 보았다. 따라서 ㉡이 노자 사상과 유학의 공통점을 제시하려는 것으로 표출되었다는 것은 적절하다.
③ 오징은 도교가 유학을 받아들여 체계화되었지만, 도교를 주술적인 종교로 보았다. 따라서 ㉠이 유학의 가르침을 차용한 도교가 사람들을 현혹하는 상황에 대응하는 것으로 표출되었다는 것은 적절하다. 이와 달리 설혜는 다양한 경전을 인용하여 『노자』를 해석하면서 노자 사상과 유학이 다르지 않다고 보았다. 따라서 ㉡이 유학 이론의 독창성을 밝히려는 것으로 표출되었다는 것은 적절하지 않다.
⑤ 오징은 노자의 가르침이 공자의 학문과 크게 다르지 않음을 밝히고 도와 유학 이념을 관련지었다. 따라서 ㉠이 도교에서 추앙하는 노자와 유학 이론의 관련성을 제시하는 것으로 표출되었다는 것은 적절하다. 이와 달리 설혜는 노자 사상과 유학이 다르지 않다고 보면서 노자 사상에 대한 오해를 불식해야 한다고 했다. 따라서 ㉡이 유학의 사상적 우위를 입증하려는 것으로 표출되었다는 것은 적절하지 않다.

10강 인문 (2) 논리학·역사학

＋ 어휘 더하기
본문 71쪽

● **유적**

다보탑, 석가탑은 크기도 크고 위치도 바꿀 수 없는 것이므로, '유적(遺跡)'에 해당한다.

문제로 확인하기
본문 72~73쪽

1 (1) ② (2) ④ **2** ③ **3** ① **4** ④
5 ⑤ **6** ③ **7** ⑤

1 (1) '상정(想定)하다'의 뜻은 '어떤 정황을 가정적으로 생각하여 단정하다.'이므로, '사실이 아니거나 또는 사실인지 아닌지 분명하지 않은 것을 임시로 인정하다.'라는 뜻의 '가정(假定)하다'와 유사한 의미를 갖는다. 따라서 '상정하면서'와 바꾸어 쓸 수 있는 단어로 적절한 것은 '가정하면서'이다.
(2) '수양(修養)'의 뜻은 '몸과 마음을 갈고닦아 품성이나 지식, 도덕 따위를 높은 경지로 끌어올림.'이다. 따라서 '수양'과 바꾸어 쓸 수 있는 단어로 적절한 것은 '인격, 기술, 학문 따위를 닦아서 단련함.'을 뜻하는 '수련(修練)'이다.

2 '과거제(科擧制)'의 뜻은 '고려·조선 시대에, 과거를 통하여 관리를 선발하던 제도.'이다. 즉 빈칸에는 '관리'를 의미하는 말이 들어가야 한다. 따라서 빈칸에 들어갈 말로 적절한 것은 '직업적인 관리.'를 뜻하는 '관료(官僚)'이다.

오답 풀이

① '성현(聖賢)'의 뜻은 '성인(聖人)과 현인(賢人)을 아울러 이르는 말.'이다. 따라서 과거제를 통해 선발할 대상이 아니다.
② '장자(長子)'의 뜻은 '둘 이상의 아들 가운데 맏이가 되는 아들.'이다. 따라서 과거제를 통해 선발할 대상이 아니다.
④ '제후(諸侯)'의 뜻은 '봉건 시대에 일정한 영토를 가지고 그 영내의 백성을 지배하는 권력을 가지던 사람.'이다. 따라서 과거제를 통해 선발할 대상이 아니다.
⑤ '시비(侍婢)'의 뜻은 '곁에서 시중을 드는 계집종.'이다. 따라서 과거제를 통해 선발할 대상이 아니다.

3 '사료(史料)'의 뜻은 '역사 연구에 필요한 문헌이나 유물.'이다. 즉 이번 발굴 작업에서 발견된 대상이나 새로 문을 연 전시관에 가득한 대상으로 볼 수 있다. 따라서 ㄱ과 ㄴ의 빈칸에 '사료(史料)'가 들어가기에 적절하다.

ㄷ의 빈칸에는 현상들을 묶는 부류나 범위를 나타내는 말이 들어가야
하므로 '사료(史料)'가 아닌 '범주(範疇)'가 들어가는 것이 적절하며, ㄹ의
빈칸에는 조선 초기에 편찬된 역사서 등이 들어가야 하므로 '사료(史料)'
가 들어가기에 적절하지 않다.

4 • 정약용은 도덕적 능력에 따라 사회 지배층을 재편하는 데
입장을 같이했다고 했으므로, 정약용이 비판한 것은 양반이라
는 신분을 물려주는 것이라 할 수 있다. 따라서 ㉠에 들어갈 말
로 적절한 것은 '한집안의 재산이나 신분, 직업 따위를 대대로
물려주고 물려받음.'을 뜻하는 '세습(世襲)'이다.
• 유형원은 현명한 인재라도 노비로 태어나면 노비로 살아야 하
는 노비제 폐지를 주장했다고 했으므로, 유형원이 비판한 것은
신분을 물려주는 것이라 할 수 있다. 따라서 ㉡에 들어갈 말로
적절한 것도 '한집안의 재산이나 신분, 직업 따위를 대대로 물
려주고 물려받음.'을 뜻하는 '세습(世襲)'이다.

5 '내재(內在)되다'의 뜻은 '어떤 사물이나 범위의 안에 들어 있
다.'이다. 따라서 '폭력적 의도가 내재되어 있다고 보는 것은 '폭력
적 의도가 포함되어 있다고 보는 것'이라 할 수 있다.

6 '논증(論證)'의 뜻은 '옳고 그름을 이유를 들어 밝힘. 또는 그
근거나 이유.'이다. 즉 '논증'이란 논제에 대한 자신의 입장이 타당
함을 밝히는 것이라 할 수 있다. 따라서 ㉡에 들어갈 말로 적절
한 것은 '논증'이다. 또한 '논증'을 하기 위해서는 근거를 들어 자
신의 입장이 타당함을 밝혀야 하므로, ㉠에 들어갈 말로 적절한
것은 '근거(根據)'이다.

'주장(主張)'의 뜻은 '자기의 의견이나 주의를 굳게 내세움. 또는 그런 의
견이나 주의.'로, 논제에 대한 자신의 입장을 드러낸 것을 의미한다.

7 '맹신(盲信)하다'의 뜻은 '옳고 그름을 가리지 않고 덮어놓고
믿다.'이므로, '여럿 가운데서 하나를 구별하여 고르다.'를 뜻하는
'가리다'와 바꿔 쓰기에 적절하지 않다.

① '유입(流入)되다'의 뜻은 '문화, 지식, 사상 따위가 들어오게 되다.'이므
로, '들어오기'로 바꿔 쓸 수 있다.
② '제시(提示)하다'의 뜻은 '어떠한 의사를 말이나 글로 나타내어 보이
게 하다.'이므로, '드러내었다'로 바꿔 쓸 수 있다.
③ '전파(傳播)하다'의 뜻은 '전하여 널리 퍼뜨리다.'이므로, '퍼뜨리기'로
바꿔 쓸 수 있다.

④ '수록(收錄)되다'의 뜻은 '책이나 잡지에 실리다.'이므로, '실린'으로 바
꿔 쓸 수 있다.

기출로 강해지기

◆ **중심 내용 한눈에 보기**
❶ 인재 **❷** 재능 **❸** 공동체 **❹** 역설적

1 ②　　　　**2** ④

1 관료 선발에 봉건적 요소를 재도입하려는 것은 개혁론자의 입
장이므로 과거제로 등용된 관리들이 봉건적 요소에 대한 지향을
갖고 있다는 것은 적절하지 않다. 또한 과거 제도로 등용된 관리
들의 행위 중에서 공공성과 상충된 것은 봉건적 요소에 대한 지
향이 아니라 승진을 향한 개인적 동기이다.

① 과거제로 등용된 관리들이 몇 년의 임기마다 다른 지역으로 이동하다
보니 근무하는 지역 사회에 대한 소속감이 약했다. 따라서 이를 보완
하기 위해 ㉮와 같은 제안이 등장했을 것이라는 추론은 적절하다.
③ 과거제로 등용된 관리들이 승진을 위해 빨리 성과를 내려 하는 개인
적 동기가 강해 공공성과 상충하는 현상이 나타났으며 공동체 의식
도 높지 않았다. 따라서 이를 보완하기 위해 ㉮와 같은 제안이 등장
했을 것이라는 추론은 적절하다.
④ 과거제로 등용된 관리들은 승진을 위해 지역 사회를 위해 장기적인
전망을 갖고 정책을 추진하기보다는 가시적이고 단기적인 결과만을
중시했다. 따라서 이를 보완하기 위해 ㉮와 같은 제안이 등장했을 것
이라는 추론은 적절하다.
⑤ 능력주의적 태도가 관리의 업무에 대한 평가에도 적용되면서 관리들
은 승진을 위해 가시적인 성과만을 내려는 경향이 강했다. 따라서 이
를 보완하기 위해 ㉮와 같은 제안이 등장했을 것이라는 추론은 적절
하다.

2 ⓓ의 '회의(懷疑)'는 '의심을 품음. 또는 마음속에 품고 있는
의심.'의 의미로 쓰였지만, ④의 밑줄 친 '회의(會議)'는 '여럿이 모
여 의논함. 또는 그런 모임.'의 의미로 쓰였다.

① ⓐ와 밑줄 친 '등장하였다'는 둘 다 '어떤 사건이나 분야에서 새로운
제품이나 현상, 인물 등이 세상에 처음으로 나오다.'의 의미로 쓰였다.
② ⓑ와 밑줄 친 '되살려'는 둘 다 '죽거나 없어졌던 것을 다시 살리다.'의
의미로 쓰였다.
③ ⓒ와 밑줄 친 '걸쳐'는 둘 다 '일정한 횟수나 시간, 공간을 거쳐 이어
지다.'의 의미로 쓰였다.
⑤ ⓔ와 밑줄 친 '가시적'은 둘 다 '눈으로 볼 수 있는 (것).'의 의미로 쓰
였다.

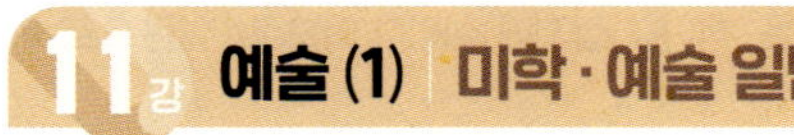

+ 어휘 더하기

본문 77쪽

⊙ (1) 실제, 실재 (2) 유례

(1) '있었던 사건'을 꾸며 주기 위해서는 '사실의 경우나 형편.'을 뜻하는 '실제'가 적절하고, '인물'을 꾸며 주기 위해서는 '실제로 존재함.'을 뜻하는 '실재'가 적절하다.

(2) '방송 사상 … 없는'의 내용을 고려할 때, '이전부터 있었던 사례.'를 뜻하는 '유례'가 적절하다.

문제로 확인하기

본문 78~79쪽

1 (1) 국한 (2) 대면 (3) 외연 (4) 대변   **2** ⑤

3 ①   **4** ④   **5** ⑤   **6** ③

1 (1) '국한(局限)'은 '범위를 일정한 부분에 한정함.'을 뜻한다.

(2) '대면(對面)'은 '서로 얼굴을 마주 보고 대함.'을 뜻한다.

(3) '외연(外延)'은 '일정한 개념이 적용되는 사물의 전 범위.'를 뜻한다.

(4) '대변(代辯)'은 '어떤 사람이나 단체를 대신하여 그의 의견이나 태도를 표함. 또는 그런 일.'을 뜻한다.

▸ 오답 풀이

'내포(內包)'는 '개념이 적용되는 범위에 속하는 여러 사물이 공통으로 지니는 필연적 성질의 전체.'를 뜻한다.

2 '고양(高揚)'은 '정신이나 기분 따위를 북돋워서 높임.'을 뜻한다. 사기나 자긍심, 애국심 등 정신이나 기분과 어울려 쓰이므로, '기술력'과는 어울리지 않는다. '기술력'은 '제고(提高)'와 어울린다.

▸ 오답 풀이

②, ④ '제고(提高)'는 '수준이나 정도 따위를 끌어올림.'을 뜻한다. 생산성이나 능률, 이미지 등을 대상으로 한다.

3 '부여(附與)하다'는 '사람에게 권리·명예·임무 따위를 지니도록 해 주거나, 사물이나 일에 가치·의의 따위를 붙여 주다.'를 뜻한다. 인물이 새로운 성격을 지니도록 해 주는 것이므로 '부여하다'와 잘 어울린다.

▸ 오답 풀이

② '수여(授與)하다'는 '증서, 상장, 훈장 따위를 주다.'를 뜻한다.

③ '기여(寄與)하다'는 '도움이 되도록 이바지하다.'를 뜻한다.

④ '부과(賦課)하다'는 '세금이나 부담금 따위를 매기어 부담하게 하다.'를 뜻한다.

⑤ '부담(負擔)하다'는 '어떠한 의무나 책임을 지다.'를 뜻한다.

4 '포착(捕捉)'은 '1. 꼭 붙잡음. 2. 요점이나 요령을 얻음. 3. 어떤 기회나 정세를 알아차림.'을 뜻한다. ㄱ에서는 1의 뜻으로, ㄴ에서는 2의 뜻으로, ㄷ에서는 3의 뜻으로 쓰였다.

▸ 오답 풀이

① '포획(捕獲)'은 '1. 적병을 사로잡음. 2. 짐승이나 물고기를 잡음.'을 뜻한다. ㄱ에 들어가기에 적절하다.

② '착안(着眼)'은 '어떤 일을 주의하여 봄. 또는 어떤 문제를 해결하기 위한 실마리를 잡음.'을 뜻한다.

③ '주시(注視)'는 '어떤 목표물에 주의를 집중하여 봄.'을 뜻한다.

⑤ '포식(捕食)'은 '다른 동물을 잡아먹음.'을 뜻한다. ㄱ에 들어가기에 적절하다. 참고로 동음이의어인 '포식(飽食)'은 '배부르게 먹음.'을 뜻한다.

5 외래어뿐만 아니라 외국어를 자꾸 함부로 사용하는 경우를 나타내는 경우이므로, '어떤 말이나 행동 따위를 자꾸 함부로 함.'을 뜻하는 '남발(濫發)'을 써야 한다.

6 '대면(對面)하다'는 '서로 얼굴을 마주 보고 대하다.'를 뜻하며, 어떤 대상과의 만남을 비유적으로 표현할 때 자주 쓰인다.

▸ 오답 풀이

① '대응(對應)하다'는 '1. 어떤 일이나 사태에 맞추어 태도나 행동을 취하다. 2. 어떤 사실이나 의미를 대표적으로 나타내다.'를 뜻한다.

② '대변(代辯)하다'는 '어떤 사람이나 단체를 대신하여 그의 의견이나 태도를 표하다.'를 뜻한다.

④ '대처(對處)하다'는 '어떤 정세나 사건에 대하여 알맞은 조치를 취하다.'를 뜻한다.

⑤ '대리(代理)하다'는 '남을 대신하여 일을 처리하다.'를 뜻한다.

기출로 강해지기

본문 80~81쪽

◆ 중심 내용 한눈에 보기

❶ 상품 ❷ 비동일성 ❸ 전위

1 ①   **2** ①

1 1문단에 따르면, 아도르노가 보기에 대중 예술은 예술의 본질을 상실하고 이윤 극대화를 위한 상품으로 전락했을 뿐만 아니라 개인의 정체성마저 상품으로 전락시키는 기제로 작용한다. 따라서 문화 산업을 통해 상품화된 개인의 정체성과 대중 예술은 모두 자본주의의 교환 가치 체계로 동일화된 것이다. 즉 양자는 상품에 불과하다는 점에서 동질적이므로, 대립적 관계를 형성하

지 않는다.

② 아도르노는 대중 예술이 표준화된 상품으로 규격성을 지니고 있으며, 그것의 규격성으로 인해 개인의 감상 능력 역시 표준화된다고 주장한다.

③ 아도르노는 대중 예술이 예술의 본질을 상실한 채 상품으로 전락했으며, 이는 모든 것을 상품의 교환 가치로 환원하려는 자본주의 사회로부터 기인한다고 주장한다.

④ 아도르노는 자본주의가 모든 것을 상품의 교환 가치로 환원하려 한다고 보며, 대중 예술은 현대 사회의 모순과 부조리를 은폐하고 있다고 주장한다.

⑤ 아도르노는 문화 산업에 의해 양산되는 대중 예술이 이윤 극대화를 위한 상품으로 전락했으며, 그것의 규격성으로 인해 개인의 감상 능력이 표준화되고 개인의 개성이 상실된다고 주장한다.

2 '양산(量産)되다'는 '많이 만들어지다.'를 뜻한다. '어떤 사물을 특징지어 두드러지게 하다.'를 뜻하는 단어는 '부각(浮刻)하다'이다.

12강 예술 (2) 영화·미술·건축 등

⊕ 어휘 더하기

본문 83쪽

◉ ②

첫 번째 문장에는 '오래도록 기념하면서 후대에 전할 만한 사실이나 인물, 또는 그 업적을 비유적으로 이르는 말.'인 '기념탑'이나 '기념비'가 적절하다. 두 번째 문장에는 '길이 후세에 남을 뛰어난 업적을 비유적으로 이르는 말.'인 '금자탑'이, 세 번째 문장에는 "대학'을 비유적으로 이르는 말.'인 '상아탑'이 적절하다. 세 단어 모두 '탑'이 공통으로 들어가 있다.

문제로 확인하기

본문 84~85쪽

1 ㉠ 통시적 ㉡ 공시적   **2** ③   **3** ②
4 ⑤   **5** 기념탑   **6** ②

1 '통시적(通時的)'은 '어떤 시기를 종적으로 바라보는 (것).'을 뜻하고, '공시적(共時的)'은 '어떤 시기를 횡적으로 바라보는 (것).'을 뜻한다.

• '거시적(巨視的)'은 '1. 사람의 감각으로 식별할 수 있을 정도의 (것). 2.

사물이나 현상을 전체적으로 분석·파악하는 (것).'을 뜻한다.

• '미시적(微視的)'은 '1. 사람의 감각으로 직접 식별할 수 없을 만큼 몹시 작은 현상에 관한 (것). 2. 사물이나 현상을 전체적인 면에서가 아니라 개별적으로 포착하여 분석하는 (것).'을 뜻한다.

2 '유례(類例)'는 '같거나 비슷한 예.'를 뜻하는 말이다. 문맥에 어울리는 말은 '사물이나 일이 생겨남. 또는 그 사물이나 일이 생겨난 바.'를 뜻하는 '유래(由來)'이다.

① '질감(質感)'은 '재질(材質)의 차이에서 받는 느낌.'을 뜻한다.
② '양감(量感)'은 '손에 만질 수 있는 듯한 용적감이나 묵직한 물체의 중량감을 전해 주는 상태.'를 뜻한다.
④ '이질적(異質的)'은 '성질이 다른 (것).'을 뜻한다.
⑤ '재현(再現)하다'는 '다시 나타나다. 또는 다시 나타내다.'를 뜻한다.

3 '대상을 두루 생각함.'을 뜻하는 단어는 '사유(思惟)'이다.

① '사색(思索)'은 '어떤 것에 대하여 깊이 생각하고 이치를 따짐.'을 뜻한다.
③ '사고(思考)'는 '생각하고 궁리함.'을 뜻한다.
④ '사상(思想)'은 '어떠한 사물에 대하여 가지고 있는 구체적인 사고나 생각.'을 뜻한다.
⑤ '사려(思慮)'는 '여러 가지 일에 대하여 깊게 생각함. 또는 그런 생각.'을 뜻한다.

4 '비정형성(非定型性)'은 '일정한 형식이나 틀을 띠지 않는 성질.'을 뜻한다.

① '추상성(抽象性)'은 '실제로나 구체적으로 경험할 수 없는 성질. 또는 그런 경향.'을 뜻한다.
② '대칭성(對稱性)'은 '서로 대칭이 되는 성질.'을 뜻한다.
③ '간결성(簡潔性)'은 '글이나 말 따위에 군더더기가 없이 간단하고 깔끔한 성질.'을 뜻한다.
④ '비합리성(非合理性)'은 '비합리적인 성질. 또는 그런 요소.'를 뜻한다.

5 '기념탑(紀念塔)'은 '오래도록 기념하면서 후대에 전할 만한 사실이나 인물, 또는 그 업적을 비유적으로 이르는 말.'로, '기념비'와 같은 말이다.

• '바벨탑'은 하늘에 닿기 위해 쌓았다는 전설상의 탑으로, '실현 가능성이 없는 계획을 비유적으로 이르는 말.'이다.
• '상아탑'은 "대학'을 비유적으로 이르는 말.'이다.

6 '유리(遊離)되다'는 '따로 떨어지게 되다.'를 뜻하는 말로, '동떨어진'과 바꿔 쓰기에 적절하다.

◆ **중심 내용 한눈에 보기**
❶ 우회적 ❷ 허구 ❸ 사료

1 ⑤   **2** ③

1 [A]는 허구적 이야기인 영화가 사료의 원천이 될 뿐 아니라, 대안적 역사 서술의 가능성을 지니고 있다고 본다. 그런데 ㉠은 자료에 기록된 사실이 허구일지도 모른다는 의심을 갖고 계속해서 자료의 사실성 여부를 확인해야 한다는 입장이므로, 회고나 증언, 구전 등의 비공식적 자료의 사실성에 대한 의심을 갖고 이러한 자료들의 사실성 여부를 확인해야 한다고 주장할 것이다. 따라서 기억이나 구술 증언의 진위 여부를 검증한 후에야 비로소 사료로 사용이 가능하다고 비판할 수 있다.

▶오답 풀이

① ㉠의 관점을 가진 역사가는 영화는 허구의 이야기이기 때문에 많은 사실 정보를 담고 있다고 판단하지 않을 것이며, 사료로서의 가능성이 낮다고 판단할 것이다.
② ㉠의 관점을 가진 역사가는 하층 계급의 역사를 서술할 때에 영화와 같이 허구를 포함하는 서사적 자료가 아니라 사실에 기반한 자료로 역사를 서술해야 한다고 판단할 것이다.
③ 영화가 지배적 이데올로기를 선전하는 수단으로 공식 역사와 같은 편에 있을 수 있다는 것은 ㉠의 관점과 직접적인 관련이 없다.
④ ㉠의 관점은 영화가 바탕으로 삼은 주변화된 집단의 목소리가 실제의 사실에 부합하는지 여부에 주목할 수 있어도, 주관에 매몰된 역사 서술을 문제 삼아 [A]를 비판하지는 않을 것이다.

2 문맥을 고려할 때 ③은 납득할 수 없지만 심판의 판정을 받아들이기로 한 상황이기 때문에, '어떤 사상, 의견, 물건 따위를 물리치다.'를 뜻하는 '배격(排擊)하다'와 어울리지 않는다. 이 경우에는 '어떠한 것을 받아들이다.'를 뜻하는 '수용(受容)하다'를 써야 한다.

▶오답 풀이

① '재현(再現)하다'는 '다시 나타나다. 또는 다시 나타내다.'를 뜻한다.
② '기반(基盤)하다'는 '바탕이나 토대를 두다.'를 뜻한다.
④ '배제(排除)하다'는 '받아들이지 아니하고 물리쳐 제외하다.'를 뜻한다.
⑤ '기여(寄與)하다'는 '도움이 되도록 이바지하다.'를 뜻한다.

1 ②   **2** (1) ④ (2) ①   **3** ⑤   **4** ④
5 (1) 추정 (2) 단정, 확정   **6** 해설 참조

1 '한 번 하였던 행위나 일을 다시 되풀이하다.'는 '재연(再演)하다'의 사전적 의미이다. 따라서 '재현(再現)하다'의 사전적 의미로 적절하지 않다. '재현(再現)하다'의 사전적 의미는 '다시 나타나다. 또는 다시 나타내다.'이다.

2 (1) 청동의 금속재 대신에 합성수지, 폴리에스터, 유리 섬유 등을 사용하고 에어브러시로 채색하여 나타내는 것은, 피부의 겉모습이라고 할 수 있다. 피부의 겉모습과 관련 있는 단어는 '재질의 차이에서 받는 느낌.'을 뜻하는 '질감(質感)'이므로, 빈칸에 들어갈 단어로 적절한 것은 '질감(質感)'이다.
(2) 글의 문맥을 볼 때, 독서를 통해 해결할 수 있는 문제는 자기 앞에 닥쳐 있는 문제이다. 앞에 닥쳐 있다는 의미를 가진 단어는 '바로 눈앞에 당하다.'를 뜻하는 '당면(當面)하다'이므로, 빈칸에 들어갈 단어로 적절한 것은 '당면(當面)'이다.

3 '유리(遊離)되다'의 뜻은 '따로 떨어지게 되다.'이다. 따라서 '사회의 본질과 유리된'이 의미하는 것은, 사회의 본질에서 따로 떨어지게 되었다는 것이다.

4 해외 자금이 국내에 들어와서 통화량이 증가하는 것이며, 외국 제품이 국내에 들어와서 우리나라의 공업이 큰 피해를 입은 것이다. 따라서 빈칸에 공통으로 들어갈 말은 '돈, 물품 따위의 재화가 들어옴.'의 의미로 쓰인 '유입(流入)'이다.

▶오답 풀이

① '상정(想定)'의 뜻은 '어떤 정황을 가정적으로 생각하여 단정함. 또는 그런 단정.'이다.
② '도야(陶冶)'의 뜻은 '훌륭한 사람이 되도록 몸과 마음을 닦아 기름을 비유적으로 이르는 말.'이다.
③ '내재(內在)'의 뜻은 '어떤 사물이나 범위의 안에 들어 있음. 또는 그런 존재.'이다.
⑤ '가정(假定)'의 뜻은 '사실이 아니거나 또는 사실인지 아닌지 분명하지 않은 것을 임시로 인정함.'이다.

5 (1) 공연 관계자들은 가수의 인기를 근거로 이번 공연에서 전석이 매진될 것이라고 미루어 생각하여 판단했다. 따라서 빈칸에 들어갈 말로 적절한 것은 '미루어 생각하여 판정함.'을 의미하는 '추정(推定)'이다.
(2) 경찰은 처음에 목격자의 진술에만 의존하여 그를 범인으로 딱 잘라 판단하고 결정했다. 따라서 첫 번째 빈칸에 들어갈 말로 적절한 것은 '딱 잘라서 판단하고 결정함.'을 의미하는 '단정(斷定)'이다. 하지만 경찰은 오랜 수사 끝에 결국 그가 범

인이 아니라는 것을 확실하게 정했다. 따라서 두 번째 빈칸에 들어갈 말로 적절한 것은 '일을 확실하게 정함.'을 뜻하는 '확정(確定)'이다.

6

	1.통		3.이	질	적
2.미	시	사	치		
	적	4.대		6.척	7.도
	5.가	변	성		출
	8.필		하		하
9.외	연		다		다
	적				

13강 사회 (1) | 경제

+ 어휘 더하기
본문 93쪽

① ①

'돌입(突入)하다'는 '세찬 기세로 갑자기 뛰어들다.'라는 의미이다. 따라서 본격적으로 선거전에 뛰어든다는 의미로 사용된 '들어가다'와 바꾸어 쓰기에 적절하다.

문제로 확인하기
본문 94~95쪽

1 ③　　**2** (1) 공급, 수요　(2) 증가했다

3 (1) 바람, 공기, 햇볕　(2) 볼펜, 신발, 책　　**4** ①

5 해설 참조　　**6** ⑤

1 일반적으로 금리가 오르는 경우를 설명하고 있다. 금리는 장래에 물가가 오를 것으로 예상되는 경우, 빌리는 사람의 신용이 낮아 돌려받지 못할 위험이 클수록, 빌리는 기간이 길수록 높아진다.

2 '수요(需要)'는 '어떤 재화나 용역을 일정한 가격으로 사려고 하는 욕구.'이다. 수요량과 공급량이 일치하는 지점에서 균형 가격이 형성되는데, 공급이 일정할 때 수요가 증가하면 이에 따라 균형점이 변동하여 균형 가격이 상승하고 균형 거래량이 증가하게 된다.

3 (1) '자유재(自由財)'는 '사용 가치는 있지만 무한으로 존재하여 교환 가치가 없는 재화.'로, 〈보기〉에서는 바람, 공기, 햇볕이 이에 해당한다.
(2) '경제재(經濟財)'는 '경제적 가치를 가지며 점유나 매매 같은 경제 행위의 대상이 되는 재화.'로 〈보기〉에서는 볼펜, 신발, 책이 이에 해당한다.

4 수입 물품의 가격에 영향을 주는 것은 '환율(換率)'이다. 민간과 정부에 의한 소비와 투자인 국내에서의 수요를 뜻하는 말은 '내수(內需)'이다. '수요(需要)'는 '어떤 재화나 용역을 일정한 가격으로 사려고 하는 욕구.'를 뜻한다.

오답 풀이
- '외수(外需)'는 '외국에서의 수요.'를 뜻한다.
- '금리(金利)'는 '빌려준 돈이나 예금 따위에 붙는 이자. 또는 그 비율.'을 뜻한다.
- '공급(供給)'은 '교환하거나 판매하기 위하여 시장에 재화나 용역을 제공하는 일. 또는 그 제공된 상품의 양.'을 의미한다.
- '이자(利子)'는 '남에게 돈을 빌려 쓴 대가로 치르는 일정한 비율의 돈.'으로, '금리'와 같은 말이다.

5

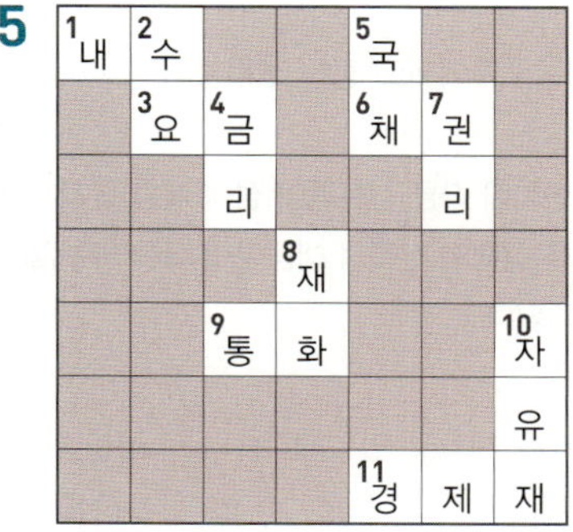

1.내	2.수			5.국	
	3.요	4.금		6.채	7.권
		리			리
			8.재		
		9.통	화		10.자
					유
		11.경	제	재	

6 ⓐ의 '들어가다'는 '어떤 일에 돈, 노력, 물자 따위가 쓰이다.'의 의미로 쓰였다. '투입(投入)되다'는 '사람이나 물자, 자본 따위가 필요한 곳에 넣어지다.'의 의미를 지닌 단어이므로, 문맥상 '들어가므로'를 '투입(投入)되므로'와 바꿔 쓸 수 있다.

오답 풀이
① '반입(搬入)되다'는 '운반되어 들어오다.'의 의미이다.
② '삽입(挿入)되다'는 '1. 틈이나 구멍 사이에 다른 물체가 넣어지다. 2. 글 따위에 다른 내용이 넣어지다.'의 의미이다.
③ '영입(迎入)되다'는 '환영을 받으며 받아들여지다.'의 의미이다.

④ '주입(注入)되다'는 '1. 흘러 들어가도록 부어져 넣어지다. 2. 기억과 암기가 주로 되어 지식이 넣어지다.'의 의미이다.

◆ 중심 내용 한눈에 보기
❶ 활성화　❷ 위축　❸ 준칙주의　❹ 재량주의

1 ①　　　　**2** ⑤

1 '준칙주의'와 '재량주의'는 중앙은행이 통화 정책에 대한 민간의 신뢰와 관련하여 준칙을 수용하는 방식에 대해 서로 다른 견해를 드러내고 있다. '준칙주의'에서는 중앙은행이 준칙을 어김으로써 중앙은행에 대한 민간의 신뢰가 훼손되면 더 큰 부작용이 있다는 점을 강조하며 중앙은행이 준칙을 일관되게 지키는 것이 바람직하다고 판단한다. 즉 '준칙주의'의 입장에서는 경제 변동에 신축적인 대응을 못 하는 한이 있더라도 준칙을 잘 지키는 것이 낫다고 생각하는 것이다.

오답 풀이
② 마지막 문단에 따르면 '재량주의'에서는 준칙주의의 엄격한 실천이 현실적으로 어렵다고 본다.
③ '준칙주의'는 정책 운용에 관한 준칙을 일관되게 지켜야 한다는 입장이므로 준칙을 지키지 않아도 민간의 신뢰를 확보할 수 있다는 생각은 하지 않을 것이다. 하지만 '재량주의'는 이와 달리 반드시 준칙에 얽매일 필요는 없다고 본다.
④ 마지막 문단에 따르면 '재량주의'에서도 정책 신뢰성은 중요하다고 판단하고 있다.
⑤ '재량주의'는 경제 여건의 변화에 따른 신축적인 정책 대응을 지지하는 입장이다. 그러므로 통화 정책의 탄력적 대응이 효과적이지 않다고 본다는 내용은 적절하지 않다.

2 '부양'은 두 개의 표제어를 가지고 있는데, 하나는 '생활 능력이 없는 사람의 생활을 돌봄.'이라는 의미이고, 다른 하나는 '가라앉은 것이 떠오름. 또는 가라앉은 것을 떠오르게 함.'이라는 의미이다. 이 글의 ⓔ는 침체된 경기를 다시 활발하게 살린다는 의미이므로 후자의 경우에 해당한다. 그러나 '어린 동생들을 부양하고 있다.'에서의 '부양'은 전자의 의미로 사용되었다.

오답 풀이
① '파급'은 '어떤 일의 여파나 영향이 차차 다른 데로 미침.'의 의미이다.
② '발현'은 '속에 있거나 숨은 것이 밖으로 나타나거나 그렇게 나타나게 함. 또는 그런 결과.'의 의미이다.
③ '수반'은 '어떤 일과 더불어 생김.'의 의미이다.
④ '유의'는 '마음에 새겨 두어 조심하며 관심을 가짐.'의 의미이다.

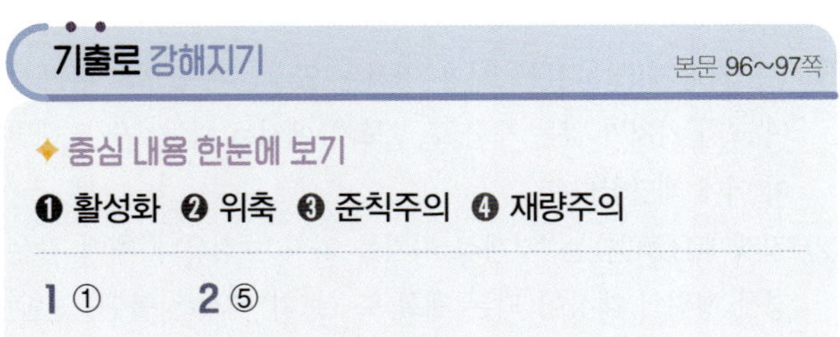

＋ 어휘 더하기　　　　　　　　본문 99쪽

● 용이하게
'용이(容易)하다'는 '어렵지 아니하고 매우 쉽다.'라는 의미이다. 유의어로는 '수월하다', '쉽다' 등이 있다. '차분하다'는 '마음이 가라앉아 조용하다.'라는 의미이다.

1 ①　　　**2** ㉠ 백안시　㉡ 도외시　　　**3** ④
4 (1) 일의적　(2) 위임　(3) 증여　　**5** ③　　　**6** ⑤

1 '채무(債務)'는 '재산권의 하나. 특정인이 다른 특정인에게 어떤 행위를 하여야 할 의무.'를 뜻한다. '변제(辨濟)'는 '남에게 진 빚을 갚음.'을 뜻한다.

오답 풀이
• '고시(告示)'는 '글로 써서 게시하여 널리 알림.'을 뜻한다.
• '이행(履行)'은 '채무자가 채무의 내용을 실행하는 일.'을 뜻한다.
• '급부(給付)'는 '채권의 목적이 되는, 채무자가 하여야 할 행위.'를 뜻한다.

2 '백안시(白眼視)'는 '남을 업신여기거나 무시하는 태도로 흘겨봄.'이라는 뜻이다. 중국의 『진서(晉書)』「완적전(阮籍傳)」에서 나온 말로, 진나라 때 죽림칠현의 한 사람인 완적(阮籍)이 반갑지 않은 손님은 백안(白眼)으로 대하고, 반가운 손님은 청안(靑眼)으로 대한 데서 유래한다. '도외시(度外視)'는 '상관하지 아니하거나 무시함.'을 뜻한다.

오답 풀이
• '청안시(靑眼視)'는 '남을 달갑게 여겨 좋은 마음으로 봄.'을 뜻한다.
• '적대시(敵對視)'는 '적으로 여겨 봄.'을 뜻한다.

3 '공시(公示)'는 '공공 기관이 권리의 발생, 변경, 소멸 따위의 내용을 공개적으로 게시하여 일반에게 널리 알림. 또는 그렇게 알리는 글.'을 뜻한다.

오답 풀이
① '반포(頒布)'는 '세상에 널리 퍼뜨려 모두 알게 함.'을 뜻한다.
② '배포(配布)'는 '신문이나 책자 따위를 널리 나누어 줌.'을 뜻한다.
③ '공유(共有)'는 '두 사람 이상이 한 물건을 공동으로 소유하거나 이용함.'을 뜻한다.
⑤ '통지(通知)'는 '기별을 보내어 알게 함.'을 뜻한다.

4 (1) '일의적(一義的)'은 '가장 중요한 의미를 갖는 (것).'을 뜻하고, '임시적(臨時的)'은 '미리 정하지 아니하고 그때그때 필요에 따라 정하는 (것).'을 뜻한다.
(2) '배임(背任)'은 '주어진 임무를 저버림.'을 뜻하고, '위임(委任)'은 '당사자 중 한쪽이 상대편에게 사무 처리를 맡기고 상대편은 이를 승낙함으로써 성립하는 계약.'이다.
(3) '증여(贈與)'는 '당사자의 일방이 자기의 재산을 무상으로 상대편에게 줄 의사를 표시하고 상대편이 이를 승낙함으로써 성립하는 계약.'을 뜻하고, '변제(辨濟)'는 '남에게 진 빚을 갚음.'을 뜻한다.

5 '임의(任意)'는 '일정한 기준이나 원칙 없이 하고 싶은 대로 함.'을 뜻한다. ③의 '사물의 관련이나 일의 결과가 반드시 그렇게 될 수밖에 없는 것.'은 '필연적(必然的)'의 의미이다.

① '계약(契約)'은 '일정한 법률 효과의 발생을 목적으로 두 사람의 의사를 표시함.'을 뜻한다.
② '규정(規定)'은 '양이나 범위 따위를 제한하여 정함.'을 뜻한다.
④ '임대인(賃貸人)'은 '임대차 계약에 따라 돈을 받고 다른 사람에게 물건을 빌려준 사람.'을 뜻한다.
⑤ '조항(條項)'은 '법률이나 규정 따위의 조목이나 항목.'을 뜻한다.

6 '위약금을 받다'와 '외상값을 받다'에서 '받다'는 모두 '다른 사람이 주거나 보내오는 물건 따위를 가지다.'의 의미이다.

① '동식물의 씨나 알 따위를 거두어 내다.'의 뜻이다.
②, ③ '다른 사람이나 대상이 가하는 행동, 심리적인 작용 따위를 당하거나 입다.'의 뜻이다.
④ '다른 사람의 어리광, 주정 따위에 무조건 응하다.'의 뜻이다.

기출로 강해지기
본문 102~103쪽

◆ **중심 내용 한눈에 보기**
❶ 소유권 ❷ 이동권 ❸ 절감 ❹ 독점화

1 ③ **2** ①

1 3문단에서 '우리나라는 데이터에 대해 소유권이 아닌 이동권을 법으로 명문화하여 정보 주체의 개인 정보 자기 결정권을 강화하였다.'라고 하였다. 이에 근거할 때, 우리나라 현행법에 명문화되어 있는 것은 데이터의 소유권이 아니라 데이터의 이동권임을 알 수 있다.

---

① 1문단에서 '데이터는 물리적 형체가 없고, 복제와 재사용이 수월하다.'라고 하였다.
② 1문단에서 '교통 이용 내역'과 같은 기록이 '개인의 데이터'이고, 이러한 데이터가 대량으로 집적·처리되면 '빅 데이터'가 되며, 빅 데이터는 '경제적 가치'를 지닌다고 했다.
④ 2문단에서 '후자(소유권의 주체를 정보 주체로 보는 견해)는 정보 생산 주체는 개인인데, 빅 데이터 보유자에게 부가 집중되는 것은 부당하므로, 정보 주체에게도 대가가 주어져야 한다고 본다.'라고 했다.
⑤ 3문단에서 '데이터 이동권의 도입으로 쇼핑몰 상품 소비 이력 등 정보 주체의 행동 양상과 관련된 부분까지 정보 주체가 자율적으로 통제·관리할 수 있는 범위가 확대되었다.'라고 하였다.

2 ⓐ(쉬워져)는 '하기가 까다롭거나 힘들지 않다.'의 의미로 쓰였으며, ⓑ(따라)는 '어떤 경우, 사실이나 기준 따위에 의거하다.'의 의미로 쓰였다. '용이(容易)하다'는 '어렵지 아니하고 매우 쉽다.'라는 의미이고, '근거(根據)하다'는 '어떤 일이나 판단, 주장 따위가 어떤 현상이나 사실에 바탕을 두다.'라는 의미이다. 따라서 ⓐ는 '용이(容易)해져'로 바꾸어 쓸 수 있고, ⓑ는 '근거(根據)하여'로 바꾸어 쓸 수 있다.

② '유력(有力)하다'는 '1. 세력이나 재산이 있다. 2. 가능성이 많다.'라는 의미이다. 따라서 ⓐ는 '유력(有力)해져'로 바꾸어 쓸 수 없다.
③ '의탁(依託)하다'는 '어떤 것에 몸이나 마음을 의지하여 맡기다.'라는 의미이므로, ⓑ는 '의탁(依託)하여'로 바꾸어 쓸 수 없다.
④ '원활(圓滑)하다'는 '1. 모난 데가 없고 원만하다. 2. 거침이 없이 잘 나가는 상태에 있다.'라는 의미이므로, ⓐ는 '원활(圓滑)해져'로 바꾸어 쓸 수 있다. 그러나 ⓑ는 '의탁(依託)하여'로 바꾸어 쓸 수 없다.
⑤ ⓐ는 '유력(有力)해져'로 바꾸어 쓸 수 없다. 그러나 '기초(基礎)하다'는 '근거를 두다.'라는 의미이므로, ⓑ는 '기초(基礎)하여'로 바꾸어 쓸 수 있다.

15강 사회 (3) 제도와 문화

➕ 어휘 더하기
본문 105쪽

● ①
'해당 채권의 가격이 떨어진다.'라는 문장에서 '떨어지다'는 '값, 기온, 수준, 형세 따위가 낮아지거나 내려가다.'의 의미이다. 따라서 이와 가장 가까운 의미로 사용된 것은 기온이 떨어진다는 의미로 사용된 ①이 적절하다.

1 시사　　**2** 학생 3　　**3** ③　　　　**4** (1) 규정　(2) 구별
5 ①　　**6** ②　　**7** ①

1 빈칸에는 공통적으로 '어떤 것을 미리 간접적으로 표현해 줌.'의 의미를 갖는 단어가 들어가는 것이 적절하다. 따라서 빈칸에 들어갈 말은 '시사(示唆)'이다.

2 '학생 1'과 '학생 2'의 말에 사용된 '시사(示唆)'는 '어떤 것을 미리 간접적으로 표현해 줌.'을 의미한다. '학생 3'의 말에 사용된 '시사(時事)'는 '그 당시에 일어난 여러 가지 사회적 사건.'을 의미한다.

3 '누리다', '만끽하다', '영위하다'는 모두 '누리어 가지다.'의 의미를 지닌 '향유(享有)하다'와 바꾸어 쓸 수 있다.

▶**오답 풀이**
① '감상(鑑賞)하다'는 '주로 예술 작품을 이해하여 즐기고 평가하다.'의 뜻이다.
② '관람(觀覽)하다'는 '연극, 영화, 운동 경기, 미술품 따위를 구경하다.'의 뜻이다.
④ '나아가다'는 '앞으로 향하여 가다. 또는 앞을 향하여 가다.'의 뜻이다.
⑤ '느끼다'는 '1. 감각 기관을 통하여 어떤 자극을 깨닫다. 2. 마음속으로 어떤 감정 따위를 체험하고 맛보다.'의 뜻이다.

4 (1)의 '규정(規定)'은 법률 용어로 사용될 때, '양이나 범위 따위를 제한하여 정함.'을 의미한다. (2)의 '구별(區別)'은 '성질이나 종류에 따라 차이가 남. 또는 성질이나 종류에 따라 갈라놓음.'을 의미한다.

▶**오답 풀이**
(1)의 '시사(示唆)'는 '어떤 것을 미리 간접적으로 표현해 줌.'을 의미한다. (2)의 '판별(判別)'은 '옳고 그름이나 좋고 나쁨을 판단하여 구별함. 또는 그런 구별.'을 의미한다.

5 주어진 사전적 정의는 '통찰(洞察)'의 의미이다. 가령, '그녀의 작품에서는 현대 사회에 대한 진지한 통찰을 엿볼 수 있다.'와 같이 사용할 수 있다.

▶**오답 풀이**
② '고찰(考察)'은 '어떤 것을 깊이 생각하고 연구함.'을 뜻한다.
③ '통념(通念)'은 '일반적으로 널리 통하는 개념.'을 뜻한다.
④ '관찰(觀察)'은 '사물이나 현상을 주의하여 자세히 살펴봄.'을 뜻한다.
⑤ '통과(通過)'는 '어떤 곳이나 때를 거쳐서 지나감.'을 뜻한다.

6 컴퓨터에 의존해서 이루어지는 사색 문제의 증명에 대한 '어

떤 수학자'가 보인 반응은 부정적이다. 따라서 '많은 수학자'가 보인 반응은 '어떤 일에 의심을 품는 (것).'이라는 의미의 '회의적(懷疑的)'인 반응이라고 판단하는 것이 적절하다.

▶**오답 풀이**
① '호의적(好意的)'은 '좋게 생각해 주는 (것).'을 뜻한다.
③ '절망적(絕望的)'은 '바라볼 것이 없게 되어 모든 희망을 끊어 버리는 (것).'을 뜻한다.
④ '낙관적(樂觀的)'은 '인생이나 사물을 밝고 희망적인 것으로 보는 (것).'을 뜻한다.
⑤ '맹목적(盲目的)'은 '주관이나 원칙이 없이 덮어놓고 행동하는 (것).'을 뜻한다.

7 '누리다'는 '생활 속에서 마음껏 즐기거나 맛보다.'라는 뜻이다. '향유(享有)하다'는 '누리어 가지다.'의 뜻으로 '누리다'와 유의어 관계에 있다.

▶**오답 풀이**
② '단절(斷絕)하다'는 '유대나 연관 관계를 끊다.'의 의미이다.
③ '배분(配分)하다'는 '몫몫이 별러 나누다.'의 의미이다.
④ '위임(委任)하다'는 법률 용어로 '당사자 중 한쪽이 상대편에게 사무 처리를 맡기고 상대편은 이를 승낙하다.'의 의미이다.
⑤ '수립(樹立)하다'는 '국가나 정부, 제도, 계획 따위를 이룩하여 세우다.'의 의미이다.

◆ **중심 내용 한눈에 보기**
❶ 도덕 공동체　❷ 이해관계　❸ 가치

1 ④　　　**2** ⑤

1 뒤르켐은 집합 의례를 통해 새로 창출된 성스러움이 자기 이해관계를 추구하며 속된 세계에서 살아가는 개인들에게 서로 결속할 수 있는 도덕적 의미를 제공한다고 하였으므로 공동체 성원들이 집합 의례를 거쳐 구체적인 이해관계를 중심으로 묶인다는 것은 적절하지 않다.

▶**오답 풀이**
① 집합 의례를 통해 약해진 기존의 도덕 공동체를 재생한다는 부분을 통해 확인할 수 있다.
② 집합 의례를 통해 단순히 먹고사는 문제에 불과했던 생계 활동이 성스러움과 연결된 도덕적 의미를 지니게 된다는 부분을 통해 확인할 수 있다.
③ 뒤르켐은 현대 사회의 집합 의례가 기존 도덕 공동체의 재생으로 끝나지 않고 새로운 도덕 공동체를 창출할 것으로 보았으므로 적절하다.
⑤ 문제 상황이 발생할 경우 이 상황이 성스러운 것인지 아니면 속된 것인

지를 판별하는 집합 의례가 행해진다는 부분을 통해 확인할 수 있다.

2 '단순히 먹고사는 문제에 불과했던 생계 활동이 성스러움과 연결된 도덕적 의미를 지니게 된다.'에서 '지니다'는 '바탕으로 갖추고 있다.'라는 의미를 지닌다.

① '지니다'가 '기억하여 잊지 않고 새겨 두다.'의 의미로 쓰였다.
② '지니다'가 '본래의 모양을 그대로 간직하다.'의 의미로 쓰였다.
③ '지니다'가 '몸에 간직하여 가지다.'의 의미로 쓰였다.
④ '지니다'가 '어떠한 일 따위를 맡아 가지다.'의 의미로 쓰였다.

16강 사회 (4) 인간과 사회

어휘 더하기
본문 111쪽

○ ②

프로그램을 '발명'한 것은 새로운 것을 연구하여 만들어 낸 것이므로 '새로운 물건을 만들거나 새로운 생각을 내어놓음.'을 의미하는 '개발'이 적절하다.

문제로 확인하기
본문 112~113쪽

1 ⑤   **2** 자의적   **3** 편향
4 (1) 채권 (2) 토지, 건물   **5** ④
6 탄력적, 비탄력적   **7** ①

1 '저해(沮害)하다'는 '막아서 못 하도록 해치다.'라는 의미이므로, '나쁜 폐단이나 묵은 것을 버리고 새롭게 하다.'라는 의미인 '쇄신(刷新)하다'와 바꾸어 쓰는 것은 적절하지 않다.

2 여론 조사의 결과를 해석하는 이들이 그 결과를 타당한 근거 없이 '일정한 질서를 무시하고 제멋대로' 해석하는 것이 문제이므로, 괄호 안에 들어갈 말은 '자의적(恣意的)'이다.

3 빈칸에는 공통적으로 '한쪽으로 치우치게 되다.'의 의미를 갖는 단어가 들어가는 것이 적절하다. 따라서 빈칸에 들어갈 말은 '편향(偏向)'이 적절하다.

4 '동산(動産)'은 '형상, 성질 따위를 바꾸지 아니하고 옮길 수 있는 재산.'으로, 토지나 그 위에 고착된 건축물을 제외한 재산으로 돈, 증권, 세간 따위이다. 따라서 채권이 이에 해당한다. '부동산(不動産)'은 '움직여 옮길 수 없는 재산.'으로, 토지나 건물, 수목 따위가 이에 해당한다.

5 건물, 토지 등은 움직여 옮길 수 없는 재산인 '부동산'에 해당한다.

① '점유(占有)하다'는 '물건이나 영역, 지위 따위를 차지하다.'를 뜻한다.
② '필연적(必然的)'은 '사물의 관련이나 일의 결과가 반드시 그렇게 될 수밖에 없는 (것).'을 뜻한다.
③ '독점(獨占)'은 '개인이나 하나의 단체가 다른 경쟁자를 배제하고 생산과 시장을 지배하여 이익을 독차지함. 또는 그런 경제 현상.'을 뜻한다.
⑤ '와해(瓦解)되다'는 '조직이나 계획 따위가 산산이 무너지고 흩어지게 되다.'라는 의미로, 기와가 깨진다는 뜻에서 나온 말이다.

6 여러 회사의 제품이 있어서 소비자의 제품 선택권이 넓은 노트북에 대한 수요는 가격에 대해 탄력적인 반면, 특정 회사의 제품을 살 수밖에 없는 노트북 충전기에 대한 수요는 가격에 대해 비탄력적이다.

7 '개발(開發)'은 '1. 토지나 천연자원 따위를 유용하게 만듦. 2. 지식이나 재능 따위를 발달하게 함. 3. 산업이나 경제 따위를 발전하게 함. 4. 새로운 물건을 만들거나 새로운 생각을 내어놓음.'을 의미하므로 '진로 개발'이 적절하다.

② '향상(向上)'은 '실력, 수준, 기술 따위가 나아짐. 또는 나아지게 함.'을 뜻한다.
③ '점유(占有)'는 '물건이나 영역, 지위 따위를 차지함.'을 뜻한다.
④ '발명(發明)'은 '아직까지 없던 기술이나 물건을 새로 생각하여 만들어 냄.'을 뜻한다.
⑤ '고안(固安)'은 '연구하여 새로운 안을 생각해 냄. 또는 그 안.'을 뜻한다.

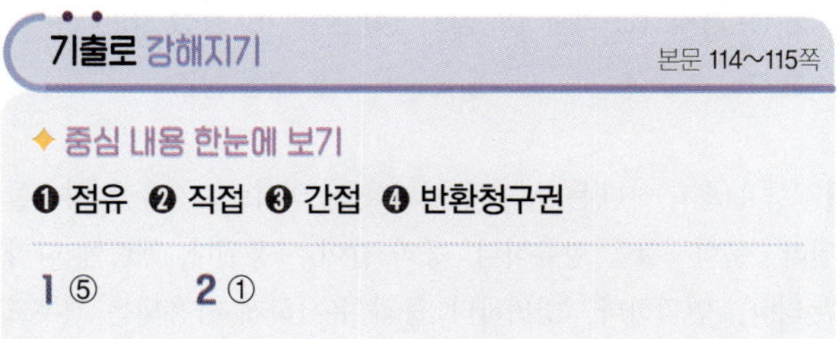

기출로 강해지기
본문 114~115쪽

◆ 중심 내용 한눈에 보기
❶ 점유   ❷ 직접   ❸ 간접   ❹ 반환청구권

1 ⑤   **2** ①

1 피아노, 금반지, 가방 등과 같은 대부분의 동산은 점유에 의해 소유권이 공시되는데, 점유에는 직접점유와 간접점유가 있다. 그리고 물건에 대한 소유권을 가지려면 양수인은 양도인과 유효한 계약을 체결해야 한다. 따라서 동산인 피아노의 소유자가 되기 위해서는 유효한 양도 계약이 있어야 하고, 직접점유나 간접

오답 풀이

① 물리적 지배를 하지 않아도 간접점유를 할 수 있으므로 물리적 지배 없이도 동산의 간접점유자가 될 수 있다.

② 직접점유와 간접점유는 모두 점유에 해당하고, 점유는 소유자를 공시하는 기능을 수행하므로 간접점유 역시 피아노 소유권에 대한 공시 방법이 될 수 있다.

③ 직접점유는 물건을 빌려 쓰거나 보관하고 있는 것을 포함하여 물건을 물리적으로 지배하고 있는 상태이다. 물건을 빌려 쓰거나 보관하고 있을 때가 아닌 경우에는 물건에 대한 소유권을 가지고 있는 사람이 직접점유를 할 수 있으므로 직접점유자가 있으려면 간접점유자가 있어야 한다는 설명은 적절하지 않다.

④ 피아노에 대한 소유권을 가지고 있는 사람이 다른 사람에게 피아노를 빌려준다면 피아노의 직접점유자가 존재하면서 피아노의 소유자는 간접점유자가 되므로 적절하지 않다.

2 ⓐ의 '일어나다'는 '어떤 일이 생기다.'라는 의미로 쓰였으므로, 이와 의미가 가장 가까운 것은 '작년은 우리나라에서 수많은 사건이 일어난 해였다.'에서의 '일어나다'이다.

오답 풀이

② '청중 사이에서는 기쁨으로 인해 환호성이 일어났다.'에서 '일어나다'의 의미는 '소리가 나다.'이다.

③ '형님의 강한 의지력으로 집안이 다시 일어나게 되었다.'에서 '일어나다'의 의미는 '약하거나 희미하던 것이 성하여지다.'이다.

④ '나는 그 사람에 대해 경계심이 일어나지 않을 수 없었다.'에서 '일어나다'의 의미는 '어떤 마음이 생기다.'이다.

⑤ '사회는 구성원들이 부조리에 맞서 일어남으로써 발전한다.'에서 '일어나다'의 의미는 '몸과 마음을 모아 나서다.'이다.

실력 다지기

본문 116~117쪽

1 ④

2 (1) 금리 (2) 의례 (3) 공시 (4) 환율 (5) 통찰 (6) 내수

3 ②   **4** ②   **5** ⑤   **6** 해설 참조

1 '향유(享有)하다'는 '누리어 가지다.'의 의미로, '자유를 향유할 권리', '문화생활을 향유하다.' 등과 같이 사용된다. 맥락에 따라 '누리다', '만끽하다', '영위하다' 등과 유사하게 사용되는 경우도 있다. '공유(共有)하다'는 '두 사람 이상이 한 물건을 공동으로 소유하다.'의 뜻이다.

2 (1) '금리(金利)'는 '빌려준 돈이나 예금 따위에 붙는 이자. 또는 그 비율.'을 뜻한다.

(2) '의례(儀禮)'는 '행사를 치르는 일정한 법식. 또는 정하여진 방식에 따라 치르는 행사.'를 뜻한다.

(3) '공시(公示)'는 '공공 기관이 권리의 발생, 변경, 소멸 따위의 내용을 공개적으로 게시하여 일반에게 널리 알림.'을 뜻한다.

(4) '환율(換率)'은 '자기 나라 돈과 다른 나라 돈의 교환 비율.'을 뜻하는데, 외국환 시장에서 결정된다.

(5) '통찰(洞察)'은 '1. 예리한 관찰력으로 사물을 꿰뚫어 봄. 2. 새로운 사태에 직면하여 장면의 의미를 재조직화함으로써 갑작스럽게 문제를 해결함. 또는 그런 과정. 3. 심리 치료에서, 환자가 이전에는 인식하지 못하였던 자신의 심적 상태를 알게 되는 일.'의 뜻을 지닌다. 제시된 예문에서는 3의 의미로 사용되었다.

(6) '내수(內需)'는 '국내에서의 수요.'를 뜻한다.

3 '일의적(一義的)'은 '가장 중요한 의미를 갖는 (것).'을 뜻한다. 따라서 '일의적인'을 '핵심적인'과 바꾸어 쓰는 것은 적절하다.

오답 풀이

① '와해(瓦解)되다'는 '조직이나 계획 따위가 산산이 무너지고 흩어지게 되다.'의 의미이므로, '무너지다'와 바꾸어 쓸 수 있다.

③ '단행(斷行)하다'는 '결단하여 실행하다.'의 의미이므로 '실시하다'와 바꾸어 쓸 수 있다.

④ '점유(占有)하다'는 '물건이나 영역, 지위 따위를 차지하다.'의 의미이므로, '차지하다'와 바꾸어 쓸 수 있다.

⑤ '촉진(促進)하다'는 '다그쳐 빨리 나아가게 하다.'의 의미이므로 '장려하다'와 바꾸어 쓸 수 있다.

4 글의 맥락을 고려할 때 ⓛ은 '국가, 지방 자치 단체, 은행, 회사 따위가 사업에 필요한 자금을 차입하기 위하여 발행하는 유가 증권.'을 뜻하는 '채권(債券)'이라는 것을 짐작할 수 있다. '특정인이 다른 특정인에게 어떤 행위를 청구할 수 있는 권리.'는 '채권(債權)'이다.

5 '임의(任意)대로'는 '일정한 기준이나 원칙 없이 하고 싶은 대로.'의 의미이다. 따라서 명확한 기준에 따라 처리한 일에는 어울리지 않는 어휘이다.

6

<table>
<tr><td>[1] 용</td><td></td><td></td><td></td><td>[3] 회</td><td></td><td></td></tr>
<tr><td>[2] 이</td><td>자</td><td></td><td>[4] 자</td><td>의</td><td>적</td><td></td></tr>
<tr><td>하</td><td></td><td></td><td></td><td>적</td><td></td><td></td></tr>
<tr><td>다</td><td></td><td></td><td></td><td></td><td>[5] 임</td><td></td></tr>
<tr><td></td><td></td><td></td><td></td><td>[6] 일</td><td>의</td><td>[7] 적</td></tr>
<tr><td></td><td></td><td>[8] 편</td><td>[9] 향</td><td></td><td></td><td>대</td></tr>
<tr><td></td><td></td><td></td><td>유</td><td></td><td></td><td>시</td></tr>
</table>

17강 과학 (1) | 물리학, 지구 과학

 어휘 더하기
본문 121쪽

①

부분들이 모여서 하나의 개체를 이룬다는 의미에서 '이룬다고'와 바꾸어 쓰기에 적절한 단어는 '몇 가지 부분이나 요소들을 모아서 일정한 전체를 짜 이루다.'라는 의미의 '구성한다고'가 적절하다.

문제로 확인하기
본문 122~123쪽

1 유기적, 인과성 **2** 거시 세계, 미시 세계

3 ① **4** ④ **5** (1) 항성 (2) 자전 (3) 공전

6 자기장 **7** ③

1 개체의 부분들은 서로 밀접하게 관련을 가지고 있어서 떼어 낼 수 없는 것들이므로, 이들은 '유기적(有機的)'으로 상호 작용하고 있는 것이다. 서로 다른 시기에 존재하는 두 대상은 원인과 결과의 관계로 이어져 있으므로, 이들 사이에는 '인과성(因果性)'이 있다.

2 우리가 일상에서 경험하고 관찰하는 세계는 '거시 세계'이며, 아주 작은 크기의 물질과 입자들이 존재하는 세계는 '미시 세계'이다. 미시 세계는 고전 역학과는 다른 양자 역학의 범주에서 설명되며, 미시 세계에 대한 이해는 거시 세계에 대한 깊은 이해를 돕기도 한다.

3 '주파수(周波數)'는 '전파나 음파가 1초 동안에 진동하는 횟수', 혹은 '교류 전기에서 1초 동안에 전류의 방향이 바뀌는 횟수'를 말한다.

▶ 오답 풀이

② '전자(電子)'는 '음전하를 가지고 원자핵의 주위를 도는 소립자의 하나.'를 뜻한다.

③ '주기(週期)'는 '진동하는 물체가 한 방향으로 움직였다가 다시 반대 방향으로 그만큼 움직여 본래의 자리로 돌아오는 데 걸리는 시간.'을 뜻한다.

④ '광속(光速)'은 '진공 속에서 빛이 나아가는 속도.'를 뜻한다.

⑤ '전자기파(電磁氣波)'는 '공간에서 전기장과 자기장이 주기적으로 변화하면서 전달되는 파동.'을 뜻한다.

4 '혜성(彗星)'은 '가스 상태의 빛나는 긴 꼬리를 끌고 태양을 초점으로 긴 타원이나 포물선에 가까운 궤도를 그리며 운행하는 천체.'를 말한다. 또한 '어떤 분야에서 갑자기 뛰어나게 드러나는 존재를 비유적으로 이르는 말.'로 사용되기도 한다.

▶ 오답 풀이

① '행성(行星)'은 '중심 별의 강한 인력(끌어당기는 힘)의 영향으로 타원 궤도를 그리며 중심 별의 주위를 도는 천체.'이다.

② '금성(金星)'은 지구에 가장 가까이 있는 천체로서 수성(水星)과 지구 사이에 있으며, 크기는 지구와 비슷하다.

③ '항성(恒星)'은 '천구 위에서 서로의 상대 위치를 바꾸지 아니하고 별자리를 구성하는 별.'로, 맨눈으로 볼 수 있는 별 가운데 행성, 위성, 혜성 따위를 제외한 별 모두가 해당된다.

⑤ '수성(水星)'은 '태양에서 가장 가까운 행성.'이다.

5 (1) '항성(恒星)'은 '천구 위에서 서로의 상대 위치를 바꾸지 않고 별자리를 구성하며 스스로 빛을 내는 별.'을 말하는데, 태양은 스스로 빛을 내기 때문에 '항성(恒星)'에 해당된다. '행성(行星)'은 중심 별의 주위를 도는 천체로서 스스로 빛을 내지는 못한다.

(2) 지구의 '자전(自轉)'은 지구가 자전축을 중심으로 하루 한 바퀴씩, 서쪽에서 동쪽으로 회전하는 운동이다. 이로 이해 태양과 달, 별이 동쪽에서 서쪽으로 이동하는 것처럼 보이는 현상이 나타나고, 낮과 밤이 생기게 된다.

(3) 지구의 '공전(公轉)'은 지구가 태양을 중심으로 일 년에 한 바퀴씩 서쪽에서 동쪽으로 회전하는 운동이다. 이로 인해 계절에 따라 태양의 반대편에 위치한 별자리를 관측할 수 있고, 태양의 남중고도와 낮과 밤의 길이가 달라져 계절이 변화하게 된다.

6 '자기장(磁氣場)'은 '자석의 주위나 전류가 지나는 도선 주위에 생기는, 자기력이 작용하는 공간.'을 의미한다. 이 공간 안의 자기장의 세기는 자석의 양쪽 극에 가까울수록 강하고 멀어질수록 약하다.

7 '생성(生成)하다'는 '사물이 생겨 이루어지게 하다.'의 의미로, '만들어 내다'와 유의어이다.

▶ 오답 풀이

① '형성(形成)하다'는 '어떤 형상을 이루다.'라는 뜻이다.

② '결성(結成)하다'는 '조직이나 단체 따위를 짜서 만들다.'라는 뜻이다.

④ '작성(作成)하다'는 '서류, 원고 따위를 만들다.'라는 뜻이다.

⑤ '구성(構成)하다'는 '몇 가지 부분이나 요소들을 모아서 일정한 전체를 짜 이루다.'라는 뜻이다.

기출로 강해지기

◆ 중심 내용 한눈에 보기

❶ 압전 ❷ 질량 민감도 ❸ 기체 ❹ 농도

1 ④   **2** ⑤

1 3문단에 따르면, 같은 재료의 압전체라도 모양과 크기에 따라 고유 주파수가 서로 다르다. 따라서 같은 방향으로 절단한 수정은 크기가 달라도 고유 주파수가 서로 같다는 설명은 적절하지 않다.

오답 풀이

① 2문단에서 1, 2차 압전 효과가 모두 생기는 재료를 압전체라 하며 압전체로는 수정이 주로 쓰인다고 하였으므로 수정 이외에도 압전 효과를 보이는 재료가 존재함을 알 수 있다.

② 3문단에서 수정을 특정 방향으로 절단 및 가공하여 수정 진동자를 만든다고 하면서 수정 진동자의 주파수 변화를 측정하여 미세한 물질의 질량을 측정한다고 하였으므로 적절한 진술이다.

③ 1문단에서 저울은 흔히 지렛대의 원리를 이용하거나 전기 저항 변화를 측정하여 질량을 잰다고 하였으므로 적절한 진술이다.

⑤ 3문단에서 진동자에서 질량 민감도는 주파수의 변화 정도를 측정된 질량으로 나눈 값이라고 하였으므로 적절한 진술이다.

2 3문단에 따르면 수정 진동자의 전극에 (+)와 (−) 극이 교대로 바뀌는 전압을 가하는데 이때 전압의 주파수를 수정의 고유 주파수와 일치시켜 수정이 큰 폭으로 진동하게 한다고 하였다. ㉠(수정 진동자)의 전극에 가하는 주파수의 전압을 압전체인 수정의 고유 주파수와 일치시키면 압전체의 진동 폭이 커지지만, 압전체의 고유 주파수는 달라지지 않는다. 주파수는 진동 폭이 아니라 진동 횟수와 관련된 개념이다.

오답 풀이

① 2문단에서 수정이 1차 압전 효과와 2차 압전 효과가 모두 생기는 재료인 압전체임을 확인할 수 있으며, 3문단에서 ㉠에 수정이 쓰인다는 것을 파악할 수 있다. 따라서 ㉠에는 1차 압전 효과를 보일 수 있는 재료가 있다는 진술은 적절하다.

② 3문단에서 ㉠의 전극에 (+)와 (−) 극이 교대로 바뀌는 전압을 가해 수정이 진동하도록 한다고 하였다. 이때 ㉠에서는 전압으로 인해 압전체인 수정에 기계적 변형이 일어나게 될 것이므로 적절한 진술이다.

③ 3문단에서 수정을 절단 및 가공하여 납작한 원판 모양으로 만들고 이후 원판의 양면에 전극을 만들어 수정 진동자를 만든다고 하였다. 따라서 ㉠에는 전극이 양면에 있는 원판 모양의 수정이 사용된다는 진술은 적절하다.

④ 3문단에서 원판의 양면에 전극을 만든 후 (+)와 (−) 극이 교대로 바뀌는 전압을 가하면 수정이 진동하는데, 이때 전압의 주파수를 수정의 고유 주파수와 일치시켜 수정이 큰 폭으로 진동하도록 하여 진동을

18강   과학 (2) | 생명 과학 · 화학

➕ 어휘 더하기

◉ 따르다

두 문장의 빈칸에 공통으로 들어갈 단어의 기본형은 '따르다'이다. 문장의 의미를 고려할 때, 두 문장 모두 '어떤 일이 다른 일과 더불어 일어나다.'라는 의미를 지니는 '따르다'가 사용되는 것이 적절하다. (1)의 빈칸에는 '따르', (2)의 빈칸에는 '따라'가 들어가는 것이 적절하다.

문제로 확인하기

1 항상성   **2** ①   **3** 응고   **4** 발산   **5** 이온
6 (1) 발현 (2) 침착   **7** ③   **8** ②

1 '다양한 자극에 반응하여 개체 혹은 세포의 상태를 일정하게 유지하려는 성질.'은 '항상성(恒常性)'이다. 인슐린과 글루카곤에 의해 혈중 포도당 농도가 일정하게 유지되는 것은 항상성 유지의 한 예로 볼 수 있다.

2 몸속으로 침입한 '항원(抗原)'을 제거하기 위해 만드는 것이 '항체(抗體)'이다. ㉠에는 '항원(抗原)'과 결합하여 반응을 일으키는 대상이 들어가야 하므로 '항체(抗體)'가 적절하다. 또한 ㉡은 검사에 쓰이는 대상이므로, '시험, 검사, 분석 따위에 쓰는 물질이나 생물.'을 의미하는 '시료(試料)'가 들어가는 것이 적절하다.

3 혈관 속에서 혈액이 '응고(凝固)'되면 혈액이 인체 곳곳을 돌며 산소와 영양분 등을 운반하지 못해 생명이 위험해지지만, 몸에 상처가 나 혈액이 몸 밖으로 나오게 되면 혈소판에 의해 혈액이 응고되어야 출혈을 막을 수 있다.

4 '발산(發散)'은 '냄새, 빛, 열 따위가 사방으로 퍼져 나감.'이라는 의미를 지닌다. 따라서 약초에서 나는 향기는 '약초에서 발산되는 향기'라고 할 수 있다.

5 '전하를 띠는 원자'를 '이온'이라고 한다. 따라서 원자가 전자를 잃어 양전하를 띠는 입자가 되면, 이는 양이온이라고 할 수 있다. 또한 땀을 흘릴 때 수분을 통해 배출되는 소듐과 칼륨도 이온의 일종이다.

6 ⑴ '우연의 지각'을 통해 우리의 속에 있거나 숨었던 창의성이 밖으로 나타날 수 있다. 따라서 괄호 안에 들어갈 말은 '발현(發現)'이다.

⑵ 배출되지 않고 밑으로 가라앉아 들러붙은 것을 '침착'이라고 한다. 따라서 괄호 안에 들어갈 말은 '침착(沈着)'이다.

7 '어떤 물질이 산소와 결합하는 것.'을 '산화(酸化)'라고 하므로 사과가 산소와 만나서 색이 변한 것은 '산화(酸化)'에 해당한다. 따라서 ㉠에는 '산화(酸化)'가 들어가야 한다. 또한 ㉡은 금속이 산소와 만나 일어나는 현상을 가리키므로, ㉡에는 '금속이 산화에 의해 금속 화합물로 변하는 것.'을 의미하는 '부식(腐蝕)'이 들어가는 것이 적절하다.

8 ⓐ에 사용된 '따르다'는 '어떤 경우, 사실이나 기준 따위에 의거하다.'의 의미로 사용되었다. 이와 문맥상 같은 의미로 사용된 것은 ②이다.

▶ 오답 풀이

① '일정한 선 따위를 그대로 밟아 움직이다.'의 의미로 사용되었다.

③ '다른 사람이나 동물의 뒤에서, 그가 가는 대로 같이 가다.'의 의미로 사용되었다.

④ '앞선 것을 좇아 같은 수준에 이르다.'의 의미로 사용되었다.

⑤ '남이 하는 대로 같이 하다.'의 의미로 사용되었다.

기출로 강해지기

본문 130~131쪽

◆ 중심 내용 한눈에 보기

❶ 응고 ❷ 카르복실화 ❸ 역설

1 ① **2** ④ **3** ④

1 1문단에 따르면 혈액의 응고가 혈관 속에서 일어날 때 만들어지는 덩어리를 혈전이라고 한다. 혈액의 손실은 혈관 벽이 손상되어 출혈이 생겼을 때에 발생하므로, 섬유소 그물이 혈액 내에서 뭉쳐 만들어진 혈전은 혈액의 손실을 막는 것과 직접적인 관련이 없다.

▶ 오답 풀이

② 1문단에 따르면 혈액의 응고는 섬유소 그물과 혈소판 마개가 뭉치는 현상이라고 하였다. 따라서 혈액의 응고가 이루어지려면 먼저 혈소판 마개가 형성되어야 한다.

③ 1문단에 따르면 혈병은 섬유소 그물이 혈소판이 응집된 혈소판 마개와 뭉쳐 만들어진 덩어리이다. 따라서 혈병이 생기기 위해서는 혈소판이 응집되어야 한다.

④, ⑤ 1문단에 따르면 이물질이 쌓여 동맥 내벽이 두꺼워지는 동맥 경화가 일어나면 그 부위에 혈전 침착, 혈류 감소 등이 일어나 혈관 질환이 발생하기도 한다. 또한 4문단에 따르면 혈관 벽에 칼슘염이 침착되는 혈관 석회화가 진행되어 동맥 경화가 발생하는 경우가 생긴다. 따라서 혈관 경화를 방지하기 위해서는 이물질이 침착되지 않도록 해야 함을 알 수 있다. 그리고 혈관 내부에 이물질이 침착되는 혈관 석회화가 계속되면 동맥 내벽과 혈류에 변화가 생긴다는 것을 알 수 있다.

2 2문단에 따르면 비타민 K는 글루탐산이 감마-카르복시글루탐산으로 전환되는 카르복실화에 영향을 미친다. 단백질의 활성화는 칼슘 이온과의 결합을 통해 이루어지는데, 칼슘 이온과 결합하려면 단백질이 카르복실화가 되어 있어야 한다. 따라서 ㉠, ㉡은 모두 표적 단백질의 활성화 이전 단계에 작용함을 알 수 있다.

▶ 오답 풀이

① 3문단에서 ㉠은 식물에서 합성되며, ㉡은 동물 세포에서 합성되거나 미생물 발효로 생성된다고 하였다.

② 2문단에 따르면 비타민 K는 '지방에 녹는 어떤 물질'로, 지방을 뺀 사료를 먹인 병아리는 비타민 K가 결핍되어 있었다. 그러므로 ㉠과 ㉡ 모두 지방과 함께 섭취해야 함을 알 수 있다.

③ 2문단에 따르면 비타민 K는 단백질을 구성하는 아미노산 중 글루탐산을 감마-카르복시글루탐산으로 전환하는 카르복실화를 수행한다. 그러므로 ㉠과 ㉡ 모두 아미노산을 변형한다는 것을 알 수 있다.

⑤ ㉠과 ㉡ 모두 결핍이 발생하면 혈액 응고에 차질이 생기거나 혈관 석회화가 유발되는 등 문제가 생긴다.

3 ⓐ의 '생기다'는 '없던 것이 새로 있게 되다.'의 의미를 지닌다. 그런데 ④ '예상치 못한 지출로 여행 계획에 지장이 생겼다.'에서 '생기다'는 '어떤 일이 일어나다.'의 의미로 사용되었으므로 ⓐ의 문맥적 의미와는 다르다.

19강 | 기술 (1) 정보 통신

✚ 어휘 더하기

본문 133쪽

◉ ①

'극복(克服)하다'는 '악조건이나 고생 따위를 이겨 내다.'의 의미로 '넘다', '넘어서다' 등과 유의어이다.

문제로 확인하기

본문 134~135쪽

1 ② **2** ② **3** 비트 **4** 메타버스

5 ⑴ 데이터 ⑵ 데이터베이스 **6** ⑤ **7** ①

1 정보 통신 분야에서 '출력(出力)'의 의미는 '컴퓨터 따위의 기기(機器)나 장치가 입력을 받아 일을 하고 외부로 결과를 내다.'이다.

③ '흡착(吸着)'은 '어떤 물질이 달라붙음.'을 의미한다.

2 '주된 정보의 제공이나 작업을 수행하는 컴퓨터 시스템.'을 '서버'라고 한다. 접속자 수의 증가로 홈페이지의 접속이 불가능해졌다면 이는 주된 작업을 수행하는 컴퓨터 시스템인 '서버'가 다운된 것이다. 따라서 빈칸에 들어갈 말은 '서버'이다.

3 1바이트(bite)는 8비트(bit)와 같으므로, 빈칸에 들어갈 말은 '비트'이다. IP 주소는 32개의 2진수로 되어 있는데, 각 자리의 숫자는 1비트의 정보량을 지닌다.

4 선생님이 설명하는 개념은 '웹상에서 아바타를 이용하여 사회, 경제, 문화적 활동을 하는 따위처럼 가상 세계와 현실 세계의 경계가 허물어지는 것을 이르는 말.'인 '메타버스(metaverse)'이다.

5 (1) '데이터(data)'는 '컴퓨터가 처리할 수 있는 문자, 숫자, 소리, 그림 따위의 형태로 된 정보.'를 의미한다.
(2) '데이터베이스(database)'는 '여러 가지 업무에 공동으로 필요한 데이터를 유기적으로 결합하여 저장한 집합체.'를 의미한다.

6 컴퓨터와 컴퓨터 사이에 데이터를 원활히 주고받기 위해 약속한 규약을 '프로토콜'이라고 하고, 인터넷 주소를 '도메인'이라고 한다. 그런데 ㉠에 들어갈 말은 유동 IP 주소를 부여하는 규칙에 해당하므로 '프로토콜'이 적절하다. 또한 ㉡에 들어갈 말은 컴퓨터를 서로 연결시켜 주는 체계를 의미하므로, '네트워크'가 적절하다. ㉢에 들어갈 말은 다른 컴퓨터를 분별하여 알아보는 것이므로, '식별'과 '인식'이 모두 가능하다.

7 ⓐ의 '넘다'는 '일정한 시간, 시기, 범위 따위에서 벗어나 지나다.'의 의미를 가지고 있다. '자정이 넘었다.'에서 '넘다'는 문맥상 자정이라는 일정한 시간의 범위를 벗어난 것을 의미하기 때문에 ⓐ의 의미와 가장 가깝다.

② '높은 부분의 위를 지나가다.'의 의미이다.
③ '경계를 건너 지나다.'의 의미이다.
④ '어려움이나 고비 따위를 겪어 지나다.'의 의미이다.
⑤ '일정한 곳에 가득 차고 나머지가 밖으로 나오다.'의 의미이다.

기출로 강해지기 본문 136~137쪽

♦ 중심 내용 한눈에 보기
❶ 소스 ❷ 채널 ❸ 선

1 ④   **2** ④

1 4문단에서 차동 부호화는 기준 신호를 활용하여 부호의 비트가 0이면 전압을 유지하고 1이면 전압을 변화시킨다고 하였다. '비'의 부호는 '10'이므로 삼중 반복 부호화 과정을 거치면 '111000'이 된다. 여기에 차동 부호화 방식을 활용할 경우 기준 신호가 양의 전압이라면 처음에 1이 나왔으므로 전압을 음으로 변화시켜야 한다. 뒤이어 1이 나왔으므로 전압을 양으로 변화시켜야 한다. 다음에도 1이 나왔으므로 음으로 변화시켜야 한다. 이후 '000'이 나올 때에는 전압을 변화시키지 않아도 되므로 그대로 '음, 음, 음'의 전압을 갖게 된다. 따라서 '111000'이 차동 부호화 과정을 거치면 '음, 양, 음, 음, 음, 음'의 전압을 갖는 전기 신호로 변환된다고 할 수 있다.

① 2문단에서 기호 집합의 엔트로피는 기호 집합에 있는 기호를 부호로 표현하는 데 필요한 평균 비트 수의 최솟값이라고 하였으며 1문단에서는 모든 기호들이 동일한 발생 확률을 가질 때 그 기호 집합의 엔트로피는 최댓값을 갖는다고 하였다. 〈보기〉에서 4개의 기호는 동일한 발생 확률을 가지며, 각각의 기호는 2개의 평균 비트 수를 갖고 있다. 그러므로 기호 집합 {맑음, 흐림, 비, 눈}의 엔트로피의 최댓값은 2이다.
② 2문단에서 기호 집합을 엔트로피에 최대한 가까운 평균 비트 수를 갖는 부호들로 변환하는 것을 엔트로피 부호화라고 하였다. 그리고 〈보기〉에서는 엔트로피 부호화를 통해 4개의 기호를 각각 2개의 비트 수로 부호화하였다. 그러므로 날씨 데이터 '흐림비맑음흐림'은 엔트로피 부호화를 통해 '01100001'로 바뀐다고 할 수 있다.
③ 3문단에서 삼중 반복 부호화 과정은 '0'과 '1'을 각각 '000'과 '111'로 부호화하며, 수신기에서 수신한 부호에 0이 과반수인 경우에는 0으로 판단하고 1이 과반수인 경우에는 1로 판단한다고 설명하였다. 따라서 삼중 반복 부호화된 결과를 '110001'과 '101100'으로 수신하였다면 이는 모두 '10'으로 판단되어 같은 날씨로 판단된다.
⑤ '흐림'이 삼중 반복 부호화 과정을 거치면 '000111'이 된다. 이를 차동 부호화할 때 기준 신호가 양의 전압이라면 부호 000111은 '양, 양, 양, 음, 양, 음'의 전기 신호로 변환된다. 그러므로 '음, 음, 음, 양, 양, 양'의 전기 신호를 '흐림'이라고 판단하는 것은 적절하지 않다.

2 동음이의어란 발음은 같지만 의미가 다른 단어이다. ⓐ는 변환된 것을 원래대로 회복한다는 의미로 금이 간 인간관계를 원래대로 회복한다는 ④의 '복원'과 의미가 같다. 그러므로 ⓐ와 ④

의 '복원'은 동음이의어가 아니다.

20강 기술 (2) | 전자·기계 공학

+ 어휘 더하기
본문 139쪽

● 맞히면
'맞추다'는 '둘 이상의 일정한 대상들을 나란히 놓고 비교하여 살피다.'라는 의미이고, '맞히다'는 '문제에 대한 답을 틀리지 않게 하다.'라는 의미로 '맞다'의 사동사이다. 따라서 '맞히면'이 적절하다.

문제로 확인하기
본문 140~141쪽

1 ③   **2** (1) 고안 (2) 식별

3 ㉠ 디지털 ㉡ 아날로그   **4** 화소   **5** 피사체

6 ①   **7** ③   **8** ①

1 ㉠ '근경(近景)'과 ㉡ '원경(遠景)'은 서로 상반된 의미를 지닌 단어들이다. '가공(架空)'은 '이유나 근거가 없이 꾸며 냄. 또는 사실이 아니고 거짓이나 상상으로 꾸며 냄.'을 뜻하고, '허구(虛構)'는 '사실에 없는 일을 사실처럼 꾸며 만듦.'을 뜻하기 때문에 두 단어는 유의 관계에 있다고 볼 수 있다.

2 (1) '고안(考案)'은 '연구하여 새로운 안을 생각해 냄. 또는 그 안.'을 의미한다.
(2) '식별(識別)'은 '분별하여 알아봄.'을 의미한다.

3 (가)는 시간을 수치로 바꾸어 나타내고 있으므로, ㉠에 들어갈 말은 '디지털'이며, (나)는 시간을 시침과 분침을 통해 연속된 물리량으로 나타내고 있으므로, ㉡에 들어갈 말은 '아날로그'이다.

4 '화소(畫素)'란 '텔레비전이나 사진 전송에서, 화면을 전기적으로 분해한 최소의 단위 면적.'을 말하는데, 화소의 개수가 많을수록 이미지를 선명하게 나타낼 수 있다. 따라서 빈칸에 들어갈 말은 '화소(畫素)'이다.

5 '피사체(被寫體)'는 '사진을 찍는 대상이 되는 물체.'이다. 제시된 카메라 영상 기법은 피사체를 카메라 속 화면에 어느 정도의 크기로 담을 것인가와 관련이 있으므로 빈칸에 공통적으로 들어갈 말은 '피사체(被寫體)'가 적절하다.

6 흡착 면과 벽면 사이의 공기가 빠져나오면 그 사이는 '극히 저압의 상태'인 '진공(眞空)' 상태가 된다.

오답 풀이
② '접착(接着)'은 '두 물체의 표면이 접촉하여 떨어지지 아니하게 됨. 또는 그런 일.'이라는 의미로, 물체 표면을 구성하는 분자나 원자, 이온 사이에 각각 서로 간의 힘이 작용하여 생긴다.
③ '보존(保存)'은 '잘 보호하고 간수하여 남김.'의 뜻이다.

7 '센서(sensor)'는 '소리·빛·온도·압력 따위를 검출하는 소자(素子).'이다. 따라서 지면과 발바닥 사이의 압력을 감지하는 것을 '압력 센서'라고 할 수 있다.

8 ⓐ와 '그 연주자는 피아노를 언니의 노래에 정확히 맞추어 쳤다.'에 쓰인 '맞추다'는 '어떤 기준이나 정도에 어긋나지 아니하게 하다.'의 뜻으로 사용되었다.

오답 풀이
②, ③ '서로 어긋남이 없이 조화를 이루다.'의 의미로 쓰였다.
④ '일정한 수량이 되게 하다.'의 의미로 쓰였다.
⑤ '둘 이상의 대상들을 나란히 놓고 비교하여 살피다.'의 의미로 쓰였다.

기출로 강해지기
본문 142~143쪽

◆ 중심 내용 한눈에 보기
❶ 자이로 센서 ❷ 소프트웨어 ❸ 화질

1 ②   **2** ②

1 자이로 센서는 이미지 센서 각각의 화소에 닿는 빛의 세기 변화를 통해 카메라의 움직임을 감지하고, 움직임의 방향과 속도를 제어 장치에 전달한다. 따라서 자이로 센서가 제어 장치에 전달하는 것은 이미지 센서에 맺히는 영상이 아니라 카메라의 움직임의 방향과 속도이다. 또한 이미지 센서에 피사체의 상이 맺히면 이미지 센서 각각의 화소에서 빛의 세기에 비례해 발생한 전기 신호가 저장 매체에 영상으로 저장되므로, 이미지 센서에 맺히는 것은 영상이 아니라 피사체의 상이다. 따라서 ②는 적절하지 않은 진술이다.

오답 풀이
① OIS 기술을 사용하는 카메라 모듈의 구성 장치 중에는 렌즈를 움직이는 장치가 있으며, 보이스코일 모터는 렌즈를 움직여서 동영상을 보정하는 장치이므로 적절한 진술이다. 3문단의 '보이스코일 모터를 포함한 카메라 모듈'을 통해 이를 확인할 수 있다.
③ 보이스코일 모터를 포함한 카메라 모듈은 렌즈 주위에 코일과 자석이 배치되어 있고, 카메라가 흔들리면 제어 장치에 의해 코일에 전류

가 흘러서 발생한 힘이 렌즈를 이동시켜 피사체의 상이 유지되므로 적절한 진술이다.

④ 4문단에서 OIS 기술은 렌즈의 이동 범위에 한계가 있어 보정할 수 있는 움직임의 폭이 좁다고 했으므로 적절한 진술이다.

⑤ 3문단에서 코일에서 발생한 힘이 렌즈를 이동시켜 흔들림에 의한 영향이 상쇄되는 방법과 이외에도 이미지 센서를 움직여 흔들림을 상쇄하는 방식을 설명하고 있으므로 적절한 진술이다.

2 특징점으로는 주위와 밝기가 뚜렷이 구별되는 부분이 선택되므로, 특징점으로 선택되는 점들과 주위 점들의 밝기 차이가 클수록 특징점의 위치 추정이 유리하다. 또한 특징점으로 영상이 이동하거나 회전해도 그 밝기 차이가 유지되는 부분도 선택되므로, 영상이 흔들리기 전의 밝기 차이와 후의 밝기 차이 변화가 작을수록 특징점의 위치 추정이 유리하다. 한편 특징점의 수가 늘어날수록 연산이 더 오래 걸리므로, 특징점들이 많을수록 보정에 필요한 시간은 늘어난다.

①, ③, ⑤ 특징점들의 수와 보정에 필요한 프레임의 수는 관련이 없다. 따라서 특징점들이 많아지더라도 보정에 필요한 프레임 수는 늘어나지 않는다.

✔ 실력 다지기
본문 144~145쪽

1 (1) 고안 (2) 항상성 (3) 흡착 (4) 진공 (5) 주파수
2 ③   **3** ㉠ 미시 ㉡ 발산 ㉢ 응고
4 ②   **5** ②   **6** 해설 참조

1 (1) '고안(考案)'은 '연구하여 새로운 안을 생각해 냄. 또는 그 안.'을 의미한다.
(2) '항상성(恒常性)'은 '생체가 여러 가지 환경 변화에 대응하여 생명 현상이 제대로 일어날 수 있도록 일정한 상태를 유지하는 성질. 또는 그런 현상.'을 의미한다.
(3) '흡착(吸着)'은 '어떤 물질이 달라붙음.'을 의미한다.
(4) '진공(眞空)'은 '물질이 전혀 존재하지 아니하는 공간.'을 의미하는데, 인위적으로 만들어 낼 수는 없고, 실제로는 극히 저압의 상태를 이른다.
(5) '주파수(周波數)'는 '전파나 음파가 1초 동안에 진동하는 횟수.'를 의미한다.

2 '높다'는 다의어이다. 제시된 문장의 '높다'는 '수치로 나타낼 수 있는 온도, 습도, 압력 따위가 기준치보다 위에 있다.'라는 의미로 사용되었다. ③의 밑줄 친 '높다' 역시 '자기력'이 기준치보다 위에 있다는 의미로 사용되었다.

① '아래에서부터 위까지 벌어진 사이가 크다.'의 의미로 사용되었다.
② '어떤 의견이 다른 의견보다 많고 우세하다.'의 의미로 사용되었다.
④ '아래에서 위까지의 길이가 길다.'의 의미로 사용되었다.
⑤ '품질, 수준, 능력, 가치 따위가 보통보다 위에 있다.'의 의미로 사용되었다.

3 '미시(微視)'는 '작게 보임. 또는 작게 봄.'의 의미를 지닌 단어로 '거시(巨視)'의 반의어이다. '발산(發散)'은 '냄새, 빛, 열 따위가 사방으로 퍼져 나감.'이라는 의미로 '수렴(收斂)'의 반의어이다. '응고(凝固)'는 '액체 따위가 엉겨서 뭉쳐 딱딱하게 굳어짐.'이라는 의미로 '융해(融解)'의 반의어이다.

4 '흡착(吸着)하다'는 '1. 어떤 물질이 달라붙다. 2. 고체 표면의 얇은 층에 기체 분자나 용액 중의 물질 또는 액체의 분자·원자·이온이 붙어 있다. 암모니아가 숯덩이 표면에 붙는 일 따위이다.'의 의미를 지닌다. 권력과 관계가 매우 가깝다는 의미로는 '밀착(密着)하다'가 적절하다.

5 '발현(發現)하다'는 '속에 있는 것이 어떤 모습이나 결과로 나타나다. 또는 그렇게 하다.'의 의미를 지닌다. 따라서 '발현하는'을 '나타내는'과 바꿔 쓰는 것은 적절하다.

① '침착(沈着)하다'는 '밑으로 가라앉아 들러붙다.'의 의미를 지닌다. 따라서 '침착하게'는 '가라앉게'로 바꾸어 쓸 수 있다. 동음이의어인 형용사 '침착(沈着)하다'는 '행동이 들뜨지 아니하고 차분하다.'의 의미를 지니므로 혼동하지 않도록 주의해야 한다.
③ '첨예(尖銳)하다'는 '날카롭고 뾰족하다.'의 의미를 지닌다. 따라서 '첨예할'은 '날카로울'로 바꾸어 쓸 수 있다.
④ '발산(發散)하다'는 '감정 따위가 밖으로 드러나 해소되거나 분위기 따위가 한껏 드러나다. 또는 그렇게 되게 하다.'의 의미를 지닌다. 따라서 '발산하고'는 '내보내고' 정도의 표현과 바꾸어 쓸 수 있다.
⑤ '감쇄(減殺)하다'는 '줄어 없어지다. 또는 줄여 없애다.'의 의미를 지닌다. 따라서 '감쇄하기도'는 '줄여 없애기도' 정도의 표현과 바꾸어 쓸 수 있다.

6

<table>
<tr><td></td><td></td><td></td><td></td><td>[1]비</td><td></td><td></td></tr>
<tr><td>[2]클</td><td>라</td><td>[3]이</td><td>언</td><td>트</td><td></td><td></td></tr>
<tr><td></td><td></td><td>온</td><td></td><td></td><td></td><td></td></tr>
<tr><td></td><td></td><td></td><td></td><td>[4]심</td><td></td><td></td></tr>
<tr><td></td><td>[6]항</td><td>원</td><td></td><td>미</td><td></td><td></td></tr>
<tr><td></td><td>상</td><td></td><td>[5]고</td><td>안</td><td>하</td><td>다</td></tr>
<tr><td>[7]행</td><td>성</td><td></td><td></td><td></td><td></td><td></td></tr>
</table>

21강 화법 (1)

+ 어휘 더하기

본문 149쪽

○ ㉠ 논제 ㉡ 입론
- '로봇세를 도입해야 한다.'는 토론의 주제에 해당한다. 토론의 주제를 뜻하는 말은 '논제'이다. 따라서 ㉠에는 '논제'가 적절하다.
- 토론은 논제에 대한 찬성 측의 '입론'부터 시작을 한다. 따라서 ㉡에는 '입론'이 적절하다.

문제로 확인하기

본문 150~151쪽

1 ④	**2** (1) 유무 (2) 여부 (3) 유무 (4) 여부
3 ③	**4** (1) 준 (2) 비 (3) 비 (4) 준 (5) 준
5 ③	**6** ②

1 '현안(懸案)'은 '이전부터 의논하여 오면서도 아직 해결되지 않은 채 남아 있는 문제나 의안.'을 뜻한다. ④에서는 '지난해 원만하게 해결된'이라고 하였으므로 '현안'을 쓰는 것은 적절하지 않다.

▶ 오답 풀이
① '환언(換言)'은 '앞서 한 말에 대하여 표현을 달리 바꾸어 말함.'을 뜻한다.
② '구연(口演)'은 '동화, 야담, 만담 따위를 여러 사람 앞에서 말로써 재미있게 이야기함.'을 뜻한다.
③ '부연(敷衍)하다'는 '이해하기 쉽도록 설명을 덧붙여 자세히 말하다.'를 뜻한다.
⑤ '구술(口述)하다'는 '입으로 말하다.'를 뜻한다.

2 '여부(與否)'는 '그러함과 그러하지 아니함.'을 뜻하고, '유무(有無)'는 '있음과 없음.'을 뜻한다.
(1) 형태소에 자립성이 있는지 없는지에 관한 것이기 때문에 '유무'가 적절하다.
(2) 발표 내용을 청중이 이해했는지, 그러하지 못했는지에 관한 것이기 때문에 '여부'가 적절하다.
(3) 지질 피막이 있는지 없는지에 관한 것이기 때문에 '유무'가 적절하다.
(4) 디지털 복원이 가능한지, 가능하지 않은지에 관한 것이기 때문에 '여부'가 적절하다.

3 '저해(沮害)'는 '막아서 못 하도록 해침.'을 뜻하고, '저하(低下)'는 '정도, 수준, 능률 따위가 떨어져 낮아짐.'을 뜻한다.

▶ 오답 풀이
- '침해(侵害)'는 '침범하여 해를 끼침.'을 뜻한다.
- '향상(向上)'은 '실력, 수준, 기술 따위가 나아짐. 또는 나아지게 함.'을 뜻한다.
- '감퇴(減退)'는 '기운이나 세력 따위가 줄어 쇠퇴함.'을 뜻한다.
- '폐해(弊害)'는 '폐단으로 생기는 해.'를 뜻한다.

4 준언어적 표현은 의사소통에서, 언어적 요소와 분리할 수 없으나 발화된 음성 메시지와는 다른 의미를 지닐 수 있는 요소이다. 발화에 수반되는 억양이나 세기, 강세를 두는 위치, 말하기의 빠르기나 음의 고저 따위가 이에 해당한다. 비언어적 표현은 의사나 감정을 표현하거나 전달하는 데 쓰이는 몸짓, 손짓, 표정 따위의 신체 동작을 통틀어 이르는 말이다.

5 '뜨거운 감자'는 중요한 문제이지만 쉽게 다루기 어려운 문제를 비유적으로 이르는 말이다.

▶ 오답 풀이
① '양날의 칼'은 잘 사용하면 자신에게 이롭지만, 반대로 서투르게 사용하면 피해를 볼 수 있는 상황이나 현실을 비유적으로 이르는 말이다.
② '악어의 눈물'은 거짓 눈물을 비유적으로 이르는 말이다. 악어는 입안에 수분을 보충함으로써 먹이를 쉽게 삼키기 위하여 먹잇감을 잡아먹을 때 눈물을 흘리는데 이를 언뜻 보면 잡아먹히는 동물이 불쌍해 눈물을 흘리는 것처럼 보이는 데서 유래한 말이다.
④ '판도라의 상자'는 공연히 건드렸다가 감당하기 힘든 온갖 재난을 초래할 수 있는 경우를 비유적으로 이르는 말이다. 제우스가 모든 죄악과 재앙을 넣어 봉한 채로 판도라를 시켜 인간 세상으로 상자를 내려보냈다. 판도라가, 열어 보지 말라는 제우스의 명령을 어기고 호기심이 생겨 상자를 여는 바람에 인간의 모든 불행과 재앙이 그 속에서 쏟아져 나왔다는 이야기에서 유래한 말이다.
⑤ '새 발의 피'는 새의 가느다란 발에서 나오는 피라는 뜻으로, 아주 하찮은 일이나 극히 적은 분량임을 비유적으로 이르는 말이다.

6 '학생'은 앞서 '발명가'가 말한 '발명은 전에 없던 기술이나 물건을 새롭게 생각하여 만들어 내는 것이라고 할 수 있지요.'라는 말을 자신의 말로 되풀이한 후, '쉽지 않은데요'라고 하며 자신의 생각을 덧붙이고 있다.

▶ 오답 풀이
① 앞의 발화를 재진술하고 있을 뿐 구체적 사례를 제시하여 보충하고 있지는 않다.

③ 발명이 무엇인지에 대해 상대방이 언급한 정보를 인용하고 있지만, 다음 내용을 예측하고 있지는 않다.
④ 물음의 형식이 사용되지 않았으며, 자신의 요구를 상대방에게 전하고 있지도 않다.
⑤ 설명 대상인 발명에 대한 과학적 상식을 제시하고 있지 않다.

◆ 중심 내용 한눈에 보기
❶ 의무화　❷ 초보 운전

1 ④　　**2** ②

1 '찬성 1'은 얼마 전 초보 운전자의 운전 미숙으로 인해 교통사고가 연이어 발생하면서 초보 운전 표지 의무화에 대한 논의가 본격화되고 있다고 언급하고 있다. 이는 초보 운전과 관련해 최근에 발생한 사건을 언급하여 초보 운전 표지 의무화에 대한 논의의 필요성을 드러낸 것이다.

오답 풀이

① 관련 연구들을 참고하여 초보 운전자를 '자동차 보험 가입 경력 기준 1년 미만자'로 정의하고 있지만, 이와 관련해 반대 측의 동의를 구하고 있지는 않다.
② 초보 운전 표지 의무화를 뒷받침하기 위한 사례로 일본의 초보 운전 표지 의무 부착 제도를 언급하고 있다. 이는 외국의 사례를 언급한 것이지만 사례를 종류별로 분류하여 논의의 범위를 확장하고 있지는 않다.
③ 최근 '초보인데 보태 준 거 있어?'라는 표지를 커다랗게 붙인 차를 봤던 특정 경험을 활용하여 표지의 내용과 형식을 자율에 맡겨 발생하는 문제를 제시하고 있을 뿐, 이 경험을 활용해 기존 정책의 목적을 설명하고 있지는 않다.
⑤ 논의의 배경으로 초보 운전자의 운전 미숙으로 인한 교통사고가 연이어 발생하여 초보 운전 표지 의무화에 대한 논의가 본격화되고 있다는 점과 현행법상 초보 운전자의 정의만으로는 면허 취득자의 실제 운전 여부를 파악하기 어렵다는 점을 제시하고 있다. 그러나 이를 정책이 변화한 과정을 중심으로 제시하고 있지는 않다.

2 ㉠에서 반대 측이 통계의 정확한 출처가 어디인지를 묻고 있는 것은 상대가 근거로 인용한 자료가 신뢰할 만한 것인지 출처를 확인하려는 질문이다. ㉡에서 반대 측은 운전 미숙이 사고의 주요 원인이라면 표지 부착 의무화로 사고가 감소할지 의문을 제기하고 있다. 이는 표지 부착 의무화가 운전 미숙을 해결해 주지는 않으므로, 표지 부착 의무화로 사고가 감소한다는 상대의 주장이 타당하지 않음을 지적하려는 질문이다.

오답 풀이

ㄷ. 반대 측은 ㉢에서 일부 경력 운전자들이 초보 운전자에 대해 위협 운전을 할 수도 있지 않냐고 묻고 있다. 이는 경력 운전자들의 실제 태도가 상대의 생각과 다를 수 있음을 언급하여 제도의 실효성을 지적하고 있는 것이지, 상대의 주장이 공정하지 않음을 지적하고 있는 것은 아니다.

22강　화법 (2)

⊕ 어휘 더하기　　　　　　본문 155쪽

○ ㉠ 걸림　㉡ 디딤
'사회 발전을 가로막는'이라는 내용을 고려할 때, ㉠에는 '걸림'이 적절하다. '더 나은 미래로 나아가는'이라는 내용을 고려할 때, ㉡에는 '디딤'이 적절하다.

■ 문제로 확인하기　　　　　　본문 156~157쪽

1 (1) 유보하다　(2) 전환하다　(3) 관철되다　(4) 생소하다
2 ②　　**3** ④　　**4** ①　　**5** ③　　**6** ⑤

1 (1) 여기서 '유보(留保)하다'는 '어떤 일을 당장 처리하지 아니하고 나중으로 미루어 두다.'를 뜻한다.
(2) 여기서 '전환(轉換)하다'는 '다른 방향이나 상태로 바꾸다.'를 뜻한다.
(3) 여기서 '관철(貫徹)되다'는 '어려움에도 꺾이지 않고 목적이 기어이 이루어지다.'를 뜻한다.
(4) 여기서 '생소(生疏)하다'는 '어떤 대상이 친숙하지 못하고 낯이 설다.'를 뜻한다.

오답 풀이

'독려(督勵)하다'는 '감독하며 격려하다.'를 뜻한다.

2 '과오(過誤)'는 '부주의나 태만 따위에서 비롯된 잘못이나 허물.'을 뜻하며, 여기에서 '과(過)'는 '잘못'을 뜻한다.

오답 풀이

① '과민(過敏)'은 '감각이나 감정이 지나치게 예민함.'을 뜻하며, 여기에서 '과(過)'는 '지나치다'를 뜻한다.
③ '과도(過度)'는 '정도에 지나침.'을 뜻하며, 여기에서 '과(過)'는 '지나치다'를 뜻한다.

④ '과소비(過消費)'는 '돈이나 물품 따위를 지나치게 많이 써서 없애는 일.'을 뜻하며, 여기에서 '과(過)'는 '지나치다'를 뜻한다.
⑤ '과언(過言)'은 '지나치게 말을 함. 또는 그 말.'을 뜻하며, 여기에서 '과(過)'는 '지나치다'를 뜻한다.

3 '미흡(未洽)하다'는 '아직 흡족하지 못하거나 만족스럽지 아니하다.'를 뜻하므로, '만족스럽지 않다'와 바꿔 쓰기에 적절하다.

오답 풀이

① '미진(未盡)하다'는 '아직 다하지 못하다.'를 뜻한다.
② '미비(未備)하다'는 '아직 다 갖추지 못한 상태에 있다.'를 뜻한다.
③ '미숙(未熟)하다'는 '일 따위에 익숙하지 못하여 서투르다.'를 뜻한다.
⑤ '미정(未定)하다'는 '아직 정하지 못하다.'를 뜻한다.

4 '환기(喚起)하다'는 '주의나 여론, 생각 따위를 불러일으키다.'를 뜻한다. 청중의 주의를 불러일으키는 상황이므로 '환기하다'가 적절하다.

오답 풀이

② '격려(激勵)하다'는 '용기나 의욕이 솟아나도록 북돋게 하다.'를 뜻한다.
③ '유지(維持)하다'는 '어떤 상태나 상황을 그대로 보존하거나 변함없이 계속하여 지탱하다.'를 뜻한다.
④ '거론(擧論)하다'는 '어떤 내용을 이야기의 주제나 문제로 내어놓아 논의하다.'를 뜻한다.
⑤ '일관(一貫)하다'는 '하나의 방법이나 태도로써 처음부터 끝까지 한결같이 하다.'를 뜻한다.

5 '고임돌'은 본래 물건이 기울어지거나 쓰러지지 않도록 아래를 받쳐 괴는 돌로, 어떤 일을 할 때에 겉으로 드러나지 않게 희생적으로 일하는 사람을 비유적으로 이를 때에 쓰인다. 이는 '앞에 나서기 좋아한다'와 어울리지 않으므로 ③에서는 쓰임이 적절하지 않다.

오답 풀이

① '주춧돌'은 본래 기둥 밑에 기초로 받쳐 놓은 돌로, 어떤 사물의 기초를 비유적으로 이를 때에 쓰인다.
② '걸림돌'은 본래 길을 걸을 때 걸려 방해가 되는 돌로, 일을 해 나가는 데에 걸리거나 막히는 장애물을 비유적으로 이를 때 쓰인다.
④ '버팀돌'은 본래 물건이 쓰러지거나 미끄러지지 않도록 괴는 돌로, 외부의 힘이나 압력에 굴복하지 않고 맞서 견딜 수 있도록 해 주는 사람이나 사물을 비유적으로 이를 때 쓰인다.
⑤ '디딤돌'은 본래 디디고 다닐 수 있게 드문드문 놓은 평평한 돌로, 어떤 문제를 해결하는 데에 바탕이 되는 것을 비유적으로 이를 때 쓰인다.

6 '반대 1'은 반론에서 결선 투표를 하게 되면 발생할 수 있는

문제점, 즉 '후보자들 간의 담합이 발생할 수 있다'는 점을 거론하며 찬성 측의 주장에 대해 반박하고 있다.

기출로 강해지기

본문 158~159쪽

◆ 중심 내용 한눈에 보기

❶ 개폐 ❷ 이물질 ❸ 좌우

1 ④　　　**2** ⑤

1 발표자는 민물고기 꾸구리가 눈을 개폐하는 양상을 설명한 후, 이 내용을 바탕으로 꾸구리가 낮과 밤 중 언제 주로 활동하는지를 질문함으로써 청중의 답변을 이끌어 내고 그 적절성을 판단하였다.

오답 풀이

① 발표자는 주로 평이하고 일상적인 용어를 사용하여 발표하였으며, 전문 용어의 개념을 정의하고 있지 않다.
② 청중이 발표 내용에 대한 정보를 추가할 것을 요청하는 부분은 찾아볼 수 없다.
③ 발표의 처음 부분에서 발표의 중심 제재를 소개하고 있을 뿐, 발표의 진행 순서를 안내하고 있지 않다.
⑤ 발표 주제를 선정하게 된 계기를 밝히고 있지 않으며, 이를 위해 청중과 공유하는 기억을 환기하고 있지도 않다.

2 발표자는 꾸구리 눈이 개폐된 모습의 차이를 드러내기 위해 두 사진을 나란히 놓아 제시하였다. 따라서 '두 사진을 화면에 순차적으로 제시해야겠어.'라는 발표 계획은 발표에 반영되지 않았음을 알 수 있다.

오답 풀이

① 발표자는 발표를 시작하면서 청중에게 물고기가 눈을 감는 모습을 상상해 볼 것을 요청하였으며, '잘 떠오르지 않으시죠?'라고 질문하며 일반적으로 물고기는 눈꺼풀이 없어 눈을 감지 못한다는 설명을 덧붙이고 있다.
② 발표자는 말뚝망둑어 눈의 개폐 과정을 드러내기 위해 '말뚝망둑어가 눈을 닫을 때 위로 볼록 솟아 있는 눈이 아래의 구멍으로 들어가고, 이어서 눈 아래 피부가 올라와 눈을 덮어 줍니다.'와 같이 눈의 움직임과 눈 아래 피부의 움직임을 순서대로 설명하고 있다.
③ 발표자는 말뚝망둑어의 눈 근육이 둥근망둑어에 비해 그 기울기가 훨씬 가파르기 때문에 눈의 개폐가 가능하다고 설명하고 있다.
④ 발표자는 '(자료 제시) 동영상에 보이는 것처럼'에서 확인할 수 있듯이 동영상을 보여 주며 말뚝망둑어 눈의 개폐를 설명한 후, '(자료 제시) 나란히 놓인 두 사진이 보이시죠?'라는 말과 함께 사진을 제시하여 꾸구리 눈의 개폐 양상을 설명하고 있다.

➕ 어휘 더하기

본문 161쪽

● ㉠ 순 ㉡ 역

'다양한 정보 공유'와 '사람들의 친목 도모'는 긍정적인 기능에 해당하므로, ㉠에는 '순'이 적절하다. 반면, '허위 정보 유통'과 '중독'은 부정적인 기능에 해당하므로 ㉡에는 '역'이 적절하다.

문제로 확인하기

본문 162~163쪽

1 ②　　　**2** (1) 시급성 (2) 가독성 (3) 당위성
3 (1) ③ (2) ⑤　　**4** ②　　　**5** ⑤

1 작문에서 글의 주제와 예상 독자, 글의 유형, 활용하고자 하는 매체의 특성 등을 묶어서 '맥락(脈絡)'이라고 한다.

오답 풀이

① '동기(動機)'는 '어떤 일이나 행동을 일으키게 하는 계기.'를 뜻한다.
③ '제재(題材)'는 '예술 작품이나 학술 연구의 바탕이 되는 재료.'를 뜻한다.
④ '구성(構成)'은 '몇 가지 부분이나 요소들을 모아서 일정한 전체를 짜 이룸. 또는 그 이룬 결과.'를 뜻한다.
⑤ '개요(槪要)'는 '간결하게 추려 낸 주요 내용.'을 뜻한다.

2 (1) '시급성(時急性)'은 '시각을 다툴 만큼 절박하고 급한 상태의 성질.'을 뜻한다.
(2) '가독성(可讀性)'은 '인쇄물이 얼마나 쉽게 읽히는가 하는 능률의 정도.'를 뜻한다.
(3) '당위성(當爲性)'은 '마땅히 그렇게 하거나 되어야 할 성질.'을 뜻한다.

오답 풀이

'시사성(時事性)'은 '그 당시에 일어난 여러 가지 사회적 사건이 내포하고 있는 시대적 성격 및 사회적 성격.'을 뜻한다.

3 (1) '부합(符合)하다'는 '부신(符信)이 꼭 들어맞듯 사물이나 현상이 서로 꼭 들어맞다.'를 뜻하는 말이기 때문에 '들어맞다'와 바꿔 쓰기에 적절하다.
(2) '이바지하다'는 '도움이 되게 하다.'를 뜻하는 말로, '기여(寄與)하다'와 바꿔 쓰기에 적절하다.

오답 풀이

① '신중(愼重)하다'는 '매우 조심스럽다.'를 뜻한다.
② '부각(浮刻)하다'는 '어떤 사물을 특징지어 두드러지게 하다.'를 뜻한다.

③ '충분(充分)하다'는 '모자람이 없이 넉넉하다.'를 뜻한다.
④ '피력(披瀝)하다'는 '생각하는 것을 털어놓고 말하다.'를 뜻한다.

4 '보완(補完)'과 '보강(補講)', '보상(補償)'에 공통으로 쓰인 '보(補)'는 '깁다, 보충하다.'의 뜻을 나타낸다.

5 '성격 때문에 속상해하던 나는 나무와 대화를 나누고 나서, 속상했던 마음이 풀리고 내 성격을 인정하게 되었다.'에서 산림 치유 프로그램에 참여하기 전과 후의 마음 상태를 모두 표현하였음을 확인할 수 있고, '이제 내 모습을 아끼며 살아갈 것이다.'에서 삶의 자세에 대한 다짐을 확인할 수 있다.

오답 풀이

①, ② 삶의 자세에 대한 다짐을 확인할 수 없다.
③, ④ 삶의 자세에 대한 다짐은 확인할 수 있으나, 산림 치유 프로그램에 참여하기 전과 후의 마음 상태를 모두 표현한 것으로 보기 어렵다.

기출로 강해지기

본문 164~165쪽

◆ **중심 내용 한눈에 보기**
❶ 정서적 ❷ 어울림

1 ②　　　**2** ③

1 4문단에는 학교에 정서적 안정과 사회적 성장을 위한 공간이 조성될 경우 기대되는 긍정적인 효과가 언급되어 있다. 글쓴이는 기대되는 효과로 '나의 생각은 커가고 친구들과 어울리며 행복을 느낄 수 있을 것'과 '학업에도 더욱 열중할 수 있는 동력이 되며 학교에 대한 자부심도 느끼게 할 것'을 언급하고 있다.

오답 풀이

① 우리 학교와 다른 학교 공간의 구조를 비교하는 내용은 찾아볼 수 없다.
③ 1문단에서 공간 개선의 필요성을 제시하고 있지만 공간 개선의 필요성을 강조하기 위하여 학교의 기능이 변화해 온 과정을 분석하는 내용은 찾아볼 수 없다.
④ 학교 공간의 중요성에 대한 질문을 반복하는 내용과 문제 해결의 시급성을 드러내는 내용은 찾아볼 수 없다.
⑤ 1문단과 2문단에서 공간별 개선 방안을 제안하였다고는 볼 수 있지만, 공간의 이동에 따라 각 공간의 문제점을 나열하고 있지는 않다.

2 〈보기〉에서 편집부장은 '〈2편〉 초고의 핵심 내용'과 '〈3편〉 표제, 부제의 내용'이 드러나도록 작성하자고 하였다. 〈3편〉 부제에서는 학생 주도의 변화를 언급하고 있는데, ⓒ는 학부모와 지역 사회의 참여를 요구하고 있다. 따라서 ⓒ는 편집부장이 주문한 내용으로 적절하지 않다.

① 학습 공간 외에 사색의 공간, 어울림의 공간을 조성하자는 내용은 〈2편〉 초고의 핵심 내용에 해당하므로, ⓐ는 적절하다.

② 공간의 변화가 학생들의 학교에 대한 자부심과 학업에 긍정적인 영향을 미친다는 내용은 〈2편〉 초고의 핵심 내용에 해당하므로, ⓑ는 적절하다.

④ 국내외의 많은 학교가 생태 공간을 조성하고 있다는 내용은 〈3편〉의 표제와 부제의 내용에 해당하므로, ⓓ는 적절하다.

⑤ 학생들이 공간 개선에 중심 역할을 하고 있다는 내용은 〈3편〉의 부제의 내용에 해당하므로, ⓔ는 적절하다.

24강 작문 (2)

➕ 어휘 더하기
본문 167쪽

● (1) 지양 (2) 과감

(1) '획일적 사고'는 하지 않아야 하는 내용에 해당하므로 '지양'이 적절하다.

(2) '새로운 변화를 받아들이는 데'라는 내용을 고려할 때, '과단성이 있고 용감하다.'를 뜻하는 '과감하다'가 적절하다. 참고로, '과단성'은 '일을 딱 잘라서 결정하는 성질.'을 뜻한다.

문제로 확인하기
본문 168~169쪽

1 (1) ⓛ (2) ㉠ (3) ㉠ (4) ⓛ   **2** ④   **3** ②

4 ③   **5** ②   **6** ②

1 (1) 글의 여러 내용이 하나의 주제로 긴밀하게 연결되는 성질을 '통일성'이라고 한다.

(2) 문단을 이루는 여러 문장이나 한 편의 글을 이루는 여러 문단이 긴밀한 결합력을 가지는 성질을 '응집성'이라고 한다.

(3) '응집성'은 글의 형식적 구성 요건에 해당하며 접속어나 지시어 사용 등을 통해 실현된다.

(4) '통일성'은 글의 내용적 구성 요건에 해당하며, 고쳐쓰기 과정에서 주제에서 벗어난 내용은 통일성을 해치므로 삭제해야 한다.

2 '염두(念頭)'는 '생각의 시초. 마음의 속.'을 뜻하는 단어로, 행위나 상태를 나타내는 명사로 보기 어렵기 때문에 '염두하다'와 같이 쓰는 것은 자연스럽지 못하다. '염두에 두다'와 같은 형태로 쓰는 것이 적절하다.

① '편협(偏狹)'은 '한쪽으로 치우쳐 도량이 좁고 너그럽지 못함.'을 뜻하는 단어로 상태와 관련이 있으므로 '-하다'와 결합이 자연스럽다.

② '비약(飛躍)'은 '논리나 사고방식 따위가 그 차례나 단계를 따르지 아니하고 뛰어넘음.'을 뜻하는 단어로 행위와 관련이 있으므로 '-하다'와 결합이 자연스럽다.

③ '통일(統一)'은 '여러 요소를 서로 같거나 일치되게 맞춤.'을 뜻하는 단어로 행위와 관련이 있으므로 '-하다'와 결합이 자연스럽다.

⑤ '절충(折衷)'은 '서로 다른 사물이나 의견, 관점 따위를 알맞게 조절하여 서로 잘 어울리게 함.'을 뜻하는 단어로 행위와 관련이 있으므로 '-하다'와 결합이 자연스럽다.

3 '대체(代替)하다'는 '다른 것으로 대신하다.'를 뜻하는 단어로 '바꾸다'와 바꿔 쓰기에 적절하다.

① '도입(導入)하다'는 '기술, 방법, 물자 따위를 끌어 들이다.'를 뜻한다.

③ '도모(圖謀)하다'는 '어떤 일을 이루기 위하여 대책과 방법을 세우다.'를 뜻한다.

④ '개선(改善)하다'는 '잘못된 것이나 부족한 것, 나쁜 것 따위를 고쳐 더 좋게 만들다.'를 뜻한다.

⑤ '대변(代辯)하다'는 '어떤 사람이나 단체를 대신하여 그의 의견이나 태도를 표하다.'를 뜻한다.

4 '편협(偏狹)하다'는 '한쪽으로 치우쳐 도량이 좁고 너그럽지 못하다.'를, '관대(寬大)하다'는 '마음이 너그럽고 크다.'를 뜻한다. '소원(疏遠)하다'는 '지내는 사이가 두텁지 아니하고 거리가 있어서 서먹서먹하다.'를, '친밀(親密)하다'는 '지내는 사이가 매우 친하고 가깝다.'를 뜻한다.

ㄱ. '비약(飛躍)'은 '나는 듯이 높이 뛰어오름.'을, '도약(跳躍)'은 '몸을 위로 솟구치는 일.'을 뜻한다.

ㄴ. '대체(代替)하다'는 '다른 것으로 대신하다.'를, '대처(對處)하다'는 '어떤 정세나 사건에 대하여 알맞은 조치를 취하다.'를 뜻한다.

ㄹ. '야기(惹起)하다'는 '일이나 사건 따위를 끌어 일으키다.'를, '초래(招來)하다'는 '일의 결과로서 어떤 현상을 생겨나게 하다.'를 뜻한다.

5 '서안(書案)'은 '예전에, 책을 얹던 책상.'을 뜻하는 단어로, 이때 '안(案)'은 '책상'을 뜻한다.

① '제안(提案)'은 '안이나 의견으로 내놓음. 또는 그 안이나 의견.'을 뜻하는 단어로, 이때 '안(案)'은 '안건'을 뜻한다.

③ '사안(事案)'은 '법률이나 규정 따위에서 문제가 되는 일이나 안.'을 뜻하는 단어로, 이때 '안(案)'은 '안건'을 뜻한다.

④ '대안(代案)'은 '어떤 안(案)을 대신하는 안.'을 뜻하는 단어로, 이때 '안(案)'은 '안건'을 뜻한다.

⑤ '개정안(改正案)'은 '고쳐 바로잡은 안건. 또는 바로잡을 안건.'을 뜻하는 단어로, 이때 '안(案)'은 '안건'을 뜻한다.

6 ㉮와 달리 ㉯는 '관광 수용력'이라는 개념을 보다 자세히 설명하고 있다. 따라서 ㉯와 같이 수정한 이유는 독자의 이해도를 고려하여 특정 개념에 대한 정보를 추가하기 위함이라고 보는 것이 적절하다.

▶ 오답 풀이

① ㉮와 ㉯의 인과 관계에 따른 정보 배열은 동일하다.

③ ㉮의 내용 중 주제와 관련이 없어 삭제된 정보는 없다.

④ ㉮에 사용된 담화 표지 '그러나', '이로 인해', '그에 따라' 등이 ㉯에도 그대로 사용되었다.

⑤ 가독성을 고려하여 한 문장을 두 문장으로 나눈 부분을 찾아볼 수 없다.

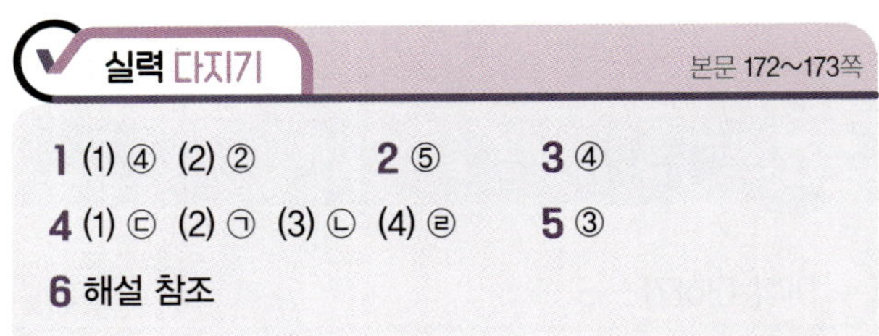

기출로 강해지기　　　　본문 170~171쪽

◆ **중심 내용 한눈에 보기**

❶ 보존성　❷ 닥나무

1 ③　　**2** ③

1 4문단의 '일례로 전통 한지는 친환경 소재로 주목받아 의류와 침구류 제작에 사용되고 있어, 그 응용 범위가 점차 확대되어 갈 것으로 기대된다.'에서 사례를 들어 민간 차원에서 전통 한지의 활용 분야를 넓힐 필요가 있다는 주장의 실현 가능성을 제시하고 있다.

▶ 오답 풀이

① 자신의 특별한 경험을 언급하고 있지는 않다.

② 자신의 주장에 대한 예상 반론과 그에 대한 반박은 언급되지 않았다.

④ 2문단에서 전통 한지의 섬유 조직에 대한 언급을 하고 있으므로 제재의 물리적 특성을 분석한 내용은 있다고 볼 수 있으나, 이를 통해 한지의 우수성을 언급하고 있는 것이지 문제 상황의 원인을 제시한 것은 아니다.

⑤ 보도 자료의 내용을 인용하고 있지 않다.

2 마지막 문단에는 전통 한지의 계승 및 발전과 관련하여 전통 한지와 그 제작 기술의 가치를 이어 나가기 위한 노력이 필요하다는 점만 언급된 반면, 고쳐 쓴 글에는 '전통 한지와 그 제작 기술의 원형을 보존하여 품질을 유지하는 한편, 전통 한지의 사용을 확대하여 전통 한지가 다양한 방식으로 활용될 수 있도록 해야 한다.'와 같이 전통 한지의 사용을 확대하기 위한 노력의 방향이 추가로 언급되어 있다. 따라서 고친 글에 반영된 수정 계획은 전통 한지의 계승 및 발전을 위한 두 가지 방향을 모두 드러내는

방향으로 수정하자는 것이었음을 알 수 있다.

▶ 오답 풀이

① 고친 글에는 전통 한지를 계승하고 발전시킴으로써 예상되는 기대 효과가 언급되어 있지 않다.

② 마지막 문단에도 '우리의 자랑스러운 문화유산'이라는 진술에 전통 한지를 계승해야 할 필요성이 드러나 있다고 볼 수 있다.

④ 마지막 문단에서 사용한 접속 표현인 '따라서'는 적절한 표현이며, 고친 글에서 수정되지 않았다.

⑤ 마지막 문단에도 전통 한지의 특성에 대한 내용은 언급되어 있지 않다.

✔ 실력 다지기　　　　본문 172~173쪽

1 (1) ④　(2) ②　　　**2** ⑤　　　**3** ④

4 (1) ⓒ　(2) ㉠　(3) ⓛ　(4) ㉣　　　**5** ③

6 해설 참조

1 (1) '대체(代替)하다'는 '다른 것으로 대신하다.'를 뜻하며 이와 같은 뜻으로 쓰이는 고유어는 '갈음하다'이다.

(2) '유보(留保)하다'는 '어떤 일을 당장 처리하지 아니하고 나중으로 미루어 두다.'를 뜻하는 단어로 '미루어 두다'와 바꿔 쓰기에 적절하다.

▶ 오답 풀이

① '거론(擧論)하다'는 '어떤 사항을 논제로 삼아 제기하거나 논의하다.'를 뜻한다.

③ '연장(延長)하다'는 '시간이나 거리 따위를 본래보다 길게 늘리다.'를 뜻한다.

④ '지연(遲延)하다'는 '무슨 일을 더디게 끌어 시간을 늦추다.'를 뜻한다.

⑤ '유지(維持)하다'는 '어떤 상태나 상황을 그대로 보존하거나 변함없이 계속하여 지탱하다.'를 뜻한다.

2 '표지(標識)'는 '표시나 특징으로 어떤 사물을 다른 것과 구별하게 함. 또는 그 표시나 특징.'을 뜻한다.

▶ 오답 풀이

① '제재(題材)'는 '예술 작품이나 학술 연구의 바탕이 되는 재료.'를 뜻한다.

② '상징(象徵)'은 '추상적인 개념이나 사물을 구체적인 사물로 나타냄. 또는 그렇게 나타낸 표지(標識)·기호·물건 따위.'를 뜻한다.

③ '비유(比喩)'는 '어떤 현상이나 사물을 직접 설명하지 아니하고 다른 비슷한 현상이나 사물에 빗대어서 설명하는 일.'을 뜻한다.

④ '개성(個性)'은 '다른 사람이나 개체와 구별되는 고유의 특성.'을 뜻한다.

3 '흡족(洽足)하다'는 '조금도 모자람이 없을 정도로 넉넉하여 만족스러운 상태에 있다.'를, '미흡(未洽)하다'는 '아직 흡족하지 못하거나 만족스럽지 아니하다.'를 뜻한다. 따라서 둘은 의미상

반대 관계에 있다고 볼 수 있다. '생소(生疏)하다'는 '어떤 대상이 친숙하지 못하고 낮이 설다.'를 뜻하는 반면, '친숙(親熟)하다'는 '친하여 익숙하고 허물없다.'를 뜻하므로 둘의 의미 관계는 반대 관계이다.

오답 풀이

① '기여(寄與)하다'는 '도움이 되도록 이바지하다.'를, '공헌(貢獻)하다'는 '힘을 써 이바지하다.'를 뜻한다.

② '편협(偏狹)하다'는 '한쪽으로 치우쳐 도량이 좁고 너그럽지 못하다.'를, '옹졸(壅拙)하다'는 '성품이 너그럽지 못하고 생각이 좁다.'를 뜻한다.

③ '야기(惹起)하다'는 '일이나 사건 따위를 끌어 일으키다.'를, '초래(招來)하다'는 '일의 결과로서 어떤 현상을 생겨나게 하다.'를 뜻한다.

⑤ '재진술(再陳述)하다'는 '앞에서 한 말을 다시 되풀이하는 것.'을, '환언(換言)하다'는 '앞서 한 말에 대하여 표현을 달리 바꾸어 말하다.'를 뜻한다.

4 (1) '입론(立論)'은 '의론(議論)하는 취지나 순서 따위의 체계를 세움. 또는 그 의론.'을 뜻한다.

(2) '논제(論題)'는 '논설이나 논문, 토론 따위의 주제나 제목.'을 뜻한다.

(3) '쟁점(爭點)'은 '서로 다투는 중심이 되는 점.'을 뜻한다.

(4) '반론(反論)'은 '남의 논설이나 비난, 논평 따위에 대하여 반박함. 또는 그런 논설.'을 뜻한다.

5 제시된 내용은 모두 통일성과 밀접한 관련이 있다. '통일성(統一性)'은 '다양한 요소들이 있으면서도 전체가 하나로서 파악되는 성질.'을 뜻하며, 작문에서는 글의 내용이 하나의 주제로 긴밀하게 연결되는 원리를 가리킨다.

오답 풀이

① '응집성(凝集性)'은 '한군데에 엉겨서 뭉치는 성질.'을 뜻하며, 작문에서는 글을 이루는 문장들이 형식상 특정한 장치에 의해 연결되는 원리를 가리킨다.

② '가독성(可讀性)'은 '책이나 인쇄물 등이 쉽게 읽히는 정도.'를 뜻한다.

④ '당위성(當爲性)'은 '마땅히 그렇게 하거나 되어야 할 성질.'을 뜻한다.

⑤ '개연성(蓋然性)'은 '일반적으로 그 일이 생길 수 있는 가능성.'을 뜻한다.

6

<table>
<tr><td>¹비</td><td>언</td><td>어</td><td></td><td></td><td></td><td>²시</td></tr>
<tr><td>약</td><td></td><td></td><td>³과</td><td>유</td><td>불</td><td>급</td></tr>
<tr><td>적</td><td></td><td>⁴유</td><td>도</td><td></td><td></td><td>성</td></tr>
<tr><td></td><td></td><td></td><td>하</td><td></td><td></td><td></td></tr>
<tr><td>⁵유</td><td>⁶발</td><td>하</td><td>다</td><td></td><td>⁷절</td><td></td></tr>
<tr><td></td><td>화</td><td></td><td></td><td></td><td>충</td><td></td></tr>
<tr><td></td><td></td><td></td><td></td><td>⁸현</td><td>안</td><td></td></tr>
</table>

25강 언어 (1)

+ 어휘 더하기 본문 177쪽

○ (1) 교체 1, 탈락 1 (2) 교체 2, 축약 1

(1) '닭고기'는 'ㄺ'에서 'ㄹ'이 탈락하고, 'ㄱ'이 'ㄲ'으로 바뀌어 '[닥꼬기]'로 발음된다. 탈락과 교체가 각각 한 번씩 일어났다.

(2) '붙잡힌'은 음절 끝소리인 'ㅌ'이 'ㄷ'으로 바뀌고, 'ㅈ'이 'ㅉ'으로 바뀌고, 'ㅂ'과 'ㅎ'이 결합하여 'ㅍ'이 되어 '[붇짜핀]'으로 발음된다. 교체가 두 번, 축약이 한 번 일어났다.

문제로 확인하기 본문 178~179쪽

1 (1) ○ (2) × (3) × (4) ○   **2** ②   **3** ④
4 (1) 음절, 연음 (2) 모음 조화   **5** ③
6 ②

1 (1) 모음은 '아', '오', '와' 등과 같이 단독으로 음절을 이룰 수 있지만, 반모음은 단독으로 음절을 이룰 수 없다.

(2) 국어의 이중 모음은 단모음과 반모음이 결합하여 만들어진다. 예를 들어 이중 모음 'ㅑ'는 반모음 'ǐ'와 단모음 'ㅏ'가 결합된 것이다.

(3) 음절의 끝에서 발음될 수 있는 자음은 'ㄱ, ㄴ, ㄷ, ㄹ, ㅁ, ㅂ, ㅇ' 일곱 개뿐이다. 음절 끝의 'ㅅ'은 [ㄷ]으로 발음된다.

(4) 초성이나 종성에 자음이 두 개 이상 무리 지어 나타나는 것을 '자음군'이라고 한다.

2 '보+아 → [봐ː]'는 어간 '보'의 단모음 'ㅗ'가 반모음으로 변하여 어미의 'ㅏ'와 결합하여 이중 모음 'ㅘ'로 바뀐 것이기 때문에 반모음화(㉠)에 해당한다. '기+어 → [기여]'는 어미 'ㅓ'에 반모음 'ǐ'가 첨가되어 'ㅕ'로 발음된 것이기 때문에 반모음 첨가(㉡)에 해당한다.

오답 풀이

① '피+어 → [피여]'는 어미 'ㅓ'에 반모음이 첨가되어 'ㅕ'로 발음된 것이기 때문에 반모음 첨가(㉡)에 해당한다.

③ '살피+어 → [살펴]'는 어간의 마지막 모음 'ㅣ'가 반모음으로 변하여 어미의 'ㅓ'와 결합하여 이중 모음 'ㅕ'로 바뀐 것이기 때문에 반모음화(㉠)에 해당한다.

④ '나가+아 → [나가]'는 어간의 마지막 모음 'ㅏ'와 어미의 'ㅏ'가 같아서

둘 중 하나가 탈락한 경우이기 때문에 모음 탈락에 해당한다.
⑤ '그리+어 → [그려]'는 어간의 마지막 모음 'ㅣ'가 반모음으로 변하여
어미의 'ㅓ'와 결합하여 이중 모음 'ㅕ'로 바뀐 것이기 때문에 반모음화
(㉠)에 해당한다.

3 '국화[구콰]'는 'ㄱ'과 'ㅎ'이 결합하여 거센소리인 [ㅋ]으로 소
리 나는 것으로 '축약'에 해당한다.

▶ 오답 풀이
① '실내[실래]'는 'ㄴ'이 앞에 있는 유음 'ㄹ'의 영향으로 유음인 [ㄹ]로 바
뀐 것이므로 동화에 해당한다.
② '백마[뱅마]'는 'ㄱ'이 뒤에 있는 비음 'ㅁ'의 영향으로 비음인 [ㅇ]으로
바뀌었다. 음운의 속성을 닮아 간 것이므로 동화에 해당한다.
③ '신라[실라]'는 'ㄴ'이 뒤에 오는 유음 'ㄹ'의 영향으로 유음인 [ㄹ]로 바
뀐 것이므로 동화에 해당한다.
⑤ '같이[가치]'는 'ㅌ'이 'ㅣ' 모음의 영향을 받아 소리 나는 위치가 비슷한
[ㅊ]으로 바뀐 경우이므로 동화에 해당한다.

4 (1) '볶'의 받침 'ㄲ'은 음절의 끝소리 규칙에 따라 [ㄱ]으로 발
음해야 하지만, 뒤에 모음으로 시작하는 형식 형태소 '-이'가
왔기 때문에 연음하여 발음한다.
(2) 양성 모음은 양성 모음끼리, 음성 모음은 음성 모음끼리 어
울리는 현상을 '모음 조화'라고 한다.

5 '밖[박]'은 음절의 끝소리 규칙에 의해 'ㄲ'이 [ㄱ]으로 바뀐 것
이므로 교체에 해당한다. '여덟[여덜]'은 자음군 단순화에 의해
'ㄼ' 중 'ㅂ'이 없어지고 [ㄹ]만 발음된 것이므로 탈락에 해당한다.
'논일[논닐]'은 없던 자음 'ㄴ'이 추가되어 발음된 것이므로 첨가에
해당한다. '법학[버팍]'은 'ㅂ'과 'ㅎ'이 결합하여 [ㅍ] 하나로 줄어든
것이므로 축약에 해당한다.

6 '몫'은 [목]으로 발음되므로 발음을 기준으로 할 때 '목'과 '몫'
은 '자음+모음+자음'의 같은 음절 유형에 해당한다.

▶ 오답 풀이
① '왕'은 '모음(ㅘ)+자음(ㅇ)', '역'은 '모음(ㅕ)+자음(ㄱ)'이기 때문에 같은
음절 유형에 해당한다.
③ '강변'은 [강변]으로, '하늘'은 [하늘]로 발음되어 표기 형태가 음절
유형을 그대로 나타내는 경우이다.
④ '국밥'은 [국빱]으로, '진리'는 [질리]로 발음된다. 둘 다 음운 변동이
일어나기는 하지만 음절 유형은 그대로 유지되고 있다.
⑤ '북어'는 [부거]로, '쌓다'는 [싸타]로 발음되어 표기 형태가 음절 유

형을 그대로 나타내지 않는 경우에 해당한다.

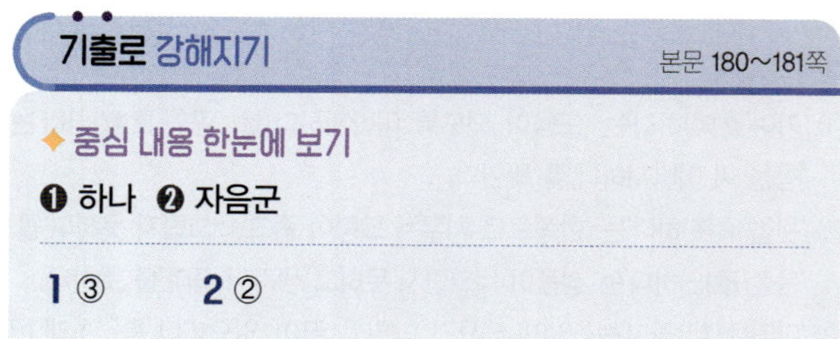

1 '[밤만]'을 듣고 '밥만'을 복원했다면 비음화 규칙이 인식의 틀
로 작동한 결과이겠지만, '밤만'으로 복원했다면 음운 규칙이 인
식의 틀로 작동한 것이 아니다.

▶ 오답 풀이
① 1문단의 '국어는 한 음절 내에서 모음 앞이나 뒤에 각각 최대 하나의
자음을 둘 수 있지만'을 통해 '몫 → [목]'의 자음군 단순화를 추론할
수 있다.
② 2문단의 '음운은 그 자체로는 뜻이 없다. 음운이 하나 이상 모여 뜻
을 가지면 의미의 최소 단위인 형태소가 된다.'라는 설명을 통해 음운
'ㄹ'이 그 자체에는 뜻이 없지만 '갈 곳'의 'ㄹ'은 관형사형 전성 어미로
쓰이는 뜻의 최소 단위가 된다는 점을 추론할 수 있다.
④ 3문단의 '국어의 음절 구조와 맞지 않는 소리를 듣는다면 국어의 음
절 구조에 맞게 바꾸고'를 통해 영어 'spring'을 3음절 '스프링'으로 인
식하는 과정에서 국어 음절 구조 인식의 틀이 작동하였음을 추론할
수 있다.
⑤ 3문단의 '국어에 없는 소리를 듣는다면 국어에서 가장 가까운 음운
으로 바꾸어 인식하게 된다.'를 통해 영어 'v'를 국어 'ㅂ'으로 인식하
는 양상을 추론할 수 있다.

2 ⓐ '앞일 → [암닐]'에서는 음절의 끝소리 규칙, 'ㄴ' 첨가, 비음
화가 일어나는데, 음절의 끝소리 규칙은 '앞'이라는 형태소 내부
에서 발생하고, 'ㄴ' 첨가와 비음화는 '앞'과 '일'이라는 형태소가
만나는 경계에서 발생한다. ⓒ '넣고 → [너코]'에서는 거센소리되
기가 일어나는데, '넣-'과 '-고'라는 형태소가 만나는 경계에서 발
생한다. ⓔ '굳이 → [구지]'에서는 구개음화가 일어나는데, '굳-'
과 '-이'라는 형태소가 만나는 경계에서 발생한다.

▶ 오답 풀이
ⓑ '장미꽃 → [장미꼳]'에서는 음절의 끝소리 규칙이 일어나는데, 이러
한 음운 변동은 '장미'와 '꽃'이라는 형태소가 만나는 경계에서 발생
하는 것이 아니라 '꽃'이라는 형태소 내부에서 발생한다.
ⓓ '걱정 → [걱쩡]'에서는 된소리되기가 일어나지만, '걱정'은 단일어이므
로 이러한 음운 변동이 형태소 경계에서 발생하는 것은 아니다.

어휘 더하기
본문 183쪽

● 어간: 잡히-, 어미: -다, 어근: 잡-, 접사: -히-

'잡히다'에서 어간은 '잡히-'이고, 어미는 '-다'이다. 어간 '잡히-'
는 다시 어근인 '잡-'과 접사인 '-히-'로 나눌 수 있다.

문제로 확인하기
본문 184~185쪽

1 ①　　**2** ②　　**3** ②　　**4** (1) 선생님　(2) 우리

5 ㉠ 활용　㉡ 어간　㉢ 어미　㉣ 접사　㉤ 파생어　㉥ 어간
　㉦ 접사　㉧ 어근　　**6** ④

1 "언제 올래?"의 '언제'는 잘 모르는 때를 가리키는 것이므로
'미지칭'에 해당한다. "언제든 좋아."의 '언제'는 때가 특별히 정해
지지 않았음을 나타내므로 '부정칭'에 해당한다. "동생은 자기가
가겠다고 했다."의 '자기'는 앞에 나온 '동생'을 도로 나타내므로
'재귀칭'에 해당한다.

2 '파생(派生)'은 '1. 사물이 어떤 근원으로부터 갈려 나와 생김.
2. 실질 형태소에 접사가 결합하여 하나의 단어를 만듦. 또는 그
런 일.'을 뜻한다.

> **오답 풀이**
① '합성(合成)'은 문법에서 '둘 이상의 실질 형태소를 결합하여 하나의
　단어를 만듦. 또는 그런 일.'을 뜻한다.
③ '함의(含意)'는 '말이나 글 속에 어떠한 뜻이 들어 있음. 또는 그 뜻.'을
　뜻한다.
④ '활용(活用)'은 문법에서 '용언의 어간이나 서술격 조사에 변하는 말
　이 붙어 문장의 성격을 바꿈. 또는 그런 일.'을 뜻한다.
⑤ '호응(呼應)'은 문법에서 '앞에 어떤 말이 오면 거기에 응하는 말이 따
　라옴. 또는 그런 일.'을 뜻한다.

3 상보 반의어는 모순의 관계를 이루는 반의어이다. '합격 - 불
합격', '있다 - 없다'가 여기에 해당한다.

> **오답 풀이**
ㄱ. '주다 - 받다'는 방향 반의어에 해당한다.
ㄴ. '검다 - 희다'는 등급 반의어에 해당한다.
ㅁ. '출발 - 도착'은 방향 반의어에 해당한다.
ㅂ. '얇다 - 두껍다'는 등급 반의어에 해당한다.

4 '주체'는 문장 내에서 술어의 동작을 나타내는 대상이나 술
어의 상태를 나타내는 대상으로 주어에 해당하는 사람을 가리킨

다. '객체'는 문장 내에서 동사의 행위가 미치는 대상으로, 목적어
나 부사어에 해당하는 사람을 가리킨다. 따라서 이 문장의 주어
에 쓰인 '선생님'은 주체, 부사어에 쓰인 '우리'는 객체에 해당한다.

5 용언의 어간이나 서술격 조사에 변하는 말이 붙어 문장의
성격을 바꾸는 것을 '활용'이라고 하는데, 이때 변하지 않는 부분
을 '어간', 변하는 부분을 '어미'라고 한다. '짓누르다'가 예로 제시
된 것을 바탕으로 ㉤에는 '파생어'가 적절하다. 파생어는 어근과
접사로 이루어지는데, '짓-'은 접사, '누르-'는 어근에 해당한다.

6 상하 관계에서는 하의어들이 상의어의 의미를 이어받아 상의
어를 의미적으로 함의한다. 제시된 사전의 내용에 비추어 볼 때,
'기구'는 '악기'의 상의어이고, '악기'는 '북'의 상의어이다. 따라서
'악기'는 '기구'를 의미적으로 함의하고, '북'은 '악기'를 의미적으로
함의한다고 볼 수 있다.

> **오답 풀이**
① 상의어일수록 일반적이고 포괄적인 의미를 지니며 하의어일수록 구체
　적이고 한정적인 의미를 지닌다. '타악기'는 '실로폰'의 상의어로서 '실
　로폰'보다 포괄적인 의미를 갖는다고 볼 수 있다.
② '현악기'는 '악기'의 하의어로서, '악기'를 의미적으로 함의한다. 따라
　서 [연주]라는 의미 자질을 가진다고 볼 수 있다.
③ '타악기'가 '두드려서 소리를 내는 악기.'라는 의미를 가지고 있음에
　비추어 볼 때, '북'은 '타악기'의 하의어에 해당하므로 [두드림]이라는
　의미 자질을 가진다고 볼 수 있다.
⑤ 제시된 사전의 내용에 비추어 볼 때, '타악기'는 '악기'의 하의어에 해
　당하지만, '팀파니'에 대해서는 상의어라는 것을 알 수 있다.

기출로 강해지기
본문 186~187쪽

◆ 중심 내용 한눈에 보기
❶ 파생어　**❷** 의미

1 ④　　**2** ③

1 '놀이방'은 직접 구성 요소가 '놀이'와 '방'이다. '놀이'는 '놀-'과
'-이'로 형태소를 나눌 수 있으며 이는 모두 의존 형태소이다. '단
맛'은 직접 구성 요소가 '단'과 '맛'이다. '단'은 '달-'과 '-ㄴ'으로 형
태소를 나눌 수 있으며 이는 모두 의존 형태소이다.

> **오답 풀이**
① '용꿈'은 직접 구성 요소가 '용'과 '꿈'이며, 이 중에서 '꿈'은 '꾸-'와 '-ㅁ'
　으로 형태소를 나눌 수 있으므로 한 개의 자립 형태소로 이루어진
　어근이 아니다.
② '망치질'은 직접 구성 요소가 '망치'와 '-질'이며, '-질'은 접사이므로

'망치질'은 파생어이다. 그러나 '봄날'은 직접 구성 요소가 '봄', '날'이
기 때문에 어근과 어근이 결합한 합성어이다.
③ '지은이'의 직접 구성 요소는 '지은'과 '이'이며, '이'는 자립 형태소이
다. 그러나 '짓-+-은'으로 분석되는 '지은'에는 자립 형태소가 없다.
⑤ 의미를 고려할 때 '꽃고무신'의 직접 구성 요소는 '꽃'과 '고무신'이다.

2 '직접'과 '선거'의 첫음절끼리 결합한 '직선'은 ⓒ에 해당한다.
또한 '직선'이 여러 선거 방식 중의 하나라는 점에서 '직선'은 '선거'
와 상하 관계를 맺는다.

▶ 오답 풀이
① '흰자'는 '흰자위'의 일부가 줄어들어 형성되었기 때문에 ㉠에 해당한
다. 또한 '흰자'와 '흰자위'는 서로 바꾸어 써도 그 의미에 차이가 거의
없으므로 서로 유의 관계를 맺는다.
② '공격'과 '수비'의 첫음절끼리 결합한 '공수'는 ⓒ에 해당한다. 또한 '공
수'는 '공격과 수비를 아울러 이르는 말'이기 때문에 '공격', '수비' 각
각과 상하 관계를 맺는다.
④ '민간'의 앞부분과 '투자'의 뒷부분이 결합한 '민자'는 ⓒ에 해당한다.
또한 '민자'가 여러 투자 방식 중의 하나라는 점에서 '민자'는 '투자'와
상하 관계를 맺는다.
⑤ '외국'의 앞부분과 '영화'의 뒷부분이 결합한 '외화'는 ⓒ에 해당한다.
또한 '외화'가 영화의 일종이라는 점에서 '외화'는 '영화'와 상하 관계
를 맺는다.

27강 언어 (3)

⊕ 어휘 더하기

본문 189쪽

◦ (1) 연철(이어 적기) (2) ㅎ 종성 체언

(1) '말씀+이 → 말쓰미'와 같이 한 음절의 종성을 다음 자의 초
성으로 내려서 적는 것을 '연철'이라고 한다. 이와 달리 '말
씀이'와 같이 여러 형태소가 연결될 때 그 각각을 음절이나
성분 단위로 밝혀 적는 것을 '분철'이라고 한다.
(2) '둟'과 같이 'ㅎ'을 말음으로 가지는 체언을 'ㅎ 종성 체언'이
라고 한다. 참고로, '말음(末音)'은 '음절의 구성에서 마지막
소리인 자음.'을 뜻한다.

문제로 확인하기

본문 190~191쪽

1 (1) ⓒ (2) ㉠ (3) ⓒ (4) ⓒ   **2** ③   **3** ④

4 ④   **5** ③   **6** ⑤

---

1 (1) '언제'에 대한 구체적인 답을 요구하고 있으므로 '설명 의문
문'에 해당한다.
(2) 같이 갈지, 그러지 않을지에 대한 답을 요구하고 있으므로
'판정 의문문'에 해당한다.
(3) 대답을 요구하지 않는 의문문이므로 '수사 의문문'에 해당
한다.
(4) '힘든 점'에 대한 구체적인 답을 요구하고 있으므로 '설명 의
문문'에 해당한다.

2 '담화(談話)'는 '1. 서로 이야기를 주고받음. 2. 한 단체나 공
적인 자리에 있는 사람이 어떤 문제에 대한 견해나 태도를 밝히
는 말. 3. 둘 이상의 문장이 연속되어 이루어지는 말의 단위.'를
뜻한다. 첫 번째 문장에서는 1의 뜻, 두 번째 문장에서는 2의 뜻,
세 번째 문장에서는 3의 뜻으로 쓰였다.

▶ 오답 풀이
① '발화(發話)'는 '소리를 내어 말을 함. 또는 그 말.'을 뜻한다.
② '대화(對話)'는 '마주 대하여 이야기를 주고받음. 또는 그 이야기.'를 뜻
한다.
④ '대담(對談)'은 '마주 대하고 말함. 또는 그런 말.'을 뜻한다.
⑤ '면담(面談)'은 '서로 만나서 이야기함.'을 뜻한다.

3 '지시 표현'은 '이, 그, 저' 등과 같이 담화 장면을 구성하는 화
자, 청자, 사물, 시간, 장소 등의 요소를 직접 가리키는 표현을
뜻한다. '접속 표현'은 '그리고, 그런데, 따라서' 등과 같이 앞 내용
과 뒤 내용을 연결하는 표현을 뜻한다. '대용 표현'은 '그것, 거기'
등과 같이 담화에서 언급된 말, 혹은 뒤에서 언급될 말을 대신하
는 표현을 뜻한다.

4 '선행(先行)되다'는 '딴 일에 앞서 행해지다.'를 뜻하는 말로,
문맥을 고려할 때 '어떠한 사물이나 현상이 이루어질 목적으로
먼저 내세워지다.'를 뜻하는 '전제(前提)되다'와 바꿔 쓰기에 적절
하다.

▶ 오답 풀이
① '전재(轉載)되다'는 '어떤 곳에 이미 발표되었던 글이 다른 곳에 그대
로 옮겨져 실리다.'를 뜻한다.
② '개시(開始)되다'는 '행동이나 일 따위가 시작되다.'를 뜻한다.
③ '실행(實行)되다'는 '실제로 행해지다.'를 뜻한다.
⑤ '계획(計劃)되다'는 '앞으로 할 일의 절차, 방법, 규모 따위가 미리 헤
아려져 작정되다.'를 뜻한다.

5 '방점(傍點)'은 '글 가운데에서 보는 사람의 주의를 끌기 위하
여 글자 옆이나 위에 찍는 점.'을 뜻한다. '방점을 찍다'는 '관심을
집중하다.', '두드러진 흔적을 남길 만큼 새롭거나 뛰어나다.' 등의
의미로 쓰인다.

① '정점(頂點)'은 '맨 꼭대기가 되는 곳.'을 뜻한다. '정점을 찍다'는 '최고의 자리에 오르다.', '최상의 상태가 되다.' 등의 의미로 쓰인다.
② '쉼표를 찍다'는 '어떤 일이나 과정을 잠시 멈추다.', '도중에 잠시 쉬다.' 등의 의미로 쓰인다.
④ '마침표를 찍다'는 '어떤 일이 끝장이 나거나 끝장을 내다.'를 뜻하는 관용구이다.
⑤ '종지부'는 '이전 문장 부호 규정에서 온점(.), 고리점(。), 물음표(?), 느낌표(!)를 아울러 이르던 말.'로 '마침표'와 같은 말이다. '종지부를 찍다'는 '마침표를 찍다'와 의미가 같다.

6 ⓕ의 '거기'는 영선의 발화에 언급된 '작년에 같이 갔던 수목원'을 대신하는 대용 표현이다.

① ⓐ는 내용상 '주말 나들이 장소 정하기'라는 주제와 유기적인 관련을 맺고 있지 않아서 담화의 완결성을 떨어뜨리고 있다.
② ⓑ '거기'는 영선의 발화에 언급된 '놀이동산'을 대신하는 대용 표현이다.
③ ⓒ '여기'와 ⓓ '거기'는 형태는 다르지만 선희가 보여 준 사진에 등장하는 '해수욕장'이라는 동일한 장소를 가리킨다.
④ ⓔ '그리고'는 두 발화를 대등하게 연결할 때 쓰는 접속 부사이다.

기출로 강해지기
본문 192~193쪽

◆ 중심 내용 한눈에 보기
❶ 9 **❷** 8 **❸** 소리

1 ④　　**2** ④

1 〈초성자 용자례〉 중 아음 이체자의 예시 단어는 '러울'인데, 이 단어의 초성자와 종성자의 'ㄹ'은 반설음자이다. 따라서 '러울'로 초성자의 반설음자와 종성자의 반설음자를 예시할 수 있다.

① 초성자의 기본자 5자는 발음 기관을 본떠서 만들었지만 종성자의 기본자 3자는 하늘, 땅, 사람의 모습을 본떠서 만들었다.
② 초성자 기본자 'ㄱ, ㄴ, ㅁ, ㅅ, ㅇ' 중 'ㅇ'은 종성자에 쓰이지 않았다. 용자례에 제시된 '콩, 부헝, 남샹, 굼벙'에는 종성자로 'ㆁ'이 쓰였다.
③ 가획자는 9자인데 〈초성자 용자례〉에는 8자만 단어가 예시되어 있다. 단어가 예시되지 않은 가획자는 'ㆆ'으로 'ㅇ, ㅎ'과 같이 후음에 속한다.
⑤ 〈중성자 용자례〉 중 초출자 'ㅓ'의 예시 단어는 '브섭'인데, 'ㅿ'은 반치음 이체자이지만 'ㅂ'은 순음 가획자이다.

2 '거믜(>거미)는 'ㅢ → ㅣ'의 변화가 드러날 뿐 접사가 결합하

여 새로운 단어가 만들어지지는 않았다.

① '딘'(>진)에서는 '뎔'(>절)과 같이 'ㄷ → ㅈ'의 구개음화가 일어났다.
② '셔울'(>서울)에서는 '셤'(>섬)과 같이 'ㅕ → ㅓ'의 단모음화가 일어났다.
③ '플'(>풀)에서는 '믈'(>물)과 같이 'ㅡ → ㅜ'의 원순모음화가 일어났다.
⑤ '닥'(>닥나무)에서는 '골'(>갈대)에서 '골'에 '대'가 결합한 것과 같이 '닥'에 '나무'라는 단어가 결합하여 새로운 단어가 만들어졌다.

28강 매체

＋ 어휘 더하기
본문 195쪽

◦ 불가피
'집안에 일이 생겨서'와 '어느 집단에서나 … 있게 마련이다.' 등의 내용을 고려할 때, '피할 수 없음.'이라는 뜻을 지닌 '불가피'가 들어가는 것이 적절하다.

문제로 확인하기
본문 196~197쪽

1 ④　　**2** ③　　**3** ④　　**4** (1) 명시 (2) 대비
5 ㉠ 불가해 ㉡ 불가분　　**6** ③

1 '공유(共有)'는 '1. 두 사람 이상이 한 물건을 공동으로 소유하거나 이용함. 2. 정보나 의견, 감정 따위를 나눔.'을 뜻한다.

① '구독(購讀)'은 '1. 정해진 기간 동안 책이나 신문, 잡지 따위를 구입하여 읽음. 2. 신청을 통해 온라인에서 콘텐츠를 지속적으로 받아 보거나 이용함.'을 뜻한다.
② '소유(所有)'는 '가지고 있음. 또는 그 물건.'을 뜻한다.
③ '동조(同調)'는 '남의 주장에 자기의 의견을 일치시키거나 보조를 맞춤.'을 뜻한다.
⑤ '열람(閱覽)'은 '책이나 문서 따위를 죽 훑어보거나 조사하면서 봄.'을 뜻한다.

2 '타당성(妥當性)'은 '사물의 이치에 맞는 옳은 성질.'을 뜻하는 말이다. 매체 자료의 타당성을 검증할 때에는 '근거들로부터 결론을 합리적으로 이끌어 내고 있는가?', '말하고자 하는 바를 뒷받침하는 근거 자료가 현실이나 이치에 부합하는가?' 등을 확인해야 한다.

① '시의성(時宜性)'은 '그 당시의 사정이나 사회적 요구에 들어맞는 성질.'을 뜻한다.
② '공정성(公正性)'은 '공평하고 올바른 성질.'을 뜻한다.
④ '신뢰성(信賴性)'은 '굳게 믿고 의지할 수 있는 성질.'을 뜻한다.
⑤ '중립성(中立性)'은 '어느 편에도 치우치지 아니하고 공정하게 처신하는 성질.'을 뜻한다.

3 '추세(趨勢)'는 '어떤 현상이 일정한 방향으로 나아가는 경향.'을 뜻하고, '추이(推移)'는 '일이나 형편이 시간의 경과에 따라 변하여 나감. 또는 그런 경향.'을 뜻한다. '추세'에서는 '일정한 방향으로'라는 뜻에 초점이 맞춰지고 있는 반면에, '추이'에서는 '시간의 경과에 따른 변화'에 초점이 맞춰진다는 차이가 있다. 따라서 ㉠에는 '추세'가, ㉡에는 '추이'가 적절하다.

- '국면(局面)'은 '어떤 일이 벌어진 장면이나 형편.'을 뜻한다.
- '판세'는 '판의 형세.'를 뜻한다.
- '누계(累計)'는 '소계(小計)를 계속하여 덧붙여 합산함. 또는 그런 합계.'를 뜻한다.
- '추산(推算)'은 '짐작으로 미루어 셈함. 또는 그런 셈.'을 뜻한다.
- '형세(形勢)'는 '일이 되어 가는 형편.'을 뜻한다.
- '형국(形局)'은 '어떤 일이 벌어진 형편이나 국면.'을 뜻한다.

4 (1) '명시(明示)'는 '분명하게 드러내 보임.'을 뜻한다.
(2) '대비(對比)'는 '두 가지의 차이를 밝히기 위하여 서로 맞대어 비교함. 또는 그런 비교.'를 뜻한다.

5 사랑의 본질을 이해할 수 없다는 내용을 표현한 말이기 때문에 ㉠에는 '불가해'가 적절하다. '불가해(不可解)'는 '이해할 수 없음.'을 뜻한다. 또한 몸과 마음이 서로 영향을 주고받기 때문에 뗄 수 없는 관계임을 표현한 말이기 때문에 ㉡에는 '불가분'이 적절하다. '불가분(不可分)'은 '나눌 수가 없음.'을 뜻한다.

- '불가불(不可不)'은 '하지 아니할 수 없어. 또는 마음이 내키지 아니하나 마지못하여.'를 뜻한다.
- '불가침(不可侵)'은 '침범하여서는 안 됨.'을 뜻한다.
- '불가결(不可缺)'은 '없어서는 아니 됨.'을 뜻한다.

6 '알콩'과 '사슴'의 댓글 내용을 고려할 때, 글을 쓴 '새달'은 방송 내용을 잘못 이해하고 있음을 알 수 있다. '새달'이 이해한 바를 '알콩'은 등대 주변이 아닌 다른 곳에 스탬프가 있다고 들었다는 내용의 댓글로 수정해 주고 있으며, '사슴'은 스탬프가 있는 곳을 구체적으로 알려 주는 내용의 댓글로 수정해 주고 있다.

① 방송 내용에 대한 '새달'과 '알콩'의 공통된 생각과 '사슴'이 이에 동조하는 내용은 찾아볼 수 없다.
② '새달'이 방송 내용을 잘못 이해한 것을 '알콩'과 '사슴'이 바로 잡아 주고 있으므로, '사슴'이 '새달'과 '알콩'의 서로 다른 생각을 절충하고 있다는 것은 적절하지 않다.
④ 방송 내용에 대한 '새달'의 긍정적 감정은 드러나지 않으며, 따라서 '새달'의 긍정적 감정이 '사슴'의 댓글로 인해 부정적 감정으로 전환되는 부분도 찾아볼 수 없다.
⑤ '새달'이 방송 내용을 잘못 이해하고 아쉬운 마음을 담아 글을 썼다고 볼 수도 있겠지만, 이러한 감정에 '알콩'과 '사슴'이 정서적인 공감을 형성하고 있다고 볼 수 없다.

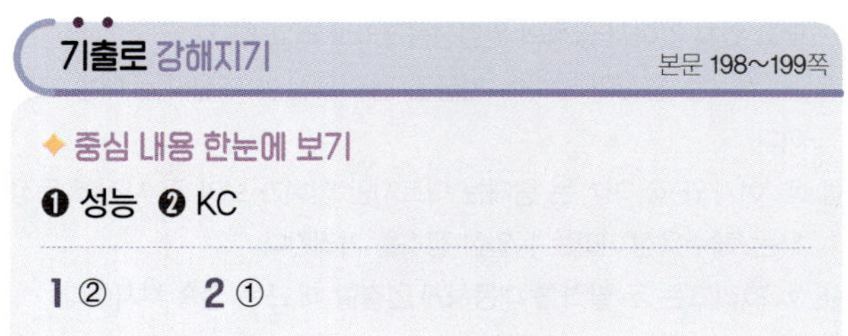

◆ 중심 내용 한눈에 보기

❶ 성능　❷ KC

1 ②　　**2** ①

1 (가)의 '진행자'의 '더워지는 요즘, 판매량이 급증하고 있는 제품이 있습니다. 휴대용 선풍기인데요.'라는 말과 '박 기자'의 보도 내용을 통해 (가)가 제품의 판매량이 늘고 있는 시기에 소비자에게 필요한 정보를 제공하는 뉴스임을 알 수 있다.

① (가)의 [장면 4]에서 다룬 수용자의 설문 조사 결과는 소비자들이 휴대용 선풍기를 구매하는 기준을 알려 주고 있다. 수용자의 설문 조사 결과를 다루었다는 점이 수용자들이 뉴스의 정보를 주체적으로 구성하고 있음을 보여 주지는 않는다.
③ (나)에는 제품의 주된 소비자층이 누구인지 명시적으로 나타나 있지 않다.
④ (가)의 [장면 3]에서 시민 인터뷰가 제시되고 있으나, 여러 소비자와의 인터뷰가 아닌 한 명의 소비자와의 인터뷰 영상만 제시되고 있다.
⑤ (나)는 제품의 디자인을 강조하는 내용을 주로 제시하고 있다. 따라서 (나)가 소비자가 알고자 하는 점을 상세하게 밝히고 있다고 볼 수는 없으며 담고 있는 정보의 양도 (가)에 비해 적다.

2 ㉠은 의문형 어미를 사용하여 의문문의 형태를 띠고 있지만, 진행자가 자신이 궁금한 내용을 시청자에게 묻는 것이라고 볼 수 없다. ㉠에는 어떤 휴대용 선풍기를 선택하는 것이 좋을지에 대한 시청자의 궁금증을 유발하여 시청자가 관심을 갖도록 하려는 진행자의 의도가 담겨 있다.

② ㉡은 명사 '휴대용 선풍기'로 문장을 마무리하여 시청자가 뉴스에서 다루고자 하는 대상인 휴대용 선풍기에 주의를 집중하게 하였다.

③ ㉢의 앞에서는 휴대용 선풍기를 구매하는 다양한 기준을 소개하고 있으며, ㉢에서는 제품을 선택할 때 안전성을 고려해야 한다고 언급하고 있다. 화제가 전환되고 있으므로 '그런데'라는 접속 표현을 사용하였다.

④ ㉣에서 박 기자는 질문을 던지고, 그 질문에 대해 스스로 답하고 있다. 이러한 방식을 통해 뉴스의 핵심 정보에 대해 시청자들의 주의를 끌고 있다.

⑤ 박 기자는 휴대용 선풍기를 구매할 때 안전성을 고려해야 한다는 사실을 강조하고 있다. 특히 뉴스의 마지막 발화인 ㉤에서 안전성을 고려하여 제품을 구매하는 것에 '현명한 선택'이라는 가치를 부여하여, 시청자들에게 보도 내용을 고려하여 제품을 선택하여야 함을 전달하고 있다.

✔ 실력 다지기

본문 200~201쪽

1 ④	**2** (1) 부정칭 (2) 미지칭 (3) 부정칭 (4) 재귀칭
3 ②	**4** ③　　**5** ③　　**6** 괄목상대

1 '말소리가 서로 이어질 때, 어느 한쪽 또는 양쪽이 영향을 받아 비슷하거나 같은 소리로 바뀌는 소리의 변화를 이르는 말.'은 '동화(同化)'이다. 'ㅁ'은 입안의 통로를 막고 코로 공기를 내보내면서 내는 소리인 '비음(鼻音)'에 해당한다. 'ㄱ'은 비음화에 의해 [ㅇ]으로 바뀐다. 이렇게 어떤 한 음운이 다른 음운으로 바뀌는 것을 '교체'라고 한다.

· '연음(連音)'은 '앞 음절의 끝 자음이 모음으로 시작되는 뒤 음절의 초성으로 이어져 나는 소리.'를 뜻한다.

· '유음(流音)'은 '혀끝을 잇몸에 가볍게 대었다가 떼거나, 잇몸에 댄 채 공기를 그 양옆으로 흘려 보내면서 내는 소리.'로 'ㄹ'이 여기에 해당한다.

· '탈락'은 있던 음운이 사라지는 것을, '축약'은 두 음운이 결합하여 하나의 음운이 되는 것을 뜻한다.

2 (1) 이 문장에서 '누구'는 정해지지 아니한[부정(不定)] 사람을 가리키는 대명사이기 때문에 '부정칭'에 해당한다. 대표적인 부정칭인 '아무'로 바꾸어서 자연스러우면 부정칭으로 판단하면 된다.

(2) 이 문장에서 '어디'는 모르는[미지(未知)] 장소를 가리키는 대명사이기 때문에 '미지칭'에 해당한다.

(3) 이 문장에서 '어디'는 정해지지 아니한 장소를 가리키는 대명

사이기 때문에 '부정칭'에 해당한다. '아무 데'로 바꾸어도 자연스럽다.

(4) 이 문장에서 '당신'은 앞에 나온 '할머니'를 도로 나타내는[재귀(再歸)] 말이기 때문에 '재귀칭'에 해당한다.

3 기본형 '휘날리다'에서 '-다'를 제외한 부분인 '휘날리-'가 어간에 해당하며, '-다'는 어미에 해당한다. 용언이 활용할 때 변하지 않는 부분을 '어간', 변하는 부분을 '어미'라고 한다. '휘날리-'를 형태소 분석하면 '휘- + 날- + -리-'가 되는데, 실질적 의미를 나타내는 중심이 되는 어근에 해당하는 것은 '날-'이고, '휘-'와 '-리-'는 어근에 붙어 새로운 단어를 구성하는 접사에 해당한다. '휘-'는 접두사, '-리-'는 접미사이다.

4 ⓐ에서 '상보적(相補的)'은 '서로 모자란 부분을 보충하는 관계에 있는 (것).'을 뜻하며 지향해야 할 대상이다. 지양하고 서로 협조해야 한다고 했으므로 '남을 배척하는 (것).'을 뜻하는 '배타적(排他的)'을 써야 자연스러워진다.

① '함의(含意)'는 '말이나 글 속에 어떠한 뜻이 들어 있음. 또는 그 뜻.'을 뜻하는 말로 문맥에 잘 어울린다.

② '동조(同調)하다'는 '남의 주장에 자기의 의견을 일치시키거나 보조를 맞추다.'를 뜻하는 말로 문맥에 잘 어울린다.

④ '호응(呼應)'은 '앞에 어떤 말이 오면 거기에 응하는 말이 따라옴. 또는 그런 일.'을 뜻하는 말로 문맥에 잘 어울린다.

⑤ '추이(推移)'는 '일이나 형편이 시간의 경과에 따라 변하여 나감. 또는 그런 경향.'을 뜻하는 말로 문맥에 잘 어울린다.

5 ⓐ의 첫 번째 문장의 '대비(對比)하다'는 '두 가지의 차이를 밝히기 위하여 서로 맞대어 비교하다.'를, 두 번째 문장의 '대비(對備)하다'는 '앞으로 일어날지도 모르는 어떠한 일에 대응하기 위하여 미리 준비하다.'를 뜻한다. 소리는 같으나 뜻이 다른 동음이의어에 해당한다.

① 첫 번째 문장의 '담화(談話)'는 '서로 이야기를 주고받음.'을, 두 번째 문장의 '담화'는 '둘 이상의 문장이 연속되어 이루어지는 말의 단위.'를 뜻한다. 두 뜻 사이에 관련성이 있으므로 다의어에 해당한다.

② 첫 번째 문장의 '공유(共有)'는 '두 사람 이상이 어떤 것을 공동으로 소유하거나 이용함.'을, 두 번째 문장의 '공유'는 '정보나 의견, 감정 따위를 나눔.'을 뜻한다. 두 뜻 사이에 관련성이 있으므로 다의어에 해당한다.

④ 두 문장에서 '명시(明示)하다'는 모두 '분명하게 드러내 보이다.'를 뜻한다.

⑤ 두 문장에서 '열람(閱覽)하다'는 모두 '책이나 문서 따위를 죽 훑어보거나 조사하면서 보다.'를 뜻한다.

6 (1)은 '반모음', (2)는 '시의성', (3)은 '비선형적', (4)는 '언중', (5)는 '방점', (6)은 '활용'의 뜻풀이에 해당한다. '괄목상대(刮目相對)'는 '눈을 비비고 상대편을 본다는 뜻으로, 남의 학식이나 재주가 놀랄 만큼 부쩍 늚을 이르는 말.'이다.

어휘가 독해다!

수능 국어 어휘

정답과 해설

EBS
수학의 왕도
수학 공부의 핵심은
암기도, 양치기도 아닌
개|념|이|해
수학의 왕도
한눈에 쏙 들어오는 시각화 요소로
누구나 개념을 쉽게 이해하는
EBS 수학 기본서
공통수학1
공통수학2
고등 수학은
EBS 수학의 왕도로
한 번에 완성!
▷ 고2~고3 교재는 2025년 4월 발행 예정
2022 개정 교육과정 적용, 새 수능 대비 기본서
개념 이해가 쉬운 시각화 장치로 친절한 개념서
기초 문제부터 실력 문제까지 모두 포함된 종합서

시험 직전, 핵심만 간단히!

미니
완자

중학
역사
①

미니완자

중학
역사
①

01 역사의 의미와 역사 학습의 목적

❶ 역사의 의미

(1) **의미**: 과거에 실제로 일어난 일, 인류가 남긴 모든 발자취

(2) **'사실로서의 역사'와 '기록으로서의 역사'** 〔시험 꿀팁!〕 '사실로서의 역사'와 '기록으로서의 역사'를 비교해서 묻는 문제가 자주 출제돼.

사실로서의 역사	과거에 일어난 사실 그 자체, 객관적
기록으로서의 역사	역사가가 선택한 사실, 기록한 사람의 관점과 해석이 담김, 주관적

(3) **사관의 특징**: 동일한 역사 사건·인물도 역사가의 사관에 따라 다르게 평가될 수 있음

❷ 역사 학습의 목적

〔시험 꿀팁!〕 사례를 통해 알 수 있는 역사 학습의 목적을 묻는 문제가 자주 출제돼.

현재의 대한 올바른 이해	인류가 형성·발전시킨 유산과 전통을 다음 세대가 계승하면서 자신의 정체성 확인, 역사의 흐름 파악 가능
역사적 사고력·비판력·판단력 향상	역사 탐구 과정에서 인과 관계와 역사적 의미 파악, 이를 토대로 역사적 판단을 내림 → 다양한 사고 능력 향상
삶의 지혜와 교훈 습득	과거의 사례에서 좋은 점 수용, 부끄러운 과거 반성 → 미래를 내다보는 안목을 기를 수 있음
문화의 다양성을 이해하는 태도 함양	다른 지역의 역사 탐구 → 상대의 문화를 존중하는 마음가짐을 기름(인류의 평화 극복, 함께 평화롭게 살아가는 바탕이 됨)

❸ 연대 표기법

기원전과 기원후(서기)	대체로 예수가 태어난 해를 기준으로 탄생 이전을 기원전(B.C.), 탄생 이후를 기원후(A.D.)로 구분하는 연대 표현
세기	연대를 셀 때 100년을 한 묶음으로 하는 단위
연호	보통 국왕이 즉위한 해에 붙이던 연대 이름

시험에 꼭 나와!

1 ☐☐☐☐☐은/는 과거에 일어난 사실이자 인류가 남긴 모든 발자취를 이른다.

2 '☐☐☐☐☐'은/는 역사가가 선택한 사실로, 기록한 사람의 관점과 해석이 담겨 있다.

3 인류의 다음 세대는 유산과 전통을 계승하면서 자신의 ☐☐☐을/를 확인할 수 있다.

4 역사를 공부하면 과거의 사례를 통해 삶의 지혜와 ☐☐☐을/를 얻을 수 있다.

5 연대를 셀 때 100년을 한 묶음으로 하는 단위를 ☐☐☐(이)라고 한다.

답 1. 역사 2. 기록으로서의 역사 3. 정체성 4. 교훈 5. 세기

02 역사 탐구의 절차와 방법

❶ 역사 자료(사료)와 역사 연구

(1) **사료**: 옛사람들이 남긴 흔적, 유물·유적·문헌 또는 문자 자료와 비문자 자료로 구분

문자 자료	책, 문서 등 종이에 쓴 것과 금석문, 비문 등 돌이나 금속 등에 새긴 것
비문자 자료	문자 이외에 그림, 조각, 건축, 영상, 음성 등으로 표현된 것

(2) **역사 연구**: 역사가는 사료에 나오는 내용을 철저하게 검증하는 **사료 비판**을 거친 자료를 연구
→ 과거 상황을 분석 및 해석하여 역사 서술

❷ 역사 학습에 도움을 주는 자료

역사 지도	지도에 영역, 이동 경로, 수도 및 도시 등의 역사 정보를 나타낸 자료
연표	역사적 사건을 일어난 순서대로 나타낸 자료
도표	통계 등 숫자로 된 정보를 정리한 자료
그림·사진	역사를 시각적으로 보여 주는 자료

❸ 역사 탐구의 절차와 방법  시험꿀팁! 역사 탐구의 절차를 나열하는 문제가 자주 출제돼.

탐구 주제 선정	원하는 탐구 주제 선정, 일상 소재도 선택 가능
자료 수집	• 탐구 주제에 필요한 다양한 자료 탐색 • 자료 수집 방법: 박물관·도서관 이용, 인터넷 검색, 디지털 아카이브 이용, 답사, 인터뷰 등
자료 분석과 해석	• 사료 비판: 자료의 출처 확인, 자료들을 비교하여 내용 오류 검증 • 자료 분석 및 해석: 문제 해결에 도움이 되는 증거 분류, 이유 파악 → 중요성, 인과 관계 등을 고려하여 분석한 내용 정리(토의·토론으로 해석한 내용 검증)
탐구 결과 정리	역사 자료를 활용하여 이해하기 쉬운 형태로 정리 → 발표 → 평가

시험에 꼭 나와!

1 옛사람들이 남긴 흔적을 일컬어 [　　　　　](이)라고 한다.

2 사료 중 [　　　　　]은/는 종이에 쓴 것과 돌·금속 등에 새긴 것이 있다.

3 [　　　　　]은/는 역사가가 사료에 나오는 내용을 철저하게 검증하는 과정을 말한다.

4 [　　　　　]은/는 역사적 사건을 일어난 순서대로 나타낸 자료이다.

5 역사 탐구는 주제 선정 → [　　　　　] → 자료 분석 및 해석 → 탐구 결과 정리 순으로 진행한다.

01 인류의 진화와 선사 문화의 발달

❶ 인류의 출현과 진화

(1) **인류의 기원**: 인류의 기원이 되는 동물은 약 600만 년 전에 나타난 것으로 추정

(2) **인류의 출현과 진화**: 아프리카에서 여러 지역으로 이동, 자연환경에 적응하며 생존

구분	등장 시기	특징
오스트랄로피테쿠스 아파렌시스	약 390만 년 전	**최초의 인류**, 아프리카에서 출현, 직립 보행, 간단한 도구 사용
호모 에렉투스	약 180만 년 전	불과 간단한 언어 사용, 집단 사냥
호모 네안데르탈렌시스	약 40만 년 전	시체 매장, 호모 사피엔스와 오랜 기간 공존, 긴 창으로 매머드 등 큰 동물 사냥
호모 사피엔스	약 20만 년 전	**현생 인류**, 대표적인 화석 인류는 크로마뇽인, 동굴 벽화 제작, 아프리카를 떠나 유럽과 아시아로 이동

❷ 선사 문화의 발달

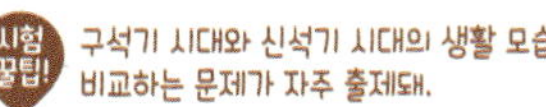
시험 꿀팁! 구석기 시대와 신석기 시대의 생활 모습을 비교하는 문제가 자주 출제돼.

구분	구석기 시대	신석기 시대
시기	인류의 등장부터 약 1만 년 전까지(빙하기)	약 1만 년 전 시작(기온이 오늘날과 유사)
도구	나무나 뼈로 만든 도구와 **뗀석기** 사용(주먹도끼, 찍개 등)	**간석기** 사용(갈돌과 갈판 등), 토기 제작, 가락바퀴와 뼈바늘 사용
경제	**채집** 생활과 **수렵** 생활(매머드 등 큰 동물 사냥)	**농경** 생활과 **목축** 생활 시작 → 인류 생활의 큰 변화 발생(**신석기 혁명**)
사회	무리 지어 **이동 생활**(동굴, 바위 그늘, 막집 등에 거주), 평등 사회	**정착 생활**(주로 바닷가나 강가에 움집을 지어 거주), 마을 형성, 평등 사회
신앙·예술	시체 매장, 예술품 제작(조각상, 동굴 벽화 등)	특정 동물이나 식물 숭배, 동물의 뼈·조개 껍데기 등으로 몸 장식

시험에 꼭 나와!

1 [＿＿＿＿＿]은/는 약 390만 년 전 아프리카에서 출현한 최초의 인류이다.

2 현생 인류인 [＿＿＿＿＿]의 대표적인 화석 인류로는 크로마뇽인이 있다.

3 [＿＿＿＿＿]은/는 인류의 등장부터 약 1만 년 전까지의 시기를 이른다.

4 구석기 시대에는 주먹도끼 등 돌을 깨뜨리거나 떼어 내서 만든 [＿＿＿＿＿]을/를 사용하였다.

5 신석기 시대에 농경과 목축 생활이 가져온 인류 생활의 큰 변화를 [＿＿＿＿＿](이)라고 한다.

02 문명의 발생과 특징

❶ 문명의 발생

시험 꿀팁! 문명의 공통적인 특징을 묻는 문제가 자주 출제돼.

(1) **공통점**: 큰 강 유역에서 발생, 관개 농업의 발달로 농업 생산력이 늘고 빈부 격차가 커지면서 계급 발생, 청동기 사용, 도시 국가 형성(군대·정치 조직, 왕궁·신전 등 건축, 문자 사용)

(2) **4대 문명의 발상지**: 티그리스강과 유프라테스강 사이의 메소포타미아 지방, 이집트의 나일강 유역, 인도의 인더스강 유역, 중국의 황허강 유역

❷ 4대 문명의 특징

메소포타미아 문명	• 수메르인의 도시 국가: 기원전 3500년경 형성, 지구라트(신전) 건립, 신권 정치, 현재의 안정된 삶 중시, 태음력·60진법·쐐기 문자 사용 • 바빌로니아 왕국: 아무르인이 건국, 함무라비 왕 때 전성기를 누림(메소포타미아 지방 통일, 함무라비 법전 편찬) → 히타이트인에게 멸망
이집트 문명	• 형성: 기원전 3000년경 통일 왕국 성립 • 특징: 파라오(왕)의 신권 정치, 영혼 불멸과 사후 세계를 믿음(미라와 「사자의 서」 제작, 피라미드 건설), 태양력·10진법 사용, 상형 문자 사용(파피루스에 기록), 천문학·기하학·측량술 등 발달
인도 문명	• 형성: 기원전 2500년경 하라파, 모헨조다로 등 계획도시 건설 • 특징: 청동기·그림 문자 사용, 메소포타미아 지방과 교역 • 아리아인의 이동(인더스강 유역을 거쳐 갠지스강 유역까지 진출): 철제 농기구와 철제 무기 사용, 카스트제(신분제) 시행, 브라만교 성립
중국 문명	• 형성: 기원전 2500년경 초기 국가 등장 • 상: 기원전 1600년경 성립, 신권 정치, 왕이 나라의 중대사를 점을 쳐서 결정(점친 내용을 갑골문으로 기록), 청동기로 제사용 도구 제작 • 주: 기원전 11세기경 상을 무너뜨리고 세력 확장, 봉건제 시행 → 기원전 8세기경 유목 민족의 침입 이후 호경에서 낙읍(뤄양)으로 천도

시험에 꼭 나와!

1 관개 농업의 발달로 농업 생산량이 늘어나고 빈부의 차가 커지면서 [   ]이/가 발생하였다.

2 메소포타미아 문명을 이끈 [   ]은/는 도시 중앙에 신전인 지구라트를 건립하였다.

3 이집트 문명은 기원전 3000년경 [   ] 유역에서 형성되었다.

4 아리아인의 이동 후 인도에서는 신분제인 [   ]이/가 시행되었다.

5 중국 상의 왕은 나라의 중대사를 점친 후 그 내용을 [   ](으)로 기록하였다.

정답 1. 계급 2. 수메르인 3. 나일강 4. 카스트제 5. 갑골문

03 고대 서아시아 세계의 형성

① 아시리아

(1) **성립**: 바빌로니아 왕국의 쇠퇴 후 성장 → 기원전 7세기경 서아시아 지역 최초 통일

(2) **멸망**: 정복지에 대한 가혹한 통치 → 각지에서 반란이 일어나 멸망

② 아케메네스 왕조 페르시아

(1) **성립과 발전** 시험 꿀팁! 키루스 2세와 다리우스 1세의 통치 정책을 묻는 문제가 자주 출제돼.

키루스 2세	기원전 6세기 서아시아 지역 통일, 피정복민의 풍습을 존중하는 관용 정책 실시(피정복민의 협조를 얻기 위한 목적, 200여 년간 번영을 누린 바탕이 됨)
다리우스 1세 (전성기)	• 영토 확장: 지중해 연안에서 인더스강에 이르는 대제국 건설 • 중앙 집권 정책: 전국을 20여 개의 주로 나누고 총독 파견('왕의 눈', '왕의 귀'라고 불리는 감찰관을 파견하여 총독 감시), 도로 '왕의 길' 건설

(2) **멸망**: 그리스·페르시아 전쟁에서 패배, 총독들의 반란으로 쇠퇴 → 알렉산드로스에게 멸망

(3) **문화와 종교**

국제적인 문화	• 배경: 여러 민족의 문화 수용, 국내외로 활발히 교류 • 내용: 수도 페르세폴리스 궁전 건축, 금속 세공품과 유리 공예품 발달
조로아스터교	• 교리: 선과 빛인 신인 아후라 마즈다를 최고신으로 섬김, 불을 신성하게 여김 • 확산: 왕들의 지원으로 서아시아 지역에 전파, 크리스트교 등에 영향을 줌

③ 파르티아

(1) **성립과 발전**: 기원전 3세기 중엽 이란계 유목 민족이 건국 → 중국과 로마 사이에서 중계 무역으로 번영

(2) **멸망**: 사산 왕조 페르시아의 공격으로 멸망

시험에 꼭 나와!

1 기원전 7세기경 [　　　　　]은/는 서아시아 지역을 최초로 통일하였다.

2 아케메네스 왕조 페르시아는 피정복민의 협조를 얻기 위해 [　　　　　]을/를 펼쳤다.

3 [　　　　　]은/는 대제국을 건설하여 아케메네스 왕조 페르시아의 전성기를 이끌었다.

4 페르시아인들이 널리 믿은 [　　　　　]은/는 아후라 마즈다를 최고신으로 섬겼다.

5 이란계 유목 민족이 세운 [　　　　　]은/는 중국과 로마 사이의 중계 무역으로 번영하였다.

정답 1. 아시리아 2. 관용 정책 3. 다리우스 1세 4. 조로아스터교 5. 파르티아

고대 지중해 세계의 형성

❶ 고대 그리스 세계의 형성과 발전

(1) **폴리스**의 형성: 아크로폴리스와 아고라로 구성, 정치적 독립, 올림피아 제전 개최

(2) 스파르타와 아테네의 발전  **시험꿀팁!** 아테네 민주정의 발전 과정을 묻는 문제가 자주 출제돼.

스파르타	강력한 군사 통치 실시, 왕과 귀족이 정치 주도, 나라의 중대사는 민회에서 결정
아테네	**민주정**의 발전: 솔론 → 클레이스테네스(도편 추방제 도입) → 페리클레스(전성기, 민회가 입법권 행사, 관직과 배심원을 대부분 추첨으로 선출, 수당 지급)

(3) **그리스 세계의 발전과 쇠퇴**: 그리스·페르시아 전쟁(그리스 승리) → 아테네 중심의 델로스 동맹 결성, 아테네의 권한 강화 → 스파르타 중심의 펠로폰네소스 동맹 결성 → 펠로폰네소스 전쟁(스파르타 승리) → 오랜 전쟁으로 그리스의 폴리스 쇠퇴, 마케도니아에 멸망

(4) **그리스의 문화**: 인간 중심적·합리적인 문화 발전

예술	인간관계나 사회 문제를 주제로 한 연극 유행(「오이디푸스왕」, 「안티고네」), 조화와 균형을 강조하는 그리스 양식 발달(**파르테논 신전**, 「아테나 여신상」)
학문	• 문학: 인간적인 신의 모습 표현(호메로스의 『오디세이아』) • 철학: 소피스트(진리의 상대성 강조), **소크라테스**(진리의 절대성 강조)의 등장 • 역사: 헤로도토스, 투키디데스의 역사책 저술

❷ 알렉산드로스 제국과 헬레니즘 문화  **시험꿀팁!** 헬레니즘 문화의 특징을 묻는 문제가 자주 출제돼.

(1) **알렉산드로스 제국**: 마케도니아의 왕 알렉산드로스의 동방 원정 → 대제국 건설 → 동서 융합 추진(알렉산드리아 건설, 그리스 문화 전파, 정복지 사람을 관리로 등용)

(2) **헬레니즘 문화**: 그리스 문화와 동방 문화의 융합, 개인주의와 세계 시민주의의 발달

철학	스토아학파(이성적인 삶 강조), 에피쿠로스학파(정신적 즐거움 추구) 등장
예술	사실적이고 생동감 있는 표현 추구(「라오콘 군상」, 「밀로의 비너스」)

시험에 꼭 나와!

1 그리스의 ☐☐☐☐☐은/는 아크로폴리스와 아고라로 구성되었다.

2 그리스 ☐☐☐☐☐의 민주정은 페리클레스 집권 시기에 전성기를 맞았다.

3 ☐☐☐☐☐은/는 진리의 절대성과 객관성을 강조하며 소피스트를 비판하였다.

4 마케도니아의 왕 ☐☐☐☐☐은/는 동방 원정을 추진하여 대제국을 건설하였다.

5 알렉산드로스 제국 시기에는 그리스 문화와 동방 문화가 융합한 ☐☐☐☐☐이/가 발달하였다.

답 1. 폴리스 2. 아테네 3. 소크라테스 4. 알렉산드로스 5. 헬레니즘 문화

05 로마 제국의 성장

❶ 로마 공화정 시기

(1) 공화정의 성립과 발전: 기원전 6세기 말 귀족들이 왕을 몰아내고 공화정 수립 → 평민들의 정치 참여 증가(평민회 구성, 호민관 선출) → 원로원·집정관·민회의 균형과 견제로 유지

(2) 공화정의 위기: 로마-카르타고 전쟁(포에니 전쟁)에서 로마의 승리 → 귀족들의 대농장(라티푼디움) 경영으로 자영 농민 몰락 → **그라쿠스 형제의 개혁** 시도(실패) → 군인 정치가들의 권력 다툼 → 카이사르의 정권 장악(반대파에게 암살당함)

❷ 로마 제정 시기

시험 꿀팁! 옥타비아누스와 콘스탄티누스 대제의 업적을 묻는 문제가 자주 출제돼.

(1) 제정의 성립: **옥타비아누스**의 권력 장악, 원로원으로부터 '아우구스투스(존엄한 자)'라는 칭호 획득 → 실질적 제정 시작(기원전 27)

(2) 전성기: 옥타비아누스 이후 200여 년간 '로마의 평화'라고 불리는 번영을 누림

(3) 제국의 중흥 노력: 2세기 말 이민족의 침입, 3세기경 군대의 정치 개입으로 제국 쇠퇴

디오클레티아누스	3세기 말 제국을 4분할하여 네 명의 통치자가 관리하게 함
콘스탄티누스 대제	4세기 초 크리스트교 공인, 콘스탄티노폴리스로 천도

(4) 제국의 분리와 멸망: 4세기 말 동·서로마로 분리 → 서로마 제국 멸망(476)

❸ 로마의 문화와 크리스트교의 확산

실용적인 문화	• 법률: 관습법 → 12표법 → 시민법 → 만민법으로 발전, 비잔티움 제국 시기 『유스티니아누스 법전』으로 로마법 집대성 • 건축: 콜로세움, 수도교, 판테온, 아피우스 가도 등 건립
크리스트교	예수의 가르침(인간 평등, 사랑과 믿음으로 구원 가능)을 제자들이 전파하면서 성립 → 노인, 여성, 하층민 등 소외된 사람들을 중심으로 확산 → 콘스탄티누스 대제의 밀라노 칙령으로 공인(313) → 4세기 말 로마의 국교로 인정

시험에 꼭 나와!

1 기원전 6세기 말 로마의 귀족들이 왕을 몰아내고 [   ]을/를 세웠다.

2 로마 귀족들의 라티푼디움 경영으로 자영 농민이 몰락하자 [   ]은/는 개혁을 시도하였다.

3 로마의 제정은 '아우구스투스'라고 불린 [   ]이/가 권력을 장악하면서 시작되었다.

4 로마를 부흥시키기 위해 콘스탄티누스 대제는 [   ](으)로 수도를 옮겼다.

5 예수가 창시한 [   ]은/는 콘스탄티누스 대제의 밀라노 칙령으로 공인되었다.

정답 1. 공화정 2. 그라쿠스 형제 3. 옥타비아누스 4. 콘스탄티노폴리스 5. 크리스트교

06 고대 동아시아 세계의 형성

❶ 춘추 전국 시대의 전개

사회 변화	• 철제 무기 사용 → 정복 전쟁 활발, 전쟁 규모 확대 • 철제 농기구의 사용 → 농업 생산력 증가, 상업과 수공업 발달
제자백가의 등장	유가('인'과 '예'를 바탕으로 한 도덕 정치 주장), 법가(법과 제도의 엄격한 적용 주장), 묵가(차별 없는 사랑 강조), 도가(무위자연의 삶 강조) 등

❷ 진의 중국 통일 🏷시험 꿀팁! 시황제의 통일 정책을 묻는 문제가 자주 출제돼.

(1) **중국 통일**: 전국 7웅 중 하나인 진(秦)이 부국강병을 이룸 → **최초로 중국 통일**(기원전 221)

(2) **시황제의 정책**: 왕을 '황제'로 칭함, 전국에 **군현제** 실시, 화폐·도량형·문자 등 통일, 법가 사상 채택, 분서갱유 실시, 흉노 견제 목적으로 **만리장성** 축조

(3) **멸망**: 대규모 토목 공사에 백성을 자주 동원, 가혹한 통치 → 농민 봉기로 멸망

❸ 한의 성립과 발전 🏷시험 꿀팁! 한 무제의 통치 정책을 묻는 문제가 자주 출제돼.

(1) **성립과 발전**: 유방(고조)이 중국 통일, 군국제 시행 → **한 무제**의 통치(군현제 전국 확대 실시, 흉노 정벌, 고조선 정복, 소금·철 등의 전매 제도 실시, 유교 사상 채택)

(2) **변천과 멸망**: 외척 왕망이 한을 멸망시키고 신 건국 → 신 멸망 → 유수(광무제)가 후한 건국 → 황건적의 난 등의 농민 봉기, 호족의 봉기로 멸망

(3) **한의 문화**: 훈고학 발달, 역사학 발전(**사마천의 『사기』** 편찬), 채륜의 제지술 개량

❹ 고대 유라시아의 동서 교류

초원길	유목 민족인 스키타이가 개척 → 흉노가 이를 거쳐 청동기 문화를 동아시아에 전파
비단길	한 무제가 흉노를 정벌하려고 장건을 서역에 파견 → 비단길 개척, 유라시아 상호 교류
바닷길	이집트 상인이 인도양을 거쳐 교역하면서 바닷길 개척 → 동서 교류의 중요 통로가 됨

🏷 시험에 꼭 나와!

1 춘추 전국 시대에는 유가, 법가, 도가, 묵가 등 [＿＿＿＿＿＿＿]이/가 등장하였다.

2 중국을 최초로 통일한 진의 [＿＿＿＿＿＿＿]은/는 법가 사상을 바탕으로 나라를 다스렸다.

3 [＿＿＿＿＿＿＿]은/는 흉노를 정벌하고 고조선을 정복하였다.

4 한대에는 사마천이 [＿＿＿＿＿＿＿]을/를 편찬하는 등 역사학이 발달하였다.

5 한 무제가 흉노를 정벌하려고 장건을 서역에 파견하는 과정에서 [＿＿＿＿＿＿＿]이/가 개척되었다.

07 고대 인도 세계의 형성

1 불교의 성립

(1) **성립**: 기원전 6세기경 고타마 싯다르타(석가모니)가 창시

(2) **교리와 확산**

교리	카스트제의 신분 차별 반대, 평등과 자비 강조, 올바른 수행으로 해탈 가능 주장
확산	카스트 사회에 불만은 품은 크샤트리아와 바이샤 세력의 지원으로 확산

2 마우리아 왕조의 발전

(1) **성립**: 기원전 4세기경 찬드라굽타 마우리아가 북인도 통일

(2) **전성기**: 기원전 3세기 아소카왕 시기

영토 확장	인도 남부 일부를 제외한 대부분 지역 통일
불교 장려	전국에 통치 방침과 불교의 가르침을 새긴 돌기둥 건립, 산치 대탑 건립, 개인의 해탈을 강조하는 상좌부 불교 발전(실론과 동남아시아로 전파)

3 쿠샨 왕조의 성립과 간다라 양식의 발달

(1) **성립**: 1세기경 이란 계통의 유목민(쿠샨족)이 인도 서북부에 건국

(2) **전성기**: 2세기 카니슈카왕 시기, 중국·인도·서아시아를 연결하는 중계 무역으로 번영

영토 확장	북인도에서 중앙아시아에 이르는 영토 확보
불교 장려	사원과 탑 건립, 많은 사람(중생)의 구제를 강조하는 대승 불교 발전(중앙아시아를 거쳐 동남아시아, 동아시아로 전파)

(3) **간다라 양식의 발달**: 알렉산드로스의 동방 원정 이후 인도의 서북부 지역에 그리스인 정착 → 간다라 지방에 인도 문화와 헬레니즘 문화가 융합된 간다라 양식 발달 → 비단길을 따라 동아시아로 전파되어 여러 나라의 불상 제작에 영향을 줌

시험에 꼭 나와!

1 기원전 6세기경 고타마 싯다르타(석가모니)가 〔　　　　　〕을/를 창시하였다.

2 불교는 카스트 사회에 불만을 품은 크샤트리아와 〔　　　　　〕 세력의 지원으로 확산되었다.

3 인도의 〔　　　　　〕은/는 기원전 3세기 아소카왕 때 전성기를 맞이하였다.

4 쿠샨 왕조의 〔　　　　　〕은/는 중생의 구제를 강조하는 대승 불교를 발전시켰다.

5 쿠샨 왕조의 간다라 지방에서는 인도 문화와 헬레니즘 문화가 융합된 〔　　　　　〕이/가 발달하였다.

위진 남북조 시대와 수·당의 중국 통일

1 위진 남북조 시대  시험 꿀팁! 북위 효문제의 한화 정책을 묻는 문제가 자주 출제돼.

(1) **삼국 시대**: 후한 멸망 후 위·촉·오로 분열 → 진(晉)이 삼국 통일

(2) **5호 16국 시대와 동진**: 북방 민족이 화북 차지 → 한족이 창장강의 남쪽으로 내려가 동진 건국

(3) **남북조 시대**: 북위가 화북 지방 통일, 강남 지방에 한족 왕조 수립

북조	북위 **효문제**의 **한화 정책** 추진(선비족의 복장과 언어 금지, 한족 성씨 사용 등)
남조	화북 지방에서 이주해 온 한족이 강남 개발 → 경제 발전

(4) **위진 남북조 시대의 사회·문화**

사회	**9품중정제** 실시 → 지방 호족의 중앙 진출, **문벌 귀족** 사회의 형성
종교·문화	• **불교**(원강 석굴 등 건립), **도교**(민간의 전통 신앙과 도가 사상 결합) 발달 • **청담 사상**(개인의 자유로운 삶 추구)과 귀족 문화 등이 남조에서 발달

2 수·당의 성립과 발전  시험 꿀팁! 당의 통치 제도를 묻는 문제가 자주 출제돼.

(1) **수의 중국 통일**

문제	양견(문제)이 중국을 통일(589) → **과거제** 시행, 토지 제도와 군사 제도 정비
양제	화북 지방과 강남 지방을 연결하는 **대운하** 완성, 고구려 원정 실패 → 멸망(618)

(2) **당의 성립과 발전**

성립	이연(고조)이 장안을 수도로 삼아 건국(618)
발전·쇠퇴	• 발전: 태종 때 **율령 체제** 정비 → 고종 때 신라와 연합하여 백제와 고구려 멸망시킴 • 쇠퇴와 멸망: **안사의 난** 이후 절도사의 권한 강화 → 절도사 세력에게 멸망(907)
통치 제도	**3성 6부** 운영, 농민 지배를 위해 **균전제**, **조용조**, **부병제** 실시
문화	• **귀족적**: 문학(이백과 두보), 서예(구양순), 그림(왕유의 수묵 산수화) 등 발달 • **국제적**: 수도 **장안**이 국제 도시로 번성, 외래 종교 전래, 서역 문화의 유행(당삼채 등) • 학문·종교:『오경정의』 편찬, 현장 등이 인도 순례 후 불교 경전을 들여옴, 도교 발달

시험에 꼭 나와!

1 북위의 [＿＿＿＿＿＿]이/가 한화 정책을 실시하였다.

2 위진 남북조 시대에는 추천으로 관리를 뽑는 [＿＿＿＿＿＿]이/가 실시되어 지방 호족이 중앙에 진출하였다.

3 수 양제 때 화북 지방과 강남 지방을 연결하는 [＿＿＿＿＿＿]이/가 완성되었다.

4 당은 [＿＿＿＿＿] 때 수의 제도를 이어받아 율령 체제를 정비하였다.

답 1. 효문제 2. 9품중정제 3. 대운하 4. 태종

02 동아시아 문화권의 형성

❶ 만주와 한반도, 일본의 고대 국가 형성

(1) 만주와 한반도의 고대 국가 형성

고조선	만주와 한반도에 등장한 최초의 국가 → 한의 공격으로 멸망
삼국 시대	고구려·백제·신라가 율령 반포, 불교 수용 → 중앙 집권 국가로 발전
남북국 시대	7세기 신라가 삼국 통일, 옛 고구려 땅에서 고구려 유민이 발해 건국

(2) 일본 고대 국가의 성립과 발전

시험 꿀팁! 일본의 고대 국가 발전 과정을 묻는 문제가 자주 출제돼.

야요이 문화	기원전 3세기경 성립, 벼농사 시작, 청동기·철기 사용
야마토 정권	• 4세기경 야마토 정권이 주변 소국 통합, 다이센 고분 조성 • 아스카 시대: 중국과 한반도로부터 불교 등 수용 → 아스카 문화 발전 • 다이카 개신: 7세기 중엽 당의 율령을 받아들여 통치 체제 정비 • 7세기 말부터 '일본' 국호와 '천황' 칭호 사용
나라 시대	8세기 초 헤이조쿄(나라)로 천도, 불교 발전(도다이지 등 대규모 사찰 건립), 역사서 『일본서기』 편찬
헤이안 시대	8세기 말 헤이안쿄(교토)로 천도, 국풍 문화 발달(가나 문자 제작 등)

❷ 동아시아 문화권의 형성

(1) 배경: 당이 한반도, 일본, 베트남 등과 교류하는 과정에서 형성

(2) 공통 요소

한자	의사소통 수단, 이두(신라)·가나 문자(일본)·쯔놈 문자(베트남) 형성에 영향을 줌
율령	당대 완성, 동아시아 각국의 통치 체제 성립에 기여(3성 6부제)
유교	한대 이후 주변국에 전래, 동아시아 지역의 정치·사회 이념이 됨
불교	후한대 전래, 왕실을 중심으로 발전, 사찰 건립과 불교 예술 발달에 기여

시험에 꼭 나와!

1 만주와 한반도에 등장한 최초의 국가인 [   ]은/는 한의 공격으로 멸망하였다.

2 일본 야마토 정권 시기 당의 율령 체제를 본떠 정치 체제를 정비한 [   ]이/가 일어났다.

3 [   ]에 역사서 『일본서기』가 편찬되었다.

4 [   ]에는 국풍 문화가 발달하여 가나 문자가 제작되었다.

5 동아시아 국가들은 한자, 율령, 유교, 불교 등을 공통 요소로 하는 [   ]을/를 형성하였다.

03 사산 왕조 페르시아와 굽타 왕조의 발전

① 사산 왕조 페르시아와 굽타 왕조의 발전

사산 왕조 페르시아	• 성립: 3세기 초 아케메네스 왕조 페르시아의 부흥을 내세우며 성립 • 발전·멸망: 지방에 총독 파견, 조로아스터교의 국교화, 중계 무역으로 번영, 로마 제국과 경쟁 → 이슬람 세력에게 멸망
굽타 왕조	• 성립: 찬드라굽타 1세가 분열된 인도 통일 후 성립(320) • 발전: 찬드라굽타 2세 때 영토 확장, 활발한 해상 무역으로 번영, 사산 왕조 페르시아·로마·중국 등과 교류 • 멸망: 이민족의 침입, 내부의 왕위 계승 다툼으로 혼란 → 멸망(550)

② 힌두교의 등장과 확산

성립	굽타 왕조 시대에 브라만교를 바탕으로 불교와 민간 신앙이 어우러져 형성
확산	브라만교의 까다로운 제사 절차 단순화, 인도 사람들이 믿던 여러 신들을 힌두교의 신으로 흡수(비슈누, 시바 등), 왕들이 자신의 권위 상승에 이용
특징	카스트제에 따른 신분 차별을 인정하고 의무 수행을 강조, 카스트에 따른 의무와 규범을 담은 『마누 법전』 정비(→ 힌두교도의 일상생활에 큰 영향을 줌)

③ 인도 고전 문화의 발전

시험 꿀팁! 굽타 왕조 때 형성된 인도 고전 문화의 특징을 묻는 문제가 자주 출제돼.

문학	산스크리트어로 쓴 서사시 발달(『마하바라타』, 『라마야나』 등)
미술	간다라 양식과 인도 고유의 양식이 어우러진 굽타 양식 유행(아잔타 석굴과 엘로라 석굴의 불상과 벽화에서 잘 드러남)
자연 과학	• 천문학: 원주율로 지구의 둘레 계산, 지구가 둥글고 자전한다는 사실 증명 • 수학: 최초로 숫자 '0(영)'의 개념 도입, 10진법 사용

시험에 꼭 나와!

1 사산 왕조 페르시아는 ☐☐☐☐☐ 을/를 국교로 삼았다.

2 굽타 왕조는 ☐☐☐☐☐ 때 영토를 넓혀 전성기를 누렸다.

3 굽타 왕조 시기 브라만교를 바탕으로 불교와 민간 신앙이 어우러진 ☐☐☐☐☐ 이/가 성립하였다.

4 카스트에 따른 의무와 규범을 담은 ☐☐☐☐☐ 은/는 힌두교도의 일상생활에 영향을 주었다.

5 굽타 왕조 시기 『마하바라타』 등 ☐☐☐☐☐ (으)로 쓰인 서사시가 발달하였다.

6 굽타 왕조 시기에는 간다라 양식과 인도 고유의 양식이 어우러진 ☐☐☐☐☐ 이/가 나타났다.

정답 1. 조로아스터교 2. 찬드라굽타 2세 3. 힌두교 4. 마누 법전 5. 산스크리트어 6. 굽타 양식

04 이슬람 세계의 성장

❶ 이슬람교의 성립

배경	새 교역로로 메카와 메디나 번영 → 소수 귀족이 무역의 이익 독차지
성립	7세기 초 메카의 상인 무함마드가 정립
교리	유일신 알라에게 절대복종, 모든 인간은 신 앞에 평등함을 강조
발전	귀족들의 탄압을 피해 무함마드와 신도들이 메카에서 메디나로 이주(헤지라, 622) → 무함마드가 이슬람 공동체 조직 → 메카 정복, 주변 지역 통일(무함마드 시대)

❷ 이슬람 제국의 발전

이슬람 제국의 발전 과정을 묻는 문제가 자주 출제돼.

정통 칼리프 시대	• 성립: 무함마드 사후 4대에 걸쳐 칼리프(이슬람 공동체의 최고 권력자이자 종교 지도자) 선출 • 영토 확장: 사산 왕조 페르시아 정복, 시리아와 이집트 점령 • 이슬람교의 확산: 정복민에게 이슬람교를 강요하지 않는 대신 이슬람교로 개종하면 지즈야 면제, 평등을 강조하는 교리로 빠르게 확산
우마이야 왕조	• 성립: 제4대 칼리프 알리의 피살 → 우마이야 가문이 칼리프 세습(661) → 왕조의 정통성을 두고 시아파와 수니파의 대립(시아파는 무함마드의 혈통이어야 칼리프가 될 수 있다고 봄, 수니파는 능력이 있으면 누구나 칼리프가 될 수 있다고 봄) • 영토 확장: 중앙아시아에서 북부 아프리카, 유럽의 이베리아반도까지 확대 • 아랍인 우대 정책 실시: 비아랍인 이슬람교도들의 불만 증가
아바스 왕조	• 성립: 아바스 가문이 우마이야 왕조에 불만을 가진 세력을 모아 세움 • 발전: 아랍인 중심의 민족 차별 정책 폐지, 당과의 탈라스 전투에서 승리(→ 동서 교역로 차지, 수도 바그다드가 국제 무역으로 번영) • 쇠퇴: 이슬람 세계의 분열, 13세기 몽골의 침입으로 멸망
이슬람 세계의 분열	• 후우마이야 왕조: 몰락한 우마이야 왕조의 일부 세력이 이베리아반도에 세움 • 파티마 왕조: 이집트에서 성장

시험에 꼭 나와!

1 7세기 초 메카의 상인 [　　　　　]이/가 이슬람교를 정립하였다.

2 무함마드와 신도들은 귀족들의 탄압을 피해 메카에서 [　　　　　](으)로 이주하였다.

3 무함마드 사후 4대에 걸쳐 이슬람 공동체의 최고 권력자이자 종교 지도자인 [　　　　　]을/를 뽑았다.

4 우마이야 왕조의 정통성을 두고 시아파와 [　　　　　]이/가 대립하였다.

5 아바스 왕조는 [　　　　　]에서 당에 승리하여 동서 교역로를 차지하였다.

정답 1. 무함마드 2. 메디나 3. 칼리프 4. 수니파 5. 탈라스 전투

05 이슬람 문화권의 형성

❶ 이슬람 제국의 국제 교류와 경제 성장

(1) 배경

① 이슬람 사회에서 상업 활동을 긍정적으로 여김 → 상인들의 상업 활동 지원

② 이슬람 제국이 유럽·아시아·아프리카를 잇는 통로에 위치 → 비단길과 바닷길을 이용하여 교역 주도

(2) 상업과 교역 발달 : 인도, 동남아시아, 동아시아에 진출하여 향신료와 비단 등을 거래, 유럽·아프리카와는 모피·금 등을 거래

(3) 영향 : 바그다드가 국제 도시로 번성, 동서 문화 교류에 기여, 이슬람교 확산, 금융 산업 발달

❷ 이슬람 문화권의 형성

시험 꿀팁! 이슬람 문화권의 특징을 묻는 문제가 자주 출제돼.

(1) 이슬람 사회의 특징

① 이슬람교의 경전인 『쿠란』이 일상생활의 기본 규범이 됨 → 돼지고기와 술 금지, 이슬람교도의 다섯 가지 의무 규정

② 아랍어를 공용어로 사용(『쿠란』은 아랍어 외 다른 언어로 번역 금지)

(2) 이슬람 문화권의 형성

문학	『아라비안나이트』 등 설화 문학 유행
건축	돔, 아치, 뾰족한 탑(미너렛)을 특징으로 하는 모스크 발달, 아라베스크로 장식함
자연 과학	• 수학: 인도에서 '0(영)'을 받아들여 아라비아 숫자 완성 • 의학: 8세기 이후 병원 설립, 이븐시나가 『의학전범』으로 의학 집대성 • 화학: 연금술이 유행하는 과정에서 발달 → 화학 용어 탄생 • 지리학: 지역 및 세계 지도 제작(이드리시의 세계 지도) • 천문학: 메카를 향한 예배와 성지 순례, 교역을 위해 연구 → 천문 도구인 아스트롤라베 발전 → 이슬람의 항해술 발달과 해상 교역에 기여

시험에 꼭 나와!

1 아바스 왕조의 수도 ☐☐☐☐☐ 은/는 국제 도시로 번성하였다.

2 ☐☐☐☐☐ 은/는 이슬람교의 경전으로, 이슬람 사회에서 일상생활의 기본 규범이 되었다.

3 이슬람교에서는 술을 마시는 것을 금지하고, 육류 중 ☐☐☐☐☐ 의 섭취를 금지한다.

4 ☐☐☐☐☐ 은/는 이슬람 사원으로, 돔, 아치, 뾰족한 탑(미너렛)을 특징으로 한다.

5 이슬람 문화권은 인도로부터 숫자 '0(영)'을 받아들여 ☐☐☐☐☐ 을/를 완성하였다.

답 1. 바그다드 2. 쿠란 3. 돼지고기 4. 모스크 5. 아라비아 숫자

06 유럽 세계의 변화

① 게르만족의 이동과 프랑크 왕국의 성장

(1) **게르만족의 이동**: 4세기 말 훈족의 압박 → 게르만족이 로마 영토로 대규모 이동

(2) **프랑크 왕국의 성장**

발전	• 성장: 5세기 말 크리스트교로 개종하여 로마 교회의 지지를 받음 → 8세기 초 이슬람 세력의 침략 격퇴(크리스트교 세계 보호) • 전성기: 8세기 후반 **카롤루스 대제**가 영토를 넓히고 정복한 지역에 크리스트교 전파 (→ 로마 교황에게 서로마 황제의 관을 받음), 학교를 세우고 학문과 예술 발전에 기여
쇠퇴	카롤루스 대제 사후 서프랑크·중프랑크·동프랑크로 분열

② 비잔티움 제국의 발전

유스티니아누스 황제의 업적을 묻는 문제가 자주 출제돼.

(1) 비잔티움 제국의 발전

특징	• 정치: 황제가 정치적·군사적 지배자이자 교회의 수장 역할을 함 • 경제: 수도 **콘스탄티노폴리스**가 당시 세계 최대의 도시로 성장
발전	• 전성기(**유스티니아누스 황제**): 6세기 옛 로마 제국 영토의 상당 부분 회복, 『유스티니아누스 법전』 편찬, 성 소피아 대성당 건립 • **동서 교회의 분열**: 비잔티움 제국 황제가 **성상 숭배** 금지 및 성상 파괴 명령(726) → 동서 교회가 **그리스 정교**와 **로마 가톨릭교회**로 분리(1054)

(2) 비잔티움 제국의 문화

특징	그리스 정교를 바탕으로 고대 그리스·로마 문화와 헬레니즘 문화 융합
내용	그리스어를 공용어로 사용, 로마의 법률을 집대성한 『**유스티니아누스 법전**』 편찬, 돔과 모자이크 벽화가 특징인 **비잔티움 양식** 발달(성 소피아 대성당이 대표적)
영향	슬라브 문화권 형성(→ 동유럽 문화의 바탕이 됨), 키예프 공국의 문화에 영향을 줌

시험에 꼭 나와!

1 4세기 말 [　　　　　]은/는 훈족의 압박을 받아 대규모로 이동하여 로마 곳곳에 나라를 세웠다.

2 프랑크 왕국의 [　　　　　]은/는 로마 교황에게 서로마 황제의 관을 받았다.

3 비잔티움 제국의 전성기를 이끈 [　　　　　]은/는 성 소피아 대성당을 건립하였다.

4 성상 숭배 문제가 계기가 되어 동서 교회는 [　　　　　]과/와 로마 가톨릭교회로 분리되었다.

5 비잔티움 제국에서는 로마의 법률을 집대성한 [　　　　　]이/가 편찬되었다.

정답 1. 게르만족 2. 카롤루스 대제 3. 유스티니아누스 황제 4. 그리스 정교 5. 유스티니아누스 법전

07 서유럽 봉건 사회의 성립과 십자군 전쟁

① 서유럽 봉건 사회의 성립

시험 꿀팁! 교황과 황제의 대립에 따른 교황권의 변화를 묻는 문제가 자주 출제돼.

(1) 중세 서유럽의 봉건제: 주종 관계와 장원제를 바탕으로 **지방 분권적인 봉건 사회** 성립

주종 관계	• 주군이 토지를 주고 봉신을 신하로 삼고, 봉신은 영주로서 장원을 다스림 • 서로의 의무를 성실히 지킬 것을 약속한 계약 관계(쌍무적 계약 관계)
장원제	• 장원의 특징: 자급자족적 농촌 공동체, 장원의 농민 대부분은 농노 • 농노의 생활: 거주 이전의 자유 없음, 약간의 재산 소유 및 결혼 가능

(2) 중세 크리스트교 세계의 변화

교회의 개혁	교회의 세속화, 성직자의 부패 → 10세기 초 클뤼니 수도원을 중심으로 전개
교황과 황제의 대립	성직자 임명권을 둘러싼 교황과 황제의 대립 → **카노사의 굴욕**(1077) → **보름스 협약**(1122)에서 성직자 임명권이 교황에게 있다고 결정, 교황권 강화

(3) 크리스트교 중심의 서유럽 문화

건축	**로마네스크 양식**(11세기경), **고딕 양식**(12세기경) 발달
학문	**스콜라 철학** 유행(토마스 아퀴나스의 『신학 대전』에서 집대성), 유럽 각지에 **대학** 설립
문학	기사도 문학 발달(『아서왕 이야기』, 『롤랑의 노래』 등)

② 십자군 전쟁의 전개와 영향

배경	**셀주크 튀르크**가 예루살렘 점령 → 교황이 **클레르몽 공의회**에서 성지 회복 호소
전개	왕과 제후, 기사, 농민 등이 호응하여 전쟁 시작(1096) → 한때 예루살렘 점령 → 본래 목적을 잊고 각자의 이해관계를 중시 → 성지 회복 실패
영향	• 교황의 권위 하락, 제후와 기사의 세력 약화 → 상대적으로 왕권 강화 • **지중해 무역권**의 성장 → 베네치아, 제노바, 피사 등 지중해 연안 도시 발달 • 비잔티움 문화와 이슬람 문화 유입 → 서유럽 문화 발전의 계기 마련

시험에 꼭 나와!

1. 중세 서유럽에서 주군으로부터 토지를 받은 봉신은 영주가 되어 [   ]을/를 다스렸다.

2. 교황에게 성직자 임명권이 있다고 결정한 [   ] 체결 이후 교황권은 더욱 강화되었다.

3. 중세 서유럽에서 유행한 [   ]은/는 토마스 아퀴나스가 『신학 대전』에서 집대성하였다.

4. 셀주크 튀르크가 예루살렘을 점령하자 교황은 [   ]을/를 열어 성지 회복을 호소하였다.

5. 십자군 전쟁 이후 아시아와 유럽 간 교류가 활발해져 [   ] 연안 도시가 발달하였다.

08 서유럽 봉건 사회의 해체와 르네상스

① 서유럽 봉건 사회의 해체

(1) 도시의 발달과 장원의 해체

도시의 발달	도시의 상인과 수공업자가 동업 조합인 길드 조직, 도시가 자치권을 획득하기도 함
장원의 해체	14세기 흑사병의 유행 → 유럽의 인구 감소, 노동력 부족 → 영주가 농노의 처우 개선 (농민의 지위 상승), 화폐 사용의 증가(영주가 화폐로 세금 수취, 농노에게 돈을 받고 신분을 해방시킴) → 장원 해체, 중세 봉건 사회의 동요

(2) 교황권의 쇠퇴: 13세기 후반 프랑스 국왕 필리프 4세와 교황이 성직자 과세 문제로 대립 → 교황청이 프랑스 아비뇽으로 옮겨짐(아비뇽 유수) → 교회의 대분열 시대 → 교황권 쇠퇴

(3) 중앙 집권 국가의 등장: 전쟁을 거치면서 프랑스와 영국이 중앙 집권 국가의 기반 마련

백년 전쟁	플랑드르 지방의 지배권과 프랑스 왕위 계승 문제를 두고 영국과 프랑스가 갈등, 전쟁 발발 → 초반에 프랑스가 패배, 잔 다르크의 활약으로 전세 역전 → 프랑스의 승리, 왕권 강화
장미 전쟁	영국에서 왕위 계승 문제로 발발 → 영주 세력 약화, 왕권 강화

② 르네상스의 발전  **시험 꿀팁!** 이탈리아와 알프스 이북에서 일어난 르네상스를 구분하는 문제가 자주 출제돼.

이탈리아 르네상스	• 인간의 개성과 능력을 중시하는 인문주의 발달 • 문학(보카치오의 『데카메론』), 미술(보티첼리·레오나르도 다빈치·미켈란젤로·라파엘로 등이 활동, 원근법 사용), 건축(대칭과 비례를 중시하는 르네상스 양식 발달, 성베드로 대성당이 대표적)
알프스 이북 르네상스	• 16세기 이후 확산, 현실 사회와 교회의 문제점 비판 • 에라스뮈스의 『우신예찬』(교황과 성직자의 부패 풍자), 토머스 모어의 『유토피아』(영국 사회의 현실 비판), 세르반테스의 『돈키호테』 등
과학과 기술	코페르니쿠스와 갈릴레이가 지동설 주장, 구텐베르크가 활판 인쇄술 발명

시험에 꼭 나와!

1 중세 서유럽 도시의 상인과 수공업자들은 동업 조합인 [＿＿＿＿＿]을/를 조직하였다.

2 14세기 유럽에서 [＿＿＿＿＿]이/가 유행하여 유럽의 인구가 크게 감소하였다.

3 프랑스 왕위 계승 문제가 배경이 되어 영국과 프랑스가 [＿＿＿＿＿]을/를 벌였다.

4 이탈리아 르네상스에서는 인간의 개성과 능력을 중시하는 [＿＿＿＿＿]이/가 발달하였다.

5 [＿＿＿＿＿]에서는 르네상스가 현실 사회와 교회의 문제점을 비판하는 경향으로 나타났다.

답 1. 길드 2. 흑사병 3. 백년 전쟁 4. 인문주의 5. 알프스 이북

01 유라시아 교역 및 문화 교류의 확대

① 송의 발전과 북방 민족의 성장

 송 태조의 문치주의 정책을 묻는 문제가 자주 출제돼.

(1) 송의 건국과 변화

① 성립: 조광윤(태조)이 5대 10국의 분열을 수습하고 카이펑을 수도로 하여 건국(960)

② 태조의 정책: 황제권 강화(중앙군의 황제 직속화), 문치주의 정책 실시(전시 제도 시행 등)

③ 정치 변화: 군사력·재정 악화 → 왕안석의 개혁 시도(실패) → 금의 공격으로 남송 성립(1127)

(2) 북방 민족의 성장: 이원적 통치, 고유 문자 사용

거란(요)	야율아보기가 거란 건국(916), 발해 정복, 국명을 요로 바꿈, 고려 공격, 송과 대립
서하	탕구트가 건국(1038), 동서 무역로를 차지, 송 압박
금	여진의 아구다가 건국(1115), 송과 연합하여 요 정복, 송을 공격하여 남쪽으로 몰아냄

(3) 송의 경제와 사회

경제·사회	• 경제 성장: 모내기법 도입, 수공업 발달, 지폐(교자) 사용, 카이펑 등 대도시 발달 • 과학 기술의 발달: 화약 무기, 나침반, 활판 인쇄술이 실생활에 사용됨 • 문화 발달: 서민 문화 성장, 사대부 중심으로 학문 발전(주희가 성리학 완성)
대외 교류	해상 무역 활발, 주요 항구에 시박사 설치 → 동아시아·인도양 교역권 성장

② 몽골 제국의 성립과 원의 중국 지배

(1) 몽골 제국의 성립: 칭기즈 칸이 몽골 제국 수립(1206) → 대제국 건설, 여러 울루스로 나뉨

(2) 원의 중국 지배

① 쿠빌라이 칸: 대도(베이징)로 천도, 원으로 나라 이름을 바꿈(1271), 남송 정복

② 통치 방식: 몽골 제일주의(몽골인과 색목인 우대, 한인과 남인 차별), 파스파 문자 제작

③ 원의 경제와 사회

경제·사회	농업 기술 보급, 목화 재배 확대, 교초(지폐)가 널리 사용됨, 잡극 유행
대외 교류	역참 설치, 도로망 정비 → 유라시아·인도양 교역권 발달, 동서 문화의 교류 확대

시험에 꼭 나와!

1 송 태조는 문인을 우대하는 [   ] 정책을 실시하여 전시 제도를 시행하였다.

2 아구다가 건국한 [   ]은/는 송과 연합하여 요를 멸망시켰다.

3 송은 주요 항구에 [   ]을/를 설치하여 해상 무역을 관리하였다.

4 [   ]은/는 나라 이름을 원으로 바꾸고 남송을 정복하였다.

정답 1. 문치주의 2. 금 3. 시박사 4. 쿠빌라이 칸

02 명·청의 성립과 발전

❶ 명의 성립과 발전

 **시험 꿀팁!** 정화의 항해를 묻는 문제가 자주 출제돼.

성립	주원장(태조, 홍무제)이 금릉(난징)을 수도로 삼아 건국(1368) → 대도(베이징) 점령
발전	• **홍무제**: 재상제 폐지, **이갑제** 실시, **육유** 반포, 과거제와 학교 교육 정비 등 • **영락제**: 자금성 건설, 베이징 천도, 대월(베트남) 정복, **정화의 함대를 해외에 파견**(→ 여러 나라와 조공 관계를 맺음, 많은 항해 지식을 쌓음)
멸망	국력 약화, 임진왜란 참전으로 재정 악화 → 이자성의 농민군에게 멸망(1644)

❷ 청의 성립과 발전

성립	누르하치(태조)가 후금 건국 → 홍타이지(태종)가 몽골 복속, 나라 이름을 청으로 바꿈
발전	• 강희제·옹정제·건륭제 때 전성기(**건륭제** 때 최대 영토 확보) • 새로운 화이사상(청은 명을 이어받은 새로운 중화라고 주장)으로 통치
한족 지배	• **회유책**: 중요 관직에 만주족과 한족 함께 등용, 유학 교육 장려, 과거제 실시 • **강압책**: 변발·호복 등 만주족의 풍습 강요, 청 왕조(만주족)에 대한 비판 금지

❸ 명·청의 경제와 사회

경제	상품 작물 재배, 아메리카에서 새로운 작물 유입, 수공업 발달
사회	**신사**가 지배층으로 성장하여 사회 주도, 새로운 학풍을 만듦
문화	• 명: 『삼국지연의』·『서유기』 등 소설 유행, **양명학** 발전 • 청: 『홍루몽』 등 소설과 경극 유행, **고증학** 발전
대외 교류	• 무역 양상의 변화: 명은 조공 관계를 통해서만 교류(해금 정책)하다 점차 민간 무역 허용, 청은 해금 정책을 시행하다 18세기 중반 이후 **공행**을 통한 무역만 허용 • **은의 유입**: 다량의 은이 중국에 유입 → 은이 화폐로 널리 쓰임, 세금을 은으로 걷음 • 문화 교류: 유럽 선교사들이 서양의 과학 기술 소개(**마테오 리치의「곤여만국전도」** 등)

✈ 시험에 꼭 나와!

1. 명 [   ]은/는 유교 윤리를 바탕으로 하는 여섯 가지 가르침인 육유를 반포하였다.

2. [   ]은/는 영락제의 명을 받아 대규모 함대를 이끌고 해외에 파견되었다.

3. 청은 [   ] 때 최대 영토를 확보하였는데, 이는 오늘날 중국 영토와 비슷하다.

4. 명·청대에는 [   ]이/가 지배층으로 등장하여 사회를 주도하였다.

5. 명·청대에는 다량의 [   ]이/가 중국에 유입되어 화폐로 널리 쓰였다.

03 일본 무사 정권과 무굴 제국의 발전

❶ 일본 무사 정권의 성립과 변화

 **시험 꿀팁!** 무사 정권의 변화 순서를 묻는 문제가 자주 출제돼.

(1) 무사 정권의 성립과 변화

가마쿠라 막부	12세기 초 미나모토노 요리토모가 최초의 무사 정권 수립, 일본의 봉건제 성립 → 원의 침입 이후 쇠퇴
무로마치 막부	명과 조공·책봉 관계를 맺음 → 쇼군 계승 문제로 쇠퇴
전국 시대	15세기 후반부터 다이묘(영주)들이 100여 년간 세력을 다툼 → 도요토미 히데요시가 일본 통일, 임진왜란을 일으킴
에도 막부	도쿠가와 이에야스가 수립, 산킨코타이 제도 실시(다이묘가 자신의 영지와 쇼군이 머무는 에도에 1년마다 교대로 머무는 제도)

(2) 에도 막부의 경제·문화와 대외 교류

경제	농업 생산력 향상, 상품 작물 재배 활발, 수공업과 광업 발달, 도시 발달
문화	도시 상공업자 조닌을 중심으로 조닌 문화 발달(가부키, 우키요에 등)
대외 교류	사무역 통제, 조선과 통신사를 통해 교류, 중국과 네덜란드 상인에게 나가사키를 개항(→ 네덜란드 상인으로부터 서양의 학문(난학)과 기술 수용)

❷ 무굴 제국의 성립과 발전

성립	굽타 왕조 멸망 후 16세기 초 바부르가 델리를 정복하고 수립(1526)
발전	• 아크바르 황제: 인도 북부의 대부분 차지, 지즈야를 폐지하고 힌두교도에게 관직을 주는 등 종교의 다양성을 존중하는 관용적인 정책 시행 • 아우랑제브 황제: 인도 남부를 정복하여 최대 영토 차지, 지즈야를 부활시키고 힌두교 사원을 파괴하는 등 이슬람교가 아닌 종교 탄압(→ 각지에서 반란 발생)
문화	• 인도·이슬람 문화 발달(무굴 제국의 황제 샤자한이 세운 타지마할이 대표적) • 시크교 발전, 페르시아어와 우르두어 사용, 무굴 회화 발달

시험에 꼭 나와!

1 12세기 초 일본 최초의 무사 정권인 [   ]이/가 수립되었다.

2 에도 시대에 다이묘들이 영지와 에도에 교대로 머무는 [   ]이/가 실시되었다.

3 에도 시대에는 네덜란드 상인을 통해 서양의 학문인 [   ]을/를 받아들였다.

4 무굴 제국의 [   ]은/는 지즈야를 폐지하는 등 관용적인 정책을 실시하였다.

5 무굴 제국의 황제 샤자한이 세운 [   ]은/는 인도 양식과 이슬람 양식이 조화를 이룬다.

정답 1. 가마쿠라 막부 2. 산킨코타이 제도 3. 난학 4. 아크바르 황제 5. 타지마할

04 이슬람 왕조와 오스만 제국의 발전

① 이슬람 왕조의 변천과 오스만 제국의 발전

(1) 이슬람 왕조의 변천

티무르 왕조	• 티무르가 몽골 제국의 부흥을 내세우며 건국(1370) • 수도 사마르칸트가 중계 무역으로 번영을 누림
사파비 왕조	• 서아시아 지역에서 이스마일 1세가 수립(1501) • 시아파 이슬람교를 국교로 삼음, 오스만 제국과 영토를 다툼

(2) 오스만 제국의 성립과 발전

성립	오늘날 튀르키예 지역에서 오스만이 튀르크 부족을 모아 세움(1299)
발전	• 메흐메트 2세: 비잔티움 제국 정복, 콘스탄티노폴리스를 수도로 삼음(1453) • 이집트 정복 과정에서 오스만 제국의 술탄이 칼리프의 칭호를 이어받음(술탄 칼리프 제도) → 오스만 제국의 술탄이 이슬람 세계의 정치와 종교를 아울러 다스림 • 술레이만 1세(전성기): 헝가리 정복, 오스트리아의 빈 공격, 유럽의 연합 함대를 격파 → 아시아, 유럽, 아프리카 세 대륙에 걸친 영토 지배

② 오스만 제국의 사회·경제·문화

오스만 제국에서 시행된 통치 정책의 내용을 묻는 문제가 자주 출제돼.

사회	다양한 민족과 종교가 공존하는 관용 정책 실시(독자적인 종교 공동체 밀레트 내에서 자치 허용), 술탄의 친위 부대인 예니체리 양성
경제	동서 교역로 차지, 홍해와 지중해를 거쳐 아라비아 및 유럽과 교류, 수도 이스탄불은 국제 도시로 성장, 커피·담배 등 유입(→ 바자르를 중심으로 커피 문화 유행)
문화	• 특징: 튀르크 전통 문화와 이슬람·비잔티움·페르시아 문화가 융합 • 건축: 비잔티움 양식을 도입한 이슬람 사원(모스크) 발달(술탄 아흐메트 사원 건립) • 미술: 페르시아의 영향을 받아 세밀화 유행 • 학문: 천문학, 수학, 지리학 등 실용적인 학문 발달

시험에 꼭 나와!

1. 오스만 제국의 [   ]은/는 비잔티움 제국을 정복하고 콘스탄티노폴리스를 수도로 삼았다.

2. 오스만 제국의 술탄이 칼리프의 칭호를 이어받으면서 [   ](이)라고 불리게 되었다.

3. [   ]은/는 헝가리를 정복하고 유럽의 연합 함대를 격파하여 오스만 제국의 전성기를 이끌었다.

4. [   ]은/는 오스만 제국 술탄의 친위 부대이다.

5. 오스만 제국의 수도 [   ]은/는 여러 나라 사람들이 모여드는 국제 도시로 성장하였다.

정답 1. 메흐메트 2세 2. 술탄 칼리프 3. 술레이만 1세 4. 예니체리 5. 이스탄불

 05 신항로 개척의 전개와 변화 

❶ 신항로 개척의 배경과 전개

(1) 신항로 개척의 배경: 동방에 대한 호기심(마르코 폴로의 『동방견문록』 유행), 이슬람·이탈리아 상인의 동방 무역 독점으로 동방과의 직접적인 교역로 모색, 천문학·지리학·나침반·선박 제조 기술 등 과학 기술의 발달

(2) 신항로 개척의 전개: 대서양 연안의 ==포르투갈==과 ==에스파냐==가 주도

포르투갈 지원	• ==바르톨로메우 디아스==: 아프리카 남쪽 끝의 희망봉에 도착 • ==바스쿠 다가마==: 희망봉을 돌아 인도의 캘리컷에 도착
에스파냐 지원	• ==콜럼버스==: 대서양을 건너 서인도 제도에 도착 • ==마젤란 일행==: 태평양을 가로질러 최초로 세계 일주에 성공

❷ 신항로 개척 이후의 변화

 신항로 개척 이후의 변화를 묻는 문제가 자주 출제돼.

(1) 무역 중심지의 이동: 무역의 중심지가 지중해에서 ==대서양==으로 이동 → 유럽, 아메리카, 아프리카를 잇는 ==삼각 무역== 발전

(2) 유럽 사회의 변화

① 유럽의 여러 나라는 동인도 회사를 세우고 아시아로 진출

② 아메리카 대륙에서 새로운 작물 전래, ==가격 혁명==과 ==상업 혁명==이 일어남

(3) 아메리카와 아프리카의 변화

아메리카	• 문명 파괴: 아스테카 문명, 잉카 문명 등 아메리카의 독자적인 문명이 파괴됨 • 원주민의 삶 변화: 에스파냐가 원주민을 동원하여 대농장에서 상품 작물 재배, 광산에서 금과 은 채굴, 유럽에서 유입된 천연두·홍역 등의 전염병에 노출
아프리카	아메리카 원주민의 인구 감소, 노동력 부족 → 유럽인은 아프리카 원주민을 노예로 동원(==노예 무역==) → 인구 감소, 성비 불균형, 부족 간의 갈등 심화

시험에 꼭 나와!

1 마르코 폴로의 [⠀⠀⠀⠀⠀] 등이 유행하여 동방에 대한 유럽인들의 호기심이 커졌다.

2 [⠀⠀⠀⠀⠀]은/는 희망봉을 돌아 인도의 캘리컷에 도착하였다.

3 에스파냐의 지원을 받은 [⠀⠀⠀⠀⠀]은/는 대서양을 건너 서인도 제도에 도착하였다.

4 신항로 개척 이후 세계 무역의 중심지가 지중해에서 [⠀⠀⠀⠀⠀](으)로 이동하였다.

5 세계 교역망은 신항로 개척 이후 유럽, 아메리카, 아프리카를 잇는 [⠀⠀⠀⠀⠀]의 형태로 발전하였다.

6 아메리카 원주민의 인구가 감소하자 유럽인은 [⠀⠀⠀⠀⠀]의 원주민을 노예로 동원하였다.

정답 1. 동방견문록 2. 바스쿠 다가마 3. 콜럼버스 4. 대서양 5. 삼각 무역 6. 아프리카

06 재정·군사 국가의 등장

① 종교 개혁과 종교 전쟁

종교 개혁	• **루터**의 종교 개혁: 교황의 면벌부 판매 → 루터가 「**95개조 반박문**」을 발표 → 제후와 농민들의 지지를 받음 • **칼뱅**의 종교 개혁: **예정설** 주장, 근면과 절약 강조 → 상공업자들의 지지를 받음 • **영국 국교회**: 영국 국왕(헨리 8세)이 영국 교회의 수장임을 선포
종교 전쟁	로마 가톨릭교회(구교)와 신교의 대립 → 유럽 각지에서 종교 전쟁 발생, 30년 전쟁 발발(유럽의 여러 나라가 참여하여 국제 전쟁으로 확대) → 베스트팔렌 조약 체결

② 재정·군사 국가의 등장 

시험 꿀팁! 재정·군사 국가의 특징과 내용을 묻는 문제가 자주 출제돼.

(1) 특징

① 화약 무기로 무장한 **상비군** 중심, 행정 기구와 **관료제** 확대

② 수입은 제한하고 수출은 늘리는 **중상주의** 정책 실시

(2) 대표적 재정·군사 국가

영국	**엘리자베스 1세**가 에스파냐의 무적함대 격파, 동인도 회사를 설립하여 해외 시장 개척 → 젠트리와 시민 계층 성장, 청교도 혁명과 명예혁명을 거치면서 의회 중심의 정치 체제 발전
프랑스	**루이 14세**가 **왕권신수설** 주장, 베르사유 궁전 건설, 재무 장관 콜베르를 등용하여 중상주의 정책 추진, 관료제와 상비군 정비

(3) 17~18세기 유럽의 문화

과학	갈릴레이의 지동설, 뉴턴의 만유인력의 법칙 등('**과학 혁명**') → 세상을 합리적으로 바라보는 과학적 사고방식 확립
철학	17세기에 인간의 이성을 강조하는 근대 철학 발달(데카르트, 로크 등) → 18세기에 인간의 이성이 사회를 진보하게 한다고 믿는 **계몽사상** 등장(몽테스키외, 볼테르, 루소 등)

시험에 꼭 나와!

1 교황이 면벌부를 판매하자 루터가 [   ]을/를 발표하였다.

2 [   ]이/가 인간의 구원은 미리 예정되어 있다는 예정설을 주장하였다.

3 유럽에서 나타난 재정·군사 국가들은 수입은 제한하고 수출은 늘리는 [   ] 정책을 펼쳤다.

4 프랑스의 [   ]은/는 왕권신수설을 주장하여 왕권을 강화하였고, 베르사유 궁전을 건설하였다.

5 18세기 유럽에서 인간의 이성이 사회를 진보하게 한다고 믿는 [   ]이/가 등장하였다.

답 1. 95개조 반박문 2. 칼뱅 3. 중상주의 4. 루이 14세 5. 계몽사상

01 영국 혁명과 미국 혁명

1 영국 혁명

(1) 청교도 혁명(1642~1649)

배경	시민 계급과 젠트리의 성장, 제임스 1세와 찰스 1세의 전제 정치(청교도 탄압)
전개	의회의 권리 청원 제출 → 찰스 1세의 승인 → 찰스 1세의 의회 해산 → 의회파와 왕당파의 내전
결과	크롬웰이 이끄는 의회파 승리 → 찰스 1세 처형, 공화정 수립

(2) 명예혁명(1688)

배경	크롬웰 사후 왕정 부활 → 찰스 2세와 제임스 2세의 전제 정치 강화
전개	의회가 제임스 2세 폐위 → 제임스 2세의 딸 메리와 그녀의 남편 윌리엄 3세를 공동 왕으로 추대(1688) → 의회의 권리 장전 제출, 왕의 승인(1689)
영향	왕과 의회의 협력을 바탕으로 한 입헌 군주제의 토대 마련

2 미국 혁명

미국 혁명의 전개 과정과 영향을 묻는 문제가 자주 출제돼.

배경	• 17세기 이후 영국인이 종교적 탄압과 경제적 기회를 찾아 북아메리카로 이주 • 영국이 프랑스와의 7년 전쟁으로 재정이 악화됨 → 식민지에 과도한 세금 부과 → 식민지 주민들의 반발
전개	보스턴 차 사건 발발(1773) → 영국의 강력 대응, 식민지 대표들이 대륙 회의 개최 → 식민지 민병대와 영국군의 충돌로 독립 전쟁 시작 → 식민지 대표들의 독립 선언문 발표(1776) → 총사령관인 조지 워싱턴의 활약, 식민지군의 요크타운 전투 승리 → 영국과 파리 조약 체결로 독립(1783)
결과	헌법 제정(연방제, 국민 주권의 원리, 삼권 분립의 원칙 규정), 아메리카 합중국(미국) 수립, 조지 워싱턴을 초대 대통령으로 선출함
영향	세계 최초의 민주 공화국 수립, 프랑스 혁명과 라틴 아메리카의 독립운동에 영향을 줌

시험에 꼭 나와!

1 크롬웰은 찰스 1세를 처형하고 [   ]을/를 수립하였다.

2 영국의 메리와 윌리엄 3세가 [   ]을/를 승인하면서 입헌 군주제의 토대가 마련되었다.

3 미국 혁명 당시 식민지군은 영국과 [   ]을/를 맺어 독립을 인정받았다.

4 [   ]은/는 독립 전쟁이 일어나자 총사령관으로 임명되었고, 이후 미국의 초대 대통령이 되었다.

5 미국 혁명은 [   ]과/와 라틴 아메리카의 독립운동에 영향을 주었다.

정답 1. 공화정 2. 권리 장전 3. 파리 조약 4. 조지 워싱턴 5. 프랑스 혁명

02 프랑스 혁명

1 프랑스 혁명  시험 꿀팁! 프랑스 혁명의 전개 과정을 묻는 문제가 자주 출제돼.

(1) 혁명의 배경: 구제도의 모순, 시민 계급의 성장

(2) 혁명의 시작과 전개

삼부회 소집	루이 16세의 삼부회 소집 → 표결 방식을 두고 제1, 2 신분과 제3 신분이 대립
국민 의회	제3 신분이 국민 의회 결성, 테니스코트의 서약 발표 → 루이 16세의 탄압 → 파리 시민들의 바스티유 습격, '인간과 시민의 권리선언(인권 선언)' 발표(1789) → 헌법 제정
입법 의회	입법 의회 구성 → 오스트리아, 프로이센 등이 프랑스를 위협하자 혁명 전쟁 시작 → 물가 상승과 식량 부족으로 파리 민중의 왕궁 습격 → 왕권 정지, 국민 공회 수립
국민 공회	공화정 선포 → 루이 16세 처형, 로베스피에르의 공포 정치 실시
총재 정부	온건파가 로베스피에르 처형 → 5명의 총재가 정치 주도 → 나폴레옹의 쿠데타(1799) → 총재 정부의 붕괴, 프랑스 혁명이 사실상 종결됨

2 나폴레옹 시대와 정복 전쟁

(1) 나폴레옹 시대

통령 정부	• 나폴레옹이 쿠데타로 총재 정부를 무너뜨리고 통령 정부 수립, 제1 통령에 취임 • 국내 개혁: 프랑스 국립 은행 설립, 국민 교육 제도 도입, 『나폴레옹 법전』 편찬
제1 제정	국민 투표로 나폴레옹이 황제에 즉위(1804)

(2) 나폴레옹 정복 전쟁과 영향

전개	오스트리아, 프로이센 등을 격파하여 유럽 대부분 장악 → 대륙 봉쇄령 선포 → 러시아 원정 단행(1812) → 러시아 원정 실패, 대프랑스 동맹에 패배 → 나폴레옹 몰락
영향	전쟁 과정에서 프랑스 혁명의 자유주의 이념 전파, 나폴레옹 침략에 대항하는 과정에서 각국의 민족주의 자극 → 국민 국가 체제 형성

시험에 꼭 나와!

1 프랑스 혁명은 　　　　　　의 모순이 배경이 되어 일어났다.

2 프랑스 혁명 당시 제3 신분은 국민 의회를 결성하고 　　　　　　을/를 발표하였다.

3 국민 공회를 이끈 　　　　　　은/는 혁명에 반대하는 사람들을 처형하는 공포 정치를 실시하였다.

4 　　　　　　은/는 영국을 고립시키기 위해 대륙 봉쇄령을 선포하였다.

5 나폴레옹 정복 전쟁 과정에서 프랑스 혁명의 이념인 　　　　　　이/가 전파되었다.

답 1. 구제도　　2. 인간과 시민의 권리선언(인권 선언)　　3. 로베스피에르　　4. 나폴레옹　　5. 자유주의

03 자유주의와 민족주의의 확산

① 빈 체제의 성립

(1) 빈 회의: 나폴레옹의 몰락 이후 전쟁의 혼란을 수습하고자 개최(오스트리아의 재상 **메테르니히** 주도) → 유럽의 영토와 지배권을 프랑스 혁명 이전으로 되돌리는 데 합의 → 빈 체제 성립

(2) 빈 체제: 보수적인 질서 유지, 유럽 여러 나라의 옛 왕조 부활, **자유주의·민족주의** 운동 탄압

② 자유주의의 확산

(1) 프랑스의 7월 혁명과 2월 혁명

구분	7월 혁명(1830)	2월 혁명(1848)
배경	부르봉 왕조 부활, 샤를 10세의 전제 정치	새 왕정의 선거권 제한
전개	자유주의자들과 파리 시민들의 혁명 → **입헌 군주제** 수립(루이 필리프 즉위)	중소 시민층과 노동자들이 선거권 확대를 요구하며 혁명 → **공화정** 수립

(2) 영국의 자유주의 운동: 의회를 중심으로 한 자유주의 확대

① **선거권 확대**: 제1차 선거법 개정(1832) → 선거권을 얻지 못한 노동자들이 **인민헌장**을 발표하고 선거권을 요구하며 **차티스트 운동**을 전개함

② **자유 무역 체제 확립**: 곡물법과 항해법 폐지

③ 민족주의의 확산

시험 꿀팁! 이탈리아와 독일의 통일을 주도한 인물을 묻는 문제가 자주 출제돼.

(1) 이탈리아의 통일: 사르데냐 왕국의 재상인 카부르가 이탈리아 중북부 병합 → 의용대를 이끈 **가리발디**가 시칠리아·나폴리 점령 후 사르데냐 국왕에게 바침 → 이탈리아 왕국 수립(1861) → 베네치아 획득 → 로마 교황령 통합

(2) 독일의 통일: 프로이센의 주도로 관세 동맹 체결 → 프랑크푸르트 의회 개최, 성과를 거두지 못함 → **비스마르크**의 **철혈** 정책(강력한 군비 확장 정책) → 오스트리아와 프랑스 격파 → 빌헬름 1세가 황제로 즉위, 독일 제국 수립 선포(1871)

시험에 꼭 나와!

1 나폴레옹의 몰락 이후 전쟁의 혼란을 수습하기 위해 메테르니히의 주도로 [   ]이/가 개최되었다.

2 프랑스에서는 2월 혁명이 일어나 [   ]이/가 수립되었다.

3 영국에서는 선거권을 얻지 못한 노동자들이 [   ]을/를 발표하고 차티스트 운동을 벌였다.

4 의용대를 이끈 [   ]은/는 시칠리아와 나폴리를 점령한 후 사르데냐 국왕에게 바쳤다.

5 독일은 [   ]의 철혈 정책을 바탕으로 오스트리아와 프랑스를 물리치고 통일을 이루었다.

정답 1. 빈 회의 2. 공화정 3. 인민헌장 4. 가리발디 5. 비스마르크

04 미국의 발전과 라틴 아메리카의 독립

① 미국의 발전

(1) 독립 이후 미국의 상황: 서부 개척 등 영토 확대와 풍부한 자원, 많은 인구 확보로 산업화가 진행됨

(2) 남북 전쟁

배경	남부와 북부의 산업 구조 차이, 노예제 문제로 대립 심화
전개	노예제 확대를 반대한 북부의 링컨이 대통령에 당선 → 남부의 여러 주가 연방 탈퇴 → 남북 전쟁 발발(1861) → 링컨의 노예 해방 선언 발표, 북부 승리

(3) 미국의 발전: 대륙 횡단 철도 완공(1869), 이민자의 수용으로 노동력 확보, 19세기 말 세계 최대 공업국으로 성장

② 라틴 아메리카의 독립운동

라틴 아메리카의 독립을 주도한 인물을 묻는 문제가 자주 출제돼.

배경	미국 혁명·프랑스 혁명의 영향을 받음, 나폴레옹 전쟁으로 에스파냐 등 식민지 본국의 간섭 약화, 크리오요들이 본국의 억압과 수탈에 반발
확산	영국의 라틴 아메리카 독립 지지, 미국의 먼로주의(먼로 선언) 발표로 가속화
전개	• 아이티(라틴 아메리카에서 최초로 독립, 1804), 멕시코(이달고 신부의 주도로 독립) • 베네수엘라·콜롬비아·볼리비아·페루·아르헨티나 등(크리오요 출신인 볼리바르와 산마르틴의 주도로 독립)

③ 라틴 아메리카의 변화

(1) 정치

① **독재 정권의 출현**: 크리오요가 부와 권력을 장악하여 정치적 혼란이 지속됨

② **외세의 간섭**: 영국의 이권 차지, 미국의 쿠바 보호국화

(2) 경제: 농업과 공업의 불균형 발전, 미국과 유럽에 경제적으로 크게 의존함

(3) 사회: 다양한 주민 구성(원주민, 흑인, 크리오요)과 빈부 격차가 심화됨

시험에 꼭 나와!

1 남북 전쟁 중에 북부의 [ ]은/는 노예 해방 선언을 발표하였다.

2 미국은 1869년 [ ]을/를 완공하였고 이를 바탕으로 19세기 말 세계 최대 공업국으로 성장하였다.

3 [ ]은/는 1804년 라틴 아메리카에서 최초로 독립하였다.

4 [ ]의 이달고 신부는 민중 봉기를 지휘하며 에스파냐로부터 독립운동을 이끌었다.

5 라틴 아메리카는 독립 이후 일부 [ ]이/가 권력을 독점하여 정권을 장악하였다.

정답 1. 링컨 2. 대륙 횡단 철도 3. 아이티 4. 멕시코 5. 크리오요

05 유럽의 산업화

❶ 산업 혁명의 배경과 전개

 **시험 꿀팁!** 산업 혁명이 영국에서 가장 먼저 일어난 배경을 묻는 문제가 자주 출제돼.

의미	18세기 후반에 기계 발명과 기술 혁신으로 나타난 경제·사회 구조의 큰 변화
배경	18세기 후반 영국의 정치적 안정, 풍부한 지하자원, 인클로저 운동으로 노동력 확보, 넓은 식민지 확보 → 가장 먼저 산업 혁명이 시작됨
전개	• 전통적인 가내 수공업의 쇠퇴 → 공장제 기계 공업 확산 • 면직물 수요 증가 → 방적기·방직기 발명, 제임스 와트의 증기 기관 개량 → 기계의 새로운 동력으로 사용됨 • 교통과 통신의 발달(스티븐슨의 증기 기관차, 풀턴의 증기선, 모스의 유선 전신 등 발명) → 산업화 확산
확산	영국 → 벨기에와 프랑스 → 미국과 독일(중화학 공업 중심) → 러시아와 일본 등

❷ 산업 혁명의 결과

(1) 산업 사회의 형성: 대량 생산된 상품을 새로운 교통수단을 통해 운송, 지역 간 교류가 활발해짐

자본주의 체제의 확립	자본가와 노동자 계급의 등장, 생산과 소비가 시장에 따라 결정되는 자본주의 체제 확립, 애덤 스미스가 자유방임주의를 주장 → 자본주의 체제를 이론적으로 뒷받침
사회 문제의 발생	• 일자리 부족 등 노동 문제 → 러다이트 운동(기계 파괴 운동) 전개 • 빈부 격차 심화, 도시 문제 발생(주택 부족 문제 등), 환경 오염의 심화

(2) 사회주의의 등장

① 배경: 산업 혁명 이후 노동 문제와 사회 문제 발생

② 주장: 자본주의 체제 비판, 생산 수단의 공동 소유를 통한 빈부 격차의 해결

초기 사회주의자	자본가와 노동자가 힘을 합쳐 이상적인 사회를 만들 수 있다고 판단, 오언이 작업 공동체 형성 주장
마르크스	노동자의 단결, 자본가 타도 주장, 사유 재산 제도가 없는 새로운 사회 건설 주장

시험에 꼭 나와!

1 산업 혁명으로 전통적인 가내 수공업이 쇠퇴하고 [   ]이/가 확산되었다.

2 [   ]이/가 증기 기관을 개량하면서 기계의 새로운 동력으로 사용되었다.

3 산업 혁명 이후 생산과 소비가 시장에 따라 결정되는 [   ] 체제가 확립되었다.

4 산업화로 일자리 부족 등 노동 문제가 발생하면서 기계를 파괴하는 [   ]이/가 일어났다.

5 [   ]은/는 노동자가 단결하여 자본가를 타도해야 한다고 주장하였다.

정답 1. 공장제 기계 공업 2. 제임스 와트 3. 자본주의 4. 러다이트 운동 5. 마르크스

06 제국주의 열강의 침략

❶ 제국주의의 등장

(1) **의미**: 서양 열강들이 군사력과 경제력을 앞세워 추진한 대외 팽창 정책

(2) **배경**: 19세기 후반 자본주의 경제 발전 → 생산량 증대로 새로운 소비 시장 필요

(3) **주장**: 사회 진화론, 인종주의를 바탕으로 식민지 침략을 정당화함

❷ 제국주의 열강의 침탈

제국주의 열강의 활동을 묻는 문제가 자주 출제돼.

(1) **제국주의 열강의 아프리카 침탈**: 베를린 회의에서 아프리카 분할 합의

영국	종단 정책 추진(이집트 카이로와 남아프리카 케이프타운을 남북으로 연결)
프랑스	횡단 정책 추진(알제리와 마다가스카르를 동서로 연결), 영국과 파쇼다에서 충돌

(2) **제국주의 열강의 아시아 침탈**

영국	• 인도 진출: 17세기 동인도 회사를 통해 지배 → 19세기 후반 총독이 직접 통치 • 말레이반도, 미얀마, 오스트레일리아, 뉴질랜드 지배
프랑스	인도차이나반도에서 세력 확장(베트남, 라오스, 캄보디아 점령)
네덜란드	인도네시아 대부분 지배, 대농장(플랜테이션) 경영
기타	독일의 마셜 제도와 캐롤라인 제도 차지, 미국의 하와이 병합과 필리핀·괌 차지

❸ 산업화와 제국주의의 영향

(1) **서구 문물의 확산**: 산업화로 교통수단과 통신의 발달 → 서양의 선진 문물이 퍼져 나감(표준시 사용, 정치 제도와 다양한 사상의 확산)

(2) **인구의 이동**: 산업화 이후 도시 인구의 폭발적 증가 → 국내와 해외로의 이주가 활발해짐

(3) **생태환경의 변화**: 제국주의 열강들이 식민지에서의 무분별한 자원 착취와 유럽인의 해외 정착으로 식민지 국가의 생태환경 변화

시험에 꼭 나와!

1 ⬚은/는 서양 열강들이 군사력과 경제력을 앞세워 추진한 대외 팽창 정책이다.

2 제국주의 열강은 인종 간에 우열이 있다고 주장하는 ⬚ 사상으로 식민지 침략을 정당화하였다.

3 영국은 카이로와 케이프타운을 남북으로 잇는 ⬚을/를 추진하였다.

4 아프리카에서 세력을 확장하던 ⬚은/는 영국과 파쇼다 지역에서 충돌하였다.

5 산업화 이후 제국주의 열강의 무분별한 자원 착취와 유럽인의 해외 정착으로 식민지 국가의 ⬚이/가 변화하였다.

정답 1. 제국주의 2. 인종주의 3. 종단 정책 4. 프랑스 5. 생태환경

07 서아시아의 국민 국가 건설 운동

❶ 오스만 제국의 국민 국가 건설 운동

시험 꿀팁! 오스만 제국의 탄지마트 내용과 청년 튀르크당의 활동을 묻는 문제가 자주 출제돼.

(1) 오스만 제국의 개혁

① 배경: 19세기에 러시아와 영국 등 유럽 열강의 침략, 그리스와 발칸반도의 독립 등으로 쇠퇴

② 탄지마트: 오스만 제국의 대내외적 위기를 극복하고자 시행

내용	술탄이 민족과 종교에 따른 차별 폐지, 근대적 개혁 추진 → 탄지마트의 성과 미흡 → 미드하트 파샤 등이 서양식 의회 개설, 근대적 헌법 제정
결과	보수 세력의 반발, 유럽 열강의 간섭 → 큰 성과를 얻지 못함

(2) 청년 튀르크당의 혁명

배경	개혁의 실패, 술탄 압둘 하미드 2세의 전제 정치 강화(헌법 폐지, 의회 해산 등)
내용	젊은 관리와 지식인들이 청년 튀르크당 결성 → 무력 혁명으로 정권 장악, 헌법과 의회 부활 → 근대적 개혁 추진(여성 차별 금지, 언론 자유 보장, 보통 선거 실시 등)

❷ 아랍, 이란, 이집트의 민족 운동

(1) **아랍의 민족 운동**: 이슬람교 순화 운동인 와하브 운동 전개("『쿠란』으로 돌아가라.") → 아랍인의 민족의식을 일깨움 → 사우디아라비아 왕국의 건국 이념이 됨

(2) **이란의 민족 운동**: 카자르 왕조의 쇠퇴 → 러시아, 영국의 침략 → 영국이 담배 독점권 획득 → 담배 불매 운동 전개 → 입헌 혁명 전개(의회 구성 및 헌법 제정) → 보수 세력의 반발과 열강의 간섭으로 실패

(3) 이집트의 민족 운동

① 무함마드 알리의 개혁: 적극적인 근대화 정책 추진, 오스만 제국으로부터 자치권 획득

② 민족 운동의 전개: 19세기 영국과 프랑스의 원조를 받아 수에즈 운하 건설 → 막대한 빚이 생기고 열강의 간섭 심화 → 아라비 파샤를 중심으로 한 군부의 민족 운동 전개 → 영국이 진압 후 이집트를 보호국화함

시험에 꼭 나와!

1 19세기에 오스만 제국은 대내외적 위기를 극복하고자 [   ](이)라는 개혁을 실시하였다.

2 오스만 제국에서 술탄의 전제 정치가 강화되자 [   ]은/는 무력 혁명으로 정권을 장악하였다.

3 아랍에서는 이슬람교 순화 운동인 [   ]이/가 전개되어 아랍인의 민족의식을 일깨워 주었다.

4 이란에서는 영국이 담배 독점권을 획득하자 [   ]을/를 전개하였다.

5 이집트는 영국과 프랑스의 원조를 받아 [   ]을/를 건설하였다.

정답 1. 탄지마트 2. 청년 튀르크당 3. 와하브 운동 4. 담배 불매 운동 5. 수에즈 운하

08 인도의 국민 국가 건설 운동

❶ 유럽 열강의 인도 침략

(1) **영국의 인도 침략**: 무굴 제국의 쇠퇴, 영국과 프랑스가 동인도 회사를 앞세워 인도에 진출 → 영국이 플라시 전투(1757)에서 승리 → 19세기 중반 인도 대부분 지역 장악

(2) **인도 사회의 변화**: 영국산 면직물의 대량 유입으로 인도 면직업 붕괴, 영국이 인도의 종교와 문화를 무시하며 힌두교와 이슬람교의 대립 조장

❷ 세포이의 항쟁

배경	영국의 침략과 수탈에 대한 불만, 인도 문화를 무시한 통치 방식에 대한 반발
전개	동인도 회사 세포이들을 중심으로 봉기(1857) → 다양한 계층이 참여하는 대규모 민족 운동으로 확산 → 내부 분열과 영국의 반격으로 실패
결과	영국이 무굴 제국의 황제 폐위(무굴 제국 멸망), 동인도 회사 해체 → 영국령 인도 제국 수립(영국의 인도 직접 지배, 1877)

❸ 인도 국민 회의의 반영 운동

시험꿀팁! 인도 국민 회의가 반영 운동을 전개하게 된 배경을 묻는 문제가 자주 출제돼.

(1) **인도 국민 회의의 결성**: 서양식 근대 교육을 경험한 인도의 지식인과 종교 지도자 등이 성장, 영국의 지배에 반대하는 민족 운동 전개 → 영국이 인도인의 불만을 가라앉히고자 결성(1885), 초기에는 영국의 지배를 인정하며 영국이 허용하는 범위 안에서 인도인의 권익 확보 노력

(2) **인도 국민 회의의 반영 운동**

배경	영국의 벵골 분할령 발표(1905, 인도인을 분열시키고 민족 운동의 힘을 분산하려고 함)
전개	인도 국민 회의가 콜카타 대회를 개최하여 영국 상품 배척, 스와라지(자치), 스와데시(국산품 애용), 국민 교육 실시의 4대 강령 주장, 반영 운동 주도 → 대규모 민족 운동으로 발전
결과	영국의 벵골 분할령 취소(1911), 형식적으로 인도인의 자치 인정

시험에 꼭 나와!

1. 영국은 프랑스와의 [   ]에서 승리하였고, 19세기 중반 무렵 인도 대부분 지역을 장악하였다.

2. 1857년 동인도 회사에 고용된 인도인 용병인 [   ]을/를 중심으로 민족 운동이 일어났다.

3. 세포이의 항쟁을 진압한 영국은 [   ]을/를 해체하고 영국령 인도 제국을 수립하였다.

4. 영국이 인도인을 분열시키고자 [   ]을/를 발표하자 인도 국민 회의는 반영 운동을 주도하였다.

5. [   ]은/는 영국 상품 배척, 스와라지, 스와데시, 국민 교육 실시의 4대 강령을 주장하였다.

정답 1. 플라시 전투 2. 세포이 3. 동인도 회사 4. 벵골 분할령 5. 인도 국민 회의

09 중국의 국민 국가 건설 운동

❶ 아편 전쟁과 중국의 개항

제1차 아편 전쟁	• 배경: 영국이 인도산 아편을 청에 밀수출(삼각 무역) • 전개: 청의 임칙서가 아편 단속 → 영국의 청 공격 → 청의 패배 → 난징 조약 체결(상하이 등 5개 항구 개항, 홍콩 할양, 배상금 지불 등)
제2차 아편 전쟁	• 배경: 영국과 청의 무역량이 나아지지 않음, 애로호 사건 발생 • 전개: 영국이 프랑스와 연합하여 청 공격 → 청의 패배 → 톈진 조약, 베이징 조약 체결(외국 공사의 베이징 주재와 크리스트교의 포교 허용 등)

❷ 중국의 근대화 운동

시험 꿀팁! 중국의 근대화 운동을 주도한 인물과 운동의 내용을 묻는 문제가 자주 출제돼.

태평천국 운동	• 홍수전이 만주족을 몰아내고 한족의 국가를 세우자고 주장하며 주도 • 토지 균등 분배, 남녀평등, 악습 폐지 등 주장 → 농민의 지지 확보
양무운동	• 이홍장 등 한인 관료들이 중체서용을 주장하며 부국강병 정책 주도 • 근대적 해군 창설, 각종 산업 시설 설치, 유학생 파견 등 추진
변법자강 운동	• 캉유웨이, 량치차오 등이 일본의 메이지 유신을 본받은 개혁 주장 • 의회 설립, 입헌 군주제 확립, 근대 교육 실시, 신식 군대 양성 등 추진
의화단 운동	부청멸양을 내걸고 교회·철도 등 공격 → 8개국 연합군에 진압, 신축 조약 체결

❸ 신해혁명과 중화민국의 수립

배경	의화단 운동 이후 혁명 운동 확산, 쑨원의 중국 동맹회 결성(1905), 삼민주의 주장
전개	청 정부의 민간 철도 국유화 시도 → 우창에서 신식 군대가 봉기함 → 전국 여러 지역으로 확산(신해혁명, 1911) → 쑨원의 임시 대총통 취임, 중화민국 수립(1912)
결과	청 정부의 위안스카이 파견 → 위안스카이가 청 황제를 퇴위시키고 중화민국의 대총통에 취임 → 위안스카이 사후 각지에서 군벌 세력 등장 → 정치적 혼란

시험에 꼭 나와!

1 제1차 아편 전쟁에서 패한 청은 영국과 [　　　　]을/를 체결하고 상하이 등 5개 항구를 개항하였다.

2 이홍장 등 한인 관료들은 중체서용을 주장하며 [　　　　]을/를 일으켰다.

3 캉유웨이, 량치차오 등은 일본의 [　　　　]을/를 본받아 변법자강 운동을 추진하였다.

4 [　　　　]은/는 '부청멸양'을 내걸고 교회와 철도 등을 공격하였다.

5 신해혁명으로 쑨원을 임시 대총통으로 하는 [　　　　]이/가 수립되었다.

10 일본과 조선의 국민 국가 건설 운동

① 일본의 개항과 근대화 운동

(1) **일본의 개항**: 미국 페리 제독이 함대를 파견하여 무력으로 개항 강요 → 일본이 굴복하여 미일 화친 조약(1854, 개항, 최혜국 대우 인정), 미일 수호 통상 조약(1858, 영사 재판권 인정) 체결

(2) **메이지 유신**

배경	막부의 굴욕적인 외교 정책에 대한 비판, 생활이 어려워진 백성의 불만 고조
전개	일부 지방의 하급 무사들이 막부 타도 운동 전개 → 막부 붕괴, 천황을 중심으로 한 메이지 정부 수립(1868)
내용	• 지방의 번을 없애고 현을 설치, 징병제 실시, 이와쿠라 사절단 파견 등 • 천황의 절대적인 권력을 인정하는 일본 제국 헌법 발표(1889), 의회 설립

② 일본의 대외 침략

(1) **일본의 대외 침략**: 조선을 압박하여 개항시킴, 류큐를 병합하여 오키나와현으로 삼음

(2) **청일 전쟁과 러일 전쟁** 시험 꿀팁! 청일 전쟁과 러일 전쟁의 전개와 결과를 묻는 문제가 자주 출제돼.

청일 전쟁	• 전개: 청과 일본이 조선에 군대 파견(1894) → 일본의 청 기습 공격 → 일본의 승리 • 결과: 시모노세키 조약 체결(일본의 배상금 획득, 랴오둥반도와 타이완을 넘겨받음)
러일 전쟁	• 전개: 일본의 러시아 공격(1904) → 영국·미국의 지원으로 일본 승리 • 결과: 포츠머스 조약 체결(일본이 한반도에 대한 지배권을 인정받음)

③ 조선의 개항과 근대화 운동

조선의 개항	일본이 운요호 사건을 일으킴 → 강화도 조약 체결(1876, 부산 등 3곳 개항)
개화 정책 실시	정부의 개화 정책 추진(사절단 파견, 신식 군대 창설 등)
근대화 운동 추진	갑신정변, 동학 농민 운동, 갑오개혁 추진, 독립 협회의 활동
대한 제국 수립	러시아 공사관에서 돌아온 고종이 황제로 즉위, 대한국 국제 반포(1899)

시험에 꼭 나와!

1 일본은 미국의 요구로 [　　　　　]을/를 체결하고, 문호를 개방하였다.

2 개항 이후 일본에서는 에도 막부가 붕괴되고 천황을 중심으로 한 [　　　　　]이/가 수립되었다.

3 [　　　　　]은/는 천황의 절대적인 권력을 인정한다는 내용을 담고 있다.

4 청일 전쟁에서 승리한 일본은 랴오둥반도와 타이완을 넘겨받는다는 내용의 [　　　　　]을/를 체결하였다.

5 조선의 고종은 러시아 공사관에서 돌아온 이후 황제로 즉위하고 [　　　　　]을/를 반포하였다.

정답 1. 미일 화친 조약 2. 메이지 정부 3. 일본 제국 헌법 4. 시모노세키 조약 5. 대한국 국제

01 제1차 세계 대전과 국제 질서의 변화

❶ 제1차 세계 대전의 전개와 결과

 제1차 세계 대전의 배경과 전개 과정을 묻는 문제가 자주 출제돼.

(1) 배경: 제국주의 열강의 대립(**3국 동맹**과 **3국 협상** 결성), 발칸반도에서의 대립(범게르만주의와 범슬라브주의의 내세운 국가들의 대립)

(2) 전개

발발	세르비아계 청년이 오스트리아·헝가리 제국의 황태자 부부를 암살함(**사라예보 사건**, 1914) → 오스트리아·헝가리 제국이 세르비아에 선전 포고 → 러시아가 세르비아 지지, 독일이 오스트리아·헝가리 제국 지지 → 전쟁 발발
전개	영국의 해상 봉쇄 → 독일이 **무제한 잠수함 작전** 전개 → 여객선 루시타니아호가 침몰하여 많은 미국인이 사망 → 미국이 연합국으로 참전 → 연합국이 전쟁에서 유리해짐 → 러시아가 국내 혁명으로 독일과 조약을 맺고 전쟁 이탈
결과	독일이 서부 전선 총공격 실패, 동맹국의 항복 → 독일에서 혁명이 일어나 새 정부(공화국)가 수립됨 → 독일의 항복 선언으로 전쟁 종결(1918)
특징	**참호전**, **총력전**의 전개, 신무기의 등장

❷ 베르사유 체제의 성립과 국제 연맹의 창설

(1) 베르사유 체제의 성립

① 파리 강화 회의 개최: 연합국이 전후 문제의 처리를 위해 개최, 미국 대통령 윌슨이 제안한 14개조 평화 원칙을 바탕으로 진행

② 베르사유 조약 체결: 파리 강화 회의 결과 연합국과 독일이 체결(독일의 영토 축소, 식민지 상실, 군비 축소, 막대한 배상금 지불 등 규정) → 베르사유 체제 성립

(2) 국제 연맹의 창설(1920)

목적	국제 평화 유지와 안전 확보를 위한 국제기구 창설
한계	미국의 불참, 분쟁을 막을 군사적 수단이 없음 → 큰 영향력을 미치지 못함

1 오스트리아·헝가리 제국이 ☐☐☐☐☐에 선전 포고하며 제1차 세계 대전이 시작되었다.

2 ☐☐☐☐☐이/가 국내에서 혁명이 일어나 독일과 조약을 맺고 제1차 세계 대전에서 이탈하였다.

3 연합국은 전후 문제를 처리하기 위해 ☐☐☐☐☐을/를 개최하였다.

4 ☐☐☐☐☐이/가 체결되어 독일이 식민지를 잃고 막대한 배상금을 지불하게 되었다.

5 제1차 세계 대전 이후 국제 평화와 안전을 확보하기 위해 ☐☐☐☐☐이/가 설립되었다.

답 1. 세르비아 2. 러시아 3. 파리 강화 회의 4. 베르사유 조약 5. 국제 연맹

02 러시아 혁명과 소련의 수립

① 러시아 혁명의 전개

(1) **피의 일요일 사건**(1905): 19세기 러시아에서 급속한 산업화로 노동자 계층이 늘고 사회주의 사상이 확산됨 → 차르의 전제 정치 지속민의 불만이 높아짐 → 러일 전쟁으로 생활이 어려워진 러시아 민중들이 개혁을 요구하며 시위 → 정부군이 무력으로 진압하여 많은 희생자 발생 → 차르 니콜라이 2세가 개혁을 약속하였으나 큰 성과를 거두지 못함

(2) **러시아 혁명**(1917) 〔시험 꿀팁!〕 3월 혁명과 11월 혁명을 비교하는 문제가 자주 출제돼.

3월 혁명	• 배경: 제1차 세계 대전 참전으로 인명 피해와 경제적 어려움 발생 • 전개: 노동자들이 전쟁 중지, 차르 타도, 식량 배급 등 요구하며 시위 • 결과: **소비에트** 결성 → 차르 체제를 무너뜨리고 임시 정부 수립
11월 혁명	• 배경: 임시 정부의 개혁 부진과 전쟁 지속에 대한 불만 고조 • 전개: **레닌**이 이끄는 **볼셰비키**가 무장봉기를 일으킴 • 결과: 임시 정부 붕괴 → **소비에트 정부 수립**

② 소련의 수립과 발전

(1) 레닌의 정책과 소련의 수립

① 전쟁 중단: 독일과 서로 공격하지 않겠다는 조약을 맺고 제1차 세계 대전에서 이탈

② 사회주의 개혁 실시: 지주와 자본가로부터 토지와 산업 시설 몰수 → 국가가 소유·관리

③ **코민테른** 결성: 사회주의 혁명을 확산하고자 국제 공산당 연합 조직 결성

④ **신경제 정책(NEP)** 추진: 경제난이 심해지자 자본주의적 요소를 일부 도입

⑤ **소비에트 사회주의 공화국 연방(소련)** 수립(1922): 러시아를 중심으로 소비에트 정부를 묶어 수립

(2) **스탈린**의 정책

① 사회주의 경제 정책 추진: 농업의 집단화, 경제 개발 5개년 계획 추진

② 독재 강화: 정치적 반대 세력 제거, 공산당 독재 체제 강화

시험에 꼭 나와!

1 1905년 개혁을 요구하는 러시아 민중들이 정부군의 무력 진압에 희생되는 〔　　　　　〕이/가 일어났다.

2 레닌을 중심으로 한 〔　　　　　〕은/는 임시 정부를 무너뜨리고 소비에트 정부를 세웠다.

3 소련은 〔　　　　　〕과/와 서로 공격하지 않겠다는 조약을 맺고 제1차 세계 대전에서 이탈하였다.

4 레닌은 사회주의 혁명을 확산하고자 국제 공산당 연합 조직인 〔　　　　　〕을/를 결성하였다.

5 소련의 〔　　　　　〕은/는 경제 개발 5개년 계획을 추진하고, 공산당 독재 체제를 강화하였다.

정답 1. 피의 일요일 사건 2. 볼셰비키 3. 독일 4. 코민테른 5. 스탈린

03 민주주의의 발전과 확대

❶ 정치 체제의 변화

 제1차 세계 대전 이후 유럽의 정치 체제의 변화를 묻는 문제가 자주 출제돼.

(1) **공화국의 수립**: 제정 붕괴 → 민주주의 채택, 공화정 수립

(2) **패전국**

① 독일: 독일 의회에서 **바이마르 헌법** 제정, 민주적인 바이마르 공화국 수립(1919)

② 오스트리아·헝가리 제국: 전후 해체 → 여러 민주 공화국의 탄생

(3) **신생 독립국**

배경	제1차 세계 대전 이후 식민지 국가들의 독립 요구 증가
전개	패전국의 식민지였던 폴란드와 체코슬로바키아 등이 **민족 자결주의 원칙에 따라 독립**, 대부분 **민주주의 헌법** 채택

❷ 참정권의 확대

(1) **보통 선거의 확대**: 시민의 정치적 권리 요구 증가, 민주주의 채택 국가의 확산

(2) **여성 참정권의 확대**

배경	**여성 참정권 운동** 전개, 제1차 세계 대전 중 여성의 참전, 20세기 초 영국의 서프러제트 운동 등
영향	뉴질랜드, 노르웨이, 덴마크, 독일, 미국, 영국 등의 국가가 여성 참정권 인정

❸ 노동자의 권리 확대

(1) **배경**: 산업 혁명 이후 노동자의 권리에 대한 관심 증가

(2) **영향**

① 정당 결성: 노동자들이 단결하여 총파업을 벌이거나 정당 결성

② 제도 마련: 제1차 세계 대전 이후 각국은 노동자의 권리를 보장하는 법과 제도 마련

시험에 꼭 나와!

1 독일 의회에서는 [   ]을/를 제정하고 바이마르 공화국을 수립하였다.

2 오스트리아·헝가리 제국은 [   ](으)로 해체되었으며 이후 여러 민주 공화국이 탄생하였다.

3 제1차 세계 대전 이후 식민지 국가들은 [   ] 원칙에 따라 독립하였다.

4 제1차 세계 대전 중 여성의 전쟁 참여 등 사회적·경제적 참여가 확대되면서 여성의 [   ]이/가 인정되었다.

정답 1. 바이마르 헌법 2. 베르사유 체제 3. 민족 자결주의 4. 참정권

04 대공황과 제2차 세계 대전

① 대공황의 발생

배경	제1차 세계 대전 이후 미국의 경제 호황, 세계 경제 시장 주도 → 소비가 생산을 따라가지 못하며 재고 증가 → 기업의 생산 활동 위축
전개	미국 뉴욕 증권 거래소의 주가 폭락(1929) → 수많은 은행과 기업 파산, 실업자 증가 → 전 세계로 경제 위기 확산
극복 노력	뉴딜 정책 추진(미국), 보호 무역 정책과 블록 경제(영국과 프랑스)

② 전체주의의 등장

(1) **전체주의의 등장**: 대공황 전후의 경제적 혼란과 사회적 불안을 틈타 독일, 이탈리아, 일본 등지에서 전체주의 세력이 권력 장악

(2) **전체주의 국가의 대외 침략**

이탈리아	무솔리니의 파시스트당이 정권 장악, 시민들의 자유 억압, 에티오피아 침략
독일	히틀러의 나치스가 정권 장악, 유대인 탄압, 오스트리아 병합
일본	대공황 이후 군국주의 표방, 국제 연맹 탈퇴 후 중일 전쟁을 일으킴

③ 제2차 세계 대전의 전개와 결과

시험 꿀팁! 제2차 세계 대전의 전개 과정을 묻는 문제가 자주 출제돼.

배경	이탈리아·독일·일본이 군사 동맹 체결 → 추축국 형성
전개	독소 불가침 조약 체결(1939) → 독일의 폴란드 공격(1939) → 영국과 프랑스가 독일에 선전 포고 → 독일이 프랑스 파리 점령(1940) → 일본의 미국 하와이 진주만 기지 기습 → 미국의 참전, 아시아 태평양 전쟁 발발(1941) → 미국의 미드웨이 해전(1942) 승리, 소련의 스탈린그라드 전투 승리 → 이탈리아 항복 → 노르망디 상륙 작전으로 파리 해방(1944) → 독일 항복 → 미국이 일본에 원자 폭탄 투하 → 일본 항복(1945. 8.)
결과	수많은 인명 피해와 재산 피해, 국제 연합(UN) 창설

시험에 꼭 나와!

1 대공황이 발생하자 미국은 [   ]을/를 추진하여 위기를 극복하려 하였다.

2 독일에서는 히틀러가 이끄는 [   ]이/가 정권을 장악하고 유대인을 탄압하였다.

3 이탈리아·독일·일본이 군사 동맹을 체결하여 [   ]을/를 결성하였다.

4 일본은 제2차 세계 대전 중 미국 하와이의 [   ] 기지를 기습하였다.

5 제2차 세계 대전 이후에 국제기구인 [   ]이/가 창설되었다.

답 1. 뉴딜 정책 2. 나치스 3. 추축국 4. 진주만 5. 국제 연합(UN)

05 인권 회복과 평화 확산을 위한 노력

❶ 제2차 세계 대전의 피해

인명 피해	미국이 일본에 원자 폭탄 투하, 민간인 거주 지역 폭격
인권 침해	생체 실험, 강제 이주와 추방, 일본군 '위안부' 등

❷ 일본과 독일의 전쟁 범죄

일본과 독일의 전쟁 범죄의 내용을 묻는 문제가 자주 출제돼.

일본	• 난징 대학살: 중일 전쟁 당시 일본이 난징을 점령한 후 포로군, 민간인 등 학살함 • 731 부대의 생체 실험: 한국인과 중국인을 대상으로 생체 실험 자행 • 일본군 '위안부': 점령지 및 전투 지역 곳곳에 군 위안소 설치 → 한국, 중국, 필리핀, 인도네시아 등 점령지에서 수많은 여성을 강제로 동원함
독일	홀로코스트: 독일의 나치스가 유대인을 대상으로 벌인 대량 학살 → 제2차 세계 대전 중 유대인을 수용소에 가두고 강제 노동을 시키거나 총살 등을 함

❸ 전후 처리와 국제 연합의 창설

전후 처리	• 대서양 헌장(1941): 미국과 영국 대표가 전후 평화 원칙 발표 • 카이로 회담, 얄타 회담, 포츠담 회담
국제 연합 (UN)	• 대서양 헌장의 정신에 따라 51개국 대표들이 모여 창설(1945) • 미국과 소련 참여, 국제 분쟁 시 군사적인 수단(유엔 평화 유지군) 파견 가능

❹ 인권 회복과 평화 실현을 위한 노력

인권 회복	• 뉘른베르크 재판: 독일 나치스의 주요 전쟁 범죄자 재판 → 사형 12명 등 선고 • 극동 국제 군사 재판(도쿄 재판): 일본 총리 등 주요 전범에 사형과 종신형 선고, 일본 천황이 기소되지 않음
평화 실현	제노바 회의(1922), 로카르노 조약(1925), 켈로그·브리앙 조약(1928) 체결

시험에 꼭 나와!

1 제2차 세계 대전 중 독일의 나치스가 벌인 유대인 대학살을 [   ](이)라고 한다.

2 1941년 미국과 영국 대표는 전후 평화 원칙을 담은 [   ]을/를 발표하였다.

3 대서양 헌장에 따라 제2차 세계 대전 이후 51개국 대표들이 모여 [   ]을/를 창설하였다.

4 일본 도쿄에서 열린 [   ]에서는 일본 천황이 기소되지 않은 채 재판이 진행되었다.

06 아시아와 아프리카의 민족 운동

❶ 한국과 중국의 민족 운동

(1) **한국의 민족 운동**: 민족 자결주의의 영향으로 3·1 운동이 일어남(1919) → 대한민국 임시 정부 수립, 중국 5·4 운동에 영향을 줌

(2) **중국의 민족 운동**

5·4 운동	일본이 21개조 요구 강요 → 중국이 파리 강화 회의에서 21개조 요구 무효 주장 → 승전국 대표들이 중국의 주장을 수용하지 않자 베이징의 학생들을 중심으로 5·4 운동 전개
국공 합작	제1차 국공 합작 결성 → 장제스의 중국 공산당 탄압, 제1차 국공 합작 결렬 → 마오쩌둥이 이끄는 중국 공산당의 대장정 → 중일 전쟁 발발, 제2차 국공 합작 결성

❷ 인도의 민족 운동

(1) **배경**: 영국의 자치를 조건으로 인도의 제1차 세계 대전 참전 → 전후 영국의 민족 운동 탄압

(2) **전개**: 간디의 비폭력·불복종 운동, 소금 행진 전개, 네루의 인도 독립 동맹 결성

❸ 동남아시아의 민족 운동

시험 꿀팁! 각 국가의 민족 운동을 주도한 인물을 묻는 문제가 자주 출제돼.

베트남	호찌민이 베트남 공산당 조직 → 프랑스에 저항
인도네시아	수카르노가 인도네시아 국민당 결성 → 네덜란드에 저항
필리핀	미국이 에스파냐와의 전쟁에서 승리 후 필리핀 지배 → 아기날도가 독립운동 전개

❹ 서아시아와 아프리카의 민족 운동

서아시아	• 오스만 제국: 무스타파 케말이 튀르키예 공화국 수립, 근대적 개혁 추진 • 아랍 지역: 이라크 독립, 사우디아라비아의 통일 왕국 수립, 팔레스타인 지역 문제 발생
아프리카	• 이집트: 영국이 수에즈 운하의 관리권과 군대 주둔권을 조건으로 독립함 • 사하라 사막 남부: 범아프리카주의 확산, 범아프리카 회의 개최

시험에 꼭 나와!

1 중국에서는 베이징의 학생들을 중심으로 21개조 요구의 무효를 주장하는 [   ]이/가 전개되었다.

2 인도의 [   ]은/는 비폭력·불복종 운동을 전개하고 소금 행진을 벌였다.

3 베트남의 [   ]은/는 베트남 공산당을 조직하여 프랑스에 저항하였다.

4 [   ]에서는 무스타파 케말이 튀르키예 공화국을 수립하고 근대적 개혁을 추진하였다.

정답 1. 5·4 운동 2. 간디 3. 호찌민 4. 오스만 제국

01 냉전 체제와 제3 세계의 형성

❶ 냉전 체제의 형성과 심화

자본주의 진영과 공산주의 진영의 대립 구도를 묻는 문제가 자주 출제돼.

형성	• 자본주의 진영(미국 중심): **트루먼 독트린** 발표(공산주의 세력의 확산을 막겠다는 내용)(1947), **마셜 계획** 추진(서유럽에 경제 원조), 북대서양 조약 기구(NATO) 결성 • 공산주의 진영(소련 중심): 코민포름(공산당 정보국) 조직, 코메콘(경제 상호 원조 회의) 조직, 바르샤바 조약 기구(WTO) 결성
심화	• 독일에서의 대립: 베를린 봉쇄 → 독일의 분단 → 베를린 장벽 설치(1961) • 쿠바에서의 대립: 미국과 소련 간 핵전쟁의 위기(쿠바 미사일 위기, 1962) • 아시아에서의 열전: 중국의 국공 내전, 한국의 6·25 전쟁, 베트남 전쟁 등

❷ 아시아·아프리카 국가들의 독립

아시아	• 인도: 영국으로부터 독립(1947) → 파키스탄 분리(1947) → 방글라데시 독립(1971) • 베트남: 프랑스와 전쟁 → 남북 분단 → 베트남 전쟁 발발(1964) → 통일(1975) • 이스라엘: 유대인이 미국과 영국 등의 도움으로 건국(1948) → 중동 전쟁 발발
아프리카	• 이집트: **나세르**가 공화정 수립(1952), 수에즈 운하의 국유화 선언, 운영권 회복(1956) • 리비아: 1951년에 독립 → 1960년에 아프리카 17개국의 독립('아프리카의 해')

❸ 제3 세계의 형성과 냉전 체제의 완화

(1) **제3 세계의 형성**: **비동맹주의**를 내세움, '평화 5원칙' 합의 → 아시아와 아프리카 29개국 대표들이 제1회 아시아·아프리카 회의(반둥 회의)에서 **'평화 10원칙'** 발표(1955)

(2) **냉전 체제의 완화**

배경	미국과 소련의 영향력 약화, 제3 세계 등장 → 양극 체제에서 다극 체제로의 변화
내용	아시아에서 일어나는 전쟁에 군사적 개입을 피하겠다는 **닉슨 독트린** 발표(1969) → 닉슨의 중국 방문(1972) → 동독과 서독의 국제 연합(UN) 동시 가입(1973) → 미국과 중국의 국교 수립(1979), 미국과 소련의 전략 무기 제한 협정(SALT) 체결(1979)

시험에 꼭 나와!

1 미국은 소련의 영향력이 커지자 1947년 공산주의 세력의 확산을 막겠다는 [ ]을/를 발표하였다.

2 유대인은 미국과 영국 등의 도움으로 팔레스타인 지역에 [ ]을/를 건국하였다.

3 아시아와 아프리카 29개국 대표들은 제1차 아시아·아프리카 회의에서 [ ]을/를 발표하였다.

4 미국은 아시아에서 일어나는 전쟁에 군사적인 개입을 피하겠다는 [ ]을/를 선언하였다.

02 냉전 이후 국제 질서의 변화

❶ 소련의 해체와 사회주의 진영의 붕괴

(1) 소련의 해체 〔시험 꿀팁!〕 소련의 고르바초프의 개혁을 묻는 문제가 자주 출제돼.

① **고르바초프**의 개혁: 1970년대 이후 경제 침체와 사회 경직 문제 발생 → 소련의 고르바초프가 동유럽 국가들에 대한 불간섭을 선언함, **개혁(페레스트로이카)과 개방(글라스노스트) 정책** 추진, 냉전 종식 선언(몰타 회담, 1989)

② 소련의 해체 과정: 고르바초프의 정책에 반대한 소련 공산당이 쿠데타를 시도함 → 옐친의 쿠데타 진압, 권력 장악 → 소련 해체, **독립 국가 연합(CIS)** 결성(1991)

(2) 사회주의 진영의 붕괴

동유럽	폴란드, 체코슬로바키아, 헝가리 등에서 민주화 운동 발생 → 사회주의 정권 붕괴
독일	베를린 장벽 붕괴(1989) → 서독이 동독을 흡수하는 방식으로 **독일 통일**(1990)
유고슬라비아 연방	1990년대 여러 나라가 독립하면서 해체 → 세르비아인의 독립을 막는 과정에서 전쟁 발생, 크로아티아와 코소보 등 여러 곳에서 사상자 발생

❷ 중국의 개혁·개방과 유럽 연합의 성립

(1) 중국의 개혁·개방

마오쩌둥	독자적인 공산주의 경제 정책 추진, 실패 → **문화 대혁명** 추진(1966~1976)
덩샤오핑	흑묘백묘론 주장, **개혁·개방** 추진 → 민주화 요구 무력 진압(**톈안먼 사건**, 1989)

(2) 유럽 연합의 성립: 마스트리흐트 조약 체결로 유럽의 경제적·정치적 통합을 추구하는 **유럽 연합(EU)** 창설(1993) → 여러 사안에 대해 함께 논의, 단일 화폐인 유로화 사용 등

(3) 냉전 이후의 국제 질서: G7(주요 7개국 정상 회의), G20(G7 국가에 신흥 경제국, 유럽 연합을 포함한 정상 회의), 중국의 영향력 확대 시도와 미국의 견제, 러시아의 영향력 확대 도모 등

시험에 꼭 나와!

1 소련의 [＿＿＿＿＿]은/는 개혁(페레스트로이카)과 개방(글라스노스트) 정책을 추진하였다.

2 소련의 옐친은 소련 공산당의 쿠데타를 막아 낸 후 소련을 해체하고 [＿＿＿＿＿]을/를 결성하였다.

3 [＿＿＿＿＿]은/는 베를린 장벽이 붕괴된 후 서독이 동독을 흡수하는 방식으로 통일되었다.

4 중국의 마오쩌둥은 경제적 성과를 이루지 못하자 홍위병을 앞세워 [＿＿＿＿＿]을/를 일으켰다.

5 중국의 [＿＿＿＿＿]은/는 사회주의를 유지하면서 자본주의 요소를 받아들이는 개혁·개방 정책을 폈다.

6 마스트리흐트 조약의 체결로 유럽의 경제적·정치적 통합을 추구하는 [＿＿＿＿＿]이/가 창설되었다.

답 1. 고르바초프   2. 독립 국가 연합(CIS)   3. 독일   4. 문화 대혁명   5. 덩샤오핑   6. 유럽 연합(EU)

42

03 반전 평화 운동과 민주화 운동

❶ 탈권위주의 운동

배경	냉전의 심화(미국의 베트남 전쟁 개입, 소련의 동유럽 자유화 운동 탄압 등), 산업화에 따른 물질만능주의 확산, 베이비 붐 세대가 자유와 해방의 가치 추구 등
내용	청년과 학생들이 핵전쟁·차별 반대, 비폭력 평화 운동 지향, 장발·청바지·로큰롤 음악 등으로 자신들의 가치 표현
사례	프랑스의 68 운동(프랑스 드골 정부의 실정과 사회 모순에 저항)
전개 형태	반전 평화 운동, 민주화 운동, 민권 운동 등 다양한 형태로 전개됨

❷ 반전 평화 운동

배경	두 차례의 세계 대전에서 대량 살상 무기로 발생한 희생, 쿠바 미사일 위기의 발생, 베트남 전쟁을 계기로 반전 평화 운동이 전 세계로 확산됨
전개	베트남 전쟁 반대 시위, 이라크 전쟁 반대 시위, 국제 사회의 핵 확산 금지 조약(NPT)의 체결, 반핵 시위 전개 등

❸ 민주화 운동 시험꿀팁! 각국에서 전개된 민주화 운동을 묻는 문제가 자주 출제돼.

배경	부패한 독재 정권을 무너뜨리고자 학생과 시민을 중심으로 시위 전개
내용	• 한국: 이승만 정권의 부정 선거에 항의 → 이승만 정권 붕괴(4·19 혁명, 1960) • 체코슬로바키아: 개혁에 반대하는 소련과 그 동맹국에 저항(프라하의 봄, 1968) • 에스파냐: 1970년대에 프랑코 독재 정권에 맞선 전국적인 시위 전개 • 필리핀: 마르코스 독재 정권에 맞선 시위 전개 → 정권 붕괴(에드사 혁명, 1986) • 중국: 민주화 요구 고조 → 정부의 무력 진압(톈안먼 사건, 1989) • 튀니지: 민주화 운동으로 부패한 정권 붕괴(튀니지 혁명, 2011)

시험에 꼭 나와!

1 탈권위주의 운동은 청년과 학생을 중심으로 일어났는데, 프랑스에서 일어난 [   ]이/가 대표적이다.

2 전쟁에 반대하고 평화를 지키려는 반전 평화 운동은 [   ]을/를 계기로 전 세계에 퍼졌다.

3 1968년 체코슬로바키아 시민들이 공산주의 체제로부터 벗어나려고 하자, 이에 반대하는 소련과 그 동맹국이 시위를 억압하는 사건이 일어났는데, 이를 [   ](이)라고 부른다.

4 1970년대에 에스파냐에서는 [   ]의 독재 정권에 맞선 민주화 운동이 일어났다.

5 1986년 [   ]에서는 시민들이 민주화 운동을 벌여 마르코스 독재 정권을 무너뜨렸다.

04 민권 운동과 노동·여성·환경 운동

① 민권 운동

(1) 미국의 민권 운동 시험꿀팁! 미국과 남아프리카 공화국의 민권 운동을 이끈 인물을 묻는 문제가 자주 출제돼.

배경	미국 남부에서 짐 크로 법에 따른 백인과 흑인 차별
내용	•몽고메리시의 버스 승차 거부 운동 •마틴 루서 킹이 흑인 차별에 반대하는 운동(워싱턴 행진) 전개
결과	민권법 통과(1964) → 백인과 흑인 사이의 법적 차별 철폐

(2) 남아프리카 공화국의 민권 운동

배경	인종 분리 정책인 아파르트헤이트 시행
내용	넬슨 만델라가 흑인 민권 운동 전개 → 반역죄로 체포(종신형 선고) → 감옥에서 민권 운동 전개 → 석방 후 클레르크 대통령과 함께 민권 운동 전개
결과	1990년대 아파르트헤이트 폐지

② 노동·여성·환경 운동

노동 운동	•노동자·기업가·정부 대표가 회의체 및 노동조합을 구성하여 갈등 해결 •국제 연맹 하위 기구로 국제 노동 기구(ILO) 설립(1919) → 국제 연합(UN) 산하의 전문 기구가 됨 → 총회에서 노동 기본 원칙과 권리선언 채택(노동 기본권 명시)
여성 운동	베티 프리단과 같은 여성 운동가가 남녀평등 주장, 가부장제 반대, 신체 자기 결정권 확보, 동일 노동·동일 임금 주장 → 영국에서 차별 금지법 통과, 미국에서 여성 평등권을 명시한 헌법 개정
환경 운동	•국제 협약 체결: 지속가능한 발전을 위한 협력 방안 발표(환경과 개발에 관한 리우 선언, 1992) → 기후 변화 협약 발효(1994) → 선진국의 온실가스 감축 목표치 정함(교토 의정서, 1997) → 선진국과 개발 도상국의 온실가스 감축 목표치 설정, 이행에 합의(파리 협정, 2015) •민간 노력: 그린피스나 세계 자연 기금(WWF)과 같은 비정부 기구(NGO)의 활동 등

시험에 꼭 나와!

1 미국 남부에서는 [　　　　]이/가 1963년에 흑인 차별에 반대하는 워싱턴 행진을 이끌었다.

2 1964년에 미국에서는 [　　　　]이/가 통과되어 흑인과 백인 사이의 법적 차별이 사라졌다.

3 남아프리카 공화국에서는 넬슨 만델라가 인종 분리 정책인 [　　　　]을/를 폐지하는 데 앞장섰다.

4 노동 문제를 해결하고자 1919년에는 국제 연맹의 하위 기구로 [　　　　]이/가 세워졌다.

답 1. 마틴 루서 킹 2. 민권법 3. 아파르트헤이트 4. 국제 노동 기구(ILO)

신자유주의의 등장과 세계화의 확산

❶ 신자유주의의 등장과 확산

신자유주의 경제 정책의 등장 배경과 내용을 묻는 문제가 자주 출제돼.

(1) 자본주의 경제의 성장: 제2차 세계 대전 이후 세계 경제 위축 → 세계 각국의 물가 안정 정책 추진, 유럽과 미국은 주요 산업을 국유화하는 등 국가의 경제 개입 강화 → 1960년대 이후 자본주의 경제가 성장함

(2) 신자유주의 경제 정책

의미	정부 개입을 줄이고 무역의 자유화와 시장 개방을 추구하는 경제 정책
배경	1970년대 두 차례의 석유 파동으로 세계 경제가 어려워짐 → 영국(대처 총리)과 미국(레이건 대통령)을 중심으로 세계 경제 위기를 극복하기 위한 신자유주의 경제 정책 추진
내용	국영 기업의 민영화, 복지 비용 축소 등

❷ 세계화의 확산

(1) 세계화

의미	국경을 초월하여 전 세계가 하나의 지구촌으로 통합되어 가는 현상
배경	냉전 체제의 완화, 교통과 통신의 발달로 국가 간 교류 활발 등
전개	• 세계 무역 기구(WTO) 결성, 자유 무역 협정(FTA) 체결 확산, 다국적 기업 성장 • 국가 간 무역 경쟁 심화로 지역별 경제 협력체 등장

(2) 세계화의 성과와 과제

성과	다른 나라의 상품을 저렴한 가격에 구매할 수 있게 됨, 문화의 이동 과정에서 여러 문화가 융합되어 새로운 문화가 형성됨, 선진국의 자본 투자와 기술 제공을 바탕으로 개발 도상국의 경제가 성장함
과제	빈부 격차와 경제적 불평등 심화, 문화 차이에 따른 사회 갈등 발생, 문화 획일화 문제, 지역의 고유문화의 소멸 등

시험에 꼭 나와!

1 1970년대 두 차례의 [   ](으)로 세계 경제가 어려워졌다.

2 1970년대 경제가 어려워지자 영국과 미국을 중심으로 정부 개입을 줄이고 무역의 자유화와 시장 개방을 추구하는 [   ] 경제 정책이 추진되었다.

3 냉전이 완화되면서 전 세계가 하나의 지구촌으로 통합되어 가는 [   ] 현상이 나타났다.

4 1995년에 무역과 투자의 자유화를 확대하고 국가 간 무역 분쟁을 조정하고자 [   ]을/를 세웠다.

답 1. 석유 파동 2. 신자유주의 3. 세계화 4. 세계 무역 기구(WTO)

06 현대 세계의 문제와 해결 노력

❶ 과학 기술과 대중문화의 발달

과학 기술	•긍정적 변화: 교통 및 정보 통신 기술의 발달 → 인적·물적 교류의 확대 •부정적 변화: 물질만능주의 확산, 예상치 못한 환경 변화 등
대중문화	불특정 다수의 사회적 영향력이 커진 대중 사회 출현, 대중 매체의 발달 → 많은 사람이 쉽게 접하고 즐기는 대중문화가 확산함(문화 획일화 등의 문제 발생)

❷ 현대 세계의 문제와 해결 노력

(1) 현대 세계의 문제 **시험 꿀팁!** 현대 세계가 마주한 문제의 구체적인 사례를 묻는 문제가 자주 출제돼.

나라 간 빈부 격차	세계화가 심화되면서 지구 남반구(개발 도상국)와 북반구(선진국)의 경제적 차이로 남북문제 발생 → 아시아·아프리카의 빈곤과 질병 문제 심화
종교·민족 갈등	•팔레스타인 지역의 아랍인들과 이스라엘의 유대인 간의 충돌 지속 •유고슬라비아 전쟁, 코소보와 카슈미르 등지에서 분쟁 발생
지역 분쟁	•지역에서의 테러 발생 증가(9·11 테러 등) → 많은 민간인의 희생 •르완다, 남수단 등지에서 내전이 지속적으로 발생
자원 분쟁	자원을 둘러싼 영유권 분쟁 발생(센카쿠·댜오위다오 분쟁, 남중국해 분쟁 등)

(2) 문제 해결 노력

국가 차원	•국제 연합(UN) 산하 전문 기구의 활동: 분쟁 지역에 유엔 평화 유지군 파견, 세계 식량 기구의 구호 활동 등 •각종 국제 협약 체결
민간단체 차원	•국경 없는 의사회, 국제 사면 위원회 등 민간인이 만든 비정부 기구(NGO)의 활동 •공정 무역 확대 주장, 세계화 반대 시위 전개
개인 차원	•서로 다른 인종과 문화에 대한 개방적 태도 필요 •세계 시민으로서 공존하려는 노력 실천

시험에 꼭 나와!

1 과학 기술의 발달로 돈만 있으면 무엇이든지 마음대로 할 수 있다는 사고방식인 [   ]이/가 퍼졌다.

2 대중 사회의 출현과 대중 매체의 발달로 많은 사람이 쉽게 접하고 즐기는 [   ]이/가 출현하였다.

3 지구 남반구 지역과 북반구 지역 사이의 경제적 차이로 일어나는 문제를 [   ](이)라고 한다.

4 국경 없는 의사회나 국제 사면 위원회 등 민간인이 힘을 합쳐 조직한 [   ]이/가 현대 사회의 문제를 해결하고자 다양한 활동을 벌이고 있다.

답 1. 물질만능주의 2. 대중문화 3. 남북문제 4. 비정부 기구(NGO)

Memo

Memo

미니
완자